山东大学东方考古研究书系

两城镇遗址研究

栾丰实 主编

文物出版社

封面设计：周小玮
责任印制：陆　联
责任编辑：秦　彧

图书在版编目（CIP）数据

两城镇遗址研究/栾丰实主编. —北京：文物出版
社，2009.8
ISBN 978－7－5010－2719－4

Ⅰ.两… Ⅱ.栾… Ⅲ.古城遗址（考古）－研究
－日照市 Ⅳ.K878.04

中国版本图书馆 CIP 数据核字（2009）第 032440 号

两 城 镇 遗 址 研 究

栾丰实　主编

*

文 物 出 版 社 出 版 发 行
（北京市东直门内北小街 2 号楼）
http://www.wenwu.com
E-mail：web@wenwu.com
北京鹏润伟业印刷有限公司印刷
新 华 书 店 经 销
787×1092　1／16　印张：23.5
2009 年 8 月第 1 版　　2009 年 8 月第 1 次印刷
ISBN 978－7－5010－2719－4　定价：120.00 元

前　言

在考古学史上，两城镇是一个在国内外具有广泛影响的名字，因为这里坐落着一处面积大、内涵丰富并且在 70 多年之前就进行过科学发掘的龙山文化遗址。

20 世纪 30 年代，在中国考古学刚刚起步的阶段，前中央研究院历史语言研究所考古组的王湘、祁延霈先生，就跋涉于鲁东南沿海地区开展野外考古调查，发现了 20 余处不同时期的遗址，两城镇便是其中之一。所以，才有了 1936 年刘燿、祁延霈先生在两城镇遗址较大规模的考古发掘。这一次发掘成果卓著，发现了成批的龙山文化墓葬和其他遗迹，出土了大量精美的黑陶、白陶和质地优良的玉器。这些新的发现使人们对当时已经初步确立的龙山文化有了更为全面的认识。由于典型的龙山文化遗存位居东部沿海，而此前发现的仰韶文化则在中原内陆，故又有了两者起源地不同，逐渐形成了仰韶、龙山东西二元对立的学术观点。令人惋惜的是，这批珍贵的发掘资料，一部分毁于 1937 年的日本侵华战争，保存下来的则分散在南京博物院和台北"中研院史语所"。而正式的发掘报告至今未能面世，不能不说是一大遗憾。征得台湾史语所的同意，我们将刘燿先生 1937 年冬完成的《山东日照两城镇附近史前遗址》一文，收录于本文集的第一篇，以示纪念。

新中国成立之后的 50 年代，随着国内大环境的彻底改变，田野考古工作也逐渐得到恢复。此时，两城镇遗址重新引起相关业务机构和专业人员的关注，先后有山东省文物管理委员会和山东大学的学者到两城镇及其周围地区进行考古调查和勘探，1958 年还在现在的村中水塘东南一带进行了小规模试掘。这次试掘的具体地点，在我们 1998 年冬调查访问两城镇年长（65～80 岁）村民时，被其中多数人误传为 1936 年的发掘地。2003 年 12 月，主持 1958 年发掘的黄景略先生专程到两城镇遗址考察，并且找到了当年他们的发掘位置，就是村民们指认的地点，才使我们解开了这一误传的谜底。

要说两城镇遗址，不能不提到山东大学历史系的刘敦愿先生。20 世纪 50 年代，山东大学的校址还在青岛，刘敦愿先生就数次利用节假日，自费坐公共汽车到两城镇调查这处著名遗址。在调查过程中，他与两城小学的老师、学生以及部分村民相识、相熟，有的甚至成了朋友，直到山东大学迁到济南以后还与他们中的一些人保持着来往和联系。如果两城镇遗址上有了什么新的发现，他们总会辗转告诉刘敦愿先生。如现在收藏于山东省博物馆的国家一级文物 —— 著名的刻纹玉圭以及收藏于山东大学的部分玉器，都是这样得来的。

关于两城镇遗址，曾经有一种说法是长期担任山东省图书馆馆长的王献唐先生最先发现的。王献唐先生是著名的考古和历史学家，其出生地就在日照老县城东南的大韩家村，北距两城镇遗址仅 20 公里。在两城镇遗址发现之前，王献唐先生作为山东省的省方代表，参与了组建山东古迹研究会和协助城子崖遗址发掘的工作，故其较早就对龙山文化有一定认识。也可能是因为这样一些原因，许多人认为两城镇遗址是王献唐先生最先发现的。但台湾"中央研究院"历史语言研究所的李永迪先生，在负责整理两城镇发掘报告的过程中，查阅了参加鲁东南沿海地区考古调查和两城镇遗址发掘诸位先生当时的日记、书信等文献资料，其中完全没有提及王献唐先生，而以往也没有发现王献唐先生自己讲述这一问题的资料。

最近几年，随着纪念王献唐先生的各种活动的开展，陆续发现了一些具有史料价值的书信，例如：为了取得 1934 年春鲁东南沿海考古调查的山东省官方公文等，董作宾先生写给王献唐先生的信；王湘先生在调查工作结束的 1934 年 5 月 5 日写给王献唐先生的信；20 世纪 50 年代初，山东省文管会的袁明先生等再次调查两城镇遗址期间，王献唐先生写给山东省文管会主任张静斋先生的信等。使我们明确了两城镇遗址虽然不是王献唐先生所发现，但确实是由于他的提议而促成了 1934 年的鲁东南沿海考古调查，进而发现了两城镇遗址。当然，两城镇遗址的发现，应该是负责这次调查工作的史语所考古组的王湘和祁延霈先生。

20 世纪 80 年代以来，随着中国文明起源研究的升温，学术界也在思考探索研究文明起源的方法和途径，聚落考古的方法被介绍和引入中国。1991 年，《中华人民共和国考古涉外工作管理办法》经国家文物局发布后实施，解决了中外合作开展田野考古调查、发掘和研究无法律依据的难题。随后，中外合作考古逐渐开展起来。在这一背景下，1994 年夏天，当时还在美国哈佛大学做博士后的文德安女士到中国的贵州省做现代制陶调查，期间她专程访问山东大学，表达了她自己的一个愿望：希望和山东大学开展合作考古研究，近期能够在山东某个地区进行区域系统调查，然后在调查成果的基础上向国家文物局申请合作开展田野考古发掘。文德安博士最初的意见是在当时刚发现不久的邹平丁公遗址一带开展工作，为此，我还专门陪同她去丁公遗址参观考察。考虑到丁公遗址地处泰沂山北侧山前平原和冲积平原的交接地带，遗址往北覆盖着厚厚的晚期淤土，遗址埋藏较深而不易发现。所以，我们建议在当时所知面积最大、并且已经在国内外有广泛影响的两城镇遗址一带进行合作调查，这一建议当即得到文德安博士的认可。

1995 年，经国家文物局批准，山东大学和耶鲁大学（后来因为文德安博士工作调动的原因，美方合作单位改为芝加哥富地博物馆）合作，在山东日照沿海以两城镇为中心的区域正式启动区域系统调查工作。联合调查队的队长为山东大学蔡凤书教授，文德安博士为美方负责人。自此到2008年冬，双方开展了长达14年的区域系统调查工作。

经过3年调查之后，双方联合向国家文物局提出发掘两城镇遗址的申请，经国务院的特别许可，从1998年12月开始，至2001年12月结束，中美联合考古队对两城镇遗址进行了为期3年的合作发掘。发掘期间，严文明先生、高广仁先生、邵望平先生、郭大顺先生等曾亲临发掘现场指导。山东大学展涛校长、美国芝加哥富地博物馆麦卡锡馆长、日照市李兆前市长等也亲自到发掘现场观摩，给联合考古队以极大的鼓舞。

经过双方的真诚合作和不懈努力，两城镇地区的区域系统调查和两城镇遗址的发掘取得了圆满成功。这一合作对于在中国开展同类研究工作，特别是积极引入国外一些成熟的调查、发掘和多学科综合研究方面的成功经验，具有重要的借鉴意义，受到国内外学术界的关注和重视。为了认真总结合作考古的工作经验并检验考古研究成果，在日照市政府的大力支持下，山东大学东方考古研究中心于2005年10月，围绕着两城镇地区的考古收获，在山东日照成功召开了"龙山时代与早期国家"的国际学术研讨会。

今年，中美双方在两城镇地区的合作考古已经进行了15个年头。我们编写的两城镇遗址发掘报告和山东东南沿海地区区域调查的报告，将陆续呈现给关心两城镇考古的读者。为了使大家对两城镇遗址的考古工作有一个全面而系统的了解，我们特将70余年来的相关考古调查、发掘和研究文献，整理编辑成本集，以期对学术界了解和研究两城镇遗址有所帮助。所选文献，除了按原样重新绘制线图和把原文的繁体字统一改为简体字之外，基本未做改动。

在此，我们怀念为两城镇遗址的发现、调查、发掘和研究做出贡献的梁思永先生、刘燿先生、祁延霈先生、刘敦愿先生等老一辈学者。也感谢为保护两城镇遗址做出切实努力的日照市各级领导、文物干部和两城镇村民，没有他们的保护工作，位于十个行政村近万人口驻地的两城镇遗址很难能够保存下来和延续下去。

我们真诚的希望，动员能够动员的人力和物力，把两城镇遗址切实保护好，永远留给我们的子孙后代。

栾丰实

2009年3月于济南

目　录

山东日照两城镇附近史前遗址

刘　燿

一、遗址及发掘经过

1934 年的春天，王湘和祁延霈两君在山东沿海一带作了三个多月的考古调查。这次的调查他们发现了 20 多处黑陶和灰陶两期的遗址。两城镇附近的黑陶遗址便是这次的收获。1936 年 5 月初，梁思永先生和祁延霈、刘燿两君到日照县的两城镇开始发掘。

两城镇在日照县北和诸城县南的交界处，它本身就是两县管理。镇的北部属于诸城，镇的南部便是日照县管了。他们所发掘的两个遗址，就在这镇的西边，一个是紧靠着镇的瓦屋村北，一个是离镇约一里多的大孤堆东。它们都在诸城境内。

瓦屋村的工作人员是刘燿和助手张金华。自 5 月 17 日起到 7 月 22 日止，共作有 67 天；其中因雨停工的有 17 天，实际的田野工作只 50 天。工人的数目，先后不等，平均每天约有 22 个人。共开探沟 52 个，由于遗址中现象的限制，因此探沟也有大小长短的差异。

大孤堆东的工作人员是祁延霈和助手王文林。自 5 月 27 日起至 7 月 7 日止，共历 42 天，而实际的田野工作只有 26 天。每天平均约有 15 个工人。共开探沟 30 处。

二、两遗址的堆积情形

两遗址之堆积现象，稍有差异：瓦屋村之文化层较厚，而大孤堆东之文化层较浅。瓦屋村之村落遗址为灰土与深灰土之堆积，两者间之界划颇不清楚，以其都为黑陶文化层，故在这两种土色间所包含的遗物里也未曾找到其间分别。在瓦屋村的村落遗址堆积里，我们找到和遗址时期相同的葬地。

这些墓葬有的在黑陶文化堆积的极下面的生黄土里，有的在黑陶文化堆积之间（插图一、二）。在黑陶期文化层的上面，有一层和龙山上层相似的灰陶的存在。

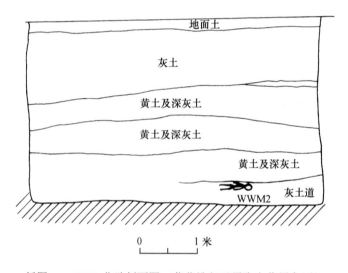

插图一　WW7 北壁剖面图（墓葬堆积于黑陶文化层之下）

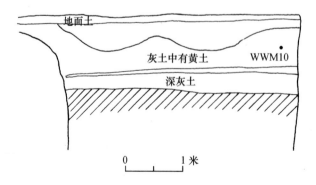

插图二　WW23 东墙（墓葬堆积于黑陶文化层之中）

大孤堆东只有一层较浅黑陶文化遗址的堆积，有地方也有间断的黄土或黄灰土间隔。在黑陶文化层里，也发现了同时期的墓葬。

三、两遗址中的建筑遗存

在这两遗址内建筑遗存甚少。

瓦屋村遗址的北部，我们曾于挖掘到生黄土的地方，见到了向下去小洞，口径平均在 20 厘米左右，深 40 厘米左右。它们的分布颇像一个圆形，因此我们想着它会是当时（的）桩窝，亦即其居住的遗迹。

大孤堆东曾有一个残破的洞穴，里面黑陶期的遗物很多，这或许是居住遗迹。

表一　　　　　　　　　　陶器的数量——从残器推知其器形的

器　形	数　量
罐形器	212
三足器	178
杯形器	53
碗形器	33
盆形器	30
圈足器	6
共计	512

四、两遗址之遗物

（子）陶遗（器）

陶器的材料暂以瓦屋村出土者为主，两遗址中之遗物大体相同，任何一个遗址中之类别即可代表两者之全体。

我们依其含砂粒的多少，以分别其陶质之粗细，无砂粒而精细的叫做细泥质，含砂粒最多而粗的叫做粗砂质。照这样原则，去分析我们在瓦屋村所发现的陶器的质料，大约可分下面几类：

甲、细泥：泥极细，质坚。

乙、泥：较粗，质略松。

丙、砂：较粗，含有砂粒。

丁、粗砂：最粗，砂粒最多。

陶器的质料有上述四类。在各类质料的陶器上，常常涂有各种有色的外衣，今更依其颜色的不同，将它们分为三种：

甲、黑衣：黑衣是黑陶文化的特征，在这遗址里占最多的数量。从细泥质起直到粗砂质的几种陶器，都有着这种外衣。

乙、红衣：这种外衣占量较少，大部是在泥质的陶器上附着。（在）这遗址中，它并不占重要的地位。

丙、白衣：它多半着于红肉间色的陶器上，陶质多为泥质。

关于陶器的各种形态，就我们现在已经理整过的陶器分类，大约有罐形器、三足器、杯形器、碗形器，和其他诸类：

（一）罐形器　　罐形器中以其附件之不同，约可分为无耳、双耳、四耳和一把四类：

1. 无耳罐形器　　这类的残器数量最多，现在选出可以代表其全体的两器，加以叙述：

（1）砂质，外着黑衣，有光泽，腹部有凹虹两道（NB13024；WW1+4：1.00m；插图三：1）。（2）细泥质，外着黑衣，有光泽，颈较长，约当全器长之三分之一。颈之中部有凸虹纹一道，它大约是为盖盖子之用（R17882；WW26：1.10m；插图三：2）。

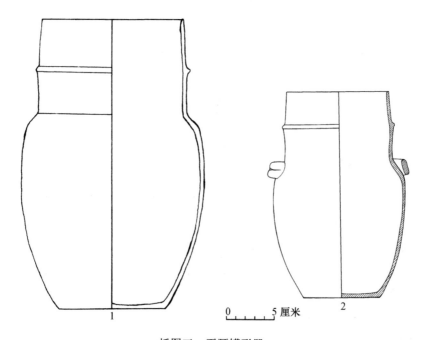

插图三　无耳罐形器

1. NB13024（WW1+4：1.00m）　2. R17882（WW26：1.10m）

2．双耳罐形器　这类陶器我选出来一个常见的和一个较有变化的两个作代表：

（1）这样双耳的罐形器，在瓦屋村遗址里常常见到。它的双耳是放置在器肩与腹连接的地方。全体成椭圆形。泥质，外着黑衣，光亮。腹肩交接处有凹虹纹两道（NB10：13199；WW26：1.20m；插图四：1）。（2）这类器身较长的罐形器，在两遗址都不常见。泥质，外着黑衣，光亮。口部的里面亦着有黑衣。统体作竹节形，肩端除两绳纹式小耳外，尚有乳形圆饰两个（R18005；WW16：1.10m；插图四：2）。

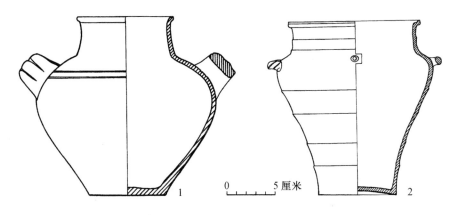

插图四　双耳罐形器
1．NB10：13199（WW26：1.20m）　2．R18005（WW16：1.10m）

3．四耳罐形器　现在选出来两件这类的罐形器：一件代表常见的器形，一件代表特殊的器形：

（1）常见的四耳罐，细泥质，着黑衣，光亮。颈有凸虹纹一道（RL00060；WW2：1.00m；插图五：1）。（2）器形特殊，腹部有弧形的下凹处四道，断全器为五节。砂质，有黑衣，光亮（R17874；WW16：1.00m；插图五：2）。

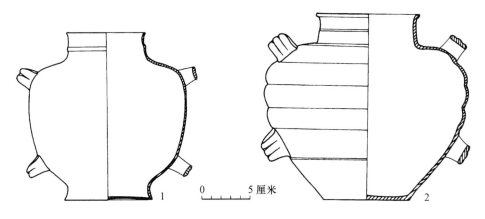

插图五　四耳罐形器
1．RL00060（WW2：1.00m）　2．R17874（WW16：1.00m）

4．带鋬罐形器　选两器：

（1）在两遗址中最常见。最大的口径 15 厘米左右，最小的 2 厘米左右。泥质，着黑衣，光亮（R17951；WW16：1.00m；插图六：1）。（2）器形已近于杯形器，细泥质，着黑衣，有凹虹纹两道（R17941；WW7：2.10m；插图六：2）。

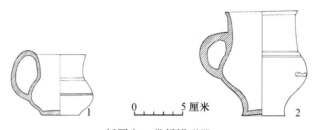

插图六　带鋬罐形器
1．R17951（WW16：1.00m）　2．R17941（WW：2.10m）

（二）三足器　三足器形态的变化很大，这是在河南发现的诸黑陶遗址里所不常有的现象。就现在我们所整理出来的这类里，选出七件以概括其全部的形态：

（1）实足带鋬的鼎形器　这类的陶器在瓦屋村的遗址里数量最多。砂质，外着黑衣，有光泽。足及鋬已缺落。图系依其残痕及他器残部补绘的。颈与肩的接合处有凹虹纹两道。置足在底与腹基接合处，就此处残痕观察，知系坯身未干时乱划深壕，用以固所安之泥足。足多成凿形，间有成长三角形的扁足（RL00229；WW22：1.90m；插图七）。

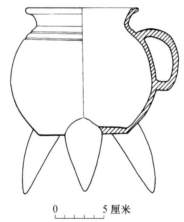

插图七　实足带鋬的鼎形器 RL00229（WW22：1.90m）

（2）鬼脸式足的鼎形陶器　这类在瓦屋村遗址里也占有最大的数量，它们的形态可以说是黑陶文化的特征。泥质，含有砂粒。外面着黑衣，口部的里面亦着黑衣，有光泽。附着乳二，小耳二。全体成节状。有鬼脸式足三个，足基包于底和腹基之接合处（RL00129；WW8：1.60m；插图八）。

（3）鬶形器　这类陶器在龙山和河南北部的黑陶遗址中也曾发现过，不过数量特别的少。在两城西的遗址里它们却占有相当的数量。它们的形状也不一样，有时手和鸟形一样。细砂质，色白，稍发红。腹中部有錾。錾为绳纹形（R18034；WW8：2.00m；插图九）。

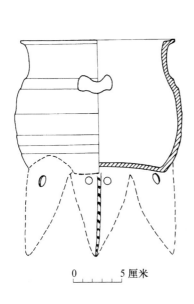 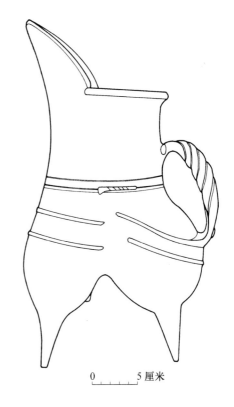

插图八　鬼脸式足的鼎形陶器
RL00129（WW8：1.60m）

插图九　鬶形器 R18034（WW8：2.00m）

（4）甗形器　这类陶器可以看到全形的仅1件。其它或仅有下部或仅有上部，大都很难粘合成全形。砂质，上部黑色，下部深灰色，外着黑衣。腹有凹虹纹十一道，疑系轮制时顺便划成者。颈下部有乳两个，小耳两个（RL00227；WW22：1.40m；插图一〇）。

这类之中，有的上部为泥质，下部为砂质；上部黑光，下部较粗。但全涂黑衣。大小亦颇不一致，图一〇是一件最小的甗。

（5）壶形器　仅见1个。有管状嘴一，錾一，足三。全器之本体是淡红色，上着白衣。底部略为三角状之圆形，在三角之各角处，各安有一足。錾扁平，有凹沟三道；錾下有泥乳一个。錾上端近口部之壁上，有孔一，想为系盖之用。和这类相似的有一件，

不过嘴却变为流，其它部分大都相同
（R17910；WW14：1.50m；插图一一）。

（6）半环形足之三足器　这类的
形态很特别，骤看颇像陶器的盖子，
仔细观察在三半环形足下部有磨平的
部分；我们才确认它们是三足器一类
了。这件是其中较小的一个。泥质，
淡红色，上着白衣。半环式足外向，
足与口部几在一线。其它几件在足部
与这件微有不同，或为绳纹的，为较
扁的样子（R18037；WW8：1.60m；
插图一二）。

（7）断圈足式之三足器　这类器
形上部和盆形器相同。底置圈足，然
后断之为三，其间隔的部分去掉，即
成此器形。图一三为选出的一件代表。
泥质，表面着黑衣。腹有凹虹纹两道，
小绳纹式耳两个。足部划有散点式之
短道。底向上凸起（RL00087；WW6：
0.90m；插图一三）。

到现在为止，我们整理出来的陶
器里，已有上面七类的三足器，此外
还有一件鬲的残片。在这遗址里它有
很重大的意义。在最初我们见到了很
多的鬲或甗的足，但始终没有见到鬲
形或甗形的全器。后来见有甗形器了，
这些足我们只能说可能是甗的残余，
但瓦屋村有无鬲的存在，却成为很大
的问题了。幸而见到这件的口部，我
们才确定瓦屋村的遗址里甗和鬲都
有，这些残足正是两种器物的残余。

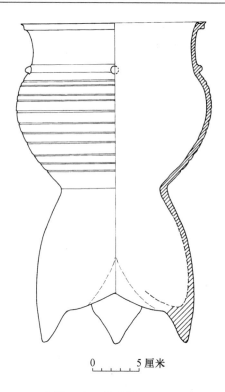

0　　　　　5 厘米

插图一〇　甗形器 RL00227
（WW22：1.40m）

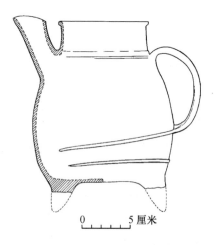

0　　　　　5 厘米

插图一一　壶形器 R17910
（WW14：1.50m）

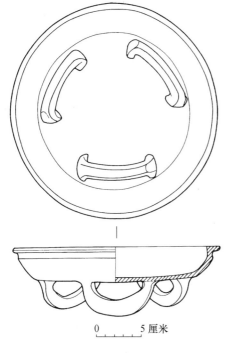

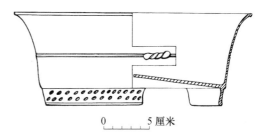

插图一三　断圈足式之三足器
RL00087（WW6：0.90m）

插图一二　半环形足之三足器
R18037（WW8：1.60m）

插图一四　无錾杯形器
NB10：13138（WW4：2.10m）

（三）杯形器　这类器物的残片不少，而成器或可以看出其原来样子的不很多。大约可以分有錾和无錾两类：

（1）无錾杯形器　这类较有錾杯形器少些。有时成直筒形，黑光亮者多，砂质的很少。所选的是一残器。质为细泥。黑色，有外衣。里及表面均有轮制痕迹。腹中部有凹虹纹一道。口径较底径为长。底与腹之接合处向里凹去，器壁愈向下愈厚，底较平（NB10：13138；WW4：2.10m；插图一四）。

（2）有錾杯形器　这类陶器以黑光者为多，且多精制品。在龙山和河南北部的诸黑陶遗址中都有。器形和錾形都不很一样，錾或为扁平，或为圆形，或为绳纹形，但其大体尚统可归于这类中。在图一五中是选出来的一件。泥质，色稍赭。錾为棕色，扁平。錾下部与底几在一个平面上。腹的下部有凹虹纹四道（RL00234；WW23：1.00m；插图一五）。

（四）碗形器　这类的器形变化很少，大部分都像下面图一六的样子。现在选出两件：

（1）这类器形有很多，都是作器盖用的，大小

插图一五　有錾杯形器
RL00234（WW23：1.00m）

也有很大的差别。质料也不一样,从细泥质一直到粗砂质都有。我们发现的陶罐和陶鼎有时上面选盖着这样的盖子。这一件是砂质,深灰,间有棕色。它是残片凑合成的。底部不甚光。这是专作碗用的。口部之唇较为厚些(NB10:13115;WW4:2.10m;插图一六:1)。

(2)这类碗形并不多见。砂质,深灰色,间有赭色。大部分残片凑成,腹有凸虹纹一道(RL00116;WW7:2.10m;插图一六:2)。

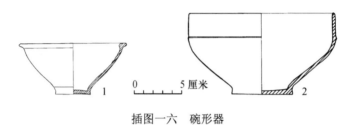

插图一六　碗形器
1. NB10:13115(WW4:2.10m)　2. RL00116(WW7:2.10m)

(五)盆形器　盆形器大体都像图十七那样,它是在黑陶文化各遗址里都存在的。这器形也可说是黑陶文化的特有品。下面所选的 2 件,可以概括其全体:

(1)无耳盆形器　这类器用在瓦屋村遗址里最为普通。质料从细泥质到砂质都有,大小也不很一致。这件是粗砂质,表面黑光,着有黑色外衣。陶壁几成直立,唇厚,有反卷突出部分(RL00064;WW3:1.20m;插图一七)。

(2)双耳盆形器　这类在瓦屋村遗址中常见之,所选的是着有附饰且形状较为特殊的一件。它是泥质制成的。黑色,有黑色外衣,器身较图一七类约高三分之一。全身有凸虹纹五道,小耳两个。在靠近口部的周围,分散的有小孔二十二个(R17891:WW6:1.00m;插图一八)。

其他有的比这件小些,有时附着两小耳,有时底部向里凹陷。

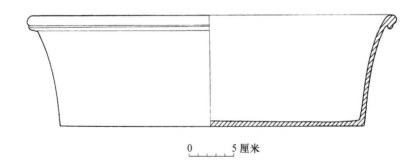

插图一七　无耳盆形器 RL00064(WW3:1.20m)

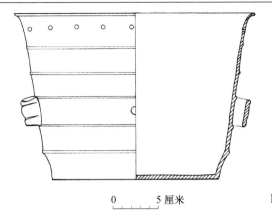

插图一八　双耳盆形器
R17891（WW6：1.00m）

0　　　5厘米

（六）圈足器　着有圈足的陶器，形态上并没有很大的变化，大体上都是这一类。所选的是较大的一件。上部如盘形，下部有筒形的圈足，在盘腹部有两小耳。筒形足略如竹节形，其高处有小孔两个。泥质，有黑衣。在盘形上部的里面也着有黑衣（R17889；WW16：1.20m；插图一九）。

另外有几件圈足器的足部较短，或于足上穿以小孔，分布于其周围。

但这类是很少，故不另叙。

以上关于这两遗址中陶器的类别和各类的代表器形，大体的叙述完了。其中自然还有较为特殊的东西，因为它们不足概括一部分的器形，所以就将它们省去了。此外有一件玩具要在这里补述：

它是细泥质作成的，表面有黑衣，光亮。在器的上部有孔两个，自器顶之边向下穿过器顶的边部。在器身的里面有陶卵，摇之作响（R17948；WWl6：0.30m；插图二〇）。

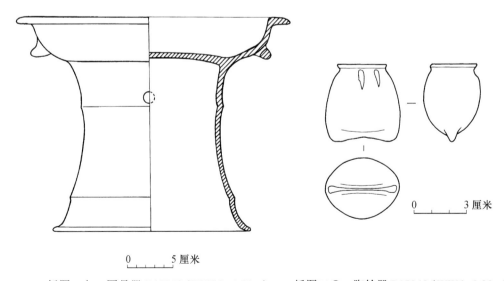

0　　　5厘米　　　　　　　　　　　　　　　　　　　　　　0　　　3厘米

插图一九　圈足器 R17889（WWl6：1.20m）　　　插图二〇　陶铃器 R17948（WW6：0.30m）

（丑）石器

石器　我们在瓦屋村黑陶遗址里见到成形的石器大约有 250 件左右。其中砂质的砺石有 70 多件，因为它们样子大不一致，且特性并不需要叙述，所以就省（略）了。现在将其余的 100 多件分类述之于下：

第一类斧形石器　这类共 50 多件，其中以图二一式之石器为最多，图二二及图二三两式仅 1 件。

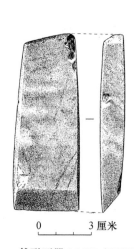

0 3 厘米

插图二一　斧形石器 R9673（WW16：1.10m）

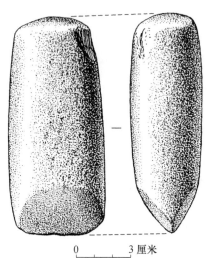

0 3 厘米

插图二二　斧形石器 R9562（WW37：0.40m）

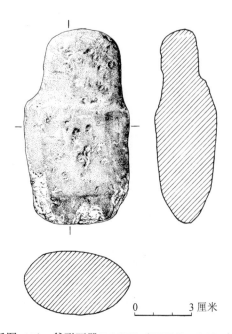

0 3 厘米

插图二三　斧形石器 R16253（WW48：0.90m）

图二一式的石器在龙山和河南北部诸黑陶遗址中常见到。其体较小，石质亦多坚固，磨制亦精。

第二类石矢　我们所得的完整和残的石矢共有 80 余件，大体可分为磨制和琢制两类：

（一）磨制石矢　这类石矢约有 70 余件，残的较多。样子大约都和插图二四：1（R16340；WW14：1.10m）式差不多。大小长短或有相当差别。

（二）琢制石矢　在这遗址里琢制石器很少，石矢共有 4 个属于这种制法。就形状分可别为两种：一种像三角形的无把的石矢（R9968；WW4：2.10m；图二四：2）；一种是像（图二四：1）式的琢制品（R16351；WW4：1.30m；插图二四：3）。（编按：琢制石矢实即细石器，年代早于龙山文化）

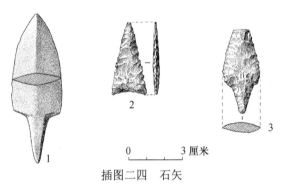

插图二四　石矢

1．R16340（WW14：1.10m）　2．R9968（WW4：2.10m）　3．R16351（WW4：1.30m）

第三类刀形器　共 60 余件，包括链（镰）形的石器，双孔的刀形：

（1）这类的刀形器和现代河南北部农夫所用的链（镰）很相似，和河南北部诸黑陶遗址所见的蚌刀也很相似。我们所见的全是些残器，没有一件完整的。大体上和链（镰）形相似的石器有 5 件。插图二五的一件把端残缺，刃尚完好，上部和尖端略有残毁处（R10682；WW16：0.45m）。

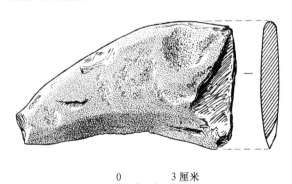

插图二五　刀形器 R10682（WW16：0.45m）

（2）这是一件带有双孔的石刀。刃的斜面都在器的一侧。石质是微晶花岗片岩。在许多残的带孔石器中，有的和它相似，但是大部分都没有孔了，不确定是否属于这类。这件大体尚全，仅两端有残缺处。孔成（补图形）形，并排有两个（R16559；WWl4：1.70m；插图二六）。

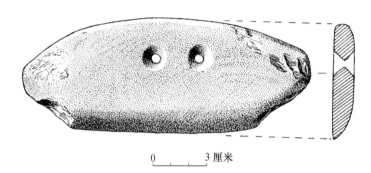

插图二六　双孔石刀器 R16559（WWl4：1.70m）

（3）长方形双孔石刀：这样形状的残片在瓦屋村遗址里大约有 30 多个，较为完整的却只有这一件。全体是长方形，在器的上部靠边处有两孔，孔为（补图形）形。刃的磨制和图二六式的一件相同，亦偏于器的一侧。通体磨光。刃的中间有残缺处。孔附近的面部及其两端有脱皮处。器形很像现代河南北部农民所用的迁刀（R16572；WW32：1.20m；插图二七）。

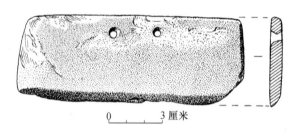

插图二七　长方形双孔石刀 R16572（WW32：1.20m）

　　第四类单孔斧形器　带有单孔的残石器见到的不少，但是大部都缺了刃部或仅有其孔部的残片，所以大部分都不能知道是否属于这一类。这一件的上部全是打过痕迹，大约会是一件残器经过了二次改制的东西。全体是长方形，刃是两面斜磨，器身磨制较精。孔的作法和图二六式刀的孔相同，剖面都为（补图形）形。石质为辉长岩（R16263；WWl6：1.00m；插图二八）。

　　第五类铲形石器　所得的铲形器共有 20 多件，大部都是仅存刃部的残片。图二九是比较完整的一件。这件的质料是石灰岩，磨制，表皮多脱落，刃向器之一侧倾斜，很利。上部的边有打脱处（R16439；WW7：0.60m；插图二九）。

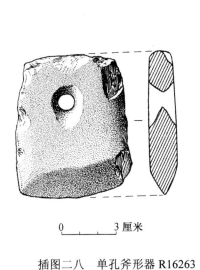

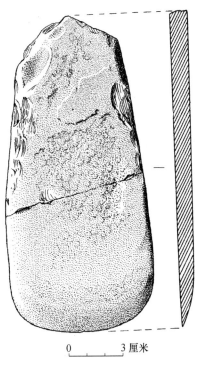

0 ____ 3 厘米

插图二八　单孔斧形器 R16263
（WW16：1.00m）

0 ____ 3 厘米

插图二九　铲形石器 R16439
（WW7：0.60m）

五、两遗址中之墓葬

　　这两个遗址里，我们共得有 59 座墓葬。在瓦屋村发现的有 43 个，在大孤堆东发现的有 6 个。大孤堆东的 6 个里有 3 个是附着殉葬的。现在分叙于下：

瓦屋村的葬地

　　我们先去看一下它们的纵的和横的分布：除去 5 个南北方向的墓葬暂时还不能确定为黑陶期者之外，其它我们确定是黑陶期的共有 38 个。它们堆积在深处或浅处；有时埋在黑陶文化层的里面，有时在黑陶文化层的下面，这样我们知道这葬地是随着这遗址而连续存在的。它们的横的分布非常的凌乱，有时相隔很远，有时重叠起来，一看便知道它们并没有固定的排列。

　　现在将这 43 个墓葬以三种不同的分类方法，加以分析：

　　甲、以其放置方向分之：

东西向的 38 个。（深浅处都有）

南北向的 5 个。（4 个在浅处，1 个俯身，都没殉葬物）

乙、以其放置的形状分之：

仰身放置的 34 个。（13 个有殉葬物）

俯身放置的 3 个。（南北向的 1 个，有殉葬物的 1 个）

不清楚的 6 个。

丙、以有无殉葬物分之：

有殉葬陶器的 14 个——皆东西向，其中 1 个是俯身。

无殉葬陶器的 29 个——有南北向的 5 个。

这 5 个南北方向的墓葬都没有殉葬物，我们不能从遗物上去断定它们的时代。且有 4 个是堆积在浅处，它们究竟是否和其余的 38 墓同时，抑或比较晚些？这问题暂时还不能作肯定的答复。现在就那 38 个墓葬里选出来 1 个俯身放置，和 1 个仰身放置的墓葬加以叙述：

俯身葬：WWM2 在深约 2.70 米以下，埋于黑陶文化层的下面，生黄土的上面。墓坑的形状不很清楚，大约南北宽 0.88 米，东西长 1.80 米。人骨已朽，但大体尚能看清楚。头向东，四肢直伸向西，俯身放置。在其右（左）手之末，有陶器，已成碎片。陶器之碎片分布于其右（左）肢的一面（插图三〇）。兹将其殉葬陶器 2 件分述于下：

（1）划纹壶形陶器　在尸体左肢的西面，口向西，底向东，大都为残片。我们将碎片捡回后，加以拼凑，才能看出其全形。通体成壶形，口底直径略相等。颈部有凹虹纹两道，肩部凹虹纹两道，腹的下部亦有凹虹纹两道。自口部到腹下部凹虹纹都涂有黑衣，黑色光亮。在腹的上部有夹于上下两虹纹之间的带形纹，它是四个（插图三一：3）形单位和一个（插图三一：4）形单位排成的。泥质（R17879；WWM2：1；插图三〇：1、插图三一：1）。

（2）小錾罐形陶器　这件的碎片分散于尸体的左肢附近，碎片间的距离有时竟达 0.50 米之远。将这里陶片全收回去，将它们粘兑起来，才成了这件不很完全的器形。它是泥质制成的。全体灰色，仅有很少的部分有着黑衣的痕迹。颈部有虹纹两道。肩与腹的连接处有突出部分。在腹之中部有小錾一个，其剖面为圆形全形，不很规则。小錾的对面有乳头形附饰一件。口的直径较底的直径大些（NB10：13215；WWM2：2；插图三〇：2、插图三一：2）。

仰身葬：WWM19 在深 2.6 米下，埋于黑陶文化层下，生黄土上。墓形不很清楚，大约南北宽约 0.70 米，东西长约 2.10 米。人骨尚清楚，顶向东，四肢直伸向西，仰身放置。有陶器 3 件，位于头骨的右侧。在其头骨左远处，有陶器 2 件，（即插图三二：

4、5）以其距离看去，似不应为 WWM19 的殉葬物；但在那 2 件陶器的附近，我们始
终没有找到人骨的存在，而陶器的形态和制作都与殉葬器相同，所以我们暂且也附于
这墓之中（插图三二）。现在将 5 件陶器分述于下：

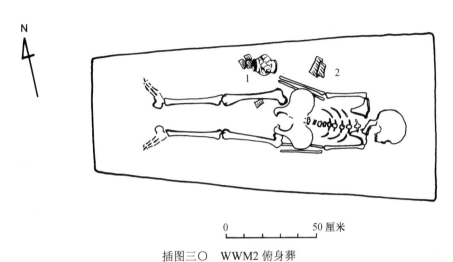

插图三〇　WWM2 俯身葬

1. 划纹壶形陶器 R17879　2. 小錾罐形陶器 NB10：13215

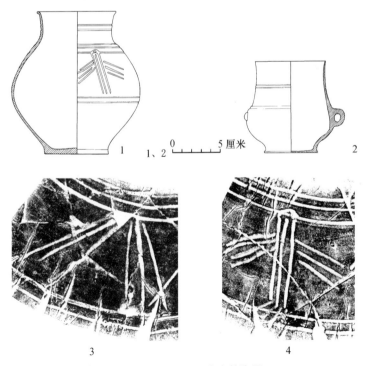

插图三一　WWM2 出土的陶器

1. 划纹壶形陶器 R17879　2. 小錾罐形陶器 NB10：13215　3、4. 划纹壶形陶器 R17879 纹饰拓片

（1）杯形三足器　这件在头骨的左侧，口向西南，平放，足向东北，鋬向西北。全体成杯形，有黑色外衣，光泽很好。器的上部是筒形，下部愈个（向）下愈大。在下部的上边和下边，为鋬的上下基安置处。鋬扁平，安置很斜。在器下部的周围为（插图三三：4）形的单位排成的带形。底部安有三足，足为凿形。其一适放于鋬的下面。细泥质（R18007；WWM19：1；插图三二：1、插图三三：1）。

（2）碗形三足器　这件在头骨的左侧，口向南，足向北，鋬向西，平放。全体以似碗形，有黑衣，光泽很好。腹部有凹虹纹两道，小鋬一个，鋬为圆形剖面。底部有足三个，为凿形，一足安于鋬的下面。细泥质（R18008；WWM19：2、插图三二：2、插图三三：2）。

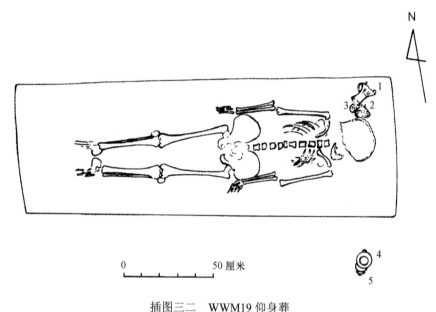

插图三二　WWM19 仰身葬

1. 杯形三足器 R18007　2. 碗形三足器 R18008　3. 纺轮 R17927

4. 杯形陶器 R17942　5. 罐形陶器 R13098

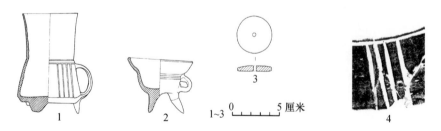

插图三三　WWM19 出土的陶器（一）

1. 杯形三足器 R18007　2. 碗形三足器 R18008　3. 纺轮 R17927　4. 杯形三足器 R18007 的纹饰拓片

（3）纺轮　它放置在杯形三足器口部和碗形三足器足部的下面。全体扁平，中间有孔一个。深灰色。泥质（R17927；WWM19：3；插图三二：3、插图三三：3）。

（4）杯形陶器　它在头骨右侧的远处。口向上，鋬向北。器的上部涂有黑衣，下部灰色，无黑衣。在腹部有凹虹纹七道，鋬一件，剖面为椭圆形。泥质（插图三二：4及 R17942；WWM19：4；插图三四：1）。

（5）罐形陶器　它也在头骨右侧的远处。有盖一件。器和盖都是砂质。上着黑衣，但大部分已脱落。器的腹部有凹虹纹两道（NBN10：13098；WWM19：5；插图三二：5、插图三四：2）。

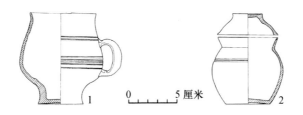

插图三四　WWM19 出土的陶器（二）

1. 杯形陶器 R17942　2. 罐形陶器 NBN10：13098

大孤堆东的墓葬

这里的墓葬，大约也可以拿上面的 2 个墓葬作代表。其中 TKTM2 里，有玉器和绿石珠的存在，这是特殊的现象。

（编按：文稿未完）

附：刘燿《山东日照两城镇附近史前遗址》整理后记

李永迪

历史语言研究所在山东日照两城镇的发掘是 1936 年 5 月至 7 月，由梁思永带领祁延霈与刘燿所进行的。这也是史语所会同山东地方政府，以山东古迹研究会名义进行的第四次发掘[①]。当时经过现地勘查后，决定依照遗址的地形分两处发掘，一为紧靠镇西的瓦屋村北，由刘燿负责，一为离镇西约一里多的大孤堆东，由祁延霈负责。其后的发掘报告也由两人分开撰写。梁思永在发掘初期，分别指导了两地的工作。由于发现了大量的陶器、石器，以及 50 余座墓葬，使两城镇成为史语所城子崖发掘以后，另一处重要的龙山文化遗址[②]。

根据石璋如先生所撰的殷墟发掘员工传[③]，刘燿在山东发掘之后感染肺病，考古组即决定让他留在所内编写发掘报告，暂时不进行田野工作。两城镇瓦屋村报告的许多整理、撰写、绘图，估计即是刘燿在当时史语所所址的南京所进行。1937 年抗日战争爆发，史语所由南京迁往长沙，刘燿亦赴长沙，并继续进行整理工作。南京沦陷以后，史语所部分同仁投入抗战的行列，刘燿与祁延霈也在其中[④]，两城镇报告的出版工作因此停顿。当时瓦屋村已完成七、八，大孤堆的发掘报告应也完成部分[⑤]。刘燿离开史语所即前往延安，后改名尹达，1949 年以后陆续担任中国科学院历史研究所副所长、考古研究所副所长、兼任所长等学术要职[⑥]。祁延霈抵延安后前往新疆，改名祁天民，曾任新疆学院秘书兼政治经济系主任、哈密专区教育局长等职，于 1939 年在哈密过世。两城镇的原始数据、出土器物，以及刘燿、祁延霈报告手稿则随史语所辗转搬迁，今藏于史语所南港现址。其中两城镇出土部分陶器留置南京，现藏南京博物院，亦有不少实物材料于战乱中丢失。史语所并保存有少数发掘时刘燿、祁延霈与李济、梁思永间的往来书信。

夏鼐在回忆刘燿的文章中，曾提及刘燿对未能完成两城镇的报告始终感到遗憾[⑦]。刘燿决心离开史语所后，在瓦屋村报告手稿的最后做了如下的注记，充分反映了他当时投笔从戎的心情：

> 现在敌人的狂暴更加厉害了，国亡家破的悲剧眼看就要在我们的面前排演；同时我们正是一幕悲剧的演员！我们不忍心就这样的让国家亡掉，让故乡的父老化作亡国的奴隶；内在的矛盾一天天的加重，真不能够再埋头写下去了！我爱好考古，醉心考古，如果有半点可能也不愿舍弃这相伴七年的老友！但是，我更爱国家，更爱世世代代所居住的故乡，我不能够坐视不救！我明知道自己的力量有限，明知道这是一件冒险历危的工作，但是却不能使我有丝毫的恐怖和畏缩！

刘燿并寄望梁思永能代为完成报告，但其后兵马倥偬，梁思永早逝，报告终未能在刘燿生前出版。

刘燿在其著作《新石器时代》⑧中曾对两城镇的工作与发现做了简单叙述，是以学界对史语所两城镇的工作仍有所知。南京博物院于1985年出版了史语所留置南京的两城镇陶器⑨，提供了不少出土实物的照片。张光直先生于1994至1996年回台任"中研院"副院长期间，曾主持两城镇报告整理工作，当时邀请中国社会科学院考古研究所高广仁先生赴台协助。其后由本所黄铭崇主持工作，整理文稿，并至南京博物院重新拍摄了两城镇的陶器。目前的整理工作由考古学门安阳工作室继续进行。

刘燿《山东日照两城镇附近史前遗址》一文为简报性质，文章介绍了两城镇的工作与成果，其中遗址出土器物的介绍主要以瓦屋村为主，墓葬部分虽在题纲中列入了大孤堆，但正文中并未能完成，可能刘燿未得亲见祁延霈的工作成果，抑或有待祁延霈执笔。史语所现藏有两份文稿，一份为刘燿手稿，另一份为誊本。刘燿手稿中仍有多处删改，但已留有贴附插图位置，并以铅笔注记了器物的出土号，大约已是定稿。手稿封面记有"一九三六年十二月八日至十日写于南京鸡鸣寺，为济之先生赴英讲学之用！"等字（图一），说明这份文稿是提供给李济做为参考，写作时间是在两城镇工作结束的5个月后。根据李光谟所撰《李济先生学行纪略》，李济于1937年1月应英国大学联合会邀请，赴英讲学，分别在韦尔斯、伦敦、牛津、剑桥等地进行了十四次学术演讲⑩。刘燿所记赴英讲学一事应即为此。

《山东日照两城镇附近史前遗址》誊稿的笔迹不同于刘燿手迹，但文中仍有刘燿以钢笔、毛笔修改之处，或订正誊抄的错误，或对文字进行修饰。稿纸空白部位则有梁思永以铅笔书写的简单英文摘要。字句间另有朱笔修改，为李济手迹（图二），但朱笔部分仅见于誊稿的前半，可能李济并未通篇修定。插图当时已绘制草图，粘贴配置于文字间，其中插图、插图说明、器物编号均出自刘燿之手。誊本的插图编号则为石璋如老所书，可知石老曾经过目，或将代为出版。从誊本经刘燿修改，以及誊本所用稿纸与刘燿手稿相同来看，誊本完成的时间应与刘燿手稿相去不远。誊本上的诸多删改眉批，也可以看出史语所考古组早年师承与严谨的作风。

《山东日照两城镇附近史前遗址》的文稿是2003年石璋如老过世以后，整理石老文稿时发现的。两城镇报告出版工作延宕已久，学界企盼甚殷，又值史语所两城镇发掘70周年之际，因先予排印，但求稍解学界若渴之望，并以示正式报告之出版亦不远矣。文字的排版是以所藏的誊稿为底本，并参照了李济的朱笔改定。李济虽仅修改文稿的一部分，但由于改定了原稿较为口语的行文方式，因此予以保留；未经李济修改的部分则依据刘燿原稿。另外必须说明的是，刘燿撰写此一简报的时间早于发掘报告，因此在器物的认定与分类上不免与正式报告有些许出入，可见编按的说明。由于原稿

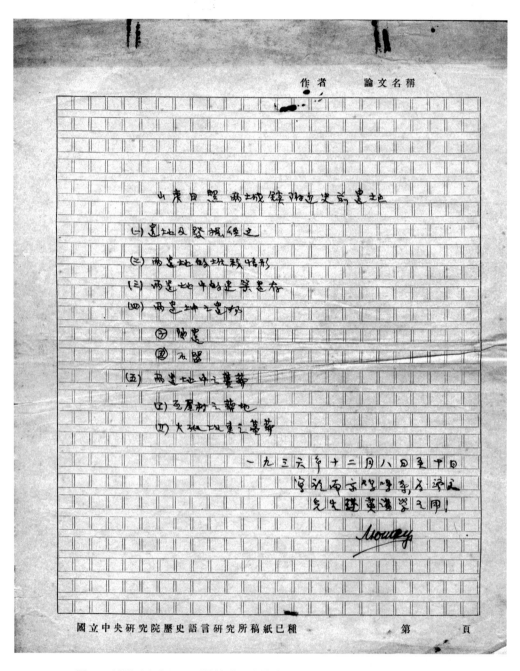

图一　刘燿《山东日照两城镇附近史前遗址》手稿封面。除文稿章节外，
　　　刘燿并注记了成稿时间与缘由。手稿现藏史语所安阳工作室。

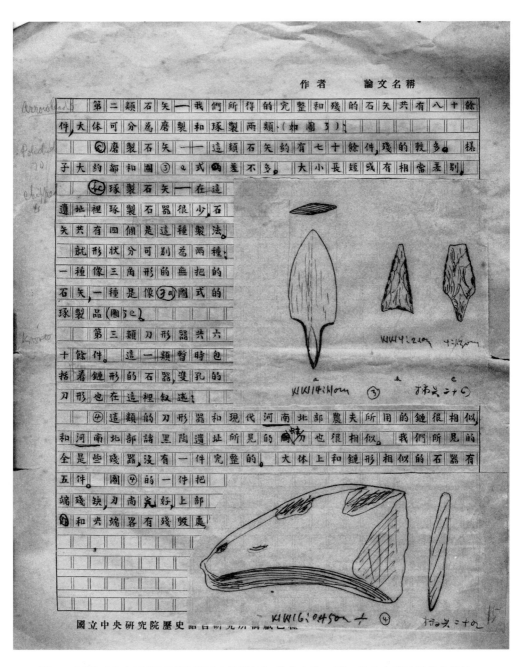

图二　刘燿《山东日照两城镇附近史前遗址》誊本中的一页，其中文字已经他人誊抄，
插图绘制及说明则出于刘燿之手。插图编号为石璋如老手迹，纸面空白处铅笔
字为梁思永所注记，红笔修改处应为李济手迹。现藏史语所安阳工作室。

插图均为草稿，本文付印时大部分采用了为正式报告出版重新绘制的线图，其中石器的绘图完成较早，绘者已不可考，但从时间推算，或许为潘悫所作[⑪]。陶器采用的线图则是近期进行报告整理工作时所绘制的。本文的文字与绘图工作得到了冯忠美、丁瑞茂、与杨德祯等的协助，特此致谢。

注　释

① 山东古迹研究会前两次的发掘即为城子崖，第三次则在滕县安上村。山东古迹研究会的成立可见《城子崖：山东历城县龙山镇之黑陶文化遗址》第 2、3 页，中央研究院历史语言研究所，南京，1934 年。

② 以上见《两城镇——山东日照县两城镇之龙山文化遗址》，史语所藏刘燿手稿（待刊）。

③ 原稿现藏史语所安阳工作室，进行编辑出版中。

④ 石璋如老回忆了当时送行的情景，见《石璋如先生访问纪录》第 188～190 页，台北"中研院近代史研究所"，2002 年。

⑤ 刘燿在手稿中提及祁延霈在他之先，已大致完成大孤堆的发掘报告。目前史语所保存的大孤堆手稿，完成程度尚不及瓦屋村。祁延霈完稿或已不存。

⑥ 《中国大百科全书·考古学》第 615 页，文物出版社，1986 年。

⑦ 《悼念尹达同志》，见《日照两城镇陶器》第 3 页，文物出版社，1985 年。

⑧ 《新石器时代》，三联书店，1979 年。

⑨ 书名为《日照两城镇陶器》。

⑩ 《李济先生学行纪略》，见《李济文集·卷五》第 454 页，上海人民出版社，2006 年。

⑪ 陈仲玉先生提供了相关的讯息，谨在此致谢。

日照县两城镇等七个遗址初步勘查

山东省文物管理处

1954 年 3 月，我处接大众日报社转来李玉成同志一函，反映日照县两城镇遗址破坏情况，即派卫志珍、袁明两同志前往调查，并请当地区公所设法保护。

本年 7 月，又接文化部文物局转来李玉成同志来函，说两城镇农民仍在遗址上挖灰土当肥料使用。当派袁明、魏广达、祝志成、王思礼、李克敏等 5 人，再往与当地政府研究保护办法，并就近勘查了一下县中各文化遗址的情况。

据初步了解，日照县境内有两城镇、刘家楼、大洼村、田家园、安尧王城、大桃园等 6 处古文化遗址（插图一），附近五莲县丹土村也有 1 处，并均采集到许多遗物。

一、两城镇遗址

两城镇在日照县城东北 45 里，胶、日公路南北穿过街心，遗址就在镇的西面。勘察时正值青纱帐起，不便从中来往，只顺着地堰、水沟断面，找出灰层，确定四边。南至去白石村大道，西至巷西坡（两城镇西巷顶，大崮墩西坡）小窑沟，北至去梁家罗圈村的大道，东至一村东头。东西长约 1100 米，南北长约 900 米，共约 99 万平方米。这一范围，不是遗址的正确面积，只是作为农民不在规定区域内用土的保护界线（图版一）。

遗址破坏最严重的地方是六村西北 2 处。一为社地（公田），被农民用肥挖去的面积约680 多平方米，成了一个深湾，现在湾边还存

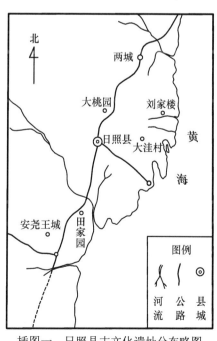

插图一　日照县古文化遗址分布略图

七、八堆灰土（图版二之 1）。二为刘迟玉农业生产合作社的地南头，今春推去 80 多平方米灰土，地东边堰子从南到北暴露出长约 30 米的灰层（图版二之 2）。除此二处，八村后面菜园南头，有长约 40 多米的陡崖，灰层厚约 1 米有余，极为明显。五村西头于培俭农业生产合作社的地东边，北边，加上刘景海的地头，长约 50 多米，亦显露灰层。

关于遗址保护问题，我们在县里先后与县委宣传部、县府秘书室、民政科、文教科及文物管理委员会各单位联系，并争取参加区文教助理会议。每到一处，都先宣传中央保护文物政策，说明在建筑工程或农民挖土时发现文物，应即速报告当地政府（图版三之 1）。在两城镇为了扩大宣传面，曾参加了 7 个村子的 800 余人的村民大会，向农民说明遗址的重要性和每个人应有保护责任。

为了把遗址保护好，我们建议区、乡、村联合成立一个遗址保护委员会，加强管理。协商结果，以文教助理、副乡长分任正副主任；委员 11 人，由各村村干、乡文教委员会、村图书室、学校等单位，抽出一定人员组成。委员会的任务：（一）经常通过会议、农业生产合作社、黑板报、及其他方式，宣传文物政策，使农民懂得保护的意义；（二）随时注意保护情况，发生破坏时应立即劝告制止；（三）关于遗址的一切问题，须处理时，应及时和省文管处联系和研究。

虽然建立了这样的组织来进行保护工作，但仍存在着一个问题很难解决，就是：有的农民，土地很少，并且都在遗址上，每年必须在这里取土积肥。当时解决的办法，是动员在他亲族的地中用土，但这究竟不是永久性的好办法，因此，保护遗址与影响生产的矛盾，还须作进一步研究。

1954 年和这次勘查时采集到一部分石器、陶器等遗物，兹选择较完整和能看出器形的作简要说明：

1. 石器类计有：

（1）石斧：① 宽刃厚斧，顶端稍窄，横断面作扁长形（插图二之 1，图版四之 1）；② 扁平长方斧，制作较粗糙，有的刃部微带弧度（插图二之 2、3，图版四之 2）；③ 扁平带孔斧，磨制精细，孔由两面穿透，刃部微阔，作微度的弧形（插图二之 4，图版四之 3、4）；④ 圆柱形斧，器身略似圆柱，下端刃部由两面对称磨成（插图二之 5）。

（2）石凿：锛与凿形相似，刃皆一面磨成，背面稍作弧形，现以窄而厚的为凿，宽而薄的为锛。采集的凿，身为长方四棱形，磨制粗糙，器形较大（插图二之 6，图版四之 11、12）。

（3）石锛：器身方形的多，长方形的少。刃部宽，顶端窄。刃的斜度由一面磨成，器身另一面稍作弧形（插图二之 7）。

（4）石铲：扁平长方形，磨制光滑，边棱不显，下端一面磨成不对称的单面刃（插

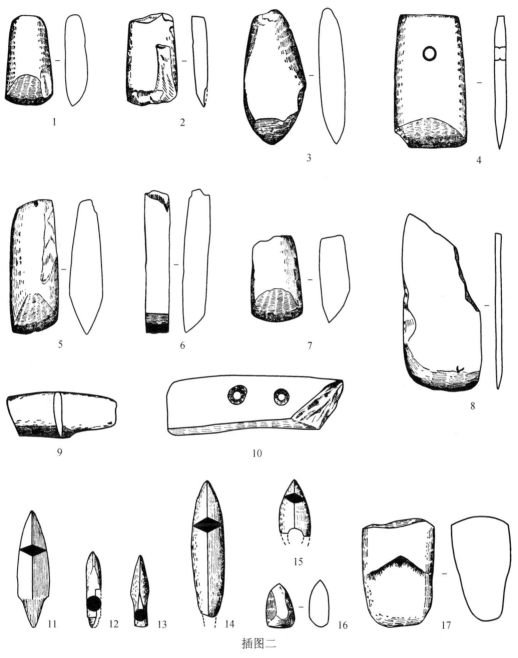

插图二

1～5. 石斧　6. 石凿　7. 石锛　8. 石铲　9. 石镰　10. 石刀
11～13. 石镞　14、15. 石镖　16、17. 石锤形器

图二之8，图版四之13，图版五之1）。

（5）石镰：长条形，扁平不规则。一长边有刃，和现在铁镰相似。磨制粗细不同，大型的较粗糙，小型的较细致（插图二之9，图版五之6）。

（6）石刀：扁平长条形，三孔均由两面穿透，亦有两孔的。单面刃在长边的一端，背作半月形，也有直角的（插图二之 10，图版五之 2～4）。

（7）石镞：一种身近扁平，中有脊，后锋作钝角，收缩成椭圆铤（插图二之 11，图版五之 9～11）。一种作圆柱形，镞末有三棱锋尖，铤为圆形（插图二之 12，图版六之 2）。一种横断面作等边三角形，后锋缩成粗圆铤（插图二之 13）。

（8）石镖：形似扁平式镞，但比扁平式镞大有两倍以上，为投掷器。另一件后部已残，形式与上件相同，中间有穿（插图二之 14、15，图版五之 12～17）。

（9）石锤形器：一为不正规的四方形，上大下小，顶端平整，下由四面磨成钝圆尖。一则上端微凸，中部有段，下端较平稍大，横断面为方圆形（插图二之 16、17，图版四之 5）。

2．陶器类：

陶器方面，可分七类：（一）泥质黑陶，如杯、罐、壶、盘、纺轮；（二）灰砂黑陶，如碗、鼎；（三）泥质黄陶，如鬶、纺轮；（四）夹砂黄陶，如鬶；（五）泥质白陶，硬胎，数量很少，有一较大陶片，可能为罐底；（六）泥质灰陶，只采得器盖一件；（七）夹砂灰陶，只采得器足三块。各类陶器以轮制为主，兼有手制，限于足、鋬、鼻等部分。器以素面居多，有作弦纹的，附加堆纹的较少。

（1）鬶：① 直唇直口，前有流，腹部弦纹五周，中间弦纹的两边各有一个泥饼饰。腹旁一鋬与后足成直线，前面两孔形足并立，后面足绕弦纹。黄细泥胎，外涂肉色衣（插图三之 1，图版六之 6）。② 扁圆，侈口，有流，口外前后各有一个泥饼饰。颈收缩稍细，腹上绕弦纹，鋬为绹纹，三足锥形，后足有弦纹。色较上器微红，胎有砂粒（插图三之 2，图版六之 7）。③ 口流与第一器同，流下有小横鼻。鋬与第二器同，颈腹弦纹三周。泥饼饰共八个，两个在口流交界处左右，一个在鋬的下端中间，两个在鋬上端两角，两个在腹部左右，一个在腹部前面。下为三实心圆锥足。口、足皆残，色与第一器同（图版六之 8）。

（2）鼎：侈唇弇口，腹稍凸成圆形，平底，下有犁铲式盲鼻足三。胎内夹有粗砂，黑色（插图三之 3，图版七）。

（3）小底罐：① 直唇弇口，颈肩、腹有显著分界线。颈绕弦纹，腹前有横鼻，后有扁鋬，腹下收缩为小平底。黑色。② 口残，腹上下各有弦纹数周，间以平行垂直凹纹。下部素面磨光，收成平底。黑色。③ 直唇侈口，大腹，旁有把，高过口缘。底平，内面中部凸起。黑色。④ 折唇直口，颈、肩界线分明。腹上部绕平行压弦纹数道，底平。黑色。此式间有带两横鼻的（插图三之 4～7，图版八）。

（4）罅：敛口唇残，鼓腹，肩部刻附加堆纹一周，胎质很细，全身涂黑色衣（插图三之 8）。

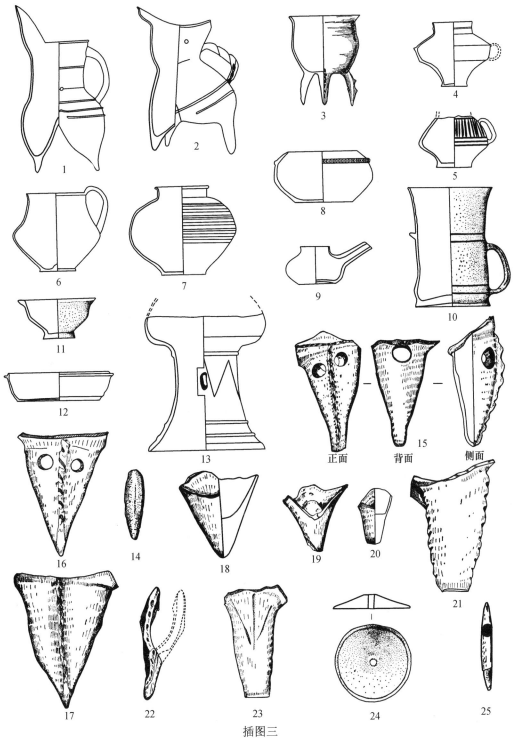

插图三

1、2. 陶鬶　3. 陶鼎　4～7. 小底罐　8. 陶鲻　9. 陶壶　10. 陶杯　11. 陶碗
12. 陶盆　13. 舢形器　14. 泥镞　15～23. 器足　24. 陶纺轮　25. 骨镞

（5）壶：小口直唇，大腹，有圆流甚长，底中部微凹，在黑陶器中尚罕见（插图三之9）。

（6）杯：制作极精，色黑，有光泽。直唇侈口，腹中部一面有横盲鼻，一面下半部有扁錾。器绕凹弦纹四周，分在錾的上下。近底腹壁稍收缩，底中部微凹（插图三之10，图版九之1、2）。

（7）碗：折唇敞口，腹壁稍垂直，下部斜行向里收缩成小平底。素面，胎内砂粒很显。红灰色（插图三之11，图版九之3、4）。

（8）盆：一有双唇可承盖，腹壁斜行向里，折缩为平底。黑色，细泥薄而精美，旧称"蛋壳陶"（插图三之12）。

（9）觚形器：腹部以上残缺，下为高圈足，内无底。圈足上部有山纹，其旁对穿两个镂孔。下绕梯形纹三周（插图三之13）。

（10）泥镞：扁平长形泥条，身与铤无分界线，横剖面作扁圆形。原器似不能应用。此物在山东尚属初见（插图三之14）。

（11）器足：有犁铲式饕餮足，盲鼻足、圆锥式凹尖锥足、凸钝锥足、平尖锥足、侧三角足、侧三角双根单尖足，有一种凿式三刻文足，反面为单刻文（插图三之15～23，图版十）。

（12）器盖：形如盘底部加宽，扁鼻。鼻的两端间有带泥饼饰的（图版九之5～7）。

（13）陶纺轮：扁平圆形，边缘有凹弦纹一周，一面略呈弧形，中为圆穿（插图三之24，图版六之4）。

另外还有骨镞，长身圆柱形，钝尖；铤亦圆形（插图三之25）。该地乡长前年在灰土内曾挖出七个贝壳，现只剩一个。贝的凸面有黄线一周，中为青蓝色，再内为紫色，紫色中有一磨透圆孔。长2.3厘米，宽1.7厘米。

两城镇两次采集的文物统计表

名称	石器类										陶器类																			共计
	斧	凿	锛	铲	刀	镰	镞	镖形器	锤形器	残器	鬶	鼎	炉	罐	壶	豆把	杯	盘	碗	盉	纺轮	觚形器	镞	器足	器底	器口	器盖	陶片	贝	
1954年	33	10	1	2	25		12			3	3		1	4		1				2			1			2	1	186		287
1955年	38	6	13	4	13	10	14	7	2	12	1	5		6	1		3	2	4		3	1		17	9	9	6	18	1	205
共计	71	16	14	6	38	10	26	7	2	15	4	5	1	10	1	1	3	2	4	2	3	1	1	17	9	11	7	204	1	492

二、安尧王城遗址

安尧王城村在日照县城南 45 里，村西南有一隆起高地，遍地陶片，当地群众因叫它瓦子岭。岭上为南辛庄。北有七里河，由岭西转南而东，遗址就位在河圈以内。据地面灰土痕迹测量，东西长约 550 米，南北长约 600 米，共约 33 万平方米。面积较大，遗物亦丰富，保存尚完整（图版三之 2）。先后两次共采集玉器 1 件，石器 51 件，陶片 50 余块。

（1）玉斧：淡绿色，扁平长方形，磨制精致，中有一孔，由一面穿透。刃的两面不对称。器形颇与 1936 年在两城镇发掘所得的玉斧相似，没有使用痕迹（插图四之 1，图版四之 9）。

（2）石器：与两城镇形制相同的有：宽刃厚斧、扁平长方斧、扁平带孔斧等 12 件，锛 10 件，凿 4 件，镰 1 件，扁平带孔刀 7 件，镞 2 件（图版四之 6、7、8、10）。不同的：一为扁平束腰镞，形如葫芦，中脊微凸，两刃向前聚成钝锋，后面收缩为圆锥铤（插图四之 2）；一为长边抹角成背，残存两孔或一孔的刀（图版五之 5）；一为纺轮，完整无缺，平面，磨制稍粗。

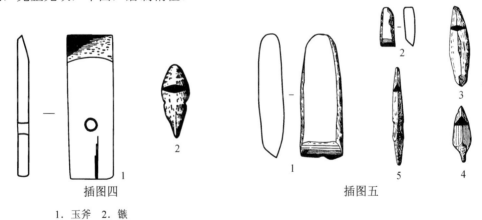

插图四　　　　　　　　　　　　　　　插图五
1. 玉斧　2. 镞

（3）陶片、器足：陶片采集不多，看不出器形，可分泥质黑陶、夹砂黑陶、夹砂红陶、夹砂白陶。制法大部轮制，亦有手制。器足除饕餮足、凸尖锥足、凹尖锥足与两城镇相同外，还采有犁铲式光面足。

三、大洼村遗址

大洼村在日照县城东 18 里，遗址由村西饮马泉起，经过村后丘岭，到东海岸老埝墩止，东西约 7 里，南北约 1 里。这一广阔地带，均有石器和鬲足等物发现，最多的地方是饮马泉、小框子、白坝台与后岭上李家祠堂附近。去年修筑的公路，从村后丘岭上通过，在挖土 30 厘米厚的断层处，发现烧土多处。采集石器有凿、锛、镰、刀、铲、斧及镞等 70 件（插图五之 1~5，图版四之 14，图版五之 7~8），陶片有 23 件，以夹砂灰陶、夹砂红陶为最多。

四、刘家楼遗址

刘家楼村在日照县城东北 30 里泗水的东北面，村南、村北全为泗山包围，往东 3 里许即是大海。遗址由村西起，在苏家村西头，东西长约 3 里，南北长约里许。这一带的耕地和崖头剖面上，都能拾到夹砂红陶扁凿形、圆锥形、盲鼻形等器足。夹砂灰陶片亦多，并采集白陶鬶 1 块，但未发现石器和黑陶。据乡长梁西山同志说，1954 年春曾发现一个陶器，前面有流，后有把，下面三足，两个在前，一个在后，系锥形实足；另一个是红色陶器，形式如罐，下有三个乳形足。推测前者是鬶形器，后者可能是鼎鬲之类。

五、大桃园遗址

大桃园村在日照县城北约 18 里，村西北由黑山流下一条小河叫横沟，沟东面还有一条后河，两条水汇合流过村后，遗址就在这三角台地上。东西长约 150 米，南北长约 100 米。据一姓许的同志说，过去红鬲足很多，农民耕地翻土时把所有陶片捡取抛弃河中，被历年大水冲去，现在地面几乎不见。当时只采集犁铲式盲鼻足、扁凿足、圆锥足、侧三角足、双腿单脚足及夹砂红陶片、夹砂黄陶片等 12 件。该村学校教师捐献扁平形石镞 1 件。据群众反映曾有铜镞及铜镜发现，但未见到。遗址可能灰层很薄，历年农民耕地，破坏甚重，在地面或断面上均已看不出有灰痕显露。

六、田家园遗址

田家园村在日照城南 25 里，去年调查安尧王城遗址，路经该地，曾在汽车路旁沟崖断层内发现灰土和鬲足等物。这次在村后约 300 平方米的平原上，见有遗址痕迹。地面陶片不多，只捡到盆口 2 块，一为绳纹灰陶，一为灰砂黑陶；又夹砂红陶罐口 1 块；肥大空心鬲足 2 个。

七、丹土村遗址

丹土村属五莲县六区，在两城镇西北 10 里。西面有一小河叫王家村河，绕过岭北，东流入两城镇北的卡家河。遗址在村的北边，东、北、西三面皆有灰土、陶片、石器。村南有一深沟，切断村与西南山麓的联系，无遗址痕迹。

遗址东西长约 480 米，南北长约 225 米。村东头断崖处暴露灰层 1 米多厚，灰陶片、黑陶片甚多，中间夹有大块红烧土。群众都说，丹土村是以红土多而得名。当时采集的石器有凿 4 件，厚刃斧 3 件，厚扁带槽斧 1 件，有孔斧 3 件，石刀 1 件，纺轮 1 件（图版六之 1、5），饕餮足 1 块。遗物与两城镇无异。内有 1 件扁平石镞，后锋作直角形，身侧有半穿，可能是用残带孔石器改作的（插图六，图版六之 3）。

插图六

以上 7 个遗址，丹土村、安尧王城村、大洼村发现的遗物，就器形、质料、纹饰各方面看，大体和两城镇新石器时期遗址出土的相同。尽管在大洼村仓促间没找到标准黑陶，就石器而言，仍与上两处属于一个文化体系——龙山文化。刘家楼、大桃园和田家园 3 个遗址的陶片、器足多数是灰陶、夹砂灰陶、夹砂红陶和圆锥形空心或实心尖足，一般没有石器，即有也是很少的。它们应晚于新石器时期，约为商周遗址，但可能不是属于同一文化层。

据胡厚宣著"殷墟发掘"一文中曾说"属于山东日照的有臭杞园、秦官庄、刘家楼、小柳庄、臧家荒等 5 处"。但日照县境内并无臭杞园、秦官庄、小柳庄村名，却有楸桥园、秦家官庄、小留庄 3 个村子，可能是字音的差误。这次调查在以上 3 村没见有灰迹，就是靠近海岸的臧家荒也无遗址，真实情况，还须继续了解。

对两城镇的遗物，我们有如下几点初步看法。

（1）黑陶碗、盘、杯、罐等物的底部，必陷落一段，然后才构成平底，小形碗、盘这现象更明显。

（2）"蛋壳陶"为龙山文化特征之一，占数较少，只限于小型器物，不是普遍使用的。

（3）夹砂灰陶的胎为灰色，表里涂抹薄薄一层黑衣，颇似黑釉，光泽明亮；泥质灰陶器物尤美，并且是磨光的。这种涂黑磨光方法，从新石器时期起，通过商代直到战国，还在山东不时发现（图版九之 8）。

（4）在两城镇八村宣传时，曾听到一人说，前几年在遗址内刨出 1 个罐子，内中全盛石镞，锋刃很锐。这次调查时前后采集的石镞，比其他遗址特多，可以推知在当时是已较普遍的应用。

在这次调查工作中，我们有如下的几点经验和体会：

（1）必须主动的与当地政府密切联系，并取得其支持与帮助，树立坚决依靠群众的思想。区、乡、村各级干部所担负的任务繁重，不能因为他们去做别的工作，一时不来找我们，就认为他们对这工作不重视，或帮助不够。我们初到两城镇时，感到他们说几句话就走了，甚至以为他们不愿理睬，可是经过以后几次主动联系，征求他们意见，终于参加了村民大会，成立了保护委员会，发挥了显著作用。

（2）经常召开工作会议，统一认识，步调一致。这次在保护遗址的范围和方法问题上，大家曾有过不同意见，有的说在灰坑与灰坑之间可以让农民挖土，也有的说范围可尽量缩小到灰层厚的区域，还有认为不能成立保护委员会的。经过热烈讨论，结果决定了按现有灰迹制定保护范围，并成立起了保护委员会的组织。

（3）动员捐献文物，最好用实物来启发教育群众，使他们认识了以后能自动的捐献，切忌采取过急的办法。这次大桃园有一家存有铜镞，有一学生家存有铜镜，因为动员过急，致使他们认为这东西很值钱，不愿拿出。

日照遗址勘查组：袁　明　魏广达　祝志成　王思礼　李克敏

执笔者：袁　明

（《文物参考资料》1955 年第 12 期）

（1）两城镇遗址，由村北向西南望大堌堆

（2）由大堌堆鸟瞰两城镇遗址

图版一

(1) 两城镇西面社地（公地）破坏情形

(2) 两城镇西面五村农业生产合作社的土地破坏情形

图版二

（1）工作人员正向群众宣传保护遗址

（2）安尧王城村西南瓦子岭遗址(由西北向东南)

图版三

图版四

1. 长 12、上宽 3、刃宽 6、厚 3.5 厘米　　2. 长 14.3、宽 6.8、厚 2.7 厘米　　3. 长 14.2、宽 8、厚 1.2、孔径 1.3 厘米　　4. 残长 6、宽 6.4、厚 1.6 厘米　　5. 高 9.5、上宽 5.5、上厚 3.3、下宽 6.5、下厚 5 厘米　　6. 长 3.8、上宽 2.5、刃宽 3、厚 1.2 厘米　　7. 长 5.9、上宽 4、刃宽 4.8、厚 1.7 厘米　　8. 长 8.9、宽 5、厚 2.1 厘米　　9. 长 10.7、宽 3.5、厚 0.9、孔径 0.9 厘米　　10. 长 9.2、上宽 4、刃宽 5.7、厚 3.4 厘米　　11. 长 19、宽 3.8、厚 2.7 厘米　　12. 长 13.9、宽 2.2、厚 2.8 厘米　　13. 残长 17.5、宽 7.8、厚 0.5 厘米　　14. 长 19.4、宽 6.8、厚 4 厘米

图版五

1. 长 5.8、宽 2.7、厚 0.4 厘米　2. 残长 11、宽 3.5、厚 0.9 厘米　3. 残长 13.5、宽 3.8 厘米　4. 残长 5.5、宽 4.2、厚 1.1 厘米　5. 残长 6、宽 3.5、厚 0.7 厘米　6. 残长 10.8、宽 4.3、厚 0.8 厘米　7. 残长 13、宽 4.6、厚 0.6 厘米　8. 残长 12.5、宽 4.4、厚 1.2 厘米　11. 长 7.3、宽 2、厚 0.8 厘米　12. 残长 13.8、宽 3.5、厚 1.5 厘米　13. 残长 8.4、宽 2.7、厚 0.8 厘米　14. 残长 10、宽 3.8、厚 1.1 厘米　15. 残长 6.2 厘米　16. 残长 5.8、宽 3.5、厚 1.9 厘米　17. 长 14、宽 3、厚 1.2 厘米

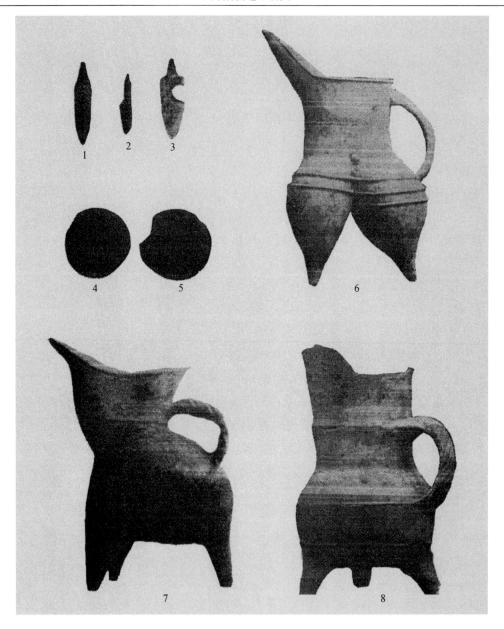

图版六

1．长 7.8、宽 1.7、厚 0.7 厘米　　2．长 5.8、圆径 1.1 厘米　　3．长 7.2、宽 2.3、厚 0.7 厘米　　4．直径 6.4、厚 1.1、孔径 0.5 厘米　　5．直径 5.9、厚 0.6、孔径 0.5 厘米　　6．口径 14、流长 10.6、壁厚 0.2、全高 26 厘米　　7．全高 26、口径 12、流长 4.8、壁厚 0.2 厘米　　8．残高 24、口径 8.7、腹径 13、鬶高 8.5、壁厚 0.3、残足高 3.5 厘米

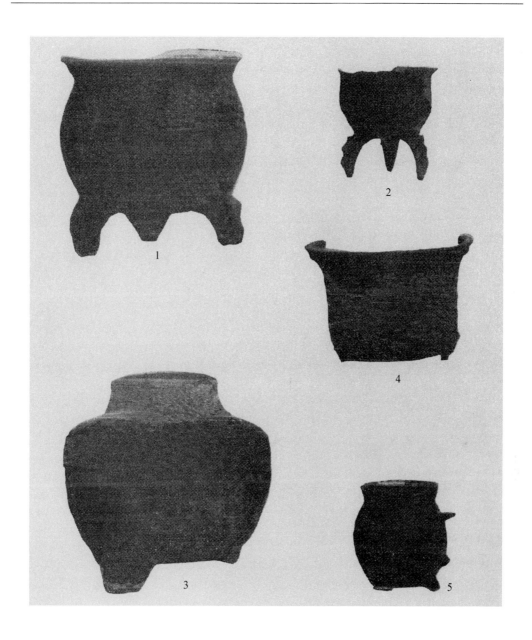

图版七

1．全高 12.5、口径 12.2、底径 9、壁厚 0.3、足高 2.5 厘米　2．全高 10、口径 8.5、腹径 8、底径 5、壁厚 0.2、足高 3.5 厘米　3．身高 14.7、口径 6.2、腹径 16.5、底径 11.8 厘米　4．身高 9.5、口径 14.5、底径 9.7、壁厚 0.5、足残　5．身高 9、口径 7.7、底径 6 厘米、足鋬残

图版八

1. 全高 14、口径 9、腹径 17、底径 6 厘米　2. 残高 5.5、腹径 8、底径 4、壁厚 0.3 厘米　3. 全高
21、口径 12.4、腹径 26、底径 11 厘米　4. 全高 14.5、口径 7.5、腹径 14.2、底径 7.4、壁厚 0.3 厘
米　5. 全高 16.5、口径 9.6、腹径 17、底径 7.1 厘米

图版九

1. 全高 11.4、口径 11.5、底径 5.8、壁厚 3 厘米　2. 全高 13.3、口径 9.8、腹径 8、底径 8.4、鋬高 5.5、壁厚 0.2 厘米　3. 全高 5.5、口径 16.8、底径 5.4、壁厚 0.4 厘米　4. 全高 4.5、口径 9、底径 3.7、壁厚 0.3 厘米　8. 残高 6、口径 14.5、壁厚 0.3 厘米

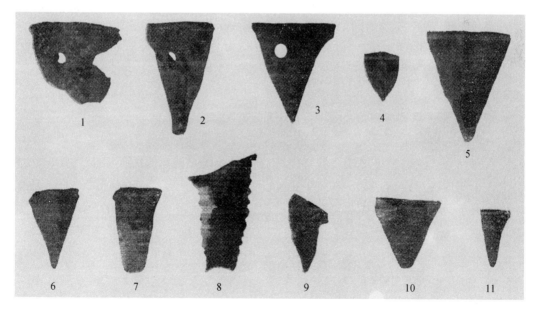

图版十

1~4. 犁铲式饕餮足　5、6. 盲鼻足　7. 凿式三刻纹足　8、9. 侧三角足　10. 凹尖锥足　11. 平尖锥足

读《日照县两城镇等七个遗址初步勘查》后的一些补充意见

刘敦愿

1955 年第 12 期《文物参考资料》发表了山东文物管理处《日照县两城镇等七个遗址初步勘查》一文，报告简明扼要，及时地，迅速地发表了调查采集结果，是值得欢迎的。但是由于这是一篇简报，关于遗址的现况以及遭受破坏的情形，报导过于简略，以至容易引起读者的一些误解。我曾在 1955 年 4 月 24～25 日在两城镇作了两天的参观，此后我和两城镇完全小学的教师们经常保持着联系，对于两城镇遗址的过去与现在的情况，略有所闻见，现在提出我的一些补充意见。

报导中所叙述的两城镇遗址破坏情形，的确是很严重的；但是，两城镇遗址所以破坏到这样的程度，不是一朝一夕形成的，原因也不太单纯。报导没有分别情况叙述，因而在客观效果上不可免的使得读者会把以往造成的严重破坏和现在农业生产与遗址保护方面发生的矛盾混为一谈，把一切不应该属于现在负责的事情也算在现在的账上，那是不合实际情况的。

首先要说明，有些地点的破坏，是很早就已发生过了的。例如村北的那条大沟——"北大沟"是以前就早已存在的。它的形成最初是由于自然的还是人为的，原因不得而知。两城完小李玉成教导主任告诉我，据两城镇的殷氏家谱记载，距今约六百余年殷氏由河南迁来，那时大孤墩处有个王家庄子，殷氏来时，村子早因战事而毁灭了，据说死亡的人都扔在五村（瓦屋村）后的北大沟里，几十年来掘土的人不断掘出大批人骨，所以现在镇上的人还称北大沟为"万人坑"，可见北大沟是早已存在着的。至于掘出大批人骨的事，由于它是"万人坑"之故？还是古代墓葬区被破坏了？却是值得研究的。

其次，我要着重说明的，遗址遭到严重破坏是在抗日战争期间，日本帝国主义者造成的罪恶。大孤墩和五村（瓦屋村）两处是 20 余年前，前中央研究院发掘过的，由于地势较高，宜于修筑工事，抗日战争期间也以这两处遭到日寇的破坏为最烈。敌人在大孤墩上筑有碉堡，围绕着墩子挖了两道宽深的堑壕，如同心圆的形状，都深及生土（外沟深 2 米，宽 6.5 米；内沟深 1.8 米，宽 9.5 米。内沟原深尚不只此，胜利后，群众拆毁碉堡时，土把它垫浅了一些）；五村北面遗址上面，敌人也修筑了工事，使之又遭一次巨大破坏，不过由于北大沟的存在，破坏不像大孤墩一带明显罢了。

再次，谈到近年来挖土施肥为遗址带来的损害。这是全国内普遍存在着的矛盾，极为严重的问题，政府正在寻求妥善的保护办法。据我在日照县内四日的观察，我认为两城遗址的破坏，仍是和敌伪占领期间的罪行有着间接的关联。日照县西是山区，境内河流原来就短促，用一位老乡的话说，就是缺少"长流水"。敌伪占领期间，渔、盐、林、牧各方面生产事业遭到空前未有的摧残，山林破坏了，水源就更加缺乏，农业生产遇到的困难也就更大（去年春天雨水缺乏，情况曾经相当严重）。两城遗址位置比较高敞，附近农业耕作趋势，据我观察"像是在逐渐地把高田改成低田，五村一带就着北大沟的断岩向西向北朝里在开发，便是照明的例证。遗址上耕地改低，便利防旱，同时挖掘出来的灰土又正可用之积肥，两者辗转相乘，情况也就特别严重了。

据报导，得知已成立了遗址保护委员会，寻得比较妥善的保护办法，这是很可欣慰的事；但是最近我接到李玉成同志 3 月 6 日的来信，说两城镇各村已并成一个拥有1100 多户的农业合作社，近日为了超额完成生产任务，已由村东首挖了一道水渠，又出土了 3 个黑陶罐，可见无意的破坏仍是在所难免的。因此，在补述遗址往日的遭遇，追究今日存在的问题之余，我深深希望文物主管部门早日颁布全面保护文物的办法，从速把两城遗址作为一个重要的保护单位肯定下来，留待日后进行科学的发掘。

（《文物参考资料》1956 年第 6 期）

日照两城镇龙山文化遗址调查

刘敦愿

山东日照县两城镇龙山文化遗址，是我国著名的新石器时代遗址之一。1934～1935 年，前中央研究院历史语言所曾在此进行两度小规模的发掘，其报告因抗战关系未及完成，而所得遗物的主要部分在解放前夕又被劫往台湾，致发掘结果无法为科学研究服务，令人感到悲愤！1955 年尹达先生所著《中国新石器时代》问世，对两城发掘结果曾有概括的介绍，同年《文物参考资料》第 12 期又发表了山东省文物管理处的《日照县两城镇等七个遗址初步勘查》一文（以下简称《勘查》），对 1953～1955 年间在日照境内所作的考古调查以及两城遗址现状、出土遗物作了具体的描述，这两篇报导的发表对于研究鲁东龙山文化起了很大作用。我于 1955 年和 1957 年也曾两度利用春假在两城前后逗留了五天，作了一些地面采集工作，由于获得当地群众与小学师生以及山东大学同学们的帮助，也收集到一些标本，可以和上述两著作起些互相补充的作用。现在报导出来，以供大家研究参考。

一、遗址所在地及其现状

两城镇在日照县东北 45 华里，位于胶日公路线上，距海只有 10 余华里，两城河成半弧形环绕在镇的东、北两面。这一带土地肥沃，是日照县的小麦、大豆的主要产区。

遗址居于镇的西北，和现在的两城镇两相重叠着（过去都报导作"西面"是不十分准确的）。地形北高南低，北边有个目标很显的高阜，名叫"大孤堆"，南端大约压在瓦屋村下面，其东南方更向南伸，与镇之东缘几乎重合，面积是很广阔的。梁思永先生说共有 360000 平方米，而山东文管处于 1955 年第二次调查时所作的估计约有 990000 平方米，我看后一数字是值得注意的，因为近 20 余年来由于遗址不断遭到破坏，许多从前未暴露出来的地层现在暴露出来了，因此面积较之从前所知为大，也是可能的。遗址灰层的一般厚度约在 2、3 米左右，分作上、下文化层，梁思永先生说上层属于春秋时代①，下层是龙山文化。龙山文化层土色深黑色，当地农民称作"万年灰"，几十年来当地农民往往用以为肥料，故灰层最厚、遗物最丰富的地带，也就破坏得比较厉害。另外，这一遗址在抗日战争期间，敌伪于此修筑工事，曾遭受到一次巨大的破坏。目前对这一遗址的保护问题，是值得注意的。

二、遗　物

我们作的两次调查，由于时间的迫促，所获得的标本只限于地面所采集的石器、陶器，其他如骨、蚌器无所见，地下遗迹则更无从探悉。

（一）石器

两次采集和征到比较完整的石器约 130 件，其中以斧、锛、镞为多、凿、刀、矛头、铲、杵、纺轮等则较少。

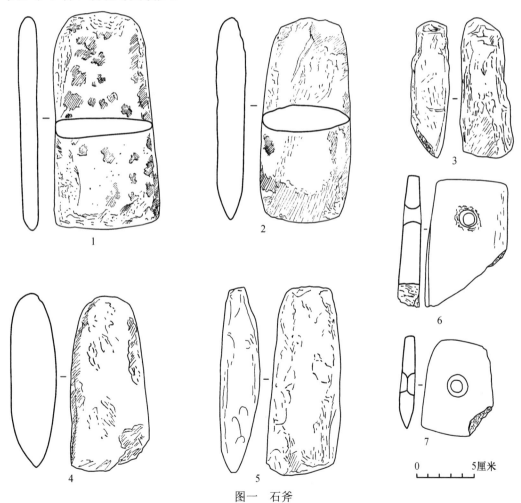

图一　石斧

1、2. 扁平石斧　3～5. 粗磨石斧　6、7. 扁平带孔石斧

石器的制法一般是磨制的，仅有少数是打制而粗磨刃部或器身的。石器的质料，经前青岛工学院潘丹杰教授鉴定，这批石器大部分为变质岩制成；有少量的是用石英石类、水成岩、火成岩作的。这些石器中，一些常用而损耗率较大的斧、镞等物（个别例外），多用硬度较差、质地较松脆的石料，如凝灰岩、喷出岩之类，制作也比较草率，另外一些较精巧的工具如带孔石斧、锛、刀、凿等，大多采用硬度较高、质地坚致的石料如石英石类、玛瑙、燧石、花岗石之类制成，磨制也很精美。

斧类　数量较多，略可别为四种：

1．琢磨的厚刃石斧　完整的与残缺的共10件。此类形制最为常见，即：器身厚重，断面作椭圆形，间有作圆角长方形者，多以凝灰岩与喷出岩制成（图版壹，6）。

2．扁平石斧　共得2件。均是通体打制后再粗磨斧身两侧及刃部的，器身厚度不匀称，两侧的一边稍厚（图版壹，1、2；图一，1、2）。

3．扁平带孔石斧　7件。均残破（图版壹，7～10；图一，6、7）。其中1件作磬形，刃部很窄，显系此类石斧破损改作刀类的工具（图版壹，9；图四，11）。

4．打制粗磨厚刃石斧　3件。1件形体稍小，系水成岩石英石打制而成，仅磨刃部（图版壹，3；图一，3）；两件形体较大，通体粗磨，表面接近光润，但打制的痕迹隐约可见，一为辉绿岩制（图版壹，4；图一，4），一为喷出岩制（图版壹，5；图一，5）。质料均不坚固，故制作粗简。这3件石斧一共同之点，即从纵剖面来看，都是一边弧度较曲，一边却较为平直，细审刃部，又略具单面刃的倾向，很像锛类工具。

锛类　采集与征集到的共15件，制作有的很粗糙，有些研磨得很精工。一般的形制是横断面作梯形，偏刃上窄下宽，有的则于上、下，左、右四面向外稍稍成弧度（图版壹，11～14；图二，1～6）。断面作椭圆形的石锛采集到1件（图版壹，11）。

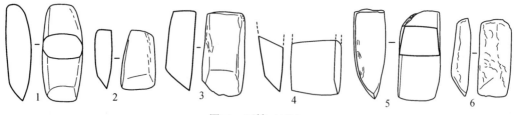

图二　石锛（1/4）

凿类　共采集到15件，形式较复杂。

大型的凿　长度与一般斧、锛相近，最大的1件长宽竟达14厘米左右，较小的也在8厘米左右，其刃部宽度仅及身长的五分之一，横断面大体成正方形，刃口的横线和石质中平行的沉积面相垂直（图版壹，15～17；图三，1～12）。这种形制的凿见于城子崖下文化层[②]，可能是龙山文化所特有的形制。采集品也见1件这类的凿，崩损而再稍加磨砺继续使用的（图三，5）。《勘查》说这种石凿"制作粗糙"，但我们所得的几件却又磨制得光润可爱，可见并存着精粗不同的两种制法。

小型的凿　共 10 件。双刃的只有 1 件，形制短厚，横断面作长方形，刃部因使用过久之故，已颇圆钝，此器谓之短小之石斧似亦无不可（图三，2）。（编者按：此件石器应列为小型的石斧）。其余所得均为单面刃，一般形制与锛近似，器身上窄下宽，棱角分明，不过形体很小罢了（图三，3、7、9）；只有 1 件横断面作椭圆形（图三，6）亦与锛同。另外，1 件石凿形状不规则，两面有刃口（图三，8）；还有两件很小的凿，1 件刃部断折，残长仅 4.6 厘米，上端断面略成方形，刃宽约 0.8 厘米（图三，4）；另 1 件是完整的，全长仅 2.8，宽 0.9，厚 0.8 厘米，奇小，砂石质，表面已风化（图三，1）。

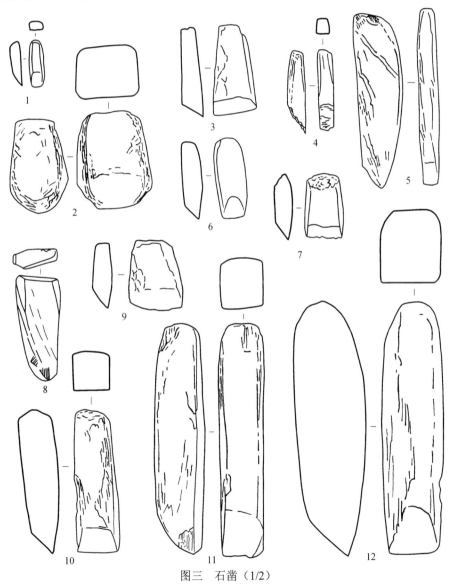

图三　石凿（1/2）

刀类（玉刀、玉版、镰刀附此）

两城出土的刀类石器的形制种类都相当复杂，计有长方形双孔或无孔石刀、梯形石刀、半月形双孔石刀、仿扁平带孔石斧的玉刀、镰刀，还有改作的石刀等等。石刀刃部大都单面刃，但也有双面刃的，另外还有一种侧面亦磨刃口的"边刃"石刀。

1．长方形石刀 计残片6件。大都背部略成弧形，刃部平直，有如木梳之状。其中两件无孔（图版壹，19；图四，3、6），3件有双孔（图版壹，20；图四，2、7、8），无孔与双孔者各有一件具有"边刃"（图四，3、8）。另一残片亦两方有刃（图四，14），也属此类。

2．梯形石刀 1件。左角断缺，其形状略为倒置之梯形，上宽下窄，两腰各有边刃一道（图版壹，21；图四，5）。

3．半月形石刀 1件。残断，双孔，但孔不圆正（图版壹，18；图四，1）。

4．仿扁平带孔石斧形制的玉刀 1件，完整无缺（图版叁，4；图四，10）。此件玉刀平面大体作梯形，但四边长短不齐，两底亦不平行，全长12.7，上宽约7，下宽约8.5厘米，上部中央有一孔，径约0.9厘米。但此器厚仅0.3厘米弱，决不能用之劈

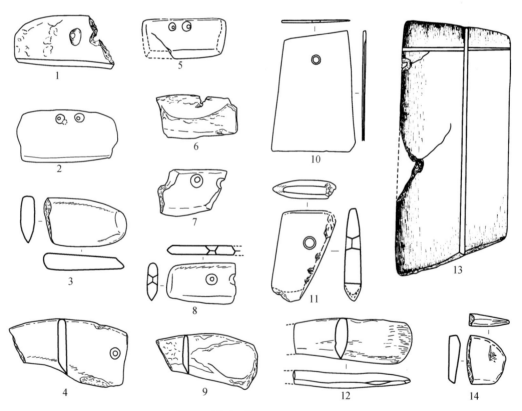

图四 石刀、镰刀、玉刀（1/4）

1．半月形石刀 2、3、7、8．长方形石刀 5．梯形石刀 4、9、12．镰刀
10．玉刀 11．带孔石斧改制石刀 13．石材 14．残石刀

斩，故定为仿扁平带孔石斧形制的刀类。玉刀的下方有刃，很锐利，可以削切木质的东西，刃口有使用后崩裂的小缺口数处，一角曾断折而又研磨光润。它的两侧也有刃（其一侧较锐利），刀的上部左右各有一小段棱角圆润，当是以手执握之处。由上述情况可知这件玉刀是件实用的工具，但制作得这样精美，大约不是一件平常的用品。此件玉刀系 1957 年 5 月两城镇三村厉延金同志赠送给山东大学学生郝允诚的，据云于黑土层中发现，这是继前中央研究院发掘到一件玉斧之后的又一发现。

应在此附带介绍的，是 1955 年 4 月两城镇一位大嫂赠送的一块薄玉版（图版叁，5；图四，13）。这块玉版大体作梯形，两底平行，底边长 26，最宽处 12.4，厚约 0.2～0.5 厘米，两腰一边短而平直，研磨光润，一边长而斜出，有单面"刃"，但崎岖不平，未经研磨。此一玉版既大而薄，又无刃口，不似作工具之用。山东文管处王献唐先生说这可能是玉材，准备裁制器物之用的半成品。早日两城曾成坑发现，其形体大小宽狭不一（还有作狭条三角形的），但匀薄程度与此相类。这块玉版颜色墨绿，梯形底边及两腰均染有紫红色痕迹（上底则无），此种痕迹愈近边缘愈浓（图中以疏密线表示之），举版映日即清晰可见。这件玉版系软玉，潘丹杰教授说莱阳即产玉，可能非来自远方。

5．石镰　共得 3 件。刀尖都已断失。两件根部宽广，器身扁平，单面刃，外形屈曲略似鸟喙。1 件较小较薄，无孔（图版贰，4，下；图四，9）；1 件则较大较厚，近根部钻有一孔（图版贰，4，上；图四，4）；另 1 件器身狭长而厚，刀背线条较平直，器根部磨成对称的双面刃，研磨较粗，可能系镰刀断折后，又改作石斧或具有"边刃"之石刀使用者（图四，12）。

综上所述，两城遗址除那把玉刀是件罕见的器物之外，可注意的是：各种刀类（包括玉刀与镰刀在内）都有"边刃"的存在，往往一刀两刃或三刃，这是他处所不见的。这种"边刃"的存在，虽然说明它们的功用与一般刀刃不同，如果说一般的石刀以及镰刀是用之割切谷穗的收割工具的话，那么它们的"边刃"可能是用之于刮削皮革、刻削与刮磨骨器，如此，则一器可以数用。

蚌器是龙山文化的主要特征之一，而两城遗址的地层有的又扰动得非常厉害，两次调查，我都十分注意到这个问题，居然蚌片也难寻到。询之两城小学的李玉成同志，他也无所闻见。但是日照县地区，无论是过去和现在都是有蚌存在的，而遗址全不类鲁西龙山文化、殷商时代遗址（例如城子崖与大辛庄）灰层中包含着大量蚌片的情况。这种情况在两城附近的丹土村龙山文化遗址中也是如此，龙山文化遗址缺少蚌器以及蚌片，实在是值得注意的问题。

镞类　共 30 枚。质料大多是凝灰岩、喷出岩、页岩、安山岩等。石质粗疏，硬度不高（少数例外）。其形制大致可分为四种：

　　1. 三棱形矢镞　4 件。断面均作三角形，2 件制作粗糙（图五，1），2 件相当精美，（图版贰，2，左上两器；图五，2、3）。1 件长 7.8 厘米，棱隅整齐，底部是平的，中有一圆槽，深约 0.5 厘米，似用以插箭杆者（图五，3）。

　　2. 柱状矢簇　2 件。都是断面作圆形，上端聚锋。1 件仅馀上端（图五，5），《勘查》图二之 12 得其全形；另 1 件形体较大，残长 9.2 厘米，全长可能在 10 厘米左右，锋部逐渐上收，较前一器为锐利，根部收为圆锥形（图版贰，2，右上角；图五，4）。

　　3. 柱体三棱矢镞　2 件。此类矢镞的形制，即镞身为圆柱形，锋端则磨作三棱形（图五，6、7），介乎上二类之间。

　　4. 菱形扁平镞　22 件。一般是体形扁平，中脊隆起，前端聚锋，两侧有刃，断面作菱形。这种镞或长或短，或大或小，或宽或窄，或厚或薄，或磨脊或不磨脊，有的形如柳叶，有的形如杏仁，变化极多（图版贰，1；图五，8～13、16～21）。其中较特殊的有 2 件，其形制特点是锋刃部分较短，只占全长的二分之一或三分之一，下段圆浑，根部下收为圆锥状，完全不同于一般形制（图版贰，2，左下两器；图五，14、15），这 2 枚矢镞都是黑色坚致的石料精磨而成（缺尖的为变质矽质泥岩，另 1 件为双质泥岩），锋部微损的那件尤为精致美观，疑是模仿金属制品。

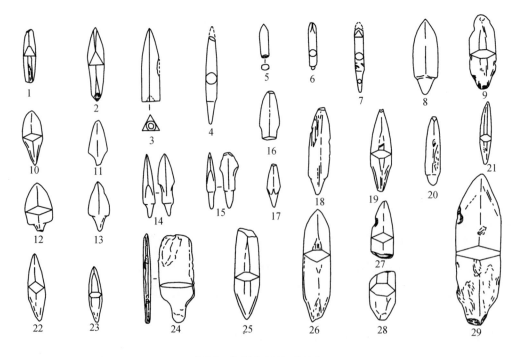

图五　矢镞与矛头（1/4）

1～3. 三棱形矢镞　4～7. 柱状矢镞　8～21. 扁平矢镞　22、23. 陶制扁平矢镞
24. 扁平无脊圆锋矛头　25～29. 扁平矛头

矛类 共6件，其形制基本上同于菱形扁平矢镞，只有1件例外。

1. 扁平六边形矛头　3件。2件保存完好无缺，1件中脊突起，两侧的中段有显著的转折界限，上段磨成锋刃，中段则殊钝厚。长达16，宽5，厚1.6厘米，重量有174克（图版贰，3，左；图五，29）；另外2件形体全同而略小，较为轻便锐利，其一仅余下端（图五，28），其二完整无缺（图五，26），所不同的是中脊的一面或两面略加磨平而已。

2. 柳叶形矛头　2件。形制亦与扁平矢刃相同，1件残存上端（图五，27）；1件仅尖部断失，残长犹有9.7厘米（图五，25）。

3. 扁平无脊圆锋矛头　1件，云母片岩磨制（图版贰，3，右下；图五，24）。器长9.2厘米，器身扁平成片状，锋端略成弧形，微有残缺，两侧略平行，下端收缩为扁平的柄部。锋、侧、柄部均较薄，中部稍厚，约为0.8厘米。

从以上可以看出，矢镞与矛头在形制上几无区别，在尺寸上也是从小到大的。矢镞是从矛头发展而来，这是大家所公认的事实。

铲类 6件，均破损。此类器物大体成平扁长方形，刃端略作半圆形，随此弧度磨成单面刃，刃部向两侧上部延续，逐渐隐没。此类器物多用页岩磨成。所得标本中大型者有两件，器身厚而长，1件仅馀刃部；1件则残长尚有21.2，厚1.1厘米（图六，1）。

小型者4件，器身薄而短，3件均过于残破，唯1件较完整，全长10.3，宽6，厚0.5厘米，其上端似亦有破损（图六，2）。此类器物亦见于城子崖下文化层中，似为龙山文化所特有。

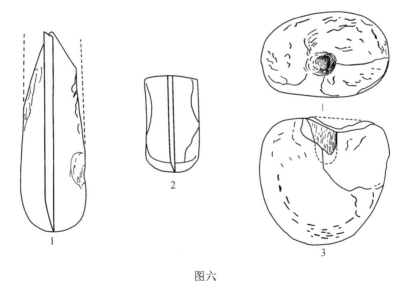

图六

1、2. 石铲　3. 石杵（1/4）

杵类 1件。上部残破，形体大致作扁圆形，通高23.5厘米。俯视作椭圆形，长14.2，宽8.8厘米，上端较平，中有一孔，孔径上宽约3.2，深约5厘米。孔之内壁相当光润，孔底有凹点五、六处，清晰可见，当系用木棒钻孔所遗留者（图版叁，2、3；图六，3）。此物当是石杵，中部不透之孔系插以木棒用之舂捣者，据我校山东籍同学说，今日鲁西一带犹有使用，不过形体较此器为圆大。

纺轮 1件。扁平，径约5，厚约0.9厘米。

其他

不知器名与用途的石器2件。1件是将残破石斧中段上下磨平的器物，可能是打磨陶器表皮之用的。另1件系用暗褐色云母片岩磨制而成，形制很特异，类石刀但厚而无刃，残长9，最宽处8，中段厚2.3厘米，其一面为两个平面相接作台阶状，背面有一条突起，断面略成半圆形，背脊上也有两条细的突起，其断面也略作半规形，下部最窄，但也有5.1厘米，究作何用途，难于推测。

其它磨制与打制的石器残片还有20件，难于分辨属于何器，均从略。

（二）陶器

两次调查两城遗址时均在春日，地面干净，容易寻检标本。同时由于群众的积肥取土范围宽广，扰动了灰层，不但陶片暴露出来十分丰富，而且完整的或大部分可以拼合复原的陶器也往往保存下来；所以我们的调查虽仅限于地面的采集，但收获却是相当丰富的。

这里的陶器除了足、鋬、流、耳、鼻等部分必须手制而外，所有陶器无论精粗、大小，都是轮制，即使胎薄而构造又相当复杂的陶鬶，虽大部分都是手制式，但口沿部分却经过轮制的，至于有蛋壳黑陶器的制作，其精巧程度可以说代表了轮制技术发展的顶点。

陶质种类是很复杂的，大致可以分为：（1）细泥质黑陶，泥质极细，内外颜色漆黑，外表多经打磨，有光泽，火候高，陶质硬，凡豆、盆等多以此为之。所谓蛋壳陶是其中的精品，其薄往往仅有0.1～0.2厘米左右，所以能够如此，固有赖于轮制技术，同时也说明非陶质极细难于成功；（2）夹砂质黑陶，泥质似未经淘洗，有的羼着细沙，颜色深黑或浅黑，往往因火候不匀或水浸之故，陶色也不一致，以罐、鼎之类器为多；（3）细泥质灰陶，有罐杯等等；（4）夹砂质灰陶，最为普遍，碗、罐、鼎、鬶多有之；（5）细泥红陶，数量很少；（6）夹砂质红陶，当是夹砂质灰陶氧化过度所使然；（7）泥质黄陶与夹砂黄陶，主要以陶鬶类为多；（8）泥质白陶，主要是陶鬶和器盖，这种陶类大多泥质很粗，但间有质料很细火候很高的。

陶衣的使用也相当普遍，大致可分白色、肉色、黑色等种类。白色陶衣用之于红陶或黄陶鬶的外表；肉色陶衣用之于夹砂灰陶鬶的外表；最常见的是一种黑色陶衣用之于泥质灰陶、夹砂黑陶，个别用之细泥红陶之上。这种黑色陶衣匀薄光亮，有如上釉，如果不看陶片断面与内表皮往往难与标准黑陶区别开来，由此可想见其精。龙山文件固然是以标准黑陶为突出标志，但标准黑陶却是有限，主要还是夹砂灰陶，色质不纯的黑陶等日常使用的器皿为多。但比较地说，这里的标准黑陶片，无论在数量上还是在质量上均非其他遗址所能及。即在两城也要看是在什么地区，遗址中心部分（例如北大沟、饲养所一带）标准黑陶又比遗址的边缘地带（例如大孤堆）远为丰富，这是值得注意的现象。两城遗址所发现的器物样式之精美，构造之复杂，也是他处所少见。

关于纹饰方面，一般说来是比较简单的，无非是用附加堆纹、划纹、压纹（暗纹）、凹凸纹，个别进行镂孔等方法；母题不外平行弦、平行线纹、断斜线平行纹、斜方格纹、连续小圆圈纹、附加泥丸泥条、器鋬仿绚索形，个别盖钮塑作鸟头之形等等，彩绘则绝不见。至于尹达先生所说的比较复杂的纹样，如云雷纹及其他较精致纹样③间有发现，但未得见。总的说来，龙山文化陶器一般实用与美观是统一的，即陶器大都是不加装饰或略加装饰的，着重陶器比例的匀称、和谐，造型的灵巧，以及色质的坚致、雅素，其所附加的纹饰都不破坏这一原则；至于那些犀利、匀整的平行纹，富有节奏感的凹凸纹，都是在制造过程中利用轮制法高速旋转的特点，随手制成。现将采集的各种器物，分述如下：

平底器

Ⅰ、罐类　大体完整者共6件。分为两式：

（1）没有双横鼻的陶罐　3件。1件窄口，高颈，广肩，小平底，肩上还有泥丸饰三处，高12.2，腹径14.5厘米，质为泥质黑陶（图版陆，3；图七，4）。两城最常见的一种黑陶杯都是以此种类型的陶罐为基础再附加杯鋬而形成的。另两件口略侈，深腹，夹砂灰陶质，1件较小，高仅9.5，腹径8.8厘米（图七，5）；1件稍大，但形体歪扭，当系烧制不佳所致。

（2）双横鼻陶罐　3件。1件形制基本同上述第一器，但形体庞大，完整无损，高21.5，腹径21.9厘米，肩上两条平行弦纹，左右有两个横鼻向上斜出，泥质黑陶制（图版陆，1；图七，1）；第2件基本与第1件相近，但两道弦纹之间尚有两个盲鼻（图版陆，2；图七，3）。此类横鼻的残片在两城往往得之，陶质多种，大小亦不一，小者与第二件相近，大者则有长达10，宽8厘米者，纹饰均为平凸起纹四、五道，唯有一件纹饰作两带相交之状，带上再制平行凸起纹五道，甚属少见（图版捌，10；图七，8）。又采得一件横鼻，无纹饰，但其左右各有两个泥丸饰，恰如铆钉之状，是否模仿铜器，值得注意（图版捌，11；图七，7）。第3件双横鼻陶罐，残破，腹径宽12.8厘米，左右两横鼻，断面作圆形，标准黑陶质（图七，2）。

此外尚得陶器口沿两块较奇特，疑亦罐、瓮之属，附此述之。其一甚厚，口沿部分有凹凸纹四条，厚度约在 1.4 厘米左右，颈或腹壁厚 0.7 厘米，弧度颇平直，原器直径当在 47 厘米左右（图七，6）。其二系普通黑陶质，口沿平出约 2 厘米，口沿上残留竖孔一个（仅馀其半），口沿下有互相垂直的成粗平行线压纹（图七，9）。

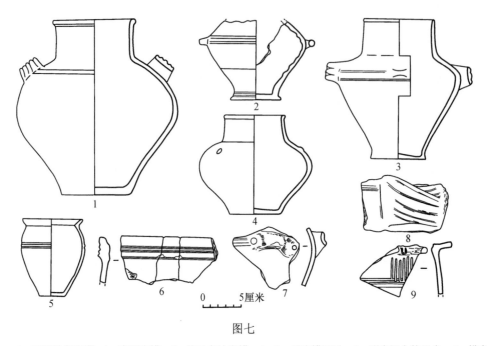

图七

1～3. 双耳横鼻陶罐　4. 高颈陶罐　5. 侈口夹砂陶罐　6、9. 黑陶罐口沿　7. 附有泥丸饰器鼻　8. 横鼻

Ⅱ、杯类　两城遗址的杯类陶器数量很多，形制亦殊别致。共得较完整者有 11 件。可分为四式：

第一式：是最常见的形制，即窄口，高颈，广腹的罐，加鋬，鋬多断失，大多为泥质黑陶（间亦有夹砂红陶与夹砂灰陶质者），表面不打磨，一般通高 8～11 厘米左右，不过鋬极易断失，唯有一具幸存（图版伍，4；图八，1）。又得一小杯，形制全同，高仅 4.1 厘米，泥质黑陶（图版伍，5；图八，2）。又 1 件形制相近的小杯，高 5.5，腹宽 8，厚 0.25 厘米，泥质黑陶，表面未经打磨，鋬已失，肩腰处有凹凸纹一道（图八，5）。

第二式：为直筒形下收为小平底附有小孔的鋬，1 件（图版伍，1；图八，4），泥质黑陶，腹上有两条很细的弦纹。这式的杯，有变形者，形为侈口，愈下愈窄，下收为小平底，腹上有凹凸纹三道，鋬孔甚小，在器之下部，细泥灰陶，外有黑色陶衣，器高 8.4 厘米（图版伍，6；图八，3）。

第三式：为窄口，广腹，下收为小平底。1 件，高 10.7 厘米，鋬孔亦小，作绚索状（图八，9）。

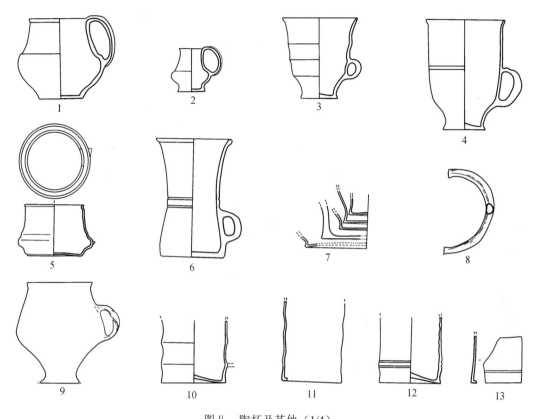

图八　陶杯及其他（1/4）

1～6、9、10、12. 黑陶杯　8. 杯鋬　7、11、13. 黑陶平底器残片

第四式：为侈口，细腰，颈腹无别，腹之最宽处与底径合一，鋬在近底处，鋬孔亦小仅容指。此种陶杯器壁较厚（约 0.4～0.5 厘米左右），底部容易放置平稳，鋬亦牢固，较为适用，中部有弦纹两道，不甚规则，粗泥质黑陶，制作比较粗糙（图版伍，3；图八，6）。

除了上述的完整器物而外，还有少量的器鋬，依它们的粗细程度可断定属于陶杯所有而非陶鬶所有的。例如 1 件漆黑放亮的标准黑陶鋬，作弓形，弓弦高 9 厘米，断面略作椭圆形，最宽处仅 1 厘米，两端脱落处甚为平齐（图八，8），依此鋬长度度测，原器不致太厚重，否则非此纤细之器鋬所能负荷（另外有一夹砂灰陶器鋬，亦类似此种情况）；其他还有一些小平底器或胎壁直转的器底，都是较薄的标准黑陶器，大部可能是杯类所有的，姑附图于杯类器中，以供参考（图八，7、10～13）。

III、碗类　7件，均属残片，但可复原。大多是夹砂灰陶或泥质灰陶的（间有黑色陶者）。此类陶碗大都侈口，斜直的腹壁（亦有腹壁较柔曲者），小平底，可用之盛物，也可以翻过来用作器盖，《中国新石器时代》图版二，3、5 两器就是最好的说明。此类器物尺寸大小不同，我们采得的标本中，最大口径36.1（高约8.4厘米），最小口径约6.4厘米

（高2厘米），等次减杀。它们也是两城遗址最常见的器物（图版捌，12；图九，1～4）。

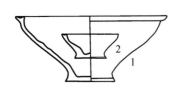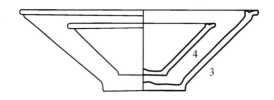

图九 陶碗（1/4）

IV、盆类 7件，几均系泥质黑陶。第一器侈口，口沿略向外卷，据残片推测其口径应为37厘米，形态宠大（图十，7）；第二器口径应为18厘米，形制与上一器略同，但腹部近底部较圆曲（图十，2）；第三器口径应为9.4厘米，形制与第二器略同，腹下部微向外突（图十，3）；第四器仅有残片一小块，口径13.5，高仅1.5厘米（图十，6）；如图所示，则形如浅盘，此一残片表里均打磨光润，唯底面无之，因此知是盆类器而不是器盖的边缘；第五器侈口，周身有凹凸弦纹四道，器壁很薄（0.15厘米），底部完全断失，唯余一道痕迹可以推知，第三道凸纹处有疤痕一处，长约1.5厘米，可证此器原有盲鼻或錾，此器是否另一形制之陶杯亦未可知（图十，5）；第六器直壁，外有三道凹凸弦纹，细泥质灰陶胎外加黑色陶衣（图十，1）；第七器形制与《勘查》插图三之12同，有子母口可承盖，泥质黑陶，器壁很薄（0.2厘米），精致小巧，系碎片拼斗复原者，惜表面腐蚀过甚，未见打磨痕迹（图版柒，6；图十，4）。以上诸器，形制大小难见全同者，其为盆、为盘、为碗往往难于确定，姑且统列之于盆类。

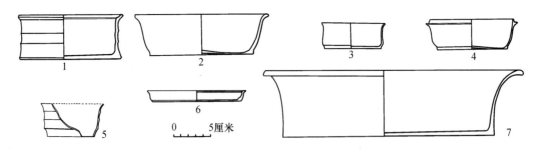

图十 盆类陶器（均据残片复原）

圈足器

圈足器的制作是龙山文化的特色，两城出土物中以豆类为多，但也见不知器名的大型圈足器残片。

1. 豆类 豆类仅得残片6件，均属细把豆，标准黑陶质，十分精美，但由于器壁较薄，故难得完整者。1件残余部分较多，大致可以复原其盘部，柄部残余少许，留有凸弦一道（图十一，2）。由此件标本可推知豆类器物系盘、柄、座一次输制而成，而后再以覆盆状之小泥窝嵌之于盘柄交接之处，弹缝平滑，使其构成盘底之中心部分，亦即同时隔成圈足，小泥窝的周圈与柄之内壁相接，安置颇为巩固，此种情况可由剖面图显示出来。又一器柄部残余较多（盘底均失），上有凹凸弦纹多道，其分别盘、柄

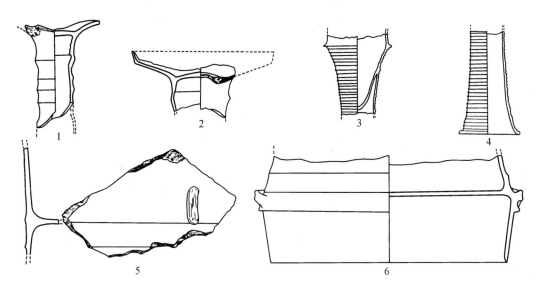

图十一　陶豆及圈足器残部（1/4）
1~4. 高足豆残部　5、6. 残陶器圈足

似亦用上述方法（图十一，1）。另外 2 件豆类器残部，仅余盘、柄相接之处，系用一泥制圆片嵌置而成，稍异上述方法。豆类中又有异形豆 1 种，系一个尖底杯放置在一个高圈足上面，与这种形制相近的器物，前中央研究院曾在此挖到完整的标本[④]，我们的征集品中得到残器 2 件，它们是两城李玉成同志在暴雨冲涮时搜集的 2 包极碎的陶片，后经我拼斗复原的。2 件都是蛋壳陶，其一比较完整，唯上部无法复原，但知盘、柄相接处凸起的边沿直径为 7.6，自此以下尖底部分深为 6.7，最薄的部分厚仅 0.1~0.15 厘米。豆柄外表满布平行的凹凸纹，座底边沿也极为细致，由于柄的中部有缺失，未敢武断地拼接起来（图版捌，1、2；图十一，3、4），估计原来的柄、座高度约在 15 厘米左右。此类黑陶豆结构复杂，精工之极，可以说代表了龙山文化制陶术发展的顶点。

2. 不知名圈足器　这种圈足器有 2 件。1 件是较大的陶片（图十一，5），泥质黑陶，但心子是灰色的，大约是 1 件直筒状陶器的中段，外有弦纹一道，厚约 0.6 厘米，依残存弧度计算，直径约为 33.5 厘米，器内有一横挡残存，厚约 0.5 厘米；另 1 件圈足器底部残片 5 块（其中一片不能聊属，但属于一器可知），亦有横档，残长约 10，

厚约 0.5 厘米，底部口沿尚在，距横档约 7 厘米，横档以上高度不详，但知器身向上渐缩小，外有凹凸弦纹，横档下外径约 29.2 厘米，外部尚残留盲鼻一具，大约原器至少有个盲鼻，圈足底径 27 厘米（图十一，6）。可见两器形体都是相当庞大的，虽全形难知，用途不明，但是却为龙山文化圈足器的研究增添了一些特例。

凹底器

两城遗址平底陶器的底部微微凹入，是常见的现象，但有少数器物其底部特别凹入，因而形成一种介乎平底器与圈足器之间的形制。这种凹底器得到两件：1 件是陶器的底部残片，外形如喇叭口，其底特别凹入，形成悬空之势（图十四，3）；另 1 器形制十分特殊，且分作 2 件；1 件是器物的主体，小口，有细颈，肩、腹各有凹凸弦纹一道，二者之间有一条带状装饰，其上满布极细之划纹，基本母题为斜行平线（自右上至左下）间以联续之短线，图案精细规则，器壁甚薄（最薄处约在 0.1 厘米左右），此种连续之短线在器物内表大都透出凸起小点（图版捌，4；图十四，5）。此器底部原是完整的，后为儿童敲破，据说原高约在 4～5 厘米左右，底部特别凹入，有如一种洋酒瓶的底部，今仅余有如鬲足状的顶部一块，其色、质、厚薄与上述部分全同，姑制图以示意（图十四，5）（编者按：此种复原，尚不可靠）；此器之另一组成部分成管状，上下均略有破损，残长 7.5 厘米，下细上粗，中部有陀螺状突起，全身满布凹凸纹（图版捌，3；图十四，4），色质亦与上述部分符合。此 2 物係两城镇六村张克明同志在北大沟底部黑土层中掘土发现的，他说此两件器物发现时相距不远，排列在一根直线之上，当是一器，20 余年前他曾参加过两城发掘工作。是否如此，尚待研究。

三足器

Ⅰ、鼎类

征集和采集到的近于完整或可复原的陶鼎共 8 件。大体可分罐形鼎与盆形鼎两种：

（1）罐形鼎　这类鼎最常见，共得 6 件。器身完全是罐子的形式，不过下加三足而已。2 件罐形鼎的形制全同，都是无颈、圆腹的夹砂灰陶罐，腹壁较薄，两鼎的足都失掉了。其一有錾，錾也断失了（图版柒，5；图十二，5）。两鼎底部各有 3 处崩损的痕迹，原形当如《中国新石器时代》图版二之 6 和《勘查》图版七之 1 所示，其下鼎足作兽牙状，其上有堆纹，曾采集到 1 枚，也许即为这种陶鼎所有（图十三，2）。根据这两件陶鼎底部痕迹，可知罐形鼎安足方法是在陶罐制就后，再把底腹相接处铲掉 3 块，在其上划上几条痕迹，再用另制的鼎足安装上去，使两者结合巩固。又 1 件罐形鼎也是夹砂灰陶质，周身有弦纹，口沿残破，余有一足作扁平三角形，安装方法与上同（图十二，2）。两件陶鼎是夹砂黑陶制的，外有黑色陶衣，足作三角形（图版柒，2、3；图十二，6、7）。另外 1 件小鼎，通高仅 9.9 厘米，足部成凿形，根部突起，其上按有小圆窝（图十二，4），这种鼎足形制见于两城附近的丹土村遗址。

（2）盆形鼎　采集到一块残陶片，泥质黑陶，保存着鼎之口沿、腹、底和一足，恰可复原（图版柒，1；图十二，1）。据此可知原器是一个口径 23.3，底径 16，高 6.1 厘米的盆形鼎。鼎足扁平，正面与侧面都上宽下窄，略成凿形。除口沿上有一道弦纹之外，别无纹饰。

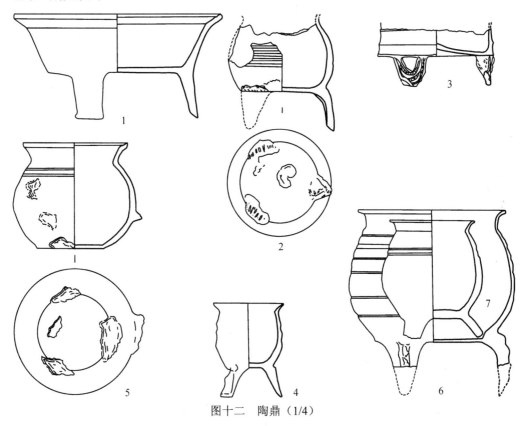

图十二　陶鼎（1/4）

1. 盆形鼎　3. 异形鼎　2、4～7. 罐形鼎（6、7 复原图）

另一种陶鼎，具有鬼脸式鼎足，也应该是属于盆形之类。完整的我们没有获得，其全形见于《中国新石器时代》图版二之 2 等论著插图所引，是龙山文化常见之物。这种陶鼎的口沿作平折形，口沿上有三个小横鼻，周身四、五道平行的凹凸弦纹，盆下安装三个鬼脸式鼎足。两次采集到的都是残片，其中以鬼脸足数量最多，大小、式样，质料都很复杂：最大的长 15～16 厘米，宽 13～14，底径约 33 厘米，可以想见原器之庞大（图十三，6）；最小的长约 5，鼎的底径不过 7 或 8 厘米；足的式样主要为三角形，根部成弧形，中部贴一泥条，用手捏成或用器物划成波浪起伏的形状，左右有两个透孔是最常见的形式，也有不透孔的，也有无孔而附以左右两条划纹的（图十三，1、7、8）。陶质以夹砂灰陶或黄陶为最多，标准黑陶者最少（图十三，3）。鬼脸足之外，还见到一种双根单尖形式的鼎足，但只得一体，夹砂黄陶质，其形有如跂子的拐杖，即两片榆叶形的泥片，端部会合，根部黏附在鼎腹之下，这件标本长约 17.5，底部内径当在 35 厘米左右，形体也是相当庞大的（图版捌，5；图十三，5）。

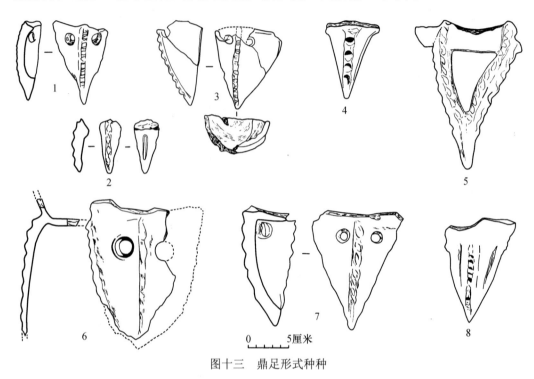

0   5厘米

图十三　鼎足形式种种

1、3、6~8、鬼脸式　2、4. 三角形式　5. 双根单尖式

（3）异形鼎　1 件。细泥质红陶加黑衣，上部残破，仅余底部与两足，鼎身作圆筒形，残留凹凸纹两道，底部微微凹入，鼎足系用泥条圈成"U"字形，有弧状划纹与附加堆纹数条，颇为别致。此件鼎类物形制缰细巧美丽，足部矮小且不牢固，恐非烹饪器皿（圆版柒，4；图十二，3）。

两城陶鼎数量特多，罐形鼎与盆形鼎是其主要形式，裴文中先生曾推测鼎之起源，说："最原始之鼎，或为容器之加三圆柱形足者，……以其制作甚易，而能使容器放置高（下可加火）而稳固也。按容器之形状不同，而有不同之鼎形，例如：盆下……尊下……盘下……皿下加三足者……等"[⑤]。这一推测我是十分同意的，两城出土陶鼎也可以作证。

Ⅱ、盉类

两城有少数盉类陶器存在，征集到两件残器。1 件是盉的流部，泥质黄陶外加白色陶衣，作直圆筒形，残长 11.8（连同部分器壁），直径约在 2.6 厘米左右，原器形体当不小，流的口沿刻成曲线，外形颇为优美（图版捌，9；图十四，2）。另 1 件断失了口沿、流、足的陶盉，泥质黑陶，表面磨光，器身上小下大，平底（径约 6.5 厘米），三足两个断失，一个断折，有銴，底部有弦纹暗纹一道，腹部有平行直线暗纹四组，每组直线或三或五不等，位置亦不甚匀称（图版捌，8；图十四，1）。

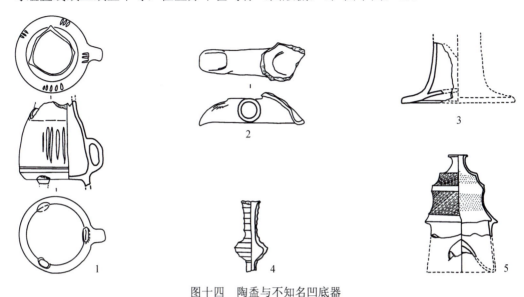

图十四　陶盉与不知名凹底器

1. 泥质陶残盉　2. 泥质黄陶白衣盉流　3. 残陶足　4、5. 凹底陶器残片

Ⅲ、鬲类

两城遗址陶鬲特少，这是经发掘所证实的事实。再次调查所采集到的空心足中，其中有几个可能是陶鬲的，都是夹砂灰陶质（火候不匀，有的部分现出褐色与红色），外表无绳纹，1件有如下述甗足，足端实心弯曲如鸟喙，1件比较圆钝，足端也是空心者，都不像是陶鬹所有。又有1件端部扁平如凿，根部有一个短粗的泥椿子（径宽1.9厘米），其所以知为鬲足而非鼎足者，一则陶鼎无此装足方法，此类泥椿无处安插（山东龙山文化的鬹足常见这种安装方法），二则这种足端扁平为足的鬲足（或其他三空足器的足），曾见于丹土村龙山文化遗址。

Ⅳ、甗类

甗类　1件，夹砂深灰色陶质，上部断失，仅鬲状部分存在。甗之腰部（鬲状部分之口）颇细，直径仅8厘米，三空足位置不甚规则，有歪斜之感。另外采集到一件陶器残片，原形是直壁的扁圆形器皿，底径略大于口径，底部微向上凹入，中有一孔，直径约3.6厘米，可能是甑类物，今亦附此介绍之。

Ⅴ、鬹类

两城遗址陶鬹数量既多，形制种类也很复杂，两次调查所得残片（图版肆，4）与可以拼斗成形的陶鬹往往得之。大体说来在陶质方面有泥质黄陶、夹砂黄陶、夹砂灰陶以及黄陶、灰陶上加白色陶衣者……但绝不见黑色陶或标准黑陶制成的。制法是手制，间或遗留有刮削痕迹，但形体对称，胎壁匀薄光滑（厚度一般在 0.3 厘米左右），口沿是镟制的，口沿内部有较规则的平行凹凸纹可证，因为须安流之故，自然不可能是正圆的，但外形对称，边缘轮廓爽利，十分美观。据我所得到的材料，至少可分作三种类型。

第一种形制：长流，高颈，有鋬，下有三个肥大的腹足。此类陶鬶见于城子崖，两城镇亦多有之，多系泥质红陶，其上加白陶衣者常见。较完整之一具是今年取肥发现的，陶质较粗，作乳白色，流端略有断失。颈的中部有弦纹两道，腹足上有附加堆纹两条，鋬塑作绚索形，其上有三个泥丸饰（图版肆，1；图十五，1）。

第二种形制：其上部构造颇近似第一种，但流部是直立的，有黄陶的和白陶的，但都是残片，未见完整者（图版肆，4，左上；图十五，3）。流部直立便于倾倒所烹调的东西。

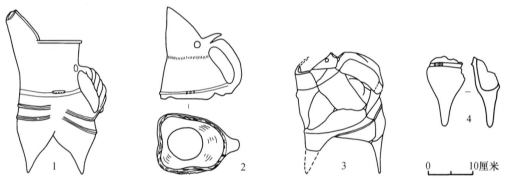

图十五　陶鬶及鬶足

第三种形制：流部直立，前后突起形如僧帽，足部作实心锥形，前两足短而细，后一足特别肥大，外形有如鸟兽蹲伏之状，此种陶鬶因足作实心锥状，腹底较平，流部直立易于倾倒，口沿后部突起之泥片，可防蒸气伤手，设计可谓周到。此类陶鬶已见发表者有两具，一为裴文中《中国古代陶鬲及陶鼎之研究》第 2 图 B2[⑥]；一见《查勘》插图三之 2。1955 年我在两城所得两件残器亦属同类形制。第一件为两城小学所赠，黄陶羼滑石料，手制，较为厚重，腹与流部均染有炊烟（图版肆，2；图十五，2），流部形式类裴氏所引者；此外，我还采集到一件同质料、厚薄、堆纹的鬶足（图十五，4）。第二件也是 1955 年农民锄土发现的，此器为夹砂灰陶制，外加黄色陶衣，大体如《勘查》图三之 2 所引，所不同者在于流部，《勘查》所载之器口沿与流部成喇叭筒形，此器则由於口沿残存极小的原来部分，根据痕迹可知大体如上一器（图版肆，3；图十五，3）。

器盖

龙山文化陶器大量都使用器盖，两城亦多所发现。除前述既可作碗又可兼用作覆盖的器物之外，尚见 19 件，可区别为六式：

Ⅰ、环纽式　形式基本如小平底斜直壁的碗类，所不同的是顶部有小纽，颈系从平底碗演化而来，但专作盖用的。共得 3 件，两件灰砂灰陶制，均残破不可复原。原形当如《中国新石器时代》图版二之鼎盖。这类器盖一般简单无装饰，但有一器例外；其质料为粗泥黑陶，表面磨光，口径 14，通高 6 厘米，顶部小平面上有纽作两片带状物交叠之形，自盖顶至口沿有同心圆圈纹五道，最外与最里的两道划作细绳索形状（图版陆，4；图十六，1）。

Ⅱ、菌纽式　1 件，已残破，泥质白陶制。盖顶隆起，口径 11，通高 3.5 厘米，盖上划出同心圆圈纹两道，盖之周边留有缺口一道，作"U"字形，盖上近边缘处留有排气小孔一个（图版陆，6；图十六，2）。

Ⅲ、圈纽式　2 件，均残破不能复原。标准黑陶质（图十六，4）。

Ⅳ、无纽穿孔式　2 件，为小圆盖，形状扁平，中部稍隆起，中穿一孔。曾见于城子崖下文化层（图十六，3）。

Ⅴ、带纽式　1 件。残破。盖面成平面，口沿垂直，有纽作长带状，盖上划有同心圆圈纹三道（图十六，5）。

Ⅵ、鸟头纽式　1 件，形制大体如第Ⅴ种，纽作鸟形，系手捏而成的。泥质红陶制，残破，但可复原。其上有同心圆圈纹两道，中央立一鸟头，捏泥丸作两目，造型极简单，但整个器盖则甚别致（图版陆，5；图十六，6）。

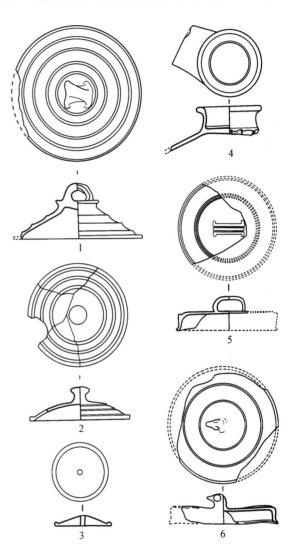

图十六　陶器器盖各式（1/4）

其他

泥质纺轮不多见，仅得残破者 1 件。陶质的矢镞得两件，形制全同石制的（图五，22、23）。又得陶制小鸟 1 件，系泥质灰陶随手捏制者，造型颇古拙，全长约 3，高约 3，厚 1.6 厘米，此鸟高额、大目、突胸，尾部上翘，腹下两足作乳头状，两目系用泥丸附加而成，左目有极细之暗纹两条，如描写人目侧面之形，右目则无之，可能是玩具（图版捌，13；图十七）。

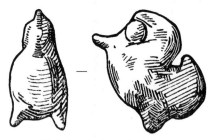

图十七　捏制陶鸟（1/1）

三、余　论

　　两城镇遗址的调查因时间仓促，我们所采集的遗物是十分有限的，但由过去曾经有过正式发掘，因此绝大多数都可确知其为龙山文化层中所出的。这两次采集所以颇有收获，一方面是遗址的内含原来就丰富，遗物时有暴露；另一方面，也由于当地农民群众热情地给予协助，捐赠给山东大学若干件完整的标本，以供教学与研究之用，是我们深深感激的。

　　从以上遗物的叙述，可以窥见两城龙山文化时期的人们在石器陶器制作方面，技术已很为进行。石器方面，种类多而形制复杂，磨制技术也很精巧。尤以钻孔的工具多见，刀类还有一器数用的迹象，料原取材范围很广泛，并善于利用它们的特点，而且玉制工具亦常有发现。根据已携归的标本来看，磨光石器似是占着很大的比例。至于陶器方面，平底器之外，圈足器、三足器多见，陶器上的流、鋬、耳、鼻等附件往往有之，器盖也常有发现，除了说明当时人们的物质生活水平已有很大的提高之外，同时也反映了当时制陶术的新发展。两城陶器除了极少数的陶器和一些附件之外，几乎都是轮制。轮制技术的应用是制陶术上的一个重大变革，它开始出现的意义如何，实是一个值得研究的问题。

　　附记：本文中所载大部分石器的石质，蒙前青岛工学院潘丹杰教授代为鉴定，标本摄影承山东大学生物系阎虹同志协助，谨此致谢。

注　释

①　梁思永遗著：《龙山文化——中国文明的史前期之一》，《考古学报》第七册，5~14 页，1954 年。

②　详《中国考古报告集之一，城子崖》，图版叁拾陆之 2、3，1934 年。

③　尹达：《中国新石器时代》，58 页。

④　李济：《记小屯出土之青铜器》，插图十之 $a_{1\cdot1}$、$a_{1\cdot2}$、$ab_{\cdot1}$ 三件陶豆。《中国考古学报》第三册，54 页，1948 年。

⑤　裴文中：《中国古代陶鬲及陶鼎之研究》，载《现代学报》，第一卷，四、五期合刊，45 页，1947 年。

⑥　裴文中：《中国古代陶鬲及陶鼎之研究》，载《现代学报》，第一卷，三、三期合刊，67 页，第二图之 B2，1947 年。

图版壹　两城镇遗址出土石器

1、2. 扁平石斧　3～6. 石斧　7～10. 扁平带孔石斧　11～14. 石锛　15～17. 石凿　18～21. 石刀

1. 石镞

2. 石镞与陶镞

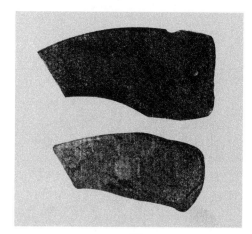

4. 石镰

3. 石矛

5. 石凿

图版贰　两城镇遗址出土石器

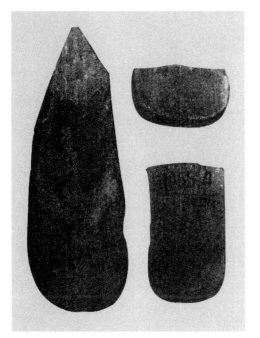

1. 石铲

2. 石杵(正面)

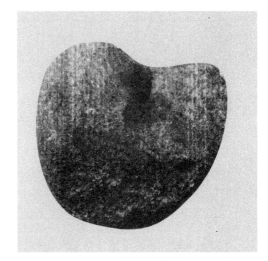

3. 石杵(侧面)

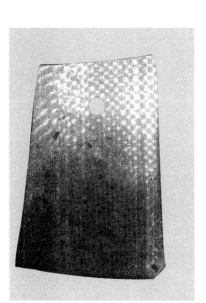

4. 玉刀

5. 玉版

图版叁　两城镇遗址出土石、玉器

1. 陶鬶

2. 残陶鬶上部

3. 陶鬶

4. 陶鬶残片

图版肆　两城镇遗址出土陶器

1. 陶杯

2. 陶杯

3. 陶杯

4. 陶杯

5. 陶杯(高4.1厘米)

6. 陶杯

图版伍　两城镇遗址出土陶器

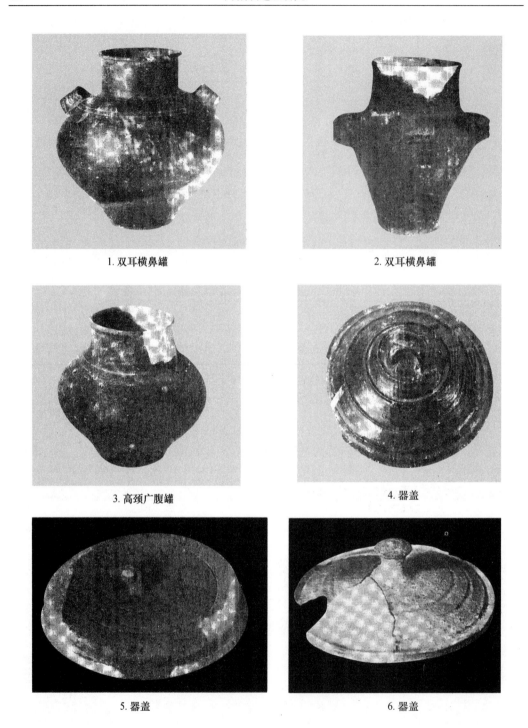

1. 双耳横鼻罐　　　　　　　　2. 双耳横鼻罐

3. 高颈广腹罐　　　　　　　　4. 器盖

5. 器盖　　　　　　　　6. 器盖

图版陆　两城镇遗址出土陶器

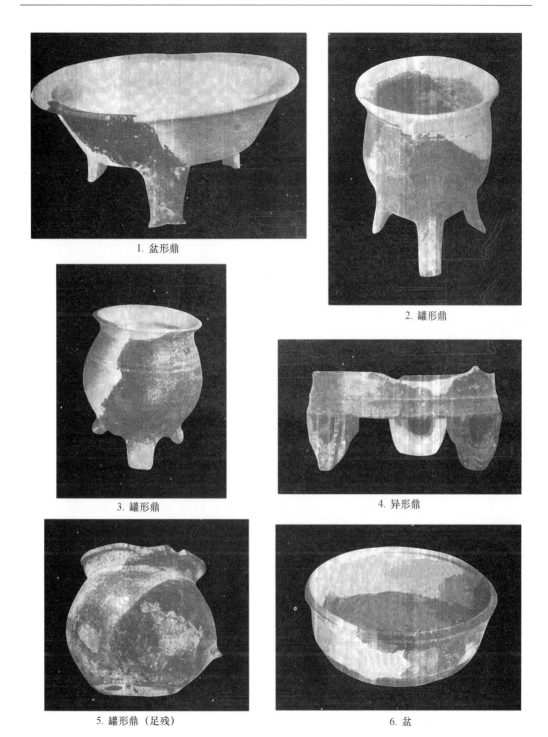

1. 盆形鼎

2. 罐形鼎

3. 罐形鼎

4. 异形鼎

5. 罐形鼎（足残）

6. 盆

图版柒　两城镇遗址出土陶器

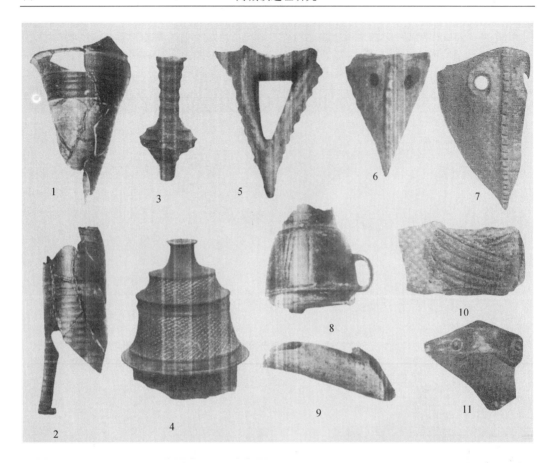

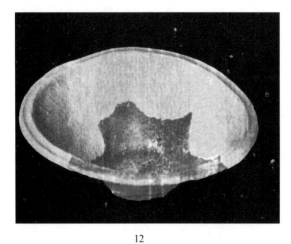

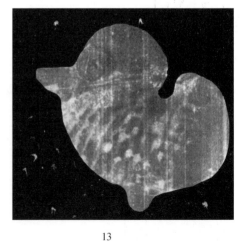

图版捌　两城镇遗址出土陶器

1、2. 高足豆残部　3、4. 残陶足　5. 双根单尖鼎足　6、7. 鬼脸式鼎足　8. 泥质黑陶残盉
9. 泥质黄陶白衣盉流　10、11. 横鼻　12. 陶碗　13. 陶鸟（放大一倍）

山东日照两城镇遗址勘察纪要

山东省文物管理处

山东日照两城镇龙山文化遗址在镇西此一带漫岗上，东北临两城河，南为平原，西为漫岗，面积东西 650，南北 850 米。两城村在遗址东南部分。

抗日战争前会在遗址的中部作过一次发掘，提供了重要的材料。解放以来，山东省文管处和山东大学都会作过一些调查，对遗址的面貌，有较清楚的认识。1958 年山东省文化局趁全省文物干部训练班田野实习的机会，组织一部分力量对遗址进行一次较全面的勘察。勘察包括钻探和试掘两部分工作。通过这次勘察，基本摸清了遗址范围和堆积情况，划出保护重点，给今后科学发掘提供了线索。

参加这次工作的有中国科学院考古研究所和中国历史博物馆的同志。

下面报导的是这次勘察的结果。

一

对遗址分布的了解主要是通过钻探进行的。钻探之前在适当的地方先选择一个永久性的基点，向四方拉线钻探，作为支线，然后根据观察和需要，增加探线，并选择有代表性的地方，分三区进行钻探。通过这样的钻探，大体可将遗址的堆积现象，分为三种。

第一种灰土堆积比较密集，这一部分靠近两城村西和村中，面积约有 25 万平方米。这一地区的堆积大部分地方或上部地层都已被破坏，有些已无文化层，有些耕土层本身就是灰土层堆积，保存较好的地方，文化层就在耕土层下。灰层的堆积深在 1.5～2 米之间，最深者在 4 米以上，大体可分为四层，最薄地方也可分为两层。灰土色深，质松，并发现有红烧土面，陶片也较多。

第二种灰土堆积较为稀薄，在高台地东西两边，东接第一区，面积约有 20 万平方米。这一区保存较好，灰土堆积绝大多数是在耕土层下。灰土色较浅，深 0.9～1.2，最厚的可分为三层，每层厚约 0.3～0.8 米。灰土下是黄沙质的生土。

第三种是没有灰土的堆积，这一区主要分布在遗址的西、北、南三面，深至
0.6～1 米见黄沙质生土。

另外，在台地的南端地面上散布有很多经过打制过的碎石料，残石器也很多，可
能是制造石器的地方。

这次试掘共开探沟两条，相距 4 米，面积 40 平方米。探沟在两城村里第一区内。

探沟一的堆积层可分为四层（图一）。第一层是耕土。第二层可分为两小层：浅灰
土厚 0.2～0.5 米，除龙山陶片外，上面还混有后代的陶片；黄沙土厚 0.1 米左右，上
有天然石块，未见遗物。第三层，可分东西两部，黑灰土，质软，厚 0.1～0.3 米，出
有大量龙山的陶片。此层在探沟的东半部，压着西半部的灰土层和第四层。西半部的
灰土层色深浅不一，质松，厚 0.3 米左右，陶片的质地和种类与黑灰土层同，但数少。
此层堆积在探沟西半部。第四层，只见于探沟西半部，可分为两小层：红烧土，多碎
块，质松，厚 0.15～0.4 米左右，陶片极少；灰土，色深，质软，厚 0.2～0.5 米，出
土的陶片中未见有白陶和泥质灰陶。

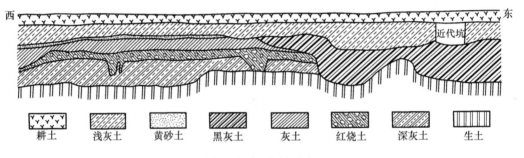

图一　探沟一北剖面图

探沟二的堆积与探沟一基本相同。在这探沟发现厚 6 厘米的红烧土面和不完整的
小灰坑三个。红烧土面很平，上有一层很薄的黄土，质软，并有经加工过的柱洞，虽
然形状不清，但据发现的情况看，它可能是一个建筑平面。在探沟二还发现一个小孩
墓。墓长 1.17，宽 0.36 米，上口宽，越至底部越狭，只能放一骨架。墓边成不规则的
斜坡。人架保存完好，头向东，面向北，仰身伸直葬，未见有葬具的痕迹。随葬品只
有残陶杯一件，放在头部。

二

这次勘察中，所得的遗物和过去所得的在种类上大致相同，其中以陶片最多，石
器、骨器很少，蚌器根本未见。陶片以夹砂陶为最多，标准黑陶、红陶和白陶都很少。
石器绝大多数是从地面采集来的。

（一）生产工具

1．石斧　有三种，大多数已残断。

（1）有孔石斧　斧身扁宽，其中除了一件孔是一面钻透外，其他都是由两面钻透的。还发现一件在上端断后，在两侧打了两个扎绳用的缺口（图二，1）。

（2）厚刃石斧　这种石斧器身上部多数保存着琢过的痕迹（图二，2）。

（3）扁平石斧　形制多数较细小（图二，3）。

2．石锛　有三种，形制多细小，保存完好的很多。

（1）扁平梯形锛　器身不大，通体磨光（图二，4、5）。

（2）扁平长方形锛　四角明显，上下宽狭相同（图二，6）。

（3）厚大梯形锛　器身厚，上狭下宽，宽厚大致相同（图二，7）。

3．石凿　数少。有大型和小型的两种。

（1）小型凿　形制短厚，前宽后狭，与锛正相反（图二，9）。

（2）大型凿　断面多作方形（图二，8）。

4．石镰刀　数多，但多残断。

（1）有孔石刀　这类石刀长方形为多，都是一面刃，刃直或内曲，孔都近背部，一孔或三孔，皆两面钻透的。有圆背两侧磨成边刃的（图二，11）和直背（图二，10）的两种。

（2）长方形石刀　直背凸刃。

（3）石镰　扁平，刃内曲。一端成尖状（图二，12）。

这三种石镰刀以前一种数量最多，后二种较少。

5．石镞（矛）种类较多，有下面几种：

（1）长条形镞　器身断面有作三角形（图二，13），有作方菱形（图二，4），有作扁平形（图二，15）。

（2）叶形镞　身扁平或作菱形（图二，16、17）。

（3）矛形镞　器身断面有作方菱形（图二，18、19），有作扁平（图二，20），铤背作圆锥形。

6．骨镞　共得3件，铤部刮削痕迹很清楚（图二，21、22）。

7．陶镞　共得4件，有叶形（图二，24）和扁平形（图二，23）两种。后一种是用残陶片磨制而成的。

8．陶纺轮　直径5.5，厚0.6厘米左右。

9．磨石　两面都已磨低，有的还有沟槽。

另采集到一些磨过的不成形石器。

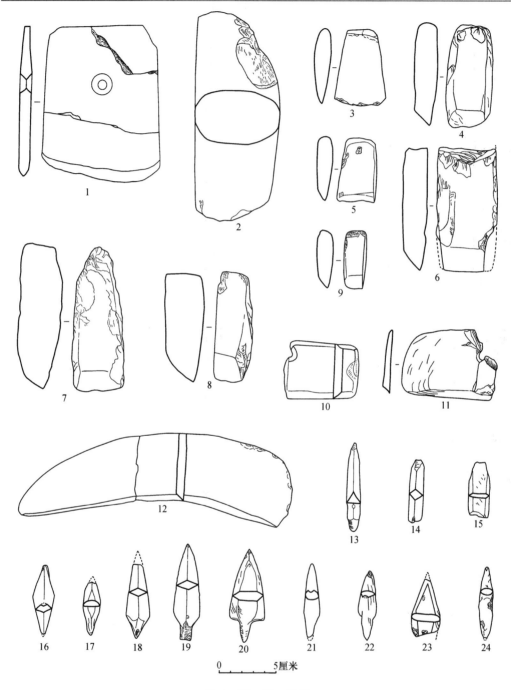

图二　石、陶、骨器

1. 有孔石斧（T2H6:1）　2. 厚刃石斧（0117）　3. 扁平石斧（01）　4、5. 扁平梯形石锛（055、0145）　6. 扁平长方形石锛（044）　7. 梯形石锛（011）　8、9. 石凿（0140、0150）　10、11. 有孔石刀（054、074）　12. 石镰（0175）　13～20. 石镞（0159、043、010、0199、T1②:6、T1②:12、0151、0156）　21、22. 骨镞（T1②:9、T1③:14）　23、24. 陶镞（037、T1②:17）

（二）生活用具

生活用具中，主要的是陶器，其次还有骨锥和玉器一件。陶器有下面几类。

1．鼎类　有罐形和盆形两种（图版，3；图三，1、2）。

2．鬶类　都由夹砂红陶和白陶制成，无一件完整的。从残片看，大部分与以前所见的相同。其中有一直口带子母唇残片，可证明鬶也是有盖的。

3．杯类　残片很多，绝大多数都是泥质黑陶。最常见的是筒形杯。完整的有三件：身作直筒形，平底下带三短扁足的一件（图版，4；图三，3）；身下部划有几何形纹的一件（图版，5；图三，4）；侈口扁腹的一件（图版，1；图三，5）。这些陶杯，直筒形的鋬都装置在腹下部，其他都是装置在腹上部。

4．罐类　能复原的两件，都是夹砂灰陶，与前发现的相同。另得一件，身高，上有凸凹纹数道（图版，6）。残片属罐类的很多（图三，7～15）。

5．盆类　能复原的只一件（图三，6、16～19）。

6．钵类　无一件完整的，大致有以下几种：唇内敛的（图三，20）、唇外敞的（图三，21）、平唇外折的（图三，22、23）。这几种钵类，除第一种为泥质黑陶外，其他都是泥质红陶。从器形看，前两种为圆底，后一种为平底。

7．碗类　都与过去所见相同。

8．豆类　得完整的三件，皆出于探沟地层中：

（1）Ⅰ式豆　折盘有直唇，细高把，把上有三个圆孔。下部和盘的一半烧成红色，另一半烧成黑色（图版，7；图三，24）。

（2）Ⅱ式豆　盘似碗状，外有两个横鼻，胎薄。粗黑陶质（图版，2；图三，25）。

（3）Ⅲ式豆　深盘宽唇，外折，把粗短，上有三圆孔。粗黑陶质（图版，8；图三，26）。

另外还发现一件泥质黑陶高圈足底的豆，与过去采集到的大致相同。

9．器盖　有下面八种：子母唇的、上带横鼻的、标准蛋壳黑陶的（图三，27）、粗白陶和泥质黑陶的、有鸟头钮的（图三，28）、圆钮的、肩上约有8个小圆孔的（现存仅三个）（图三，29）。

10．其他　骨锥两件和小玉器一件。

特别值得提出的是在探沟一和地面上都发现有云雷花纹的蛋壳黑陶片，其中探沟一出土的一件可以知道是属于盆类的。这一件的里外两面皆划有云雷花纹（图四）。

图三　陶器

1、2. 鼎（0159、027）　3～5. 杯（T2⑤:11、T1④:22、028）　6. 盆（T2①:23）　7. 罐（T2H8:27）
8～15. 罐口沿　16～19. 盆　20～23. 钵（T1②、T1③、T1③、T1③）　24～26. 豆（T1④: 19、
T2⑥:5、T2②:15）　27～29. 器盖（040、T2H6:①26、0100）

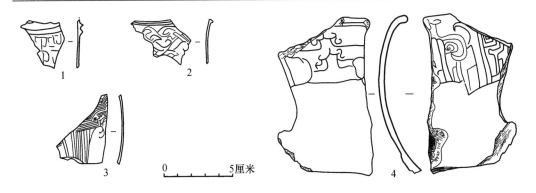

图四　标准黑陶花纹
1．0139　2．0139　3．T1②　4．T1②正面、剖面、反面。

三

　　两城遗址面积很大，保存也很丰富，是研究我国山东境内龙山文化的重要遗址。遗址经历过一段时期的发展过程。后来常见的云雷花纹和白陶都出现在上部地层，带衣的灰陶或红陶上下地层都有发现，加白衣的陶器在上部地层中则数量更多。根据两个探沟的地层的发现，可以认为两城遗址的堆积应该不是在同一时期内形成的。

　　遗址里所发现的石器绝大多数是磨制的，并且非常精致，穿孔的技术也已普遍地被采用在石刀和石斧上。陶器多轮制，陶壁都很薄。已使用玉器。这都说明当时的生产技术有了高度的发展。在所有的石器当中，穿孔的石刀和各种类型的石镞占有很大的比重，并且出现了石镰，它标志着当时农业与渔猎经济都有很大的发展，需要指出的就是云雷花纹的出现，这种花纹很接近于后来青铜器的花纹，应该说它们之间的关系是很密切的。

　　在两城遗址中还没有发现过蚌器。陶器中的鬲，在两个探沟中也未见到。陶器多素面，绳纹和方格纹极少。陶器的种类很多，而占绝大多数的是夹砂黑陶和夹砂灰陶，主要的器形是鼎和罐。泥质黑陶的主要器形是杯和盆。鬶的陶质都是泥质红陶和白陶。上述各点说明了当时的制陶手工业是有一定的分工的。当时主要的炊煮器应当是鼎，或者已经有了灶一类的器物，但未发现。

　　这次勘察，只是初步的工作，了解的很不够，有些问题尚有待于将来大规模的发掘后才能弄清。

（《考古》1960 年第 9 期）

图版　日照两城镇龙山文化遗址采集的陶器

1、4、5. 陶杯　2、7、8. 陶豆　3. 罐形鼎　6. 罐

记两城镇遗址发现的两件石器

刘敦愿

　　山东日照两城镇是一处面积较大的典型龙山文化遗址，曾多次发现精美的遗物，其中较为特殊的是一再发现类似商周时代青铜器的纹饰。这种纹饰最初见之于陶器上[①]，这次又见之于石器上。

　　1963 年，我在两城镇农民家中看到两件石器。该器现藏山东省博物馆，今予介绍：

　　第一件是长方形扁平石锛。双面刃，但背面的刃极为窄浅。长 18 厘米，上部较窄稍厚，下部较宽稍薄，上宽 4.5、厚 0.85，下宽 4.9、厚 0.6 厘米。墨绿色，近似玉质。该器已折断为两段。器身上半段背面呈现乳白色斑痕；下半段几乎全部为乳白色，背后尚残留有光泽之墨绿斑痕。石锛上部正反两面均刻有类似兽面的纹饰，两面彼此不相同（图一、二）。

图一　石锛兽面纹拓片（原大）

　　第二件是穿孔扁平大型铲。石质灰绿色，硬度不高，已碎成五片并已残缺，四边均有刃。长 48.7，上部边缘平直（唯一端略斜出），宽约 12，下部最宽处约 15，平均厚度 0.5 厘米。全器身现存有四孔，均自一面钻透：左方近边缘处三孔较大，孔径约 1.7～1.8 厘米；右方一孔，较小，孔径 1.2 厘米（图三）。

以上两器出土于两城镇镇的中部偏南处，"官厅汪"的水坑西边。与1936年发现的玉坑相去不远，据说玉坑在"官厅汪"之南。

这两件石器应是龙山文化时期的遗物：长方形扁平石锛与山东省文管处在日照安尧王城龙山遗址发现的"玉斧"形制相似，但无孔，刃部制作也很类似[②]，石锛的刻纹与两城遗址发现的黑陶片上所见到的虽稍有不同，但风格基本相似。石铲形制与两城、丹土村出土的石铲很相似，只是后者小而厚，一端有刃，未见有孔[③]。

从以上的比较可以看出来，这两件奇特的石器是从工具演化来的，但已脱离实用的范畴，因为都太薄了。铲大而有孔，极易断折，石锛也有同样缺点，可能是一种非实用的象征性工具。

其次，石锛上所刻精美纹样，丰富了龙山文化艺术的内容，同时也为中国古代美术史的研究提供了新的资料。

图二　石锛（1/3）

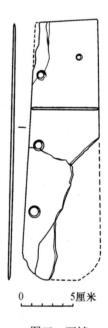

图三　石铲

注　释

① 解放前的发现，参看尹达：《中国新石器时代》，页58，又页63说"在龙山文化陶器中有云雷纹凑成的带形纹饰，这样式的花纹在殷代的铜器和石雕……上都有类似的花纹，……"疑系指两城的发现而言；解放后的发现，见山东省文管处：《山东日照两城镇勘察纪要》，

《考古》1960 年第 9 期；上海市博物馆采集黑陶盆沿一块，见刘敦愿：《论（山东）龙山文化陶器的技术和艺术》，《山东大学学报》（历史版）1959 年第 3 期。

② 山东省文管处：《日照县两城镇等七个遗址的初步勘察》，《文物参考资料》，1955 年第 12 期，插图四，1 与图版四，9。

③ 刘敦愿：《日照两城镇龙山文化遗址调查》，《考古学报》1958 年第 1 期，图六，1、2。刘敦愿：《山东五莲、即墨县两处龙山文化遗址的调查》，《考古通讯》，1958 年第 4 期，图一，18。

有关日照两城镇玉坑玉器的资料

刘敦愿

山东日照县两城镇龙山文化遗址经常发现玉器，1955 与 1957 年，我与山东大学历史系张知寒等同学两次到此调查、采集、访问，确也有所见与有所得，其中薄玉刀与梯形玉版各一件，已写入了《日照两城镇龙山文化遗址调查》一文（《考古学报》1958年第 1 期）。1963 年我又从两城镇友人李玉成同志那里了解到刻纹兽面纹玉锛的发现（拙作：《记两城镇遗址发现的两件石器》，《考古》1972 年第 4 期），资料发表后，引起国内外考古界的广泛重视，因为刻有类似风格纹样的玉器与玉饰，前于此早有发现而且数量可观，但都是传世品，只有这一件确知出土地点，因此很可珍贵（详见巫鸿：《一组早期的玉石雕刻》，《美术研究》1979 年第 1 期；石志廉：《对故宫博物院旧藏两件古玉圭的一些看法》，《中国历史博物馆馆刊》1981 年第 3 期）。

两城镇出土的玉器未曾报导的还有两件，都是农民群众赠送给山东大学的。一件是玉簪，淡绿色，通长9.4、最宽处1.4厘米；一端圆浑，长1.1、直径约0.2，然后突然鼓起，至2.4处收缩成细腰，直径约0.4厘米；另一端平斜，剖面成尖状，两侧刻有缺口各一，然后逐渐鼓起，全器最宽处在此，断面成圆角长方形，宽约0.8厘米（图一，2）。第二件系璧形器残段，碧绿色，残长4、宽度3~4、内径5.2、外径11.6~13厘米，断面大体成圆尖三角形，内缘厚而外缘薄，内缘厚约0.7厘米。外缘稍薄，有牙状突起，因残存部分很小，难知外缘牙饰起伏变化规律（图一，3）。此两器故宫博物院杨伯达同志曾经寓目，认为形制奇特，与商周以来玉器不类，云云。因此这两件玉器也有可能是龙山时期遗物。

日照两城镇玉器最重要的一次发现还在抗日战争以前，据说曾有成坑的玉器发现，由于只有传闻而未见实物，因而长期以来成了一个待解之谜。

据我所知，了解内情的只有两位老人，而且都早已去世了。一位是山东考古界老前辈王献唐先生，他原籍日照安家村人，距两城镇很近，也是第一个发现两城镇遗址的人；一位是两城镇中医刘述祊老先生，是当地最有学问的人，他是山东大学校友刘启甫同志的堂兄，经他的介绍，刘老先生也介绍了一些情况，后来才知道他还保存了五件玉坑出土的玉器。现在综合他们两位所谈情况追述于下：

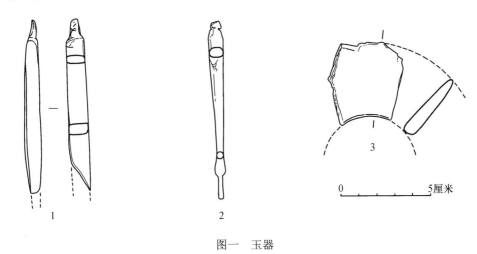

图一 玉器

1. 不知名残器 2. 玉簪 3. 壁形器残段

这个玉坑位于村镇的北边偏中的地带，如今由于人口的增殖，所在地都建成了民居区，不易确指其地了。发现的时间大约在三十年代之初，因群众动土无意发现，出土物很快便流散了，主要是通过青岛古董商人流散到国内外各地去了。

玉坑出土物中，原料、半成品、成品都有。原料中曾见大块的玉石，长约四、五十厘米，形如长条的冬瓜或枕头；半成品多磨成厚薄不等的片状物，形状有三角形、长方形与不规则四边形等；成品中有穿孔石斧与其他小件工具。

据献唐先生说，他曾保留其中的一件玉凿，抗战发生后还带在身边，准备来日刻成一方图章留作纪念。1939 或 1940 年，他在重庆时，李济博士将去四川南溪县李村前来辞行，看到了这件玉凿很感兴趣，就此送给他了。1983 年，我写信给在青岛的王国华同志，他是献老的长子，正在整理献老的遗著，我请他注意日记中有无关于玉坑玉器的记载，他说家中存有一件穿孔玉斧，原是玉坑出土物，文革中被查抄丢失，恐已无法查找。国华同志也不幸于 1984 年因病逝世，从献老遗著中寻找线索的事也就暂时中断了。

述祊先生自己保存了五件。一件是扁平穿孔石斧，保存在长子刘希箴同志处，1957 年因生活上的需要，委托青岛某拍卖行售出，现在不知收藏所在。这件玉器在拍卖行时我曾一见，印象还很清晰：玉斧的形制全同石制品，淡绿色，全长 27 厘米，当时只记下了这个数字，据回忆估计，宽度约 10、厚度约 1 厘米左右。此器与一般扁平石斧的差异，除本身为玉质之外，上部正中对穿一孔，在孔的一侧的上方，还穿有两孔，均用一面钻法，即上口大，下口小（横剖面作梯形），上口直径约 2 厘米左右。两孔的大口，一个开在此面，一个开在彼面。两孔内部打磨平滑，各填一块大小正同，形如截顶圆锥体的黑石，边缘刮去棱角，填石可以自由取下。这件器物，1955 年我曾听述祊先生亲自讲述过，并认为这种玉器当是《周礼·典瑞》与《考工记·玉人》所说的"镇圭"，因为彼此是初交，他未便告我就是他的收藏。

述祊先生还保存了四件玉坑玉器，在次子刘希范同志处，三件是扁平穿孔石斧，一件不知名器，这四件玉器原来就残破了三件，只有一件完整，这批玉器便是两城镇玉坑出土物中最后的一点残余了。刘老于 1975 年去世，后来刘希范同志遵照他的遗命，把这批玉器捐赠给了山东大学历史系考古教研室。现将这四件玉器分别介绍于下：

扁平穿孔玉斧之一　　大体成梯形，长 17.2、上宽 8、下宽 9.7、厚 1.1～1.2 厘米。碧绿色，有墨绿色条纹形晕斑。上部正中穿有一孔，两面对钻而成，正面孔大，直径约 2，背面孔稍小，约 1.7 厘米。通体打磨光润，上部一侧微有缺损处，似是玉材本身的缺陷使然。（图二，2）。

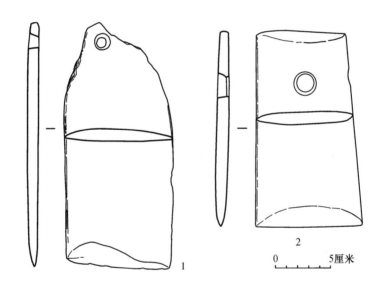

图二　扁平穿孔玉斧

扁平穿孔玉斧之二　　上端残断，残长仍有 21.8、中宽 10、下宽 9.5 厘米，一面磨平，一面中部隆起，厚 0.9 厘米，边缘圆浑。孔系一面穿透，上孔直径 1.5、下孔 0.9 厘米，不圆整。灰绿色。此斧左侧边线平直，尚留相对切割的线状痕迹。全器上部走向成弧形，右侧边线稍直，估计上部相当狭窄。刃部微有残缺（图二，1）。

扁平穿孔玉斧之三　　黑色，上部残缺，刃部也略有损缺。残长 30、宽 9.5～10.2 厘米。上部正中一孔，孔系一面穿透，上大下小，上孔直径 1.3、下孔 1 厘米。与一般扁平穿孔石斧不同之处在于：两面自孔下至刃部各与一凹槽，凹槽打磨圆浑，有一面在凹槽中，上下各划出短直线各一条，另一面的凹槽上部铲去一层，痕迹清晰，并划出平行线数条，走向都略成弧形，当是使用一种硬度较高的砂轮打磨加工的结果，这类工具的原料与形式不详（图三）。

不知名器　浅绿色，残断。残长 9.2，断处又予磨光，用途不详。断面作长方形，上端有柄，下端断失，全器上薄下厚，上狭下宽，厚度 0.35～0.6、宽度 0.9～95 厘米，打磨光润，但不甚方正（图一，1）。

有关两城镇龙山文化遗址玉坑玉器的资料，我所能知的，也就尽于此了。根据以上的记述，也可看到一些特点与问题：

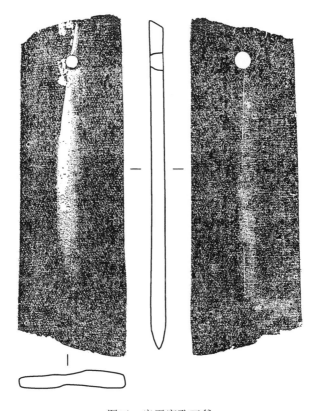

图三　扁平穿孔玉斧

一、两城镇与相邻近地区出土的玉器，都是群众偶然发现的，玉坑玉器也是如此，年代问题无法确定，但这几件玉器是共存的一组遗物，大约是可以肯定的，日后山东龙山文化发掘资料丰富了，研究工作深入了，这个问题也许能够解决。

二、这组玉器大多仍然保存着石制工具或武器的形式，有的刃部残缺，可能在一定场合还曾使用过，但有的确也不是实用物，已具有礼器的性质，玉不过是石之美者，文明时期的玉器从史前时期使用石器这一历史传统继承演化而来，这批遗物也提供了证据。

三、玉坑的性质，大约有两种可能：（1）宝藏。玉器是一种原料难得，加工技术繁难的重要财富，此次大量玉器的集中发现，在国内似是首次，可能说明氏族公社内部已经出现了贫富、贵贱的分化，这种财富只是少数人所有；（2）玉器作坊的遗存。因为成品之外，还有原料与半成品的发现，反映这时的某些手工业已经专业化，不仅制陶如此，而且玉器制作也是如此。

四、此次玉坑未闻有薄制的与刻纹的玉器发现，前者两城镇与五莲县丹土村都曾有之，可能有时代早晚的差别，而后者迄今未再有发现，山东他处也未闻有传世品与出土物的发现，是否外地输入，也值得考虑。

（《考古》1988 年第 2 期）

山东日照龙山文化遗址调查

日照市图书馆　临沂地区文管会

日照市地处鲁东南沿海地带，东濒黄海，海岸线长达近百公里。境内西高东低。西半部属山丘地带，东半部地势平坦，土地肥沃。付疃河、绣针河、两城河、巨峰河东西向流经县境，注入黄海。古文化遗址多分布在沿海地带，一般位于河流两岸。

日照市境内龙山文化遗址较多，内涵极为丰富。其中，1936 年夏尹达、梁思永等先生主持发掘的两城镇龙山文化遗址，是山东地区最早发现的山东龙山文化遗址之一，是典型的龙山文化"两城类型"遗址。当时该遗址曾发掘出 50 多座墓葬，有的墓随葬品特别丰富。解放前夕，这批重要的发掘资料的主要部分连同报告初稿可能被运往台湾，至今尚未正式发表。1955 年与 1957 年，山东大学刘敦愿教授曾调查了两城镇龙山文化遗址[①]。1973 年春、秋两季和 1975 年秋山东省博物馆等单位对日照东海峪遗址进行了发掘[②]。发掘中找到了大汶口文化与山东龙山文化之间的叠压关系，即山东龙山文化叠压在大汶口文化之上，从而证实了山东龙山文化晚于大汶口文化，并证实二者之间有直接承袭关系。后于 1978 年秋至 1979 年春，临沂地区文管会在日照尧王城遗址进行了试掘，并发现了一些重要的遗迹、遗物。

过去虽然在发掘与调查中做了大量的工作，但对整个日照市境内龙山文化遗址的大体分布情况及其内涵还不甚清楚。为此，近几年我们又多次在全市境内进行了调查。调查中除对过去已经发现的遗址进行复查外，还新查出二处龙山文化遗址（西林子头与南塔岭）。下面重点报道内涵较丰富的九处（图一）。

一、两城镇遗址

两城镇位于日照市城区东北方向约 20 公里。遗址大部分位于两城镇西北岭一带，部分被压在镇居民区下面。遗址东距胶新公路约 200 米，北面有两城河穿过。整个遗址地处土丘地带，北高南低。面积约 90 万平方米。土质多为黑灰色，文化层的厚度一般在 2 米左右，最厚可达 5 米。

　　遗址文化内涵十分丰富。断崖上、地面上都暴露出不少遗迹、遗物。从遗址东北部的断层上可以看到灰坑、红烧土、残墓葬等。墓葬为土圹竖穴，葬式为仰身直肢葬。

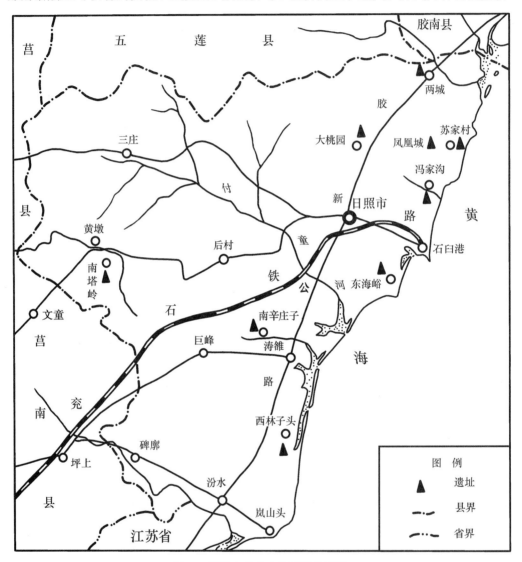

图一　日照市龙山文化遗址位置图

遗址包括了几个时代的堆积，其中有汉代、周代文化层和龙山文化层。下面只对龙山文化进行报导，其他时代从略。

　　1. 地层堆积

　　在两城镇遗址的北面有一壁较直的断崖面，地层的最底部已露出生土层。经过细致观察该处地层可分六层（图二）：

第1层：耕土层，黄灰色土，土质松软，厚15～30厘米。

第2层：灰白色土，含红烧土块较多，夹有木炭屑，土质松软，厚10～30厘米。出土的陶片以夹砂黑陶为主，其次泥质黑陶、红陶、褐陶。纹饰有附加堆纹、划纹、弦纹、乳钉纹等。从陶片可以辨认的器形有泥质黑陶罐、陶杯、平沿折腹盆、盆形鼎；另外还有中脊饰附加堆纹的铲形鼎足、夹滑石粉末的鬶足等。

第3层：灰绿色土，含有木炭屑和少量的红烧土颗粒，厚10～32厘米。陶质以夹砂黑陶、泥质黑陶为主，其次为细泥黑陶、褐陶。纹饰有压划纹、弦纹等。器形有卷沿平底盆、碗、壶等残口沿。

第4层：黄褐色土，土质为较紧密的细砂粘土，夹有零星的红烧土块和木炭屑，厚18～100厘米。含遗物较少，出土一件夹砂黑陶高领广肩瓮。

第5层：灰黄色土，有烧焦的灶土遗迹，呈火红色，土质坚硬，其他土质松软，有少量红烧土颗粒，草木灰较多，厚25～90厘米。陶质以夹砂黑陶为主，其次为泥质黑陶、红陶。器表多为素面，纹饰有弦纹、压划纹。出土的遗物有凿形鼎足、带泥突的鬶足，还有敛口盆、陶杯等残口沿。

第6层：黑灰色土，含有较多的红烧土块及草木灰屑，土质松软，厚均在30厘米左右。陶质以夹砂黑陶为主，其次为泥质黑陶、红陶。器表多为素面，纹饰主要有压划纹，其次附加堆纹和镂孔。器物有凿形鼎足、带泥突的鬶足，还有盆、杯及纺轮、兽骨等。

6层以下为黄色生土层。2～6层根据文化遗物的特征分析，应属龙山文化层堆积。

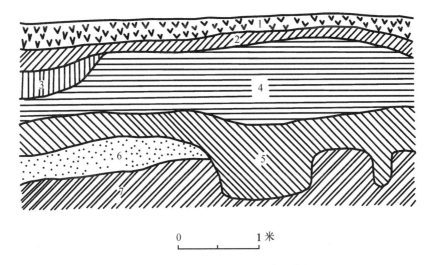

0　　　　　　　1米

图二　两城镇龙山文化地层剖面图

1. 耕土层　2. 灰白色土　3. 灰绿色土　4. 黄褐色土　5. 灰黄色土　6. 黑灰土　7. 生土

2．遗物　调查中采集到大量石器和陶器，下面分别叙述。

石器

镞　12件。有三角形、柳叶形，横断面有等腰三角形、圆形、菱形等，有的前锋或铤部有明显使用残迹。长6.3～11厘米（图三，1～12）。

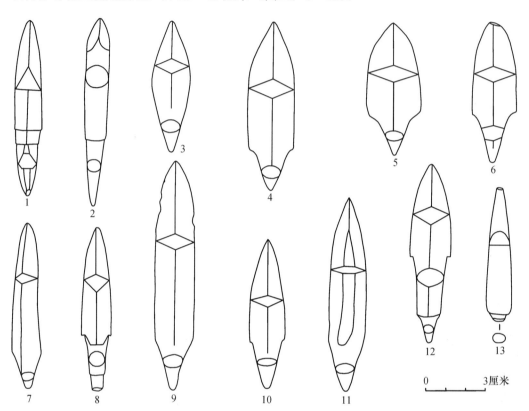

0　　　　　　3厘米

图三　石、骨镞（两城镇）

1～12. 石镞　13. 骨镞

铲　4件，均残。器形扁而薄，厚度一般为0.8～1.4厘米。器形有长方形、长条形、梯形三种。有的有对钻或直钻而成的圆孔。有的通体磨光，有的只在刃部磨光（图四，1～4）。

斧　4件。平面有长条形、梯形。有的通体磨光，有的只在刃部磨光，有的通体琢制。刃有弧刃与斜弧刃两种，刃口均有明显的使用痕迹。完整者2件，一长13厘米，一长17厘米（图四，5、6、7、8）。

刀　3件，均残。器身较薄，背作弧背或平直背，刃口呈微弧形或平直，靠刀背处有对钻而成的圆孔，通体磨光，刃部有明显的使用痕迹（图四，9、10、11）。

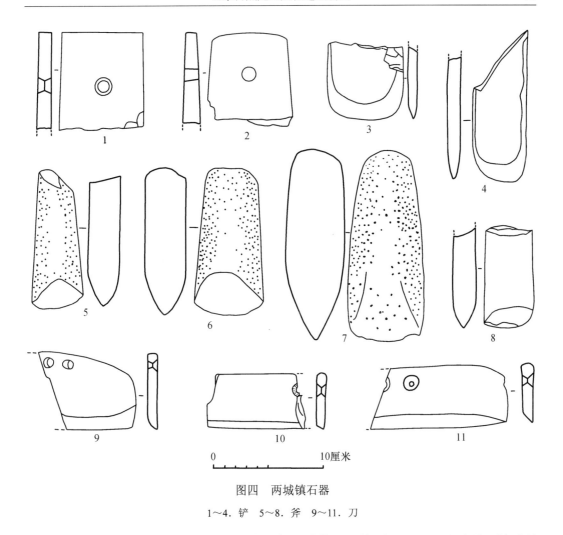

图四　两城镇石器

1~4. 铲　5~8. 斧　9~11. 刀

　　锛　3件。通体磨光。器形平面作长条形或梯形，单面刃，刃口呈弧形、斜弧形或平直，刃都有明显使用痕迹。其一长 14、宽 6.4 厘米；其二长 12.5，宽 4.5 厘米；其三长 8、上宽 3.2、下宽 5 厘米（图五，1、2、5）。

　　锛形器　1件。长条形，器身正、背面经磨制，两侧为自然面。长 37.2、宽 5.5 厘米（图五，9）。

　　凿　2件。一件横断面呈长方形，单面刃，平直，刃口钝，长 6.4、宽 4 厘米（图五，4）。另一件，平面略呈梯形，刃口较窄，长 6 厘米（图五，3）。

　　石球　1件。椭圆形，通体琢制而成，最大径为 6.6 厘米。

　　磨光器　1件，残。质料为石英岩，器形呈人足形，磨面光滑（图五，6）。

　　玉器

　　铲　2件。一件残。平面作梯形或长方形，有对钻而成的孔，两面刃，刃口呈弧

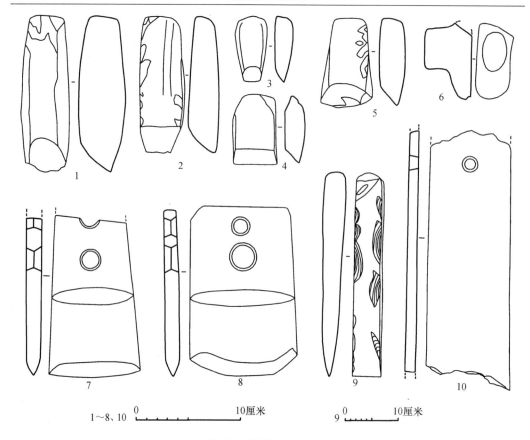

图五　两城镇玉、石器

1、2、5.石锛　3、4.石凿　6.磨光器　7、8.玉铲　9.锛形器　10.玉板

形或折弧形，通体磨光，长一般在 15 厘米左右（图五，7、8）。

长条形玉板　1 件，因残全形不明（图五，10）。

骨器

镞　1 件，残。三角形，横断面略呈半圆形（图三，13）。

陶器

鬶　8 件。陶质有夹砂红陶和夹砂褐陶，有的夹云母或滑石粉末，有的红陶外表施白陶衣。纹饰有乳钉纹和附加堆纹。乳钉纹多饰在流和口、把手与颈连接处或器身前部颈、腹之间及左右两侧等部位；附加堆纹多饰在腹部。把手呈绳索状。可分为五式：

Ⅰ式：1 件，残缺。细颈，颈、腹界线明显，袋足较瘦，弧裆（图七，1）。

Ⅱ式：1 件。短窄流，流尖略似鹰嘴形，颈较细，颈、腹界线明显，突背，附有三袋状足，后足肥大，分裆。高 26 厘米（图版壹，6；图七，2）。

Ⅲ式：2 件。宽短流，粗短颈，斜沿外侈，向后方斜伸，附有三袋足，后足肥大，

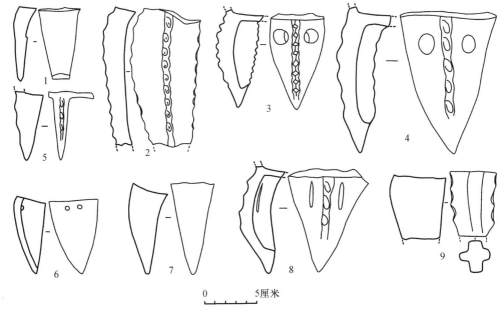

0　　　　5厘米

图六　两城镇鼎足

实足尖较高，分裆。其一高27厘米，其二高30厘米（图七，3、5）。

Ⅳ式：3件，均残。流窄长且上仰，直筒形颈，颈、腹界线不明显，高分裆，附有三袋状空足，实足尖较高。

Ⅴ式：1件。宽短颈，颈腹界线较明显，颈前部外鼓，腹前部较平，弧裆（图七，4）。

甗　1件，甑部残缺。夹砂黑灰陶。附三个大袋足，高分裆（图七，6）。

鬲　1件。粗砂黑灰陶。壁较厚。子母直口，口沿下有二把手，分裆，附三个大袋足。口径17.5、腹径26.5厘米（图一〇，4）。

鼎　5件。陶质为粗砂黑灰陶或褐陶，可分为四式：

Ⅰ式：2件。罐形，素面，形体小，斜折沿，束颈，鼓腹，平底，附三个凿形足或三个矮足。一件口径9.5、高8.8厘米，另一件口径8.4、高9厘米（图七，7、8）。

Ⅱ式：1件。敛口，折平沿，束颈，口沿下有横盲鼻，腹饰凸弦纹，平底，下附有三个鸟头形足。口径17、高18厘米（图七，10）。

Ⅲ式：1件。敞口，宽平沿，束颈，口沿饰竖压纹，口沿下有与三足垂直的三个横耳鼻，腹饰弦纹，平底，附三个"V"字形足，两侧饰未镂穿的二孔，口径20.8、高15.6厘米（图七，11）。

Ⅳ式：1件。器体上部似倒置豆，下部罐形，附有三个三角形矮足。口径5.6、高9.6厘米（图七，9）。

在调查中还采集到较多的鼎足，陶色以红、黑为主，陶质多夹砂。样式有凿

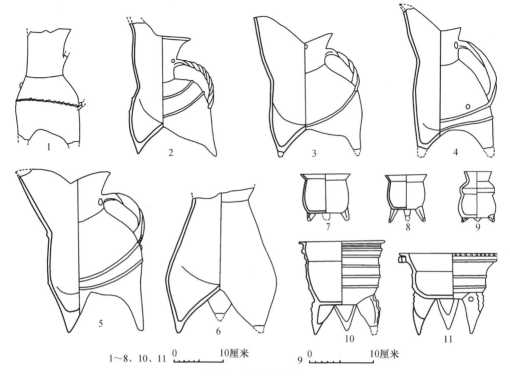

图七 两城镇陶器

1. Ⅰ式鬶 2. Ⅱ式鬶 3、5. Ⅲ式鬶 4. Ⅴ式鬶 6. 甂 7、8. Ⅰ式鼎

9. Ⅳ式鼎 10. Ⅱ式鼎 11. Ⅲ式鼎

形、圆锥形、侧扁三角形、叶片形以及横剖面呈"十"字形和简化鸟首形的（图六，1～9）。

杯 13件。除把手、足、钮鼻为手制外，其余均为轮制。在器物的底部多见轮旋痕迹。可分为七式：

Ⅰ式：1件。粗砂，白灰陶。侈口，器形呈筒形，近底部有把手，平底，腹饰凹弦纹。口径8.8、高12厘米（图八，7）。

Ⅱ式：6件。陶质多为泥质黑陶或黑灰陶。把手较大，附在口沿与上腹部，多宽扁状，鼓腹，多在颈腹部饰弦纹，底多为平底。口径3.8～9.6、高4.4～12.4厘米（图八，1～6）。

Ⅲ式：1件。细泥磨光黑陶。筒形颈，腹微鼓，附两个对称的小横盲鼻，近底部呈较高的假圈足形，颈、腹部饰凹弦纹。口径8、高12.4、底径5.4厘米（图版壹，3；图八，8）。

Ⅳ式：1件。泥质黑陶，磨光。器形口小底大，壁斜直，折腹，凹底，近底部附扭编式把手，下附三个扁短足，器身饰凹弦纹。口径6.6、高10厘米（图八，9）。

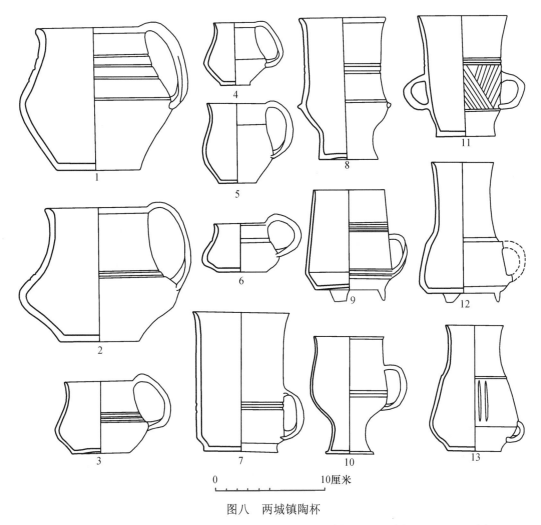

图八　两城镇陶杯

1~6. Ⅱ式杯　7. Ⅰ式杯　8. Ⅲ式杯　9. Ⅳ式杯　10. Ⅴ式杯　11. Ⅶ式杯　12、13. Ⅵ式杯

Ⅴ式：1 件。细泥黑陶，磨光。侈口，鼓腹，腹部较圆，腹侧附一把手，腹饰凹弦纹，近底部呈较高的假圈足形。器壁较薄，火候较高。口径 6.4、高 10.4 厘米（图八，10）。

Ⅵ式：2 件。泥质褐陶或黑陶。侈口，高领，颈、腹界线明显，折腹，近底部饰一把手，平底。一件在底部附三个扁状矮足，口径 5.8、高 12.4、底径 6.8 厘米；另一件在腹部饰三组竖压划纹，口径 5.4、高 11.2、底径 5 厘米（图版壹，2；图八，12、13）。

Ⅶ式：1 件。泥质黑陶，磨光。敞口，腹壁斜直，平底，近底部呈假圈足形，腹侧附双耳，器壁饰凹弦纹和成组斜竖划纹。口径 8.2、高 10.6、底径 5.4 厘米（图八，11）。

　　盘　1 件。粗砂灰褐陶。敞口，平折沿，沿面有二道凹槽，方唇，口沿下饰三个竖耳鼻，上腹部有较高的凸棱，下腹部微弧内收，大平底，下附三个环足。口径 29、高 11 厘米（图版贰，5）。

　　豆　3 件。可分两式：

　　Ⅰ式：1 件。细泥黑陶，磨光。敞口，重沿，豆盘较小，下附筒状喇叭形高柄。口径 9、高 10 厘米（图九，4）。

　　Ⅱ式：2 件。均残。细泥磨光黑陶。一件为子母口，腹壁较直，凹底，口沿下饰

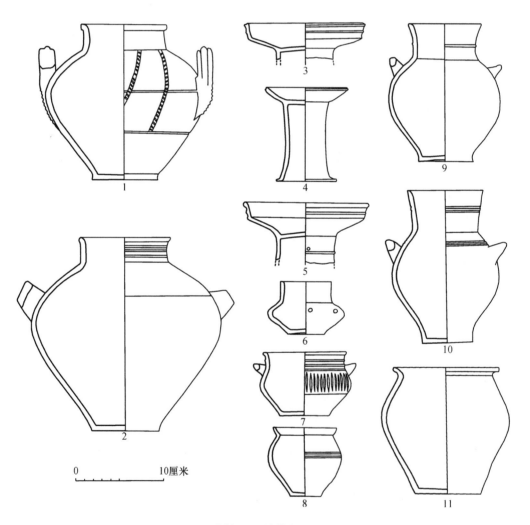

图九　两城镇陶器

1. Ⅰ式罐　2. Ⅱ式罐　3、5. Ⅱ式豆　4. Ⅰ式豆　6. Ⅱ式壶　7. 盂　8、11. Ⅲ式罐　9、10. Ⅰ式壶

凸棱，豆柄下部残（图九，3）。另一件，侈口，圆唇外卷，盘壁有凸棱，豆柄的上部留有二个对称的小圆孔和一道凸棱（图九，5）。另外还采集了两件残豆柄。一件饰有竹节纹，另一件饰细密的弦纹。

罐　4件。可分三式：

Ⅰ式：1件。粗砂红黄陶。小口微侈，直领，斜肩，鼓腹，小平底，腹有两个对称的半环耳，耳上饰压纹，肩、腹部饰数道斜竖式的附加堆纹。口径9.8、高16.7、底径7.5厘米（图版贰，4；图九，1）。

Ⅱ式：1件。细泥黑灰陶。器形基本上同Ⅰ式，唯肩部为二对称桥形耳。颈、腹部饰弦纹。口径10.2、高20.8、底径7.6厘米（图九，2）。

Ⅲ式：2件。泥质或粗砂黑陶。敞口，斜沿外折，束颈，鼓腹，平底。其一腹部饰弦纹。一件口径7、高7.2、底径3.2厘米；另一件口径11.8、高13.4、底径7.3厘米（图九，8、11）。

盂　1件。泥质黑陶，磨光。侈口，鼓腹，平底，肩部有双耳。颈饰弦纹，腹饰竖压划纹。口径9.2、高6.8、底径5.4厘米（图版贰，2；图九，7）。

壶　4件。可分三式：

Ⅰ式：2件。泥质黑灰陶。敞口，高领，上腹鼓，近底部呈假圈足形，肩有对称双耳。颈、肩部饰弦纹。一件口径8、高14.8、底径6厘米；另一件口径8.4、高16.4、底径5.6厘米（图九，9、10）。

Ⅱ式：1件。泥质黑陶，磨光。形体较小，直口，扁圆腹，凹底。肩饰五个乳钉。口径5.6、高5.7、底径4厘米（图版贰，1；图九，6）。

Ⅲ式：1件。觯形，敞口，深腹，平底。

瓮　1件，口残。粗砂黑灰陶。小口，矮颈，广肩，上腹鼓，下腹斜直，小平底。腹饰数道凹弦纹（图一〇，1）。另外还采集了二件瓮残口沿（图一〇，2、3）。

小盆　4件。泥质黑陶，磨光。一件敞口，圆沿外卷，器壁较斜直，腹下饰一个横盲鼻，近底部折收，呈假圈足形，口径12.2、高4.4、底径9.4厘米（图一一，1）。一件敞口，腹壁斜直微内凹，大平底，口径15.2、高5.2、底径11.8厘米（图一一，2）。一件敞口，壁较直且向内凹，腹饰弦纹，凹底，口径9.4、高4.4、底径9.4厘米（图一一，3）。一件口呈子母口，腹壁斜直内凹，饰弦纹，近底部呈假圈足形，口径12、高4、底径9.2厘米（图一一，4）。

盒　1件。细泥黑陶，火候高，磨光。子母口，在腹部起棱一周，近底部呈假圈足形。口径10.8、高4.1、底径10.4厘米（图一一，5）。

器盖　4件。粗砂黑陶、红陶或泥质黑陶。二件呈覆碗形。一件纽呈圆柱蘑菇状。一件顶有半环状纽（图一一，6～9）。

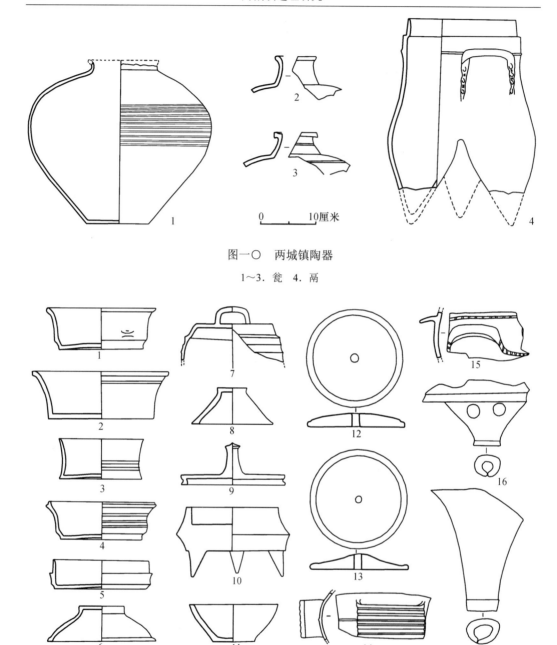

图一〇　两城镇陶器

1～3. 瓮　4. 鬲

图一一　两城镇陶器（10、12、13 为 1/2，14、15 为 1/8，余均 1/4）

1～4. 小盆　5. 盒　6～9. 器盖　10. 三足器　11. 碗　12、13. 纺轮　14、15. 器把手　16、17. 器足

碗　1 件。粗砂黑陶。敞口，平沿，腹壁斜直。口径 10、高 4、底径 4.8 厘米（图一一，11）。

三足器　1 件，器形较小。泥质黑陶，磨光。平沿，折腹，平底，附有三个锥形足。口径 5.2、高 3.6 厘米（图一一，10）。

器足　2 件。均夹砂褐陶。呈猪首形。一件饰二个盲孔眼眶；另一件素面，内侧有三角形凹窝，足尖呈猪鼻状（图一一，16、17）。

器把手　2 件（图一一，14、15）。

纺轮　2 件。细砂褐、黑陶。器形扁薄，圆形，中穿一孔，沿边有轮旋凹槽一周，一面凸起另一面平。其一直径 5.4、厚 7 厘米；其二直径 5.5、厚 8.5 厘米（图一一，12、13）。

二、尧王城遗址

遗址位于日照市城区西南方向约 17 公里，南辛庄和尧王城两个村庄周围。居住区占去遗址一小部分，大部分为耕地。遗址西北面较高，逐渐向东南面倾斜。遗址范围南北长约 800 米，东西宽约 600 米。土质为深灰色，结构紧密。文化层厚度一般为 2～3 米，最厚可达 6 米。从遗址西北角断崖龙山文化层观察，发现许多夹杂在土层中的陶片及其他遗物；还发现有房基、灰坑、柱洞等遗迹。其中房基为地面起基，呈正方形，边长约 3～4 米，墙宽约 40 厘米左右，墙用粘性强的黄泥土坯砌成。有的墙壁内壁面抹有 3 厘米厚的灰泥面，外壁面有 5 厘米厚的红褐色泥抹面。室内居住面坚硬，有龟裂痕。有的房基内有直径为 70 厘米的灶基，用石英石铺成，并在南壁偏东位置留有宽约 60 厘米的门道。有的室内有成排的柱洞，柱洞直径 10～20 厘米，深 40～90 厘米不等，房中心位置亦有柱洞，在遗址的东侧水沟断层龙山文化堆积中还发现人腿骨，是一座土圹墓葬，头向西北方向。暴露在地面上的陶片、石器较多，主要有：

石器

铲　1 件，残。通体磨光。体扁而薄，平面呈圆角长方形，有对钻而成的孔，双面弧刃。有明显的使用痕迹。长 10.3、宽 7 厘米（图一二，3）。

斧　2 件。器身琢制，只在刃部磨光。平面呈梯形，两面刃，刃部有使用痕迹。其一长 11、其二长 21.8 厘米（图一二，1、7）。

凿　3 件。形体较小，平面略呈方形、长方形或梯形，单面刃。通体磨光。其一长 6、其二长 5.8、其三长 6.4 厘米（图一二，4、5、8）。

锛　1 件。平面呈长条形，顶、刃部略窄，中部略宽，单面刃。长 9.8、宽 3.4 厘米（图一二，9）。

镢形器　1 件。磨制，两侧琢制。一面较平，另一面下部斜收，器身上部有一周系柄用的深槽，刃口厚钝，有明显的使用痕迹。长 11.2、宽 5.2 厘米（图一二，2）。

镰　1 件，残（图一二，11）。

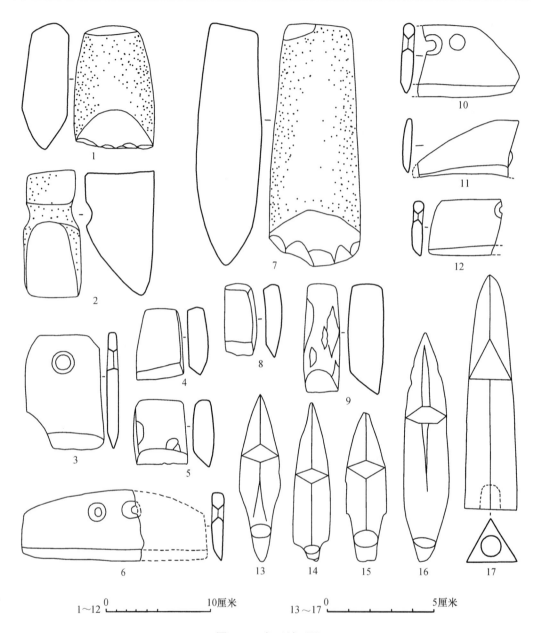

图一二　尧王城石器

1、7. 斧　2. 钁形器　3. 石铲　4、5、8. 石凿　6、10、12. 石刀　9. 石锛　11. 镰　13~16. 镞　17. 矛

　　刀　3 件，均残。器身较薄，略呈长方形，有孔，对钻而成，单面刃。通体磨光（图一二，6、10、12）。

　　镞　4 件。柳叶形或三角形，横断面多呈菱形，中脊凸起，有明显的使用痕迹。长一般 6.8~10.5 厘米（图一二，13~16）。

　　矛　1件。平面呈等腰三角形，横断面呈等边三角形，器身的底端有圆孔。长10.5
厘米（图一二，17）。

　　陶器

　　鬶　9件。可分五式：

　　Ⅰ式：1件。细高领，鼓腹，圆裆，袋足较瘦。腹饰附加堆纹，器身前部颈下正
中饰乳钉纹。口、流和足尖残缺（图一三，1）。

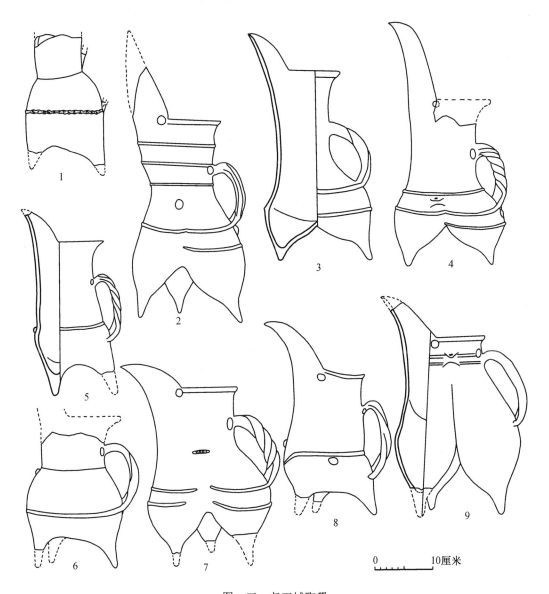

图一三　尧王城陶鬶

1. Ⅰ式　2~4. Ⅱ式　5、6、8. Ⅲ式　7. Ⅳ式　9. Ⅴ式

Ⅱ式：3件。陶质为粗砂红黄或红白陶。宽长流且上仰，直筒形颈，分裆，附有三袋足。有的颈部呈漏斗形，前足瘦小，三足向外撇。均附有绳索状把手，器身饰有乳钉纹、凸弦纹或横盲鼻状堆纹。在底部、腹部有烟熏的痕迹（图版壹，1；图一三，2~4）。

Ⅲ式：3件。粗砂红白陶或灰褐陶。颈呈筒形，其中一件颈、腹界线明显，微鼓腹，腹扁圆，裆略平或弧形，附较矮的三实足，绳索状把手。器身饰乳钉纹或弦纹（图一三，5、6、8）。

Ⅳ式：1件。红白陶。宽短流，流往前伸，粗短颈，附三袋足，实足尖较高，有绳索状把手。器身饰乳钉纹、鸡冠状堆纹与凸弦纹（图一三，7）。

Ⅴ式：1件。细砂红白陶。宽短流，粗短颈，高分裆，有宽扁外卷式的把手，颈的左右两侧有横耳鼻。在颈部饰乳钉纹与凹弦纹（图一三，9）。

甗 1件。鬲部残缺。泥质黑陶。甑部斜折沿，方唇，腹部起凸棱数道（图一四，1）。

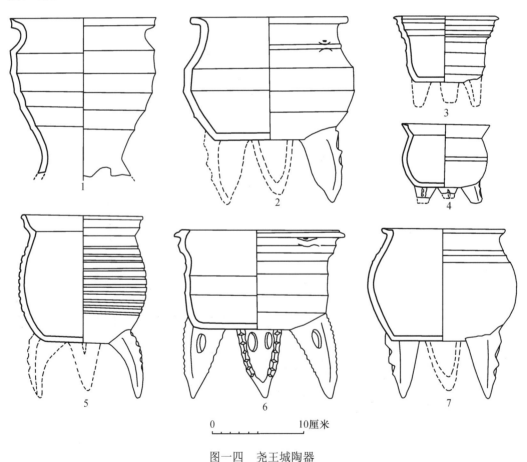

图一四 尧王城陶器

1. 甗 2、4、5、7. Ⅰ式鼎 3、6. Ⅱ式鼎

鼎　6件。可分两式：

Ⅰ式：4件。夹砂黑陶或黑灰陶。罐形，附三个鸟头形足或铲形足。腹饰凹弦纹或起棱，其一口径17、高18.6厘米；其二口径9.6、高7.8厘米；其三口径13.5、高17厘米（图版壹，5；图一四，2、4、5、7）。

Ⅱ式：2件。粗砂黑陶。呈双腹盆形，敛口，平沿外折，平底，有的附三个鸟头形足，有的在口沿下有横盲鼻，器身起凸棱。其一口径11.4厘米；其二口径17.4、高17.8厘米（图版壹，4；图一四，3、6）。

杯　7件。可分四式：

Ⅰ式：3件。陶质为泥质黑陶、黑灰陶。高领，口微侈，鼓腹，腹侧附把手，底部呈假圈足形。腹部饰凹弦纹。口径6.8～7.8、高9.9～12.2厘米（图一五，1～3）。

Ⅱ式：3件。泥质黑陶、黑灰陶。口微侈，鼓腹，把手附在口沿与腹部之间，底呈凹底或平底。饰弦纹。口径7.1～8.6、高6～13厘米（图一五，4、5、7）。

Ⅲ式：1件。泥质黑陶。敞口，近底部附一把手。饰弦纹。口径9、高11.6、底径6厘米（图一五，6）。

Ⅳ式：1件。泥质黑陶。器身细高，侈口，深腹，平底。饰弦纹，口径6、高15、底径5.6厘米（图一五，9）。

蛋壳陶杯　1件。细泥黑陶，磨光。侈口，器身呈筒形，下部折收。腹饰细密弦纹。器壁薄处仅为0.5毫米左右，底残（图一五，14）。

壶形器　2件。泥质黑陶，磨光。口沿有流，鼓腹，一件近底部呈假圈足形，底呈平底或凹底，颈、腹部附有绳索状或宽扁式把手。纹饰有乳钉纹、弦纹或凸棱。其一口径11.8、高16、底径8厘米；其二口径11.2、高19.8、底径6.8厘米（图一五，10、13）。

罐　3件。二件为粗砂黑陶或黑灰陶，一件为泥质黑灰陶。侈口，鼓腹，平底，有的在肩部饰凹弦纹。其一口径9、高13.8、底径5.8厘米（图一五，8）；其二口径15、高16.8、底径8.8厘米；其三口径11、高11.2厘米（图一六，3、11）。

盂　2件。粗砂黑灰陶。斜折沿，鼓腹，平底，肩、腹部有乳钉或盲鼻。其一口径18.8、高15.4、底径9.2厘米（图一六，10、12）。

盆　2件。一件粗砂黑陶，敞口，折平沿，腹壁微鼓，平底。另一件泥质黑陶，敞口，圆沿外卷，腹壁斜收，大平底。其一口径23、高6.4、底径17.6厘米；其二口径28.4、高10.4、底径12厘米（图一六，2、7）。

小盆　2件。细泥黑陶或泥质灰褐陶。一件侈口，腹壁较直，底略凹，腹壁中间起凸棱。另一件敞口，壁斜直，近底部呈假圈足形。其一口径9.8、高4.4、底径8.8厘米；其二口径4.9、高3.9、底径8.2厘米（图一六，5、6）。

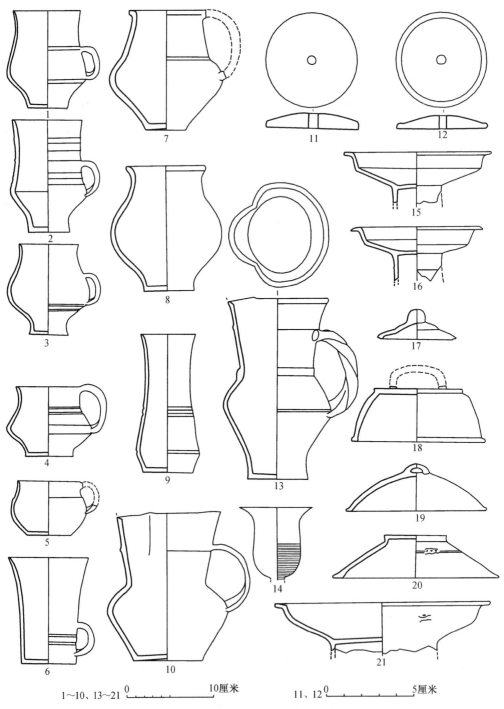

1~10、13~21 ⊢0————10厘米⊣　　11、12 ⊢0————5厘米⊣

图一五　尧王城陶器

1~3.Ⅰ式杯　4、5、7.Ⅱ式杯　6.Ⅲ式杯　8.罐　9.Ⅳ式杯　10、13.壶形器
11、12.纺轮　14.杯　15、16.Ⅱ式豆　17~20.器盖　21.Ⅰ式豆

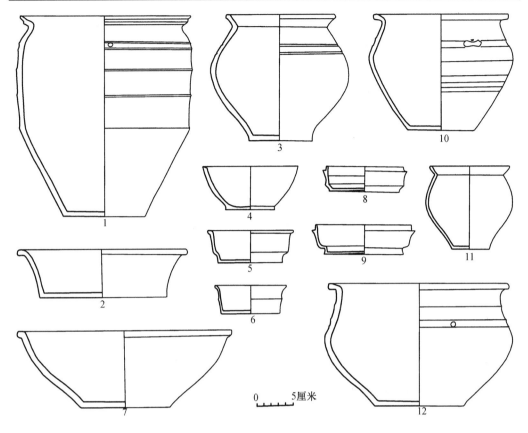

图一六　尧王城陶器

1. 尊形器　2、7. 盆　3、11. 罐　4. 碗　5、6. 小盆　8、9. 盒　10、12. 盂

碗　1件。粗砂褐陶。敞口，斜沿，腹壁微鼓；平底。口径13、高5.9、底径6.9厘米（图一六，4）。

豆　3件。可分为二式：

Ⅰ式：1件。泥质黑陶。大口；浅盘，弧腹，附对称的两个横耳鼻，豆柄残（图一五，21）。

Ⅱ式：2件。细泥黑陶，磨光。大口，浅盘，折腹，柄残。口径15.2～16.6厘米（图一五，15、16）。

尊形器　1件。细砂灰褐陶。侈口，斜沿内凹，束颈，颈下部有两个对称的横盲鼻和两个对称的乳钉，上腹壁较直，下腹折收，腹起凸棱，小平底。口径23.5、高26.9、底径11厘米（图版贰，3；图一六，1）。

器盖　4件。陶质为泥质或粗砂黑陶。分别呈覆盆形、覆碗形、伞形等（图一五，17～20）。

盒　2 件。陶质为泥质磨光黑灰陶或黑陶，壁薄。均有子母口，近底部呈假圈足形。其一口径 10.6、高 3.4、底径 9.6 厘米；其二口径 13.2、高 4、底径 11 厘米（图一六，8、9）。

小缸　1 件。粗砂褐陶。敞口，斜折沿，平底。口径 10.4、高 8.9 厘米。

纺轮　2 件。细砂黑陶。一件正面磨光略弧，沿边有轮旋凹槽一周，背面平整，直径 5.1 厘米（图一五，12）。另一件正面磨光呈弧形，背面平整，直径 5.2 厘米（图一五，11）。

弹丸　1 个。细砂黑灰陶，火候高，陶质硬，直径 1.4 厘米。

三、东海峪遗址

本遗址于 1975 年曾进行过正式发掘[③]，本文只将未报导的标本介绍如下：

石器

铲　1 件。器形扁而薄，略呈方形，两面弧刃，有孔。两面经琢制而成。长 10.2 厘米（图一七，8）。

斧　3 件。平面呈长条形或略呈梯形，横断面呈椭圆形、圆角长方形，多为两面刃，刃部厚钝，有明显的使用痕迹。器身经琢制，只在刃部磨光。其一长 16.8 厘米；其二长 19.2、宽 6.4 厘米；其三长 12 厘米（图一七，4、6、10）。

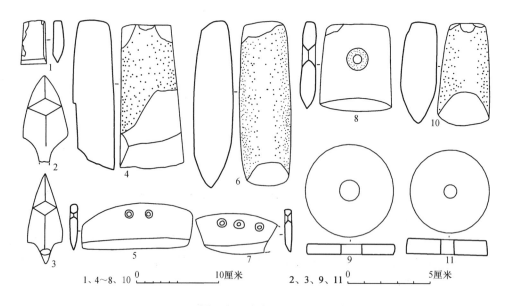

图一七　东海峪石器

1. 凿　2、3. 镞　4、6、10. 斧　5、7. 刀　8. 铲　9、11. 纺轮

凿　1件。器体小，平面呈梯形，单面刃，刃平直。有明显的使用痕迹。通体磨光。长5厘米（图一七，1）。

石刀　2件。平面呈长方形，刀背呈弧形，两面刃或单面刃，刃口微弧，靠近刀背有双孔或三孔，对钻而成。一件完整者长13.6、宽5.4厘米（图一七，5、7）。

镞　2件。呈等腰三角形，横断面呈菱形，短铤。一件完整者长5.2厘米（图一七，2、3）。

纺轮　2件。圆形，中穿圆孔，横断面呈圆角长方形，两面平整。通体磨光。其一直径5.4、厚0.6厘米；其二直径5、厚0.9厘米（图一七，9、11）。

陶器

鬶　2件。泥质红黄陶或细砂白黄陶。一件颈、口部及后足均残，细颈，款足，足尖有泥突，突腹背，腹饰附加堆纹，腹前部正中饰乳钉纹（图一八，14）；另一件宽长流且上仰，筒形颈，附三个袋状足，分裆，器身饰乳钉纹和凸弦纹（图一八，13）。

甗　2件，甑部残缺。粗砂黑陶。实足尖较高（图一八，6、8）。

壶　3件。泥质黑陶。可分二式：

Ⅰ式：2件。侈口，长颈，鼓腹，平底。其一口径7.6、高13.4、底径5.8厘米；其二口径7.4、高13.4、底径6.6厘米（图一八，7、9）。

Ⅱ式：1件。侈口，长颈，圆折腹，平底。腹饰弦纹。口径7.8、高13.4、底径5.4厘米（图一八，12）。

杯　1件。泥质黑陶。侈口，筒腹，近底部呈假圈足形，下腹部附把手，已残（图一八，1）。

碗　1件。粗砂黑陶。敞口，折平沿，平底。口径10.6、高4.6、底径4.6厘米（图一八，2）。

器盖　1件。粗砂黑陶。呈覆碗形（图一八，10）。

高柄杯　2件。细泥黑陶。喇叭形口，杯身呈直筒形，饰弦纹，柄中空，有镂孔，胎壁厚仅0.3～0.5毫米左右，其中一件底部呈蛋圆形。其一口径9.4、高19.8、底径4.8厘米；其二口径10.2、高16.4、底径4.8厘米（图版贰，6；图一八，3、4）。

鼎　1件。粗砂黑灰陶。罐形，下附三凿形足，口径13.8、高13.4厘米（图一八，5）。

豆　1件。粗砂红陶。敞口，折平沿，浅盘，附筒形大圈足。饰弦纹。口径34.8、高13.5厘米（图一八，11）。

铃　1件。泥质黑陶。器形中凸边薄，平面呈椭圆形，上镂四个小圆孔，周边有二处用手捏的凹缺口，剖面似杏核形，背面靠边沿处留有二道对称内弧形的开口，器内空，里面放7颗直径8～9毫米的泥质黑陶丸（图一八，15）。

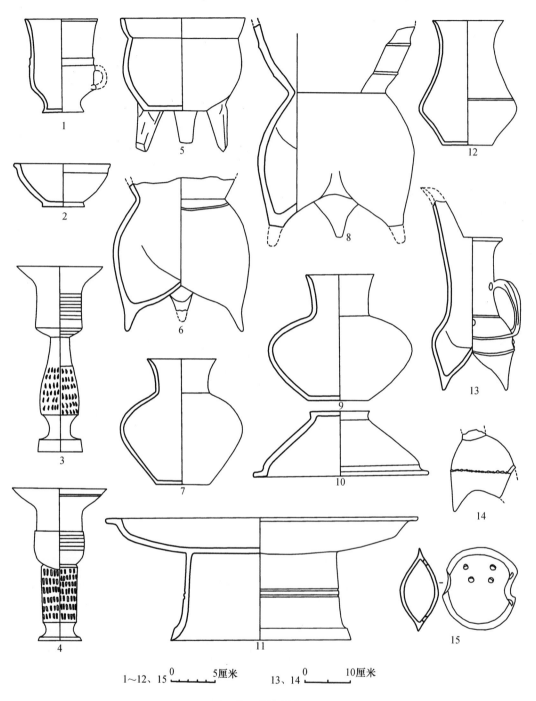

1~12、15 ⊢0──┴──┴──┤5厘米　　　13、14 ⊢0──┴──┤10厘米

图一八　东海峪陶器

1. 杯　2. 碗　3、4. 高柄杯　5. 鼎　6、8. 甗　7、9. I式壶
10. 器盖　11. 豆　12. II式壶　13、14. 鬶　15. 铃

四、苏家村遗址

位于日照市城区东北方向约 14 公里。西紧邻苏家村，北面有一条东西向的小公路，东距黄海约 2.5 公里，南 50 米处有一条小河。地处山间盆地，遗址西北部较高，逐渐向东南倾斜，中部稍有隆起。面积约 3 万平方米。从遗址东侧、南侧断崖观察，文化层可达 2 米左右，地面暴露出的陶片较多，也出土了较多的完整陶器、石器以及红烧土等遗物。据了解遗址的西侧往年被群众用土，曾挖掉许多石椁墓葬。采集的遗物介绍如下：

石器

斧　1件。平面略呈长方形，两面刃。通体磨光。有明显的使用痕迹。长 9.2、宽 4.2 厘米（图一九，8）。

锛　1件。平面呈长方形，单面弧刃，有使用痕迹。长 7.8、宽 4.2 厘米（图一九，7）。

刀　1件，残。长条形，单面刃呈船底形，双孔（图一九，4）。

镰　1件，残。器体扁薄，尖头，弧背，单面凹弧刃（图一九，5）。

镞　1件。平面三角形，横断面呈菱形，短铤（图一九，6）。

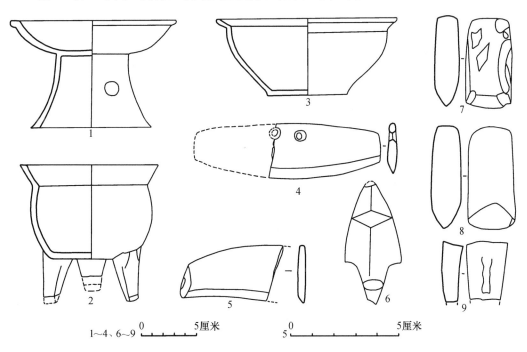

图一九　苏家村石、陶器

1. 陶豆　2. 陶鼎　3. 小盆　4. 石刀　5. 石镰　6. 石镞　7. 石锛　8. 石斧　9. 鼎足

陶器

豆　1件。细砂黑灰陶。敞口，折平沿，盘壁呈弧形，喇叭形粗圈足，上有圆孔三个。口径15、高9.4、底径11厘米（图一九，1）。

鼎　1件。粗砂黑灰陶。罐形，附三个凿形足。口径12.4、高11.2厘米（图一九，2）。另外还采集到一件铲形足，中脊饰附加堆纹（图一九，9）。

小盆　1件。泥质黑灰陶。斜折沿，平底，底有布纹，每平方厘米的经纬线可达14～16根。口径16.4、高6.8、底径7.2厘米（图一九，3）。

鬶把手　粗砂红黄陶。有绳索状或宽扁状两种。

五、西林子头遗址

位于日照市城区南约25公里。北去百余米为西林子头村，东距黄海约2公里，西距胶新公路约1公里。遗址地处丘陵地带，地形由南往北逐渐倾斜。面积约为1万5千余平方米。土质为灰褐色砂质土，文化层均达2米左右。暴露在地面上的碎陶片、石器较多，并含有红烧土块等，遗址内涵非常丰富。

采集的标本数量较多。陶器以粗砂黑陶为主，其次泥质黑陶，磨光黑陶或蛋壳陶尚未见到。石器多磨制，其次琢制。

石器

斧　2件。一件平面呈长方形，两面刃，刃呈弧形，器身琢制，只在刃部磨光，长10.7、宽3.5厘米（图二〇，1）。另一件，平面呈梯形，横断面略呈长方形，两面刃，有明显使用痕迹，长15.8厘米（图二〇，5）。

铲　1件，残。器形扁薄，平面呈梯形，两面有锯割的竖凹槽（图二〇，6）。

锛　3件。平面呈长条形、长方形或梯形，单面刃，通体磨光。其一长7.9、宽4.4厘米；其二长11、宽3.2厘米；其三长7.8厘米（图二〇，7、1l、13）。

刀　3件，均残。略呈长方形，背呈弧背或平直，边侧斜直或呈弧形，单面刃，均双孔，两面琢制而成（图二〇，2、8、9）。

镰　4件，多残缺。通体磨光。尖头，弧背，凹弧刃（图二〇，3、4、10、12）。

镞　1件，残。平面呈三角形，横断面呈菱形。

陶器

多为粗砂黑陶，其次泥质黑陶、褐陶、白红陶、红黄陶。纹饰有附加堆纹、弦纹、瓦纹、乳钉纹等。可辨器形有鼎、罐、盆、鬶等。

鼎　有口沿残片。粗砂黑陶。敛口，颈、腹部起凸棱。另外采集的鼎足较多，有的呈扁薄状，中脊饰附加堆纹；有的为凿形足；有的为鸟头形足（图二一，1～5）。

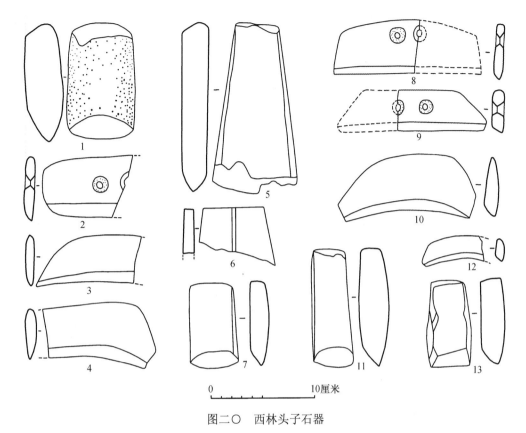

图二〇　西林头子石器

1、5. 斧　2、8、9. 刀　3、4、10、12. 镰　6. 铲　7、11、13. 锛

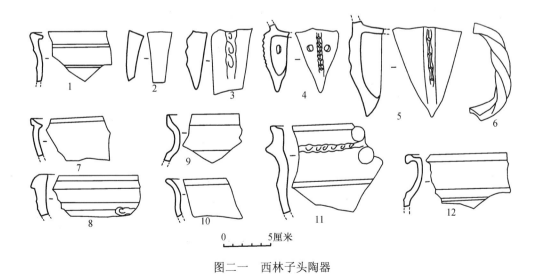

图二一　西林子头陶器

1～5. 鼎　6. 鬶把　7、8、10、11. 盆　9、12. 罐

鬶 皆残片,其中有把手、腹片、足尖等,陶质为粗砂黑陶、红陶、红白陶、红黄陶等(图二一,6)。

盆 均为残口沿。陶质为粗砂黑陶或泥质黑陶(图二一,7、8、10、11)。

罐 均残口沿。粗砂黑灰或褐陶(图二一,9、12)。

六、冯家沟遗址

位于日照市城区东北方向约9.5公里。地处低山缓坡,高低不平。在冯家沟村前有一岭地由东往西逐渐抬高,岭的顶端叫南林(又名"钓鱼台"),遗址就位于距南林不远的地方。遗址面积约4万平方米;文化层厚约0.5~1米左右,从断层中可以看到许多陶片和石器,以及红烧土块等。采集的遗物有:

石器

凿 1件。磨制。器形不规整,横断面呈长方形,刃部有使用痕迹(图二二,7)。

镞 3件。一件平面呈兰角形,横断面呈菱形,身与铤界线明显,长3.9厘米(图二二,9)。一件呈桂叶形,长5.3厘米(图二二,10)。另一件呈柳叶形(图二二,11)。

刀 1件,残。弧背,两面刃(图二二,1)。

镰 1件,残。折背,凹刃(图二二,2)。

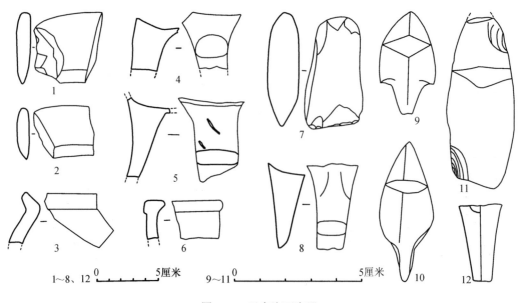

1~8、12 0   5厘米   9~11 0   5厘米

图二二 冯家沟石陶器

1. 石刀 2. 石镰 3. 陶罐 4、5、8. 鼎足 6. 陶盆 7. 石凿 9、10、11. 石镞 12. 鬶足

陶器

盆　口沿一件，粗砂黑灰陶（图二二，6）。

罐　口沿一件，粗砂黑褐陶（图二二，3）。

鬶　均为残片，陶质为粗砂红陶、白红陶。足一件，横断面呈圆形，足尖部呈凿状（图二二，12）。

鼎足　陶质为粗砂深红、粉红、红黄陶。有的横断面呈扁圆形，足面有斜形沟槽；有的呈凿形；有的横断面呈椭圆形（图二二，4、5、8）。

七、大桃园遗址

遗址位于日照市城区以北约 8 公里，大桃园村北百余米；西北方向距独都山 1.5 公里。地处低山、丘陵、缓坡地带，遗址两侧有自然形成的南北向河沟，在南端汇集成一条干流（名叫后沟），在河沟中部形成高台地，地势自南而北逐渐升高。面积约 3 万 5 千平方米。文化层厚达 2 米左右，地面上暴露的碎陶片较多，采集的遗物有：

石器

斧　1件，残。磨制，横断面呈圆角长方形（图二三，1）。

刀　1件，残。器形扁薄，通体磨光，平直背（图二三，5）。

锛　1件，残。磨制，单面刃，刃口呈弧形（图二三，6）。

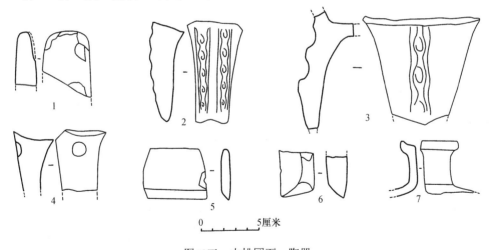

图二三　大桃园石、陶器

1. 石斧　2~4. 鼎足　5. 石刀　6. 石锛　7. 陶瓮

陶器

鼎足　陶质为粗砂黑陶、红陶，形状有铲形和凿形，有的铲形足足尖向内弯，扁薄，外侧饰双竖附加堆纹；有的器形扁宽，中脊饰附加堆纹；有的足外侧根部有凹窝

（图二三，2～4）。

瓮　仅口沿一件，粗砂黑灰陶（图二三，7）。

另外还采集了夹砂红白陶把手和白陶器盖等，器盖与两城遗址蘑菇纽盖近似。

八、南塔岭遗址

位于日照市城区西偏南约 29 公里之南塔岭村以南，地处由东往西逐渐倾斜的岭地上。遗址面积约 2 万平方米。文化层厚达 1.5 米左右。采集的遗物有：

石器

锛　1 件，残。横断面呈梯形，磨制，单面刃，刃呈斜弧形（图二四，2）。

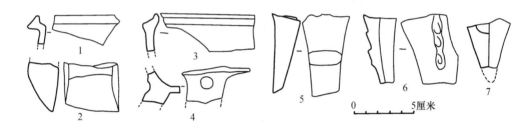

图二四　南塔岭陶、石器

1. 陶罐　2. 石锛　3. 陶盆　4～6. 鼎足　7. 鬶足

陶器

盆　仅残口沿一件，粗砂黑陶（图二四，3）。

罐　残口沿一件，粗砂褐陶（图二四，1）。

鼎足　陶质为粗砂黑陶或红陶，呈鸟头形或凿形，纹饰有附加堆纹或凹窝（图二四，4～6）。另外有鬶足一件，细砂红黄陶（图二四，7）。

九、凤凰城遗址

遗址位于日照市城区东北方向约 14 公里，东距苏家村约 0.5 公里。地处丝山山脉东麓河谷台地上，南、西、北三面环山，东面向海，构成山间盆地，高出河床约 5 米。面积约 5 千平方米，文化层厚达 2.5 米左右。遗址内涵有陶片、石器、兽骨及红烧土块等。采集的遗物有：

石器

斧　1 件。上部残，横断面呈椭圆形，刃口呈弧形，琢制，有使用痕迹（图二五，1）。

锛　2 件。平面呈梯形，单面弧刃。通体磨光。刃部有明显的使用痕迹。其一长

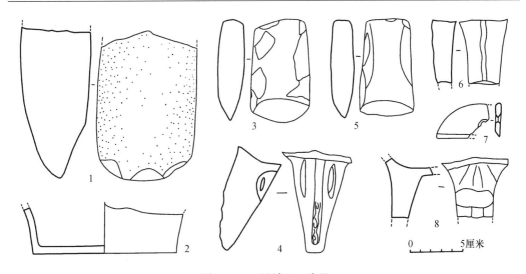

图二五　凤凰城石、陶器

1. 石斧　2. 器底　3、5. 石锛　4、6、8. 鼎足　7. 石刀

9.2、宽5.4厘米；其二长8.8、宽2.7厘米（图二五，3、5）。

刀　1件，残。刀背呈弧形，有孔，对钻而成，（图二五，7）。

陶器

鼎足　陶质为粗砂红黄陶、红陶两种。有铲形足、兽首形足（图二五，4、6、8）。

器底　一件，粗砂黑陶，素面（图二五，2）。

结　语

通过以上日照市境内九处龙山文化遗址的论述，使我们对于遗址的分布情况与内涵有了进一步的认识。

日照龙山文化遗址与姚官庄④、呈子⑤、三里河⑥遗址资料相比较，器形多见平底器、三足器或假圈足器。常见的器物有鬶、鼎、甗、盆、罐、瓮、杯等器。无论在造型上、纹饰上、制作技术上大致相仿。如鬶、鼎、单耳杯、平底盆、环足盘、大圈足豆等器很近似，东海峪出土的蛋壳陶杯与呈子出土的杯相似，尧王城出土的壶形器与姚官庄的很近似，等等。它们的共同特点是鬶、鼎特别多，尤其鼎的造型各异，鼎足的造型更为突出。石器的形制与制作技术也大致相仿。从而说明了日照龙山文化遗存都属于典型龙山文化之"两城类型"。所调查的九处龙山文化遗址根据所出土的遗物、遗迹分析其年代较早的有东海峪、尧王城、两城镇、苏家村、冯家沟等遗址，其他遗址略晚。关于年代的早晚也是粗浅的判断，确切的年代待以后进行考古发掘去证实。

关于"两城类型"龙山文化的分布范围问题，前人已作过论述。据目前资料其分布范围大致在泰沂山区以南，西至兖州西部[7]，南至鲁东南与江苏交界处，东至黄海，北至胶莱河。根据遗物的制作技术和工艺精巧的程度，当时生产力有较大的提高，原始社会经济也有了较大发展。

执笔者　杨深富　徐淑彬

注　释

① 刘敦愿：《日照两城镇龙山文化遗址调查》，《考古学报》1958 年第 1 期。

②③ 山东省博物馆、日照县文化馆东海峪发掘小组：《一九七五年东海峪遗址的发掘》，《考古》1976 年第 6 期。

④ 山东省文物考古研究所等：《山东姚官庄遗址发掘报告》，《文物参考资料丛刊》第五辑。

⑤ 昌潍地区文物管理组等：《山东诸城呈子遗址发掘报告》，《考古学报》1981 年第 3 期。

⑥ 昌潍地区艺术馆等：《山东胶县三里河遗址发掘简报》，《考古》1977 年第 4 期。

⑦ 孙华铎、于之友：《山东兖州史前文化遗存概述》，《史前研究》1985 年第 2 期。

（《考古》1986 年第 8 期）

1. Ⅱ式鬶(尧王城)

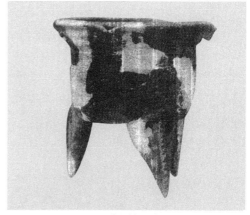

4. Ⅱ式鼎(尧王城)

5. Ⅰ式鼎(尧王城)

2. Ⅵ式杯(两城镇) 3. Ⅲ式杯(两城镇)

6. Ⅱ式鬶
(两城镇)

图版壹　山东日照龙山文化陶器（一）

1. Ⅱ式壶(两城镇)

4. Ⅰ式罐(两城镇)

2. 盂(两城镇)

5. 盘(两城镇)

3. 尊形器(尧王城)

6. 高柄杯(东海峪)

图版贰　山东日照龙山文化陶器（二）

山东日照市两城地区的考古调查

中美两城地区联合考古队

日照市位于山东省东南部，东面濒临黄海，属低山丘陵地区。本次所调查的两城地区即位于日照市北部，两城河及其支流金银河、北河构成境内的主要水系，著名的两城镇遗址便处在两城河与北河的交汇处。

两城镇遗址是 30 年代初期被发现的。1936 年，我国著名考古学家梁思永先生等对该遗址进行了首次的科学发掘，但是由于战争的原因，发掘成果未能公布于世。新中国成立后，山东省文物管理处、山东大学历史系以及临沂地区和日照市文化局等单位对这一遗址进行了多次的调查和勘察，采集到了大量的文物标本①，并且进一步确定了遗址的保护范围。

为了进一步研究两城镇遗址的文化分布范围和文化内涵，经国家文物局批准，山东大学考古系的一部分教师和美国耶鲁大学、威斯康星大学、加利福尼亚大学洛杉矶分校的部分教授、研究生组成联合考察队，在山东省文物局和日照市文化局的大力支持下，于 1995 年 12 月 28 日至 1996 年 1 月 12 日，连续 16 天在两城镇地区进行了全面的野外调查。需要说明的是，此次调查还得到了美国国家科学基金会（NATIONAL SCIENCE FOUNDATION）的资助。

在 16 天的野外调查时间内，我们完成了预定的任务，现将主要收获报告如下。

一、调查方法

且前国内所采用的考古调查方法主要有两种，即文物普查和复查。前者旨在发现新遗址，后者则是有目的地针对某些已知遗址所进行的重点调查。几十年来的工作表明，这两种方法相互结合，对于中国考古学的发展和文物保护，起到了积极的作用。

此次在日照两城地区进行的考古调查，我们采用了一种国际上称之为"区域系统调查"（Systematic Regional Survey）的方法。其工作方法类似于我们传统的文物普查，但较文物普查更为细致，也更系统。这种方法既重视新遗址的发现，同时对特定区域内聚落分布的规律予以充分注意。从某种意义上说，区域系统调查本身便是聚落形态研究的一个组成部分。来自美国的几位专家曾在墨西哥多次运用这一调查方法，并取得了良好的效果。其具体工作方法如下。

首先，要准备一张大比例尺、尽可能详细的地图，以便准确标注标本采集地点及其他应予注意的人为和自然遗存（如采石场、山泉等）的位置。调查前，可以河流和道路等为标志，将所要调查的地区分为几个小区，以便准确掌握调查进度，不致出现重复。

其次，在野外调查中，全体队员（一般以 6 至 8 人为宜）以 40～50 米间隔呈"V"字或"一"字形排开前行，遇到有陶片等发现，即立刻通知中间持图者，记录其具体位置和所属时代（这种调查方法对队员辨识陶片时代的能力要求较高）。如果确认是一处遗址，就要集中力量，搞清其分布范围和文化堆积情况等。即使只见到陶片零星分布而不见文化层等遗迹，也要如实标出，不能轻易否定其为遗址的可能性，因为它们有可能是古人短期活动的遗存。

最后，是室内整理的过程，也就是在标本分析的基础上制图和分析的过程。最后制成图纸的多少，取决于标本所涵盖的考古学文化的数量。若标本数量充分，还可根据需要，绘制出某一考古学文化不同期别的遗址布局图。这样，既便于了解特定区域内某一时期的遗址分布状况，也为该地区聚落形态的变迁提供了第一手资料。

二、遗址的时代和分类

这次调查的范围大约为 36 平方公里，涉及 51 个自然村（镇）。在此范围内，除去过去考古学界熟知的两城镇和五莲县丹土村之外，我们又在 19 个自然村和 41 个地点采集到史前至汉代不同时期的石器和陶器碎片等（图一；附表一）。

时代最早的遗物是属于大汶口文化晚期的。此次虽然只是在两城镇的第三地点采集到少量陶片，但这毕竟是大汶口文化遗物在这一地区的首次发现，说明当地高度发达的龙山文化有着一个比较长时期的孕育过程，也为这一地区龙山文化的来源提供了一个重要线索。

龙山时代是两城地区古代文化高度发达的时期，这一时期的遗址数量突然增多。此次我们所发现的包含有龙山时代遗物的地点达 33 处（图二；附表一），遗物十分丰富，采集的龙山文化陶片，占到陶片标本总数的 90% 以上。尤其值得注意的是，在龙山时代本地区形成了象两城镇、丹土村这样面积很大的中心遗址。如果我们把视野再放宽些，考察一下日照市及其周围古代遗址分布的情况，就会发现，龙山文化的遗址呈明显的等级状分布。从遗址规模的大小和所具备功能的角度出发，可以将这些遗址和地点划分为四类。

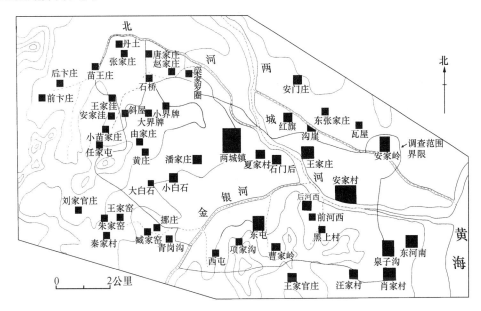

图一　调查区域内现代村庄位置示意图（等高线间隔为20米）

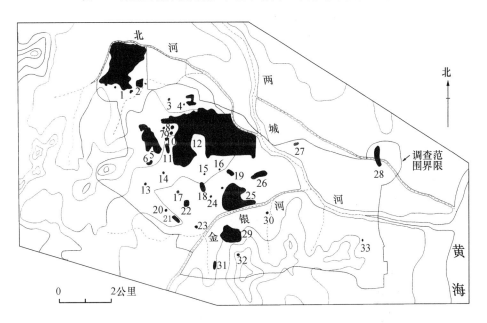

图二　龙山文化遗址位置示意图（等高线间隔20米）

1. 丹土村　2. 石桥　3. 大界牌　4. 小界牌　5. 大界牌　6. 两城镇　7. 大小白石　8. 大小界牌　9. 大小界牌　10. 大小白石　11. 大小白石　12. 两城镇　13. 大白石　14. 大白石　15. 潘家村　16. 两城镇　17. 大小白石　18. 潘家村　19. 两城镇　20. 大白石　21. 青岗沟　22. 大小白石　23. 两城镇　24. 潘家村　25. 两城镇　26. 夏家村　27. 桂延　28. 安家岭　29. 项家沟　30. 东屯　31. 西屯　32. 项家沟　33. 黑七村

第一类：地区中心。面积在 100 万平方米以上，有城墙和大型建筑设施，文化堆积深厚，在这些地点往往发现有相应的高劳动含量的各种器物。

在日照市的范围内，具备上述条件的只有两城镇遗址一个，就龙山文化遗物的分布情况来看，远比过去各种报告上所介绍的范围大得多，在 265 万平方米的地区内都可以找到龙山文化的踪迹。如果考虑到农业平整土地和积肥等原因所造成的古代陶片向外分散的因素，两城镇遗址的实际面积似应在 100～200 万平方米之内。在调查中其他遗址如丹土村）的面积计算，也可能存在着数字偏大的问题，恕不在此一一说明。

此次调查，在两城镇遗址中部偏西的位置发现有较大面积的夯土遗存。从保留在地面以上的土台断崖上看，夯土的厚度达 2～2.5 米，系用黄、灰相间的土夯打而成，夯层厚约 15～20 厘米。夯土中出土的陶片全属龙山文化中期早段的器物（图九，1、2）。由于大地封冻和调查时间短等原因，对其范围和走向未及搞清楚。但是这一发现表明，两城镇遗址很可能存在着龙山时代的城墙或者是大型的台基式建筑物。

结合过去在两城镇曾发现过大量玉器和精美的蛋壳黑陶器来看，这一带不仅是古代这一地区的政治中心，而且也是当时宗教或祭祀的中心。

第二类：本地中心。这类遗址的面积从几万到几十万平方米不等，一般有城墙，文化堆积也比较厚，见有高劳动含量的遗物，并有生产这类产品的手工业作坊遗存。

在日照地区，可以归入此类的遗址有尧王城、东海峪、小代疃和丹土村等。其中的尧王城曾经发现过冶铜遗存[②]，东海峪早在 70 年代中期就曾发现过龙山时代台基式的建筑遗存[③]。

丹土村遗址发现于 30 年代，是该地区发现最早的龙山文化遗址之一。根据 1993 年春季山东省文物考古研究所勘探试掘的结果来看，遗址面积为 33 万平方米，有高出当时地表 2～3 米的城墙，城址的面积为 25 万平方米，呈不规则的椭圆形，城内有手工业作坊区[④]。据说，丹土村得名于遗址东北部成片分布的红烧土[⑤]。调查中在田间的断崖上仍可以见到这类遗存，若不是长期烧窑或者是冶炼，很难想象有如此丰富的烧土遗迹。在调查中还发现石器的成品或半成品，所使用的石材和附近白石山的石质相同，说明这里当年还是加工石器的场所。在丹土村过去出土过玉器，自 50 年代以来，陆续发现有玉钺、玉璧、玉戚等，代表了龙山文化制玉的最高水平[⑥]。这些玉质礼器的出土，说明该遗址兼具宗教祭祀场所的功能，当然也不排除存在玉器加工作坊的可能性。

第三类：一般聚落。遗址的面积一般在数千至几万平方米，文化堆积较薄，不见城墙和大型建筑遗存，也看不到玉器和蛋壳黑陶器等精美的遗物。

此次调查中发现的两城镇第 2 地点、大界牌第 2 地点、项家沟遗址和安家岭遗址等均可归入此类。在这类遗址上，陶片的分布量很少，灰土等文化遗存很薄，不象前两类遗址那样明显高出周围地表，因此不易被人发现。

在这类遗址中，项家沟遗址因其所处的独特地理位置应该引起人们的注意。该遗址地处当地最高的山岭——驻足岭的北坡，这虽然和中国北方地区居址向阳的习惯不相吻合，但是这一地点一直到周代和汉代都有人居住。是什么力量使得古人数千年一直在此活动？这使我们对于驻足岭本身产生了浓厚的兴趣。根据当地人介绍，驻足岭从很早开始便是当地老百姓祭祀供奉海神的地方，最近的海神庙，只是在几十年前才被拆掉。这种传说是否可以追溯到远古的龙山时代很值得再考虑。在半山腰的项家沟第二地点所发现的龙山和周代陶片以及在项家沟遗址采集到的一件陶塑人足，说明上述推测有一定的合理之处。当然，要最终做出回答，还需要做大量的工作。

第四类：遗物分布点。陶片和残石器只是零星分布，很难计算其具体的面积。

这次发现的大白石第1和第3地点、西屯第2地点、东屯第3地点、青岗沟、大小白石和沟崖等都可以归入此类。从这些遗物地点等距离并且有规律的分布状况来看，这类地点应当是龙山时代邻近居址居民的涉足之处，但是也不排除个别地点的采集品经后人二次搬动的可能性。

殷商时期的陶片只是在两城镇有少量的发现，其中的一件可能是商代晚期圜底尊的口沿残片。目前我们对于这一地区商代文化的了解尚属空白，研究有待于加强。

从1976年崮河崖1号墓出土的莱国青铜器分析，日照地区在周代曾经是莱国的领地[7]。调查表明，周代是继龙山文化之后发展相对充分的时期之一，而且在居址的选择上，与龙山文化时期多有重合，但在遗址的数量和规模上要远逊于后者（图三）。从两城镇遗扯的规模上看，此时虽具备本地中心的性质，但充其量是从属于地方政府之下的管理中心，同龙山时代已不可同日而语。另外，有一点值得注意，周代的居址有向海滨伸延的趋势，这表明对海洋开发的能力有所加强。

到了汉代，当地遗址的数量和规模大致维持在同周代相当的水平上，未能再现昔日的辉煌（图四）。

从历史发展的观点上来考察这一地区的兴衰史，龙山时代的强盛和其后的衰退，是两城地区乃至于更大地区历史发展的必然。在史前以至文明时代之初，一个地区经济文化的发展可以造就出象两城镇那样颇具规模的地区中心，但是在竞争日趋激烈的情况下，由于战争兼并，那些占据有利地理条件的地区中心日渐强盛，并且象滚雪球那样越来越大，成为更大区域的文化中心。两城镇地区由于偏处一隅，并不具备上述的地理优势，它虽能在一定的时期维持相当程度的强盛和繁荣，但最终却不得不在文明中心大分化的过程中衰退下来。

历次调查中，均未见到岳石文化的踪迹，商文化的遗物也是寥寥无几，这可能与当地的龙山文化突然衰退有关。

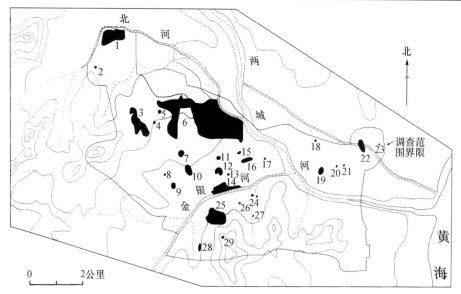

图三　周代遗址位置示意图（等高线间隔20米）

1.丹土村　2.丹土村　3.大界牌　4.大小白石　5.大小界牌　6.两城镇　7.两城镇　8.大小白石　9.大小白石　10.潘家村　11.两城镇　12.两城镇　13.两城镇　14.两城镇　15.夏家村　16.夏家村　17.石门后　18.桂延　19.安家村　20.安家村　21.安家村　22.安家岭　23.安家岭　24.东屯　25.项家沟　26.东屯　27.东屯　28.西屯　29.项家沟

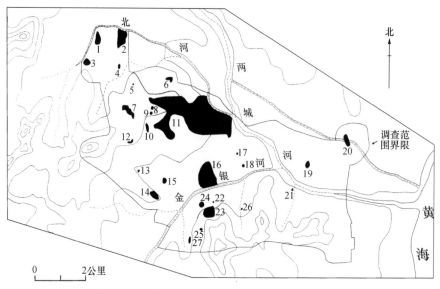

图四　汉代遗址位置示意图（等高线间隔20米）

1.丹土村　2.丹土村　3.丹土村　4.石桥　5.大界牌　6.小界牌　7.大界牌　8.大小界牌　9.大小界牌　10.大小白石　11.两城镇　12.两城镇　13.大白石　14.青岗沟　15.大小白石　16.两城镇　17.夏家村　18.石门后　19.安家村　20.安家岭　21.前河西　22.东屯　23.项家沟　24.项家沟　25.西屯　26.东屯　27.西屯

三、采集遗物

（一）龙山文化遗物

本次调查所采集的遗物，绝大部分属于龙山文化时期，主要有石器和陶器两大类。

1. 石器　采集的石器数量较多，石料未做鉴定。在调查期间我们曾经对两城镇以南的驻足岭和两城镇西南的白石山做过实地踏察，两山有多处采石场。通过简单比较可知，保存在这一带古遗址中的石器，质地多与采石场的石料相同，由此证明石料的原产地或许就在这一带。石器除了个别的半成品之外，其余绝大多数为通体磨光，器形有斧、锤、锛、凿、铲、镰、刀、钺和镞等。

斧　可分三型。

A 型：体厚，横断面为椭圆形。LCZ-1：01，平面呈梯形，表面遗留有红色物质，长 8.3 厘米（图五，1）。

B 型：体厚，横断面为长方形。LCZ-1：02，上端残，平面近长方形（图五，2）。

C 型：体较薄，DJP-2：01，下端残。平面为梯形，残长 12.5 厘米（图五，4）。

锤　1 件（LCZ-1：03）。近圆柱体，顶端有崩损痕迹，底面平整。长 7.8 厘米（图五，3）。

锛　可分三型。

A 型：体厚长。LCZ-1：04，厚大于宽，顶端有崩损痕迹，长 11.6、宽 4、厚 4.2 厘米（图五，6）。

B 型：扁长体。Dantu-1：01，崩损较甚，长 9.8、宽 3.8、厚 2.5 厘米（图五，5）。Dantu-1：02，平面略呈梯形，两端崩损较甚，长 6.6 厘米（图五，10）。

凿　窄条形。Dantu-1：03，长 6.6、宽 2.3、厚 1.4 厘米（图五，7）。

铲　可分二型。

A 型：长方形。Dantu-1：04，上端残，残长 6.5、宽 7、厚 1.2 厘米（图五，11）。

B 型：梯形。LCZ-1：06，一侧残，刃部有崩损痕迹，长 8.1、厚 0.6 厘米（图五，16）。LCZ-1：07，上半部残，舌形弧刃（图五，12）。

镰　长条形，单面刃。LCZ-1：08，两端均残（图五，18）。Dantu-1：05，打制的半成品，拱背，直刃，尾端残（图五，17）。

刀　采集的数量比较多，可分二型。

A 型：长方形，双孔。LCZ-1：09，一侧残，刀体较薄，侧边亦有单面刃（图五，21）。LCZ-1：010，一侧残，刀体较厚（图五，20）。

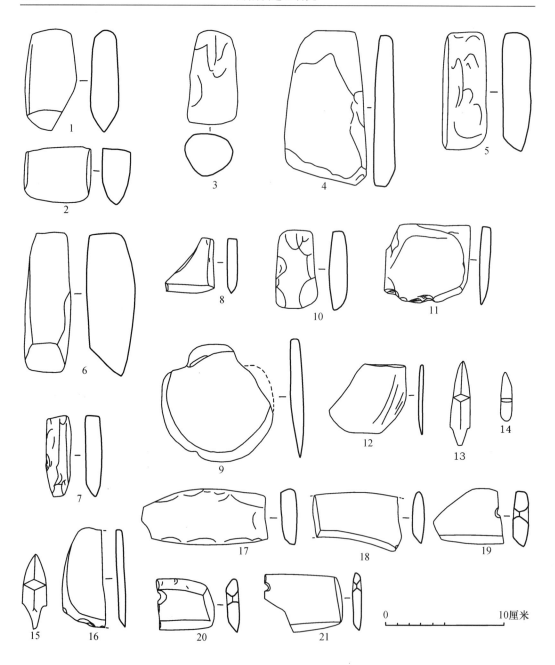

图五　龙山文化石器

1、2、4. A、B、C 型斧（LCZ-1：01、02、DJP-2：01）　3. 锤（LCZ-1：03）　5、6、10. A、B 型锛（Dantu-1：01、
LCZ-1：04、Dantu-1：02）　7. 凿（Dantu-1：03）　8、9. A、B 型钺（LCZ-3：01、LCZ-1：012）　11、
12、16. A、B 型铲（Dantu-1：04、LCZ-1：07、06）　13、15. 镞（LCZ-1：014、013）　14. 石片（LCZ-1：015）
17、18 镰（Dantu-1：05、LCZ-1：08）　19～21. A、B 型刀（LCZ-1：011、010、09）

B 型：平面弧形，双孔。LCZ-1：011，一侧残，体较厚（图五，19）。

钺　可分二型。

A 型：半圆形，有肩。LCZ-1：012，一角略残，弧形刃，长 9.8 厘米（图五，9）。

B 型：长方形。LCZ-3：01，残存一角，直刃（图五，8）。

镞　横断面皆呈菱形。LCZ-1：013，镞体较宽，长 6.2、宽 2.2 厘米（图五，15）。LCZ-0：014，镞体较窄，长 7.1、宽 1.8 厘米（图五，13）。

磨光石片　1 件（LCZ-1：015）。一端有钝尖（图五，14）。

2．陶器　绝大多数是陶片，完整或者可以复原的极少。有夹砂陶和泥质陶两类。夹砂陶中多数还羼杂碎蚌末，以黑、灰、褐三种颜色居多；泥质陶多较细腻，以黑色为主，有的为外黑内灰（或褐）的黑皮陶。器表以素面为主，多数经磨光处理，有纹饰者所占的比例不高，主要有凹凸弦纹、附加堆纹、刻划纹、篮纹、乳钉纹和泥饼等。制法绝大多数为轮制。可辨器形有鼎、鬶、甗、罐、盆、圈足盘、豆、盒、杯、器盖、纺轮和陶球等。

鼎　数量较多，可分二型。

A 型：罐形鼎。LCZ-1：05，夹砂黑陶，圆唇，宽折沿，鼓腹，腹部有凹弦纹 4 周，口径 16、残高 9.8 厘米（图六，1）。XJP-1：01，夹砂黑陶，圆唇，沿面有凹槽，折沿内凹较甚（图六，4）。LCZ-1：016，夹砂黑陶，宽折沿，沿下有小横耳痕迹（图六，3）。

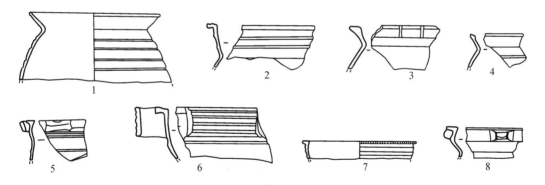

图六　龙山文化陶鼎

1、3、4．A 型（LCZ-1：05、LCZ-1：016、XJP-1：01）2、5～8．B 型
（LCZ-1：018、019、017、PJC-2：01、LCZ-3：02）（7. 1/8，余均1/4）

B 型：折腹盆形鼎。LCZ-1：017，夹砂黑陶，平折沿，沿下有横耳（图六，6）。LCZ-1：018，夹砂黑陶，平折沿，上腹较浅（图六，2）。PJC-2：01，夹砂黑陶，平折沿，唇部刻压成齿状（图六，7）。LCZ-3：02，夹砂黑陶，平折沿，颈下外折，有盲鼻（图六，8）。LCZ-1：019，泥质黑陶，平折沿，折腹不甚明显，沿下有小横耳（图六，5）。

鼎足　采集的数量较多，可分八型。

A 型：LCZ-1：020，凿形足（图七，1）。

B 型：铲形足。LCZ-1：021、PJC-2：02，上端宽，下端略窄（图七，2、3）。

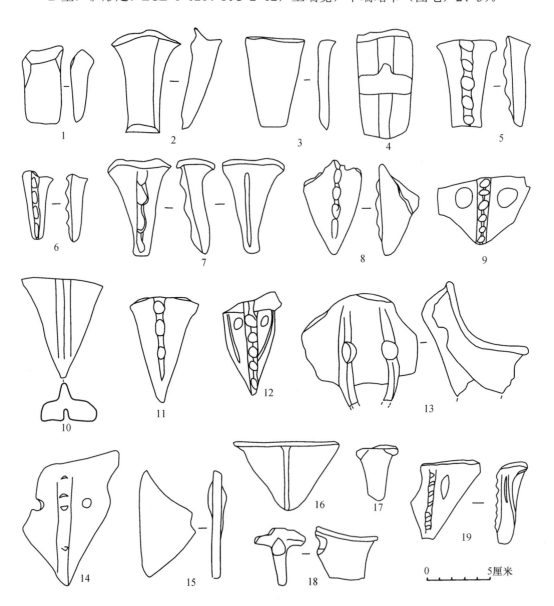

图七　龙山文化陶鼎足

1. A 型（LCZ-1：020）　　2、3. B 型（LCZ-1：021、PJC-2：02）　　4、5、6. C 型（Dantu-1：06、LCZ-3：03、Dantu-1：07）　　7、10、11. D 型（LCZ-1：022、Dantu-1：08、LCZ-3：04）　　8、9、12、14、16、19. E 型（Dantu-1：09、LCZ-3：05、LCZ-1：025、LCZ-1：026、LCZ-1：023、LCZ-1：024）　　13. G 型（LCZ-1：027）　　15、18. F 型（LCZ-3：06、DJP-2：02）　　17. H 型（XJP-1：02）

C 型：铲形足。Dantu-1∶06、07，LCZ-3∶03，正面加竖堆纹（图七，4、6、5）。

D 型：正三角形足。LCZ-1∶022、LCZ-3∶04、Dantu-1∶08，正面加竖堆纹（图七，7、11、10）。

E 型：LCZ-1∶023、024、025、026、LCZ-3∶05、Dantu-1∶09，鸟首形（图七，16、19、12、14、9、8）。

F 型：LCZ-3∶06、DJP-2∶02，侧三角形（图七，15、18）。

G 型：LCZ-1∶027，"V"字形（图七，13）。

H 型：XJP-1∶02，圆锥形（图七，17）。

鬶　数量不多，陶质有夹砂褐陶、白衣夹砂褐陶和夹细砂白陶等。LCZ-1∶028，夹砂褐陶，中高流，侈口，粗短颈，乳状分裆袋足，把手为两条宽扁泥条交叉叠成，残高 24.5 厘米（图八，1）。除此之外，还见有鬶的口沿、鬶足等（图八，3、4）。鬶把手种类较多，有绞丝状、宽带状、桥形、扁卷筒状等，陶质均夹细砂，有红褐色和白色两种（图八，5、6、8～10）。

甗　可以明确辨认器形者主要是足部。LCZ-1∶038，夹砂褐陶，款足，下端呈铲形（图八，2）。LCZ-1∶039，夹砂褐陶，款足，铲形，外表饰堆纹（图八，7）。

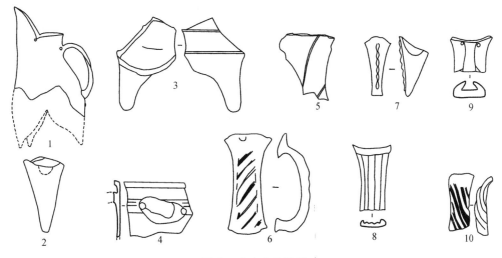

图八　龙山文化陶器

1、3、4. 鬶（LCZ-1∶028、029、030）　2、7. 甗足（LCZ-1∶038、039）

5、6、8～10. 鬶把手（LCZ-1∶033、035、036、037、034）（1. 1/8，余均1/4）

中口罐　可分二型。

A 型：斜折沿，LCZ-1∶040，夹砂黑陶，圆唇，宽沿（图九，4）。LCZ-1∶041，夹砂黑陶，圆唇，沿面有凹槽，口沿较窄（图九，5）。

B 型：斜沿或沿近平。LCZ-1∶042，夹砂黑陶，圆方唇，沿面有宽浅槽（图九，3）。

LCZ-1:043，泥质灰陶，方唇，斜沿（图九，2）。

大口罐　可分二型。

A型：卷沿罐。LCZ-1:044，夹砂黑陶，方唇，沿面有凹槽（图九，1）。LCZ-1:045，夹砂黑陶，方唇，宽卷沿（图九，6）。

B型：平折沿罐。LCZ-6:01，夹砂黑陶，方唇，沿面有凹槽（图九，7）。LCZ-1:046，夹砂黑陶，方唇，阶状平沿，口径26厘米（图九，9）。

敛口罐　叠唇，敛口。LCZ-1:052，夹砂黑陶，内壁有齿状堆纹，同类的罐还见于姚官庄遗址（图九，11）。

有颈罐　可分二型。

A型：中口。LCZ-1:047，夹砂黑陶，颈略高，外表有凸弦纹三周，沿外有小鼻，口径21厘米（图九，14）。LCZ-1:048，夹砂黑陶，圆方唇，沿面有凹槽，颈稍矮（图九，12）。LCZ-1:049，夹砂黑陶，方唇，沿面有浅凹槽，颈稍矮，饰凸弦纹一周（图九，13）。

B型：小口。LCZ-1:050，夹砂灰陶，唇面有凹槽一周，口径10.2厘米（图九，8）。LCZ-1:051，泥质灰陶，圆唇，口径13.5厘米（图九，10）。

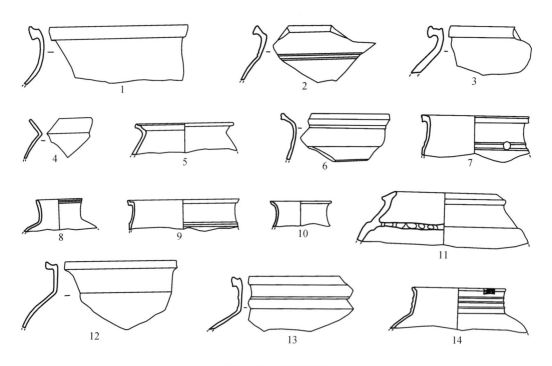

图九　龙山文化陶罐

1、6、7、9. A、B大口罐（LCZ-1:044、045、LCZ-6:01、LCZ-1:046）　2、3. B型中口罐（LCZ-1:043、042）　4、5. 中口罐（LCZ-1:040、041）　8、10、12～14. A、B型有颈罐（LCZ-1:050、051、048、049、047）　11. 敛口罐（LCZ-1:052）　（7～11、14. 1/8，余均1/4）

鼓腹小平底盆　可分二型。

A 型：侈口，颈较高。LCZ-6∶02，夹砂黑陶，方唇，沿面内凹，腹部有盲鼻（图一〇，1）。LCZ-1∶053，夹砂黑陶，方唇，沿面有凹槽（图一〇，2）。LCZ-6∶03，夹砂灰陶，圆唇，卷沿，颈下有凸弦纹一周（图一〇，6）。

B 型：敛口，窄颈。Dantu-1∶010，泥质黑陶，平沿，折肩（图一〇，7）。

大平底盆　数量较多，可分二型。

A 型：折沿。DXBS-2∶01，泥质黑陶，斜折沿，斜壁（图一〇，3）。LCZ-1∶055，泥质黑陶，平折沿，腹微鼓，口径 32 厘米（图一〇，9）。

B 型：卷沿。LCZ-1∶056，泥质黑陶，斜壁（图一〇，5）。LCZ-1∶057，泥质黑陶，壁较直（图一〇，4）。LCZ-1∶058，泥质黑皮陶，平底内凹，底径 27.2 厘米（图一〇，10）。

子母口盆　子口较矮，近直壁。LCZ-1∶059，泥质黄褐陶（图一〇，8）。

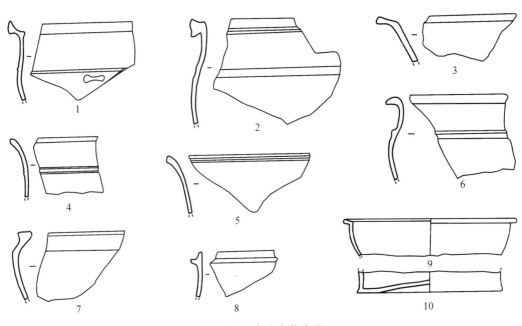

图一〇　龙山文化陶器

1、2、6、7. A、B 型鼓腹小平底盆（LCZ-6∶02、LCZ-1∶053、LCZ-6∶03、Dantu-1∶010）
3、4、5、9、10. A、B 型大平底盆（DXBS-2∶01、LCZ-1∶057、056、055、058）　8. 子母口盆（LCZ-1∶059）　（9、10. 约 1/7，余均 3/10）

匜　敛口钵形。LCZ-1∶060，夹砂黑陶，沿面内侧高，外侧低，外缘压成齿状，沿下有小横耳（图一一，4）。LCZ-1∶061，夹砂黑陶，沿面外凸（图一一，2）。

圈足盘　宽沿，直口或微敛，浅盘，粗圈足。LCZ-1∶062，泥质黑陶，直口，盘稍深，圈足残，口径 32、残高 10 厘米（图一一，10）。

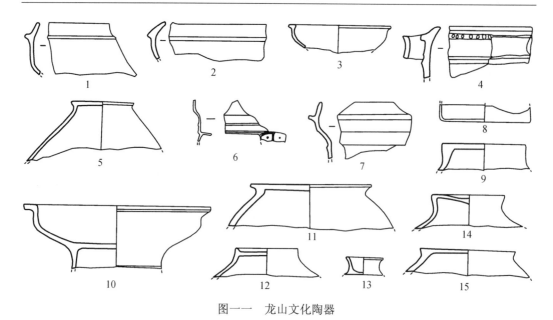

图一一　龙山文化陶器

1. 平底盒（LCZ-1∶064）　2、4. 匜（LCZ-1∶061、060）　3. 豆（LCZ-1∶063）　5、9、11、12、14、15. A 型器盖（LCZ-1∶069、DSB-1∶01、DXBS-3∶01、LCZ-1∶071、LCZ-1∶068、ANJ-1∶01）　6、7. 三足盒（LCZ-1∶066、065）　8. 杯（LCZ-1∶067）　10. 圈足盘（LCZ-1∶062）　13. B 型器盖（LCZ-1∶072）（3、6、8、9、12. 约 1/7，余均 3/10）

豆　浅盘。LCZ-1∶063，泥质黑陶，窄平沿，直口，折腹，底和圈足已残，口径 17.2 厘米（图一一，3）。

平底盒　子母口。LCZ-1∶064，泥质黑陶，子口内敛，深腹，底残（图一一，1）。

三足盒　子母口，三足。LCZ-1∶065，泥质黑陶，子口内敛，腹内收，底残（图一一，7）。LCZ-1∶066，泥质黑陶，口部残，下腹内收较直，平底，足残（图一一，6）。

杯　筒形。LCZ-1∶067，泥质黑陶，仅残存底部，底径 15.2 厘米（图一一，8）。

器盖　数量甚多，可分三型。

A 型：覆碗形。盖钮部平或内凹，周缘压或刻成齿状，颈内束。陶质及陶色的种类较多（图一一，5、9、11、12、14、15）。

B 型：盘形钮器盖。LCZ-1∶072，泥质灰陶，仅残存钮部，口径 3.2 厘米（图一一，13）。

C 型：LCZ-1∶073，夹砂红陶，圆片形，后端有小孔。

纺轮　可分三型。

A 型：一面平，另一面微鼓，近边沿处有一周凹槽。LCZ-1∶074，夹砂褐陶，直径 4.3 厘米（图一二，5）。LCZ-1∶075，泥质黑陶，直径 5.7 厘米（图一二，2）。LCZ-3∶07，泥质黑陶，直径 5.5 厘米（图一二，6）。LCZ-3∶08，泥质黑陶，一面鼓起较甚，直径 5.9 厘米（图一二，1）。

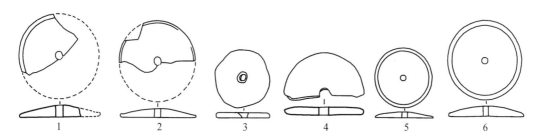

图一二　龙山文化陶纺轮（7/10）

1、2、5、6. A 型（LCZ-3:08、LCZ-1:075、LCZ-1:074、LCZ-3:07）

3. C 型（LCZ-1:076）　4. B 型（Dantu-1:011）

B 型：圆饼状，两面均平。Dantu-1:011，夹细砂黑陶，直径 5.7 厘米（图一二，4）。

C 型：使用废陶片改制。LCZ-1:076，泥质黑皮陶，直径 4 厘米（图一二，3）。

陶球　圆球形。Dantu-1:012，泥质黑皮陶，直径 3.7 厘米。

（二）商周文化遗物

此次调查中发现商周时期的文化遗物很少，且多半是陶器的残片，器形有鬲、罐、豆、盆、纺轮等。

鬲　3 件。LCZ-2:01，夹砂红陶，为鬲的口沿残片，卷沿，沿外侧有两周凹槽，口部以下饰竖行粗绳纹，内壁有按压的痕迹，时代为晚商（图一三，6）。LCZ-2:02，夹砂红陶，鬲足，仅存足尖部，断面为椭圆形，时代为商末周初（图一三，8）。ANJ-1:02，鬲口沿残片，夹砂红陶，卷沿，方唇，鼓腹，由口至腹部胎逐渐加厚，时代为西周（图一三，12）。

罐　6 件。DT-1:014，泥质灰褐陶，腹片，外表饰竖行粗绳纹，纹痕较浅，属西周时期（图一三，14）。LCZ-1:077，泥质灰陶，口沿残片，卷沿，圆唇，口沿以下露绳纹，时代为晚商（图一三，10）。DT-1:013，泥质红陶，腹片，饰浅粗绳纹，时代不晚于西周（图一三，16）。XJG-1:02，夹砂灰陶，腹片，表面压印绳纹，时代为春秋（图一三，9）。DT-1:015，夹砂灰陶，卷沿，方唇，鼓腹，时代为战国（图一三，13）。

豆　5 件。ANJ-1:03，泥质灰陶，尖唇，盘稍深，盘底斜直，柄部中空，属春秋时期（图一三，2）。ANJ-1:04，夹细砂灰褐陶，方唇，盘壁近直，底较平，属春秋时期（图一三，1）。DXJP-2:01，泥质灰陶，方唇，浅盘，属春秋时期（图一三，3）。XJG-1:01，泥质灰褐陶，灰胎，仅见盘底，柄中空，属春秋时期（图一三，4）。LCZ-1:03，泥质黑皮陶，灰胎，仅存粗短柄一段，中空，属战国时期（图一三，18）。

　　盆　3件。LCZ-3：01，夹细砂灰陶，平折沿，口沿下饰浅细绳纹，时代属春秋（图一三，7）。XJG-2：01，泥质灰陶，红胎，平折沿，方唇，短颈，时代为战国（图一三，11）。LCZ-1：079，夹细砂灰陶，表面有拍印的交错绳纹，时代为战国（图一三，5）。

　　人足　1件（XJG-1：03）。泥质褐陶。一侧有扉棱，质地坚硬，火候较高。似为商代或西周时期遗物。

　　纺轮　2件。AJC-3：01，夹细砂灰褐陶，圆饼状，中央的圆孔规整（图一三，15）。XT-2：01，泥质灰陶，系用陶片改制，圆饼状，中央的穿孔规整，周边修磨的痕迹清晰（图一三，17）。

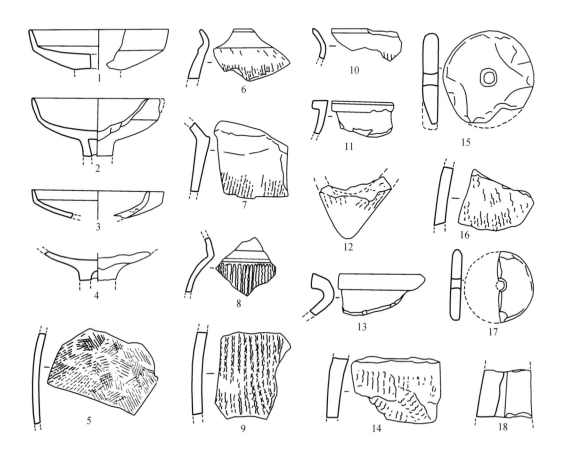

图一三　商、周时期陶器

1、2、3、4、18. 豆（ANJ-1：04、ANJ-1：03、DXJP-2：01、XJG-1：01、LCZ-1：03）　5、7、11. 盆（LCZ-1：079、LCZ-3：01、XJG-2：01）　6、8、12. 鬲（LCZ-2：01、LCZ-2：02、ANJ-1：02）　9、10、13、14、16. 罐（XJG-1：02、LCZ-1：077、DT-1：015、DT-1：014、DT-1：013）　15、17. 纺轮（AJC-3：01、XT-2：01）（1～4、6、8、10、11、13. 1/4，余均1/2）

四、主要收获

运用"区域系统调查"方法在中国境内进行考古调查，对我们来说还是第一次，因此可能存在着许多缺点和不足，但这种方法的采用所带来的收获也是显而易见的。

首先，因为"区域系统调查"所具有的更细致、更系统的特点，使我们在较短的时间里，新发现了30余处遗址。当然，在对"遗址"这一概念的界定上，中美学者之间尚存在不同认识。例如，对于其中几处不见文化层等遗迹，只有零星陶片分布的地点，能否直接称之为"遗址"，或是用别的词来表示?有些遗址或地点上分布的少量陶片，是古人活动的遗留，还是后人二次搬运的结果?诸如此类的问题，都需在将来的实践中予以注意，加以研究解决。

其次，此次调查的范围虽然只有36平方公里，但却充分显示出"区域系统调查"方法在聚落形态研究方面的潜力。我们计划在更大范围内继续这项调查，相信随着规模的扩大，其作用将会更加明确地显示出来。

第三，龙山文化遗址呈等级状分布这一现象的揭示，是这次调查的主要收获之一。这对于我们在更高层次上研究龙山时代地区集团的重组和文明中心的形成等问题，提供了极为珍贵的资料。

附记：此次调查得到日照市文化局的大力支持，在此谨表谢意!

执笔者　蔡凤书　于海广　栾丰实　方辉　孙成甫　Anne P. Underhill　Gary Feinman
Linda Nicholas Gwen Bennett

注　释

① a. 山东省文物管理处：《日照两城镇等七个遗址初步勘查》，《文物参考资料》1954年第3期。b. 刘敦愿：《日照两城镇龙山文化遗址调查》，《考古学报》1958年第1期。c. 山东省文物管理处：《山东日照两城镇遗址勘察纪要》，《考古》1960年第9期。d. 日照市图书馆等：《山东日照龙山文化遗址调查》，《考古》1986年第8期。
② 临沂地区文管会等：《山东日照尧王城龙山文化遗址试掘简报》，《史前研究》1985年第4期。
③ 山东省博物馆等：《1975年日照东海峪遗址的发掘》，《考古》1976年第6期。
④ 王学良：《五莲县史前考古获重大发现》，《日照日报》1995年7月8日第一版。
⑤ 见①a。
⑥ 杨波：《五莲县丹土遗址出土玉器》，《故宫文物月刊》第十四卷第二期，1996年。
⑦ 杨深富：《山东日照崮河崖出土一批青铜器》，《考古》1984年第7期。

附表一 　　　　　　　　　　　遗址概况一览表

时　　代	编　号	遗址名称	遗址面积（单位：平方米）
大汶口文化	D-1	两城镇（LCZ-3）	3800
龙山文化	L-1	丹土村（DANTU-1）	164000
	L-2	石桥（SQ-1）	48000
	L-3	大界牌（DJP-2）	5000
	L-4	小界牌（DJP-1）	5000
	L-5	大界牌（DJP-1）	275000
	L-6	两城镇（LCZ-1）	13000
	L-7	大小白石（DXBS-4）	8000
	L-8	大小界牌（DXJP-2）	3000
	L-9	大小界牌（DXJP-1）	3000
	L-10	大小白石（DXBS-3）	3000
	L-11	大小白石（DXBS-2）	23000
	L-12	两城镇（LCZ-1）	2656000
	L-13	大白石（DBS-3）	3000
	L-14	大白石（DBS-1）	3000
	L-15	潘家村（PJC-3）	3000
	L-16	两城镇（LCZ-5）	3000
	L-17	大小白石（DXBS-5）	3000
	L-18	潘家村（PJC-1）	48000
	L-19	两城镇（LCZ-6）	28000
	L-20	大白石（DBS-4）	3000
	L-21	青岗沟（QGG-1）	40000
	L-22	大小白石（DXBS-1）	23000
龙山文化	L-23	两城镇（LCZ-4）	5000
	L-24	潘家村（PJC-2）	3000
	L-25	两城镇（LCZ-2/3）	441000
	L-26	夏家村（XJC1）	73000
	L-27	沟崖（GOU-1）	13000
	L-28	安家岭（ANJ-1）	88000
	L-29	项家沟（XJG-1）	199000
	L-30	东屯（DT-3）	5000
	L-31	西屯（XT-2）	18000
	L-32	项家沟（XJG-2）	5000
	L-33	黑七村（HQC-5）	5000

续表

时　　代	编　　号	遗　址　名　称	遗址面积（单位：平方米）
商代	S-1	两城镇（LCZ-1）（2-6）	3000
	S-2	两城镇（LCZ-1）（2-7）	5000
周代	Z-1	丹土村（DANTU-1）	239000
	Z-2	丹土村（DANTU-2）	3000
	Z-3	大界牌（DJP-2）	227000
	Z-4	大小白石（DXBS-3）	5000
	Z-5	大小界牌（DXJP-2）	3000
	Z-6	两城镇（LCZ-1）	1772000
	Z-7	两城镇（LCZ-1）	28000
	Z-8	大小白石（DXBS-5）	3000
	Z-9	大小白石（DXBS-1）	23000
	Z-10	潘家村（PJC-1）	48000
	Z-11	两城镇（LCZ-6）	10000
	Z-12	两城镇（LCZ-2/3）	35000
	Z-13	两城镇（LCZ-2/3）	3000
	Z-14	两城镇（LCZ-2/3）	129000
	Z-15	夏家村（XJC-2）	5000
	Z-16	夏家村（XJC-1）	33000
	Z-17	石门后（SMH-2）	5000
	Z-18	沟崖（GOU-2）	3000
	Z-19	安家村（AJC-3）	25000
	Z-20	安家村（AJC-2）	3000
	Z-21	安家村（AJC-1）	3000
	Z-22	安家岭（ANJ-1）	53000
	Z-23	安家岭（ANJ-2）	3000
周代	Z-24	东屯（DT-3）	3000
	Z-25	项家沟（XJG-1）	199000
	Z-26	东屯（DT-4）	3000
	Z-27	东屯（DT-1）	3000
	Z-28	西屯（XT-2）	18000
周代	Z-29	项家沟（XJG-2）	5000
汉代	H-1	丹土村（DANTU-1）	50000
	H-2	丹土村（DANTU-1）	129000
	H-3	丹土村（DANTU-1）	33000
	H-4	石桥（SQ-1）	10000
	H-5	大界牌（DJP-1）	3000

续表

时　代	编　号	遗址名称	遗址面积（单位：平方米）
汉代	H-6	小界牌（XJP-1）	18000
	H-7	大界牌（DJP-2）	66000
	H-8	大小界牌（DXJP-2）	3000
	H-9	大小界牌（DXJP-1）	3000
	H-10	大小白石（DXBS-2）	23000
	H-11	两城镇（LCZ-1）	2016000
	H-12	两城镇（LCZ-1）	13000
	H-13	大白石（DBS-2）	3000
	H-14	青岗沟（QGG-1）	40000
	H-15	大小白石（DXBS-1）	23000
	H-16	两城镇（LCZ-3）	335000
	H-17	夏家村（XJC-1）	3000
	H-18	石门后（SMH-3）	8000
	H-19	安家村（AJC-3）	25000
	H-20	安家岭（ANJ-1）	53000
	H-21	前河西（QHX-1）	3000
	H-22	东屯（DT-5）	3000
	H-23	项家沟（XJG-1）	93000
	H-24	项家沟（XJG-1）	20000
	H-25	西屯（XT1）	5000
	H-26	东屯（DT-1）	3000
	H-27	西屯（XT-2）	18000

（《考古》1997年第4期）

山东日照市两城镇遗址
1998～2001年发掘简报

中美两城地区联合考古队

一、概　况

（一）主要发掘经过

　　山东日照的沿海地带是中国开展田野考古工作较早的地区之一。1934年，王湘、祁延霈在这一地区进行了为期三个月的考古调查，发现了包括两城镇遗址在内的若干处龙山文化遗址[①]。1936年春夏之交，梁思永、尹达、祁延霈等对两城镇遗址进行了正式发掘[②]。1949年之后，各级文物考古部门对两城镇遗址又进行过多次调查，并取得一定成果[③]。以往的工作表明，两城镇遗址在这一地区目前所发现的龙山文化遗址中面积最大，各种遗迹十分丰富，出土陶器数量多而且异常精美，历年来在这里还陆续发现了数量可观的玉器。所以，两城镇龙山文化遗址在研究中国古代社会方面的重要性是不言而喻的。但令人遗憾的是，1936年发掘的重要资料一直未能正式公布。

　　1994年，山东大学和美国的部分考古学者经过友好协商，决定采用聚落考古学的方法合作研究中国东部地区晚期史前社会的发展进程。因为两城镇遗址在海岱地区乃至整个中国的史前考古研究中具有重要地位，这里就成为双方一致同意首先开展工作的地区。合作研究工作分两个部分，一是在两城镇遗址的周围地区（简称两城地区）进行区域系统调查，以此为基础开展宏观聚落形态研究；二是对两城镇遗址进行重点发掘和对周围部分小遗址进行解剖性发掘。

　　经过国家文物局批准，1995年中美双方组成了联合考古队，开始对两城地区进行区域系统调查。这一工作已进行了7年，累计调查面积超过600平方公里，取得了大量第一手资料和丰硕的学术成果[④]。

　　在三年区域调查的基础上，中美双方于1998年联合提出发掘两城镇遗址的申请。

同年底，获得中国政府主管部门的特别许可，开始了为期三年的田野发掘工作。

1998 年 12 月至 1999 年 1 月，联合考古队对两城镇遗址进行了第一次发掘。因为时值隆冬，客观条件和时间都不允许进行较大面积的发掘，主要工作是在村内一栋即将翻新的旧房院落内进行的。因此，此次发掘本身属于抢救性发掘。

1999 年～2001 年秋、冬季，连续进行了三次规模较大的发掘，每次的野外工作时间约为 60～70 天。在历时三年的发掘工作中，我们从一开始就致力于开展多学科综合研究。正式发掘开始之前，先聘请美国加州大学的布赖恩博士采用地磁方法探测了遗址局部地段地下遗迹的分布情况，聘请拉米诺土壤研究所的迈克博士对土壤的微形态进行了分析研究；发掘过程中，对浮选所获得的植物标本、土壤样品的植硅体化石和孢粉分别请国内外的专家进行分析和研究。同时，还对酿酒遗存、石器微痕和制作工艺、陶器制作技术等进行了专门研究。这些相关研究的初步成果将会陆续予以公布。

（二）遗址的基本情况

两城镇遗址地属山东省日照市东港区，西南距日照市约 20 公里，东北距青岛市约 80 公里，东距黄海约 6 公里（图一）。两城镇是一个历史较为久远的村镇，遗址就位于其西北低矮的坡地上。相当一部分压在现代农舍之下。1936 年发掘时，主要发掘部位的文化堆积甚厚，后来因为建房、取土等人为活动，村内的遗址部分破坏较为严重。

该遗址坐落在一处南北延伸的低岭之上，主体部分位于东侧，

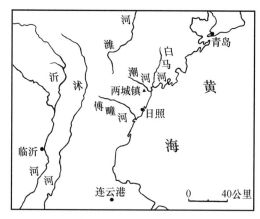

图一　遗址位置示意图

并逐渐过渡到平缓的岭下和岭前，现存地表的海拔高度在 6～17 米之间。遗址东北紧邻两城河，东侧有一串南北向的水塘，据说是古河道所在；在遗址西部有一条季节性的南北向河道，是近年来人为活动所形成，原来的自然河道在遗址之西约 300 米外。

遗址区平面近似圆角方形，东北部因地势较低而易受河水冲刷，以河湖相堆积为主，未见明确的文化堆积；在较大面积的范围内散布着数量不等的各时代陶片，属于龙山文化者最多。1995 年开展区域系统调查时，地面分布有陶片的范围达 256 万平方米。1999

年至 2001 年发掘时对遗址的钻探结果表明，目前可以见到文化堆积的范围南北约 1000 米、东西约 1050 米，总面积约 100 万平方米；如果按陶片分布范围计算，遗址面积则超过了 200 万平方米。从已发掘的部分及纵贯遗址的西北—东南向路沟两侧剖面观察，东南部（即村内部分）的文化堆积最厚，保存较好的位置仅龙山文化层厚度就超过 2 米；南半部次之，现存文化堆积厚 1～2 米；西北部最差，文化层厚度只有 0.5 米左右。我们的发掘区域分为三个部分：主要发掘区在村西较为平整的土岭中部，布 4 米×4 米的探方 51 个，揭露面积 816 平方米；村内的抢救性发掘有三处，布 4 米×4 米的探方 4 个、4 米×6 米的探方 1 个和 2 米×4 米的探沟 1 条，揭露面积 96 平方米；另外，为了解遗址的整体布局，布探沟 10 条，连同扩方，揭露面积约为 500 平方米。这一阶段总的发掘面积为 1400 平方米，其中有相当一部分因种种原因只清理了耕土层之下的遗迹，并未向下深入发掘（图二）。

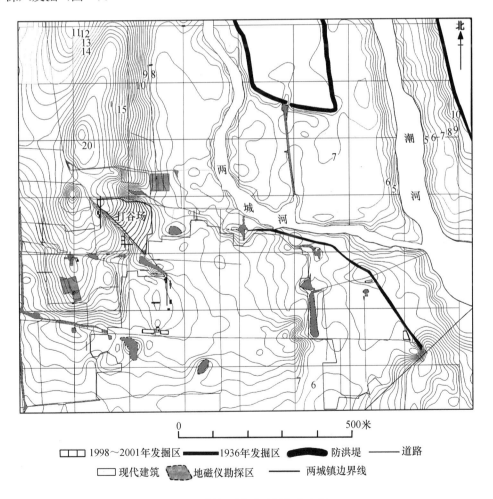

图二　遗址区地形及探方分布图

二、地层堆积

根据在地表采集的遗物判断,两城镇遗址包含有龙山文化、周代和汉代三个时期的遗存,其中以龙山文化遗存最为丰富,发掘的情况也证实了这一点。但在主要发掘区只发现一部分东周时期的墓葬,汉代墓葬仅有一座,未见到相应的文化堆积和其他遗迹,这一带耕土层之下就是龙山文化中期的堆积。据当地农民介绍,早先这里地势较高,后因取土而遭到很大破坏,这一片原来是否存在龙山文化晚期和周、汉时期的文化堆积已不得而知。从发掘区内仅发现单纯的周、汉两代墓葬和遗址西北部现存两座大型封土堆(其下应是汉墓群)分析,周、汉时期的两城镇聚落面积可能变小,主要分布于岭下较为平整的区域。在村内做过抢救性发掘的地段,则还保存着较厚的周、汉时期文化堆积,龙山文化延续的时间也较长。

依据历年来的调查和发掘资料,两城镇遗址的地层堆积情况和叠压次序基本一致。为了使整个发掘区的地层编号在时代上保持相对一致,以利今后研究,我们在 1999 年第一次正式发掘之前就预先排定了地层堆积的顺序:第 1 层为耕土层,第 2 层为近代层,第 3 层属汉代,第 4、5 层属周代,第 6、7 层为龙山文化堆积。因此,暂时没有发现某些层次的地点予以保留而空过去,在一些探方的地层编号中就会出现空缺的现象。下面以 T2400 东壁剖面为例对地层堆积情况加以介绍(图三)。

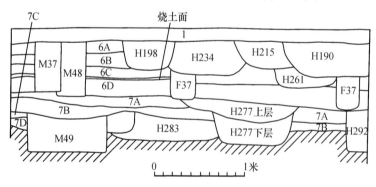

图三 T2400 东壁地层剖面图

1. 耕土层　6A. 灰褐色土　6B. 浅灰褐色土　6C. 深灰褐色土　6D. 黄褐色土
7A. 黄色土　7B. 灰色土　7C. 黄色土　7D. 灰色土

第 1 层:耕土层,厚约 15~18 厘米。

第 6 层:龙山文化堆积,距地表深 15~18 厘米,厚 54~70 厘米。此层根据细微变化,又可分为四小层,除了被打破的地段之外,分布均较为普遍。6A 层为灰褐色土,质地较粗,结构紧密,此层被 H190、H198、H215、H4234 和 M37、M48 等打破。6B

层为浅灰褐色土，内含红烧土、草木灰等，结构较为紧密。6C 层为深灰褐色土，夹杂黄土块等，结构紧密，被 F37、H261 等打破。6D 层为黄褐色土，包含较多的红烧土颗粒和炭粒等，结构较为紧密；探方东北部的此层表面，有一层暗红色烧土面，较为平整，厚 2～4 厘米。

第 7 层：龙山文化堆积，距地表深 70～87 厘米，厚 22～40 厘米。此层可细分为四小层。7A 层为黄色土，较纯净，结构紧密，包含物较少，被开口于该层表的 H277、H292 打破。7B 层为灰色土，杂有大量水锈斑点，质地松软，包含物有少许陶片和石块等，此层下开口的遗迹有 H208、H283 和 M49。7C 层只分布于探方东部的较小范围内，为黄色土，结构紧密，包含陶片等遗物。7D 层的分布范围与 7C 层相同，为灰色土，质地较软，包含较多陶片等遗物。

第 7 层以下为黄色生土。

此外，通过勘探和试掘了解到，在两城镇村内的个别地段，还保存着丰富的第 2 层（近现代）、第 3 层（汉代）、第 4 层（东周时期）和第 5 层（西周时期）堆积。

三、文化遗存的形成过程

主要发掘区内龙山文化堆积延续的时间并不很长，按目前通行的龙山文化分期认识，大约始于龙山文化第二期偏后阶段，一直持续到龙山文化第四期前段，四期后段及第五、六期的堆积根本未见。而在发掘区以西相距不足百米的外侧壕沟中，发现明确的龙山文化第四期和第五期堆积。由此看来，这一带的龙山文化晚期堆积很有可能是被后期的活动破坏掉了。但也存在一个疑问，即在数百平方米的范围内为什么连一个残存的遗迹（灰坑等）也没有发现，这还有待于今后的发掘工作来证实。

统观发掘区内的龙山文化遗存，其形成过程大体能从层位上加以推测，并由此可以划分为六个时间段，下面以南部几个探方的情况为例加以说明。

第一时期是在原始地表开始建造房屋，并有零星的墓葬分布。这一时期的房址之间没有叠压或打破关系，但并不是同时建筑起来的。首先建造的房屋是 F39，坐北朝南，直接坐落在生土地表之上。在房前东南方 5～7 米处发现两座墓葬，均建于生土上，它们与房屋孰早孰晚及其相互关系，目前尚难定论。随着房屋的使用，在房外形成了 3 层人为铺垫的活动面，每层厚约 1～3 厘米，而房后和东、西两侧则逐渐形成以灰土为主的堆积。在此灰土堆积之上又出现一批房屋，其中与 F39 密切相关的是 F65，它位于 F39 的西南面，门道向东；两座房屋共用一个活动场地（即院落），先后经过了 7 次铺垫而形成 7 层活动面，加上原来 F39 的 3 层则共有 10 层，两座房内的地面和灶也先后经过多次铺垫和新筑，说明它们共同存在了一段时间。最后，这两座房屋大体同时被废弃。

第二时期，F39 和 F65 被废弃的同时，在院落的中部以南出现两个大型坑，深度都在 1 米以上，灰坑和废弃的房屋之上出现可分三个小层的一大层文化堆积。据此分析，这一时期在这里并没有房屋，不是直接的居住地。

第三时期是在第二时期的堆积之上又开始建造房屋，可分两层。下层的两座只保存柱洞而未见墙体和基槽，均为方形，东为 F62，西为 F63。上层为两座地面式房屋，东为 F61，西为 F60，基本上叠压在下层两座房屋之上，但略有错位；房内均有灶址，局部保留墙体，地面尚保存有 1～3 小层。

第四时期，在第三时期上层房屋之上有较薄的一层垫土，垫土之上发现两座并排的房屋，保存甚好，不仅有完好的多层地面、灶址，还有户外活动面和较高的墙体。东侧一座为 F54，西侧一座为 F59，与第三时期上层房屋的位置不同，应该不属于就地重建。从这两座房址内均有 4～5 层连续铺垫的地面和灶址、房外均有若干层活动面来看，使用的时间较长。

第五时期，在第四时期的 F54、F59 之上，又发现了带柱洞的房址，也是东、西各一座（编号分别为 F57、F56），位置有错动。西侧的房屋之上还叠压着另外一座房屋（F55），因遭破坏，地面已不存。与此大体同时或略晚，在整个发掘区内还发现一条极长的基槽（F21），槽内密布小柱洞，柱洞极深，有的可达 1 米左右。

第六时期，主要保存有位于耕土下的大批龙山文化遗迹，既有灰坑也有墓葬，它们均打破第五时期的房屋。

以上六个时段，大体上可以体现出两城镇遗址 1999～2001 年发掘区内龙山文化遗存连续的使用和堆积过程。现在看来，龙山文化居住区的房屋是在不断地重复着"建造—废弃—再建造—再废弃"的过程。这些层层叠压的房屋，一部分过去曾认为属"台基式"房址，其实所坐落的"台基"很可能就是一座时代更早的房屋。当然，这需要进一步发掘和研究来加以证实。

在两城镇遗址先后测定了 14 个龙山文化的年代数据，包括 11 个碳十四测年数据（其中有 2 个 AMS 数据）和 3 个热释光测年数据。在 11 个碳十四测年数据中，经高精度树轮年代校正，年代最早的一个为公元前 3638～3514 年，明显偏早；最晚的一个为公元前 1689～1579 年，显然较晚。其余年代多数在通常认为的龙山文化年代范围内，但如果和分期研究结合起来分析，还是存在许多问题，其原因尚待探讨。而 3 个热释光测年数据，分别为公元前 1759±295 年、公元前 1121±224 年和公元前 1232±296 年，都明显较晚；联系到相关遗址的热释光测年数据普遍较同类碳十四测年数据偏晚的实际情况，我们认为，运用这种测年方法所得数据研究新石器时代考古的年代学问题时，需要慎重对待。

四、遗迹和遗物

两城镇遗址发现的龙山文化遗迹十分丰富，有围壕、房址及其附属设施、墓葬等。

（一）围壕

经过钻探，我们在两城镇遗址的范围内发现了内、中、外三圈围壕。内圈围壕面积约20余万平方米，基本上叠压在现代村舍之下。中圈围壕除东侧继续利用河道外，其余三侧均向外移，其内遗址面积也略有扩大。外圈围壕的面积最大，基本上包括了两城镇遗址的全部范围。

下面以 T005 为例来介绍外圈围壕的堆积情况。此探沟位置在北侧东西向外圈围壕的中段，正方向布列，现存地势为西高东低的坡地，南北长18米、东西宽2米。此探沟内堆积较简单，晚于围壕的文化堆积大多遭破坏而无存，近代层之下即为壕沟内堆积，其西壁剖面的地层堆积较为典型（图四）。

第1层：耕土层。黄褐色沙性土，质地疏松，厚10～20厘米。

第2层：现代层，是经过翻动的扰乱堆积。黄褐色土，质地略硬，厚40～80厘米。根据土色又可细分为三小层。2A层为黄褐色土，质地较疏松，分布于探沟北半部。2B层为浅黄褐色土，结构略紧，分布于探沟南半部。2C层为深黄褐色土，只在探沟北部1米多的范围内分布。以上几层除发现龙山文化陶片之外，还出有近、现代瓷片和铁钉等。

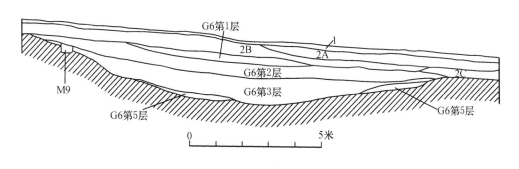

图四　T005 西壁地层剖面图

1. 黄褐色沙土　2A. 黄褐色土　2B. 浅黄褐色土　2C. 深黄褐色土　G6 第1层. 灰色土　G6 第2层. 浅灰色土　G6 第3层. 黑灰色土　G6 第5层. 砂质土

第2层之下即为壕沟，编号为G6。略呈东北—西南走向，沟口宽16～17米，内、外侧均为基岩，坡度较缓。沟内的文化堆积可分为五层。

第1层：分布于沟内中部，为含少量细沙的灰色土，质地较硬，厚约25厘米。此层中包含大量陶片及石器、骨器等，可复原的陶器较多。

第2层：在沟内普遍有分布，为浅灰色土，颜色略有差别，结构紧密，厚约50厘米。内含陶片甚多，其中有相当数量的完整或可复原器物。此层下发现一座儿童墓，编号M9。

第3层：为上下叠压的三小层淤积土，呈黑灰色，土质粘而细腻，厚约90厘米。此层包含物十分丰富，出土大量陶片和少量石器、骨器。

第4层：此层分布于沟的中部偏北，向西未到探沟西壁，其下直接叠压在基岩上；为深灰色粘土，最厚处为0.7米。此层出土遗物数量较少；堆积内发现一具成年人骨，编号M10。

第5层：分布于沟内北部和南部，不相连接，均直接叠压在基岩之上；内含粗大砂粒，质地坚硬，有板结现象，厚约20厘米。此层内出土遗物相对较少。

综合分析G6内堆积的形成特点，第1、2层是壕沟废弃后形成的堆积，第3～5层则是壕沟使用时期形成的淤积层。从整体上看，沟内堆积都属于龙山文化时期。

（二）房址

共发现40余座龙山文化的房址，此外还有大量归属不清的柱洞。房屋均为地面式建筑，平面形状有圆形、方形和长方形等，墙体结构主要有土坯墙、木骨泥墙、夯土墙三大类。土坯一般用棕色粘土制成，个体较大，多不甚规整，完整者长度在40厘米以上，厚3～6厘米；土坯之间用灰色或黄色的细泥粘连，颜色反差很大，极易辨认，有错缝垒砌者，也有的平行垒砌。使用土坯砌墙的房屋，基本上不挖基槽，一般是对地面稍加整修后即筑墙。令人不解的是，圆形房址均为土坯墙，而长方形或方形房址则往往不是。在夯土墙中，有以石块垒砌作为基础的现象。木骨泥墙内柱洞密布，直径一般在10厘米以下，角柱则相对较粗大一些。此外，还发现一些只保存有较大角柱或柱坑的房址，其墙体结构则不清楚。

房内地面一般用粘土加工成，分多层，每层平整坚硬，基本不加烧烤，也没有发现石灰等建筑材料。灶址多位于房内西北隅，一般为圆形平地式，与周围地面没有明确界限，只是灶的范围内均烧成黑褐色或红褐色。也有在灶的位置修筑一个小圆形台，略高于周围地面；未见低于地面的坑式灶。

房屋门道一般向南；保存好的有极佳的户外活动面，随着使用时间的推延不断铺垫而加高，有的部位甚至比室内地面还要坚硬，单独发现时很可能被误认为是残存的房内地面。

F65　位于 T2346、T2296、T23417 和 T2297 四个探方内。该房址为土坯墙体的地面式圆形建筑，保存有土坯墙体、门道、中心立柱、室内外活动面、灶址及墙外护坡等部分。外墙直径 3.84、房内直径 3 米，建筑面积 11.6、使用面积约 7 平方米（图五）。

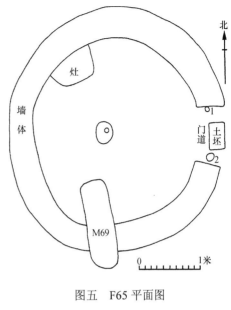

图五　F65 平面图
1、2. 石块

土坯墙体除南部被 M69 打破外，其余部分保存较好，残存高度为 0.28～0.4、墙宽约 0.43 米。墙体分层错缝垒砌。土坯采用棕色粘土制成，大小不太一致，长 24～54、宽 41、厚 4～8 厘米；土坯之间使用细泥作为粘合剂，有灰黑色和浅灰色两种。墙体的基部南北不一，北部直接砌于平地上；南部则有较浅的基槽，深度为 1～3 块土坯。墙内、外各有一层薄墙皮，是用褐色粘泥涂抹而成。墙外底部尚保留一圈斜坡状垫土，近墙体处较厚，向外逐渐变薄。

房内有 4 层地面及对应的 8 层灶保存较好。最上一层地面之上还有一层铺垫土，此铺垫土上部的地面已被破坏而不存。由每层地面所对应灶的数量分析，各层地面使用的时间长短不同，如第 2、3 层地面分别只对应一层灶，而第 4 层地面则对应着 4 层灶。灶位于房内西北部近墙壁处，为不规则的椭圆形，在每层地面上位置基本固定；灶表面与地面平齐或略高，由于长期烧烤而呈黑褐色或暗红色。房内中心有一椭圆形柱坑，长径 34、短径 28、深 46 厘米；柱坑中部有一圆形柱洞，直径 8 厘米。

门道位于房址东侧正中，方向为 95 度，形状略呈扇形，内宽 84、外宽 98 厘米。门道正中铺设一块长方形土坯，两侧下部各放置一石块，可能与安放房门有关。房内地面与房外的活动面经门道直接相连。

（三）灰坑

遗址中共发现近 500 个灰坑，其中既有形状规整、规模较大的圆形直壁坑，也有形状不规整、大小不一者，还有底部或中部铺满一层大陶片的灰坑，这些灰坑的性质应该有所不同。

H238　位于 T2445 东南部，开口于耕土层下，被 M31（属龙山文化时期）打破，同时它又打破 F36、F40 等。坑口呈圆形，周壁略向外弧，平底，直径 1.9、深 1.38 米。

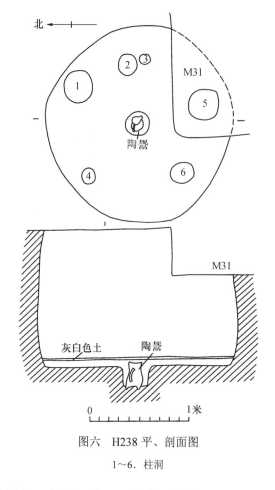

图六　H238 平、剖面图

1～6. 柱洞

坑内的堆积可分为 7 层,各层的土质土色有所不同。上部 6 层大概都是坑废弃后倾倒堆积的垃圾之类;最下面一层厚约 12 厘米,较为均匀,结构紧密,其表面有一薄层灰白色土,层表平整光滑,应经过特意加工。此坑底部发现 6 个柱洞,在坑内呈圆形分布;坑正中另有一小圆坑,其内置一缺流的陶鬶。此坑当有特殊用途(图六)。

H238 内出土大量陶片,其中部分可以复原,还发现一些残破的石器。下面选择可复原的陶器加以介绍。

鼎　H238:14,夹砂黑陶。罐形鼎,圆唇,折沿,沿面有明显的凹槽,圆鼓腹,平底,三足残。腹部饰多道凹弦纹。口径 14.6、底径 9.2、残高 15.4 厘米(图七,2)。

罐　H238:27,夹砂黑褐陶。尖圆唇,折沿,侈口,溜肩,鼓腹,下腹内收较急,小平底。素面。口径 10.8、底径 5.2、高 13.4 厘米(图七,4)。

圈足盘　H238:34,泥质黑陶。平折沿,方唇,上腹壁较直,下腹斜收,圈足下部残。腹壁外有一周凹弦纹,残留一个横耳和一个小泥饼,圈足上残留一周凸棱痕迹。口径 28.4、残高 7.4 厘米(图七,1)。

豆　H1238:21,泥质黑陶。窄平沿。盘壁外折明显,下部平直而斜内收,底下凹,高柄,喇叭形圈足。素面。口径 14.8、圈足径 9.6、高 16.6 厘米(图七,5)。

杯　H238:12,泥质黑陶。圆唇,长颈内敛,鼓腹,平底内凹,一侧把手已残失。口径 5.8、底径 4.6、高 8 厘米(图七,3)。

器盖　H238:4,泥质黑陶。鸟头状钮,两眼用小泥饼粘贴成;盖面略隆起,平沿,沿面和唇内侧都有一道浅凹槽。盖面饰两道浅凹弦纹。口径 12.3、高 4 厘米(图七,6)。

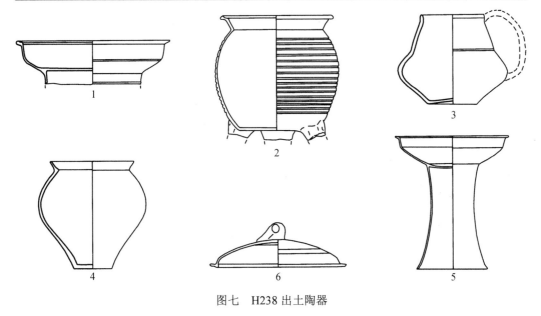

图七　H238 出土陶器

1. 圈足盘（H238:34）　2. 鼎（H238:14）　3. 杯（H238:12）　4. 罐（H238:27）　5. 豆（H238:21）　6. 器盖（H238:4）（1. 约1/7，2、4、5. 约1/5，3、6. 约1/3）

（四）墓葬

遗址中发现龙山文化墓葬共 50 余座，散布在居住区内，没有发现专用的墓地。均为长方形土坑竖穴墓，多数没有发现葬具，而使用木质葬具者一般有熟土二层台。墓葬以东西向为主，头东脚西；只有极少几例为南北向，且均为墓坑狭小者。随葬品以陶器为主，个别中型墓葬有绿松石装饰品等。

1. M33　位于 T2397 南部，局部伸入 T2396 东南角，被 H89、H99、H186、H192、H199 等打破，同时它又打破 H274 等。为长方形土坑竖穴墓，东西长 2.8、南北宽 1.34～1.56、深 0.9 米，方向为 93 度。墓内填夹杂大量黄土块的花土，结构紧密。由残存木灰痕迹判断，此墓有内外相套的一椁一棺。木椁长 2.55、宽 1.06、残高约 0.42 米；木棺在椁内偏南部，长 2.1、宽 0.6 米，高度不详。棺内人骨高度腐朽，但痕迹清晰可辨，头东脚西，仰身直肢，面向上，两足跟并拢，身高据测算为 1.85 米。在左侧上肢骨的腕部及其以上，发现呈长环状密集分布的绿松石薄片和小玉珠（图八）。

墓中随葬品较为丰富，以陶器为主，多数置于椁外的二层台上；由于葬具腐朽垮塌，相当一部分器物滑落到椁室和棺室周围，以西北角和南部最多。所有的陶器均残碎较甚，同一件器物的碎片往往分处在不同位置，推测可能是安葬时将其全部摔碎后分置于墓中各处。器形包括鼎、罐、盆、豆、杯、器盖等，下面选择已复原者加以介绍。

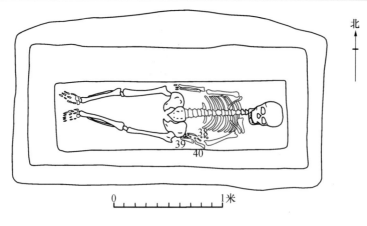

图八　M33 平面图

38. 绿松石薄片　39. 玉珠　40. 兽骨（此墓出土较多陶器，但都残碎并散置在
墓内各处，如编号 1~37 者都不能在图上标明具体位置）

鼎　M33：6。夹砂黑陶。盆形鼎，圆唇，宽沿，沿下有一对横耳，斜腹，平底，
鸟喙形三足。口沿及颈下各饰一周戳印纹，腹部饰三周凸棱。口径 19.2、底径 12、高
16.6 厘米（图九，1）。

罐　3 件。M33：32，夹砂黑褐陶。圆唇，直口，有颈，颈下有一道凹槽，广肩，
腹部斜内收，平底。肩部饰两道凹弦纹，其上饰四组小泥饼，每组两个；腹部饰两组
凹弦纹，共有四道。口径 12、底径 11.8、高 24.7 厘米（图九，9）。M33：35，夹砂黑
陶。方唇，侈口，口下有一对宽横耳，有颈，溜肩，腹部微鼓，下腹平缓内收，平底。
颈中部和颈、肩交界处各饰一道凸棱，腹部共饰四组凹弦纹，每组两道。口径 30.8、
底径 13.8、高 37.2 厘米（图九，8）。M33：26，夹砂黑陶。口较大，方唇，宽沿上有
凹槽，肩部饰一对盲鼻，深腹微鼓，平底。器身自上而下饰五道凸棱。口径 26、底径
12、高 31 厘米（图九，5）。

盆　M33：37，泥质黑陶。圆唇，卷沿，斜腹，大平底。腹部饰两周凹弦纹。口径
30、底径 21.2、高 6.6 厘米（图九，7）。

豆　M33：33，泥质黑陶。方唇，平折沿，腹微鼓，柄残。柄上部饰一对泥饼和一
周凸棱。口径 17.6、残高 8.2 厘米（图九，3）。

杯　M33：9，泥质黑陶。口残，长颈，鼓腹，腹部有一对盲鼻，平底内凹。底径
6.4、残高 12.6 厘米（图九，6）。

器盖　2 件。M33：22，夹砂黑陶。平顶，盖面微隆，盖沿较宽。腹上饰一周凹弦
纹。口径 24.8、盖顶直径 9.6、高 7.8 厘米（图九，2）。M33：24，泥质黑陶。钮近喇
叭形；盖面微隆，圆唇，沿面内凹。腹饰一周凹弦纹和一对泥饼。口径 17.2、钮径 4、
高 5 厘米（图九，4）。

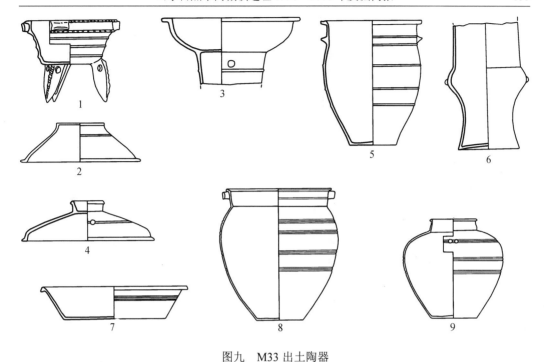

图九　M33 出土陶器

1. 鼎（M33:6）　2、4. 器盖（M33:22、24）　3. 豆（M33:33）　5、8、9. 罐（M33:26、35、32）

6. 杯（M33:9）　7. 盆（M33:37）（1、2、7. 约 1/7，3、4. 约 1/5，5、8、9. 约 1/10，6.约 1/3）

2. M38　位于 T2400 内，开口于耕土层下，东端被 M37 打破，同时它又打破 H242 和 6A 层等。为长方形土坑竖穴墓，东西长 1.78、南北宽 0.38～0.41、深 0.75 米，方向为 94 度。墓内填灰褐色花土，结构紧密，未见葬具痕迹。人骨腐朽严重，从痕迹看骨骼较细小，长 1.48 米，推测为一少年；属单人一次葬，仰身直肢，头向东（图一〇）。

墓内共发现随葬品 20 件，皆为陶器，除 1 件杯放在死者腰部外，其余均置于下肢至脚端处。器形包括鼎、罐、壶、杯、高柄杯和器盖等，下面选择已复原者加以介绍。

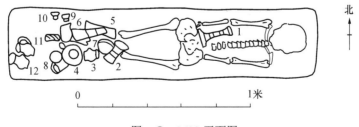

图一〇　M38 平面图

1、2、4、5、6、8、11、17、19、20. 陶杯　3、12、16、18. 陶罐　7、14. 陶鼎

9、10、13、15. 陶器盖（编号 15～20 的 6 件陶器压在其他器物之下）

　　鼎　2件，均为罐形鼎。M38:14，夹砂黑陶。侈口，圆唇，肩部有一对横耳，鼓腹，平底内凹，三足残。素面。口径8.8、底径6.8、残高8.4厘米（图一一，2）。M38:7，泥质黑陶。侈口，圆唇，鼓腹，平底，三足残。腹上部饰两周凹弦纹。口径8.6、底径5.4、残高7.8厘米（图一一，3）。

　　罐　2件。M38:3，泥质灰黑陶。尖圆唇，折沿，侈口，腹略外鼓，平底。素面。口径8.5、底径4.5、高10.2厘米（图一一，5）。M38:12，泥质灰黑陶。圆唇，侈口，溜肩略斜，鼓腹，下腹斜收明显，平底。肩部饰有两道细凹弦纹。口径6.9、底径4.4、高9.3厘米（图一一，1）。

　　杯　3件。M38:11，夹砂黑陶。罐形杯，近直口，颈略内束，鼓腹，腹侧有单耳，底内凹。颈饰一周凹弦纹。口径8、底径5.4、高11厘米（图一一，4）。M38:2，泥质灰陶。筒形杯，尖圆唇，口略外侈，竹节状直腹，一侧把手位于中部，底内凹。杯身共饰三道凸棱。口径8.2～8.6、底径6.6、高11.3厘米（图一一，6）。M38:8，泥质黑陶。筒形杯，直口微侈，筒形腹中部微内束，平底，把手残失。腹壁外饰三组共五周凹弦纹。口径6、底径6、高12.4厘米（图一一，7）。

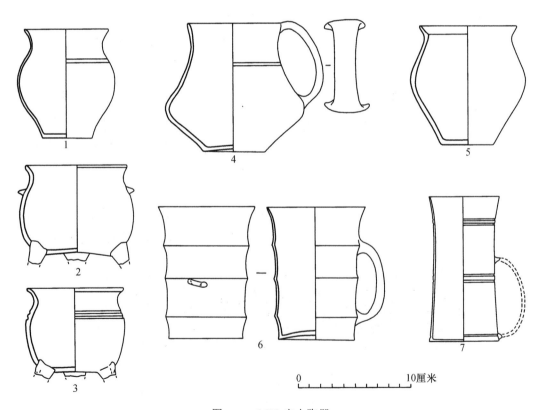

0　　　　　　　10厘米

图一一　M38出土陶器

1、5. 罐（M38:12、3）　2、3. 鼎（M38:14、7）　4、6、7. 杯（M38:11、2、8）

五、结　语

如果加上此阶段发掘之前的区域系统调查，两城镇地区的田野考古工作已经持续了 7 年，这是国内目前规模较大、持续时间较长的一个中外合作考古研究项目。初步总结这些年来在两城地区的合作发掘和研究，收获颇多，主要体现在以下几个方面。

（一）以点面结合的方法开展聚落考古研究

近年来，越来越多的学者认为，聚落考古学是研究人类早期社会组织结构及其变迁的有效方法，但如何在中国利用这一方法指导考古发掘和研究，则还需要进行探索。7 年来的工作实践使我们认识到，在重视遗址发掘的同时，更应该重视对遗址的普查，区域系统调查是目前条件下最为可行的一种科学的考古调查方法。在两城镇和其他几处开展过这项工作的区域，实践证明成果是非常显著的。在一些过去认为文物普查工作开展得较好的区域，经过这种区域系统调查后，还是有大量的各时期古遗址被发现，其数量往往超出人们的想像。所以，在中国开展宏观聚落形态研究，仅仅依靠以往记录在案的调查资料是远远不够的。而在面上进行区域系统调查，其成果既为专题性的聚落形态研究奠定了基础，同时也为文物保护工作提供了可靠的资料。

在进行区域系统调查的同时，有选择地对研究区域内的遗址进行发掘，则是从点上深入了解聚落内容所必需的。挑选遗址的基本出发点是具有代表性，应包括不同类型、不同功能和不同规模的遗址。例如在新石器时代晚期，社会已经产生了明显的分化和分层，这在遗址的规模和功能上已有清楚的体现，在选点时就需要考虑区域中心聚落、小聚落群的中心遗址和一般的小遗址以及具有特殊功能和性质的遗址。通过发掘，可以着重搞清楚这些遗址所经历的时代、微观的聚落结构、人口密度、经济活动、遗址与环境的关系、遗址的性质和功能、聚落的变迁等。最终才能把点的发掘和面的调查结合起来，完成对某一区域的综合研究。

（二）在发掘方法上进行的积极探索

聚落布局和其内部的微观变化，是聚落考古的主要内容之一。因此，考古发掘如何适应聚落考古研究的需要，是摆在我们面前的重要任务之一。在两城镇遗址的发掘过程中，我们在发掘方法上进行了一系列探索，取得不少积极成果和一些新的认识。例如，把地层和遗迹单位划分得更加细致，对各种不同的文化堆积采取顺序号的编号方法和使用表格进行记录；利用全站仪对所发掘的地层、各种遗迹和小件遗物进行统一测量，以提高精确度；注意遗迹之间的连接及变迁，特别是各种地面之间的连接，进而在更细的时间尺度上分析聚落内部的各种纵横关系，等等。这些方法的探索和实施，使我们初步找到了开展聚落考古研究的发掘方法。当然，如何建立一套规范的操作程序和记录标准，还有待于进一步的探索和研讨。

（三）通过多学科综合研究来获取更多古代社会的信息

把现代科学技术手段尽可能多地运用到考古学中以获取更多的信息，这已成为学术界的共识。在两城镇遗址的发掘中，我们进行了多方面探索，也取得了富有成效的成果。我们的体会是，实行多学科综合研究应从考古发掘的规划阶段开始，而不是在发掘之中或者之后，要特别强调其计划性、系统性和科学性。

在具体的做法上，我们进行了多方面的尝试。例如，在发掘前采用物理方法对地下遗迹进行探测；分析土壤的微形态结构，在发掘中对全部堆积土进行过筛，收集所有的人工制品和自然遗物；对所有编号的堆积单位有机取样，特殊遗迹如房屋则采用特殊的方法取样，内容包括浮选（5升或10升）、植硅体化石和孢粉、土壤等，系统分析和检测包含植物的种类和数量；采用化学分析的方法研究龙山文化的酒器和酿酒工艺；对出土陶器进行全面研究，以了解其制作工艺、成份、烧成温度、使用特征等方面的内容；对全部石器和石料进行分析，特别注意石器产地、制作工艺、微痕观察和分析、制作和使用的模拟实验，等等。这些做法已经取得或者正在产生有价值的资料和研究成果。

附记：两城地区的区域系统调查和两城镇遗址的发掘工作得到了国家文物局、山东省文化厅、日照市政府、东港区政府、两城镇政府及两城六村、七村、一村村委会的极大支持和切实帮助，山东大学和美国芝加哥自然历史博物馆、耶鲁大学对研究工作给予大力支持，美国路斯基金会、美国国家科学基金等提供了项目得以进行的经费支持。本文插图由王芬、王建华、刘善沂绘制。这里谨向上述单位和相关人员表示衷心的感谢。

执笔者　栾丰实　于海广　方　辉　蔡凤书　文德安

注　释

① 王湘、祁延霈：《山东日照县考古调查记》，原稿现存于台北历史语言研究所。
② a. 尹达：《中国新石器时代》，读书·生活·新知三联书店，1955年。b. 历史语言研究所：《两城镇——山东日照县两城镇之龙山文化遗址》，资料现存于台湾。c. 南京博物院编：《日照两城镇陶器》，文物出版社，1985年。
③ a. 山东省文物管理处：《日照两城镇等七个遗址勘查》，《文物参考资料》1955年第12期。

b．刘敦愿：《日照两城镇龙山文化遗址调查》，《考古学报》1958 年第 1 期。c．山东省文物管理处：《山东日照两城镇遗址勘查纪要》，《考古》1960 年第 9 期。d．刘敦愿：《记两城镇遗址发现的两件石器》，《考古》1972 年第 4 期。e．日照市图书馆等：《山东日照龙山文化遗址调查》，《考古》1986 年第 8 期。f．刘敦愿：《有关日照两城镇玉坑玉器的资料》，《考古》1988 年第 2 期。

④ a．中美两城地区联合考古队：《山东日照市两城地区的考古调查》，《考古》1997 年第 4 期。b．中美两城地区联合考古队：《山东日照地区系统区域调查的新收获》，《考古》2002 年第 5 期。

（《考古》2004 年第 9 期）

龙山文化是中国文明的一个来源
——《日照两城镇陶器》

南京博物院

以田野发掘为特征的考古学，使中国历史研究的面貌焕然一新。而龙山文化，就是中国考古学家最早发现的一种史前文化。

龙山文化是以 1930 年首次发掘山东济南以东龙山镇的城子崖而得名的。至今已有半个世纪了。1936 年发掘的山东日照两城镇则是第一个龙山文化的典型遗址。

半个世纪以来，特别是建国以后大规模的考古工作，使我们认识到：龙山文化是指我国东部沿海、黄河下游的一种史前文化，它是这一地区的史前文化中距离文明时代最近的一个阶段，是中国文明的一个来源。

日照两城镇遗址的发掘

作为龙山文化典型的日照两城镇，是 1936 年由梁思永、刘燿和祁延霈发掘的，由主持者刘燿整理的发掘报告，并已完成十分之九，因抗日战争爆发而搁置，未完成的原稿当时存放于中央研究院历史语言研究所后被移往台湾。出土遗物除石器和蛋壳陶的豆、阔沿高柄杯等少数陶器精品运往台湾外其余由南京博物院收藏。刘燿即后来著名的考古学家尹达同志（1906～1983 年），他在《中国新石器时代》（1955 年初版。后来 1979 年的修订本改名《新石器时代》）一书的几篇论文中对两城镇发掘的情况作了简要介绍。山东省文物管理处，山东大学历史系在五十年代多次调查、钻探和试掘，又有一些新的发现。

两城镇遗址在山东省日照县两城镇的西北，东北临两城河，是一处高出平原的漫岗。经钻探，遗址东西长 650 米南北长 850 米，面积约五、六十万平方米，是一个范围很大的遗址。文化堆积厚 1.5 至 4 米，上层为春秋时代的文化层，下层即包含极为丰富的龙山文化层，发现了灰坑和墓葬，出土了不少石、骨、玉器和很多陶器。

两城镇的陶器以黑陶为主，磨光黑陶占较大比例，乌黑光亮、胎薄质坚的蛋壳陶水平最高。有少量红陶、黄陶、白陶，用来制作陶鬶。制陶广泛使用轮制技术，器物造型优美，三足器、平底器为最多，也有一些圈足器。器物上流行各种器盖、长流、宽把、竖耳、小鼻、泥饼饰、袋足、鸟头足（又称鬼脸足）很有特色。器表装饰大多为素面；有少量凹凸弦纹、划纹、压印纹、篮纹和镂孔；还发现饰有云雷纹、兽面纹的碎片。常见的典型器物有：锥形实足或袋足的鬶、等腰三角形足或鸟头足的鼎、高座饰镂孔的豆、饰有盲鼻或小泥饼的鼓腹平底罐、有一个大把手的束颈平底罐、带半环状把手的筒形平底杯、大宽沿的蛋壳陶高柄杯、造型很小的磨光黑陶器皿。

两城镇出土的石器，大多磨制精致，钻孔技术也发达。石器种类很多，主要有斧、锛、铲、钺、凿、刀、镰、箭头等类，以扁平钻孔的铲（钺）、扁平长方形的锛、双孔半月形的刀、弯月形的镰和各式箭头为代表。在遗址里出土不少砺石，有的两面已磨得低平，有的还有各种沟槽痕迹，看出磨制技术的精细。此外，还见到燧石琢制的箭头和镰刀。出土精制的玉器，有扁平钻孔的斧、扁平长方形的锛。一件墨绿色的磨制规整的玉锛，其上端的正反两面，刻有图案不同的兽面纹，反映了高超的琢玉技术。骨器则以各种式样的箭头较为常见。

在两城镇发现的五十多座墓葬，大多为长方形竖穴墓。葬式都是单人仰身伸肢葬，有个别俯身葬。头向为朝东偏南，只有一座朝西。部分的人骨旁边有随葬品，多为陶器，以杯多为最多，罐次之，鼎只见到一件。有一座墓随葬品还有扁平穿孔玉斧。据调查，遗址附近曾出土不少随葬玉器的墓葬。可见，贫富分化明显，出现占有大量私有财产的氏族显贵。

建国以来龙山文化的发现与研究

建国以来，大规模的考古和发掘，已证明龙山文化分布于黄河下游的广阔地区，以山东为主，包括江苏北部，辽东半岛等地，已发现龙山文化遗址一百五十余处，其中在苏北的有二十余处。经过发掘的重要遗址有山东潍坊姚官庄、临沂大范庄、日照东海峪、胶县三里河、诸城呈子、荏平尚庄、泗水尹家城等处，在发掘的二十多处遗址中，包括苏北的铜山高皇庙、连云港二涧村、赣榆下庙墩等六处。由于在这个地区还发现了早于龙山文化的史前文化遗址，不仅使我们对龙山文化的认识大为丰富，而且对整个东部沿海、黄河下游的史前文化得到了系统的了解。

关于龙山文化的诸问题，考古发现和研究取得的主要成果，简要说来，有下列几项：

一、龙山文化可分为早、中、晚三期。早期以三里河、大范庄、呈子上层早期墓为代表。陶器以砂质、泥质的灰黑陶为主，有部分磨光黑陶，器表以素面为主，有的饰弦纹、划纹和镂孔。典型器物有粗颈小袋足鬹、腹作罐形扁带凿足的鼎、深腹平底罐、浅盘豆、蛋壳高柄杯等。中晚期以两城镇、姚官庄、呈子上层中晚期墓为代表。陶器以表里透黑的砂质陶和乌黑光亮的细泥陶为主，典型器除两城镇所出的以外，还有甗、盉、饰盲鼻带盖罍。

二、龙山文化渊源于大汶口文化。通过花厅村、大汶口的发掘，认识了大汶口文化。并从西夏侯的地层迭压关系，认识到龙山文化晚于大汶口文化。东海峪发现的三叠层在器物上弄清了从大汶口文化向龙山文化过渡的序列，说明龙山文化是大汶口文化的继续和发展。在山东、苏北发掘的青莲岗、花厅村、大汶口、刘林、大墩子、二涧、王因等典型遗址证明，我们认为黄河下游、东部沿海的广阔地区内，史前文化经历了青莲岗文化、大汶口文化、龙山文化先后相继的三个发展阶段。最近发掘的北辛遗址又发现了青莲岗最早阶段的器物群。而龙山文化则是这个文化系统中距文明时代最近的一支史前文化。

三、龙山文化的去向是岳石文化。从山东平度岳石村、牟平照格庄、泗水尹家城和江苏赣榆下庙墩的发掘来看，晚于龙山文化的岳石文化，陶器以夹砂褐陶（有的夹云母、滑石末）和泥质黑衣灰胎为主。器形和纹饰与龙山文化晚期近似，但器壁较厚重，器表装饰常见有数圈明显的凸棱，还有压印的之字形纹和变体夔纹，典型器物有带子母口的尊形器、簋形器、大口罐、矮三足罐，蘑菇状纽的器盖。

四、龙山文化可分为鲁东和鲁西两个类型；鲁东类型即以两城镇为代表，包括姚官庄、东海峪、三里河等处。鲁西类型以城子崖为代表，还有茌平尚庄等处。陶器除同鲁东相同者外，不同点是灰陶较多，蛋壳陶极少，还有鬲、斝、饰方格纹和篮纹的罐。产生这种不同的原因，是因为同西部另一个文化系统中的后岗二期文化（旧称"河南龙山文化"）互相交流而出现的。

五、龙山文化及其以前的诸史前文化，根据古代文献的考证，其族属为东夷族。

六、通过碳-14 的测定，弄清了黄河下游、东部沿海地区诸史前文化绝对年代。其中龙山文化的绝对年代为距今 4500 年至 3900 年左右。

七、根据全国范围的考古发掘资料细致的分析，从空间、时间上确定了龙山文化的科学概念，即：空间上以黄河下游山东地区为主，南及苏北淮河之北，北及辽东半岛，旁及冀南、皖东北；时间上其相对年代处于大汶口文化之后，岳石文化之前，其绝对年代为距今 4500 至 3900 年前后。把过去曾归属于龙山文化下的浙江杭州湾地区称为良渚文化，河南地区称为后岗二期文化，关中地区称为客省庄二期文化。

八、在掌握了较丰富的资料后，对龙山文化的生产状况和社会性质进行了分析，并探讨了其在中国文明形成中的作用。

龙山文化的社会性质

龙山文化的农业较前有了进一步的发展，从大量制作精致的石斧、石铲、石镰、双孔石刀可以证明。不少遗址出土的袋形窖穴，大型带盖的贮盛陶器，瓮、缸、罍、应与贮藏粮食有关，说明粮食的剩余，农业产量的增长。家畜饲养业也更为发达，姚官庄就出土的不少猪、狗、羊的骨骼。

从东海峪、三里河的发现看，住房建筑已有了明显的进步。建造方式上，采用挖槽起基的技术，发现了土筑台基和夯筑土墙，这是后代大型宫殿建筑的先声。在城子崖，发现了南北长 450 米，东西长 390 米的夯筑城墙，这种同防御有关的措施还见于其他地区同一时期的遗址中。它反映原始社会后期掠夺性战争的频繁，一个以阶级对立为特点的社会随着氏族公社的解体而即将出现。

在手工业上，龙山文化已有从农业中分出的手工业部门，反映在制陶、琢玉、象牙雕、冶铜这些方面。普遍盛行的轮制技术及其产品大型磨光黑陶器和精制蛋壳陶器，说明须有一批经验丰富，技术熟练的陶工从事制陶。三里河的成组鸟形玉饰件，五莲丹土的扁薄玉铲，两城镇的兽面刻纹玉锛，说明琢玉也是独立的手工业部门。三里河出土的铜锥，反映这时已掌握冶铜技术，开始使用金属，这是生产技术上一项重要的发明。独立手工业部门的发展必然导致商品交换的发展。这从大范围内陶器的一致性和琢玉、象牙雕的原料的取出，可以反映出来。

因此，贫富分化的发展，阶级对立的出现，成为龙山文化社会生活的重要因素。从两城镇、姚官庄、三里河的墓葬可以看出，一般的墓葬一无所有或仅随葬几件陶器，而个别的墓葬则随葬大量的陶器、精致的石器，成组的玉制装饰品，甚至还有斧、锛等玉制礼器。由于已不存在公共的氏族墓地，氏族显贵的大型墓葬还未发现，对阶级分化的详细情况，还缺乏实物资料。然而从上述这些现象说明，龙山文化已处于原始社会末期的军事民主制时期，四千年前的黄河下游，已处于文明时代的前夜。

龙山文化在中国古代文明形成中的作用

根据考古学的证明，我们可以说至少中国在商代进入文明时期。我们马克思主义史学的开拓者郭沫若在他的专门著作中称之为"青铜时代"，"奴隶制时代"。建国以来的考古发掘证明，商代物质文化包括二里冈文化和殷墟文化，也许包括二里头晚期文化。

殷商文化的主要主涵，简单的说，可以包括：发达的农业，围以夯筑城墙的城市，有土筑台基和土墙的宫殿建筑，发达的青铜冶铸业及大量的青铜器，精致的刻纹白陶，精美的玉器和漆器，占卜及甲骨文字和大型的王陵。这些物质文化的灿烂成果无疑是长期劳动创造的结晶，在空间上和时间上有其广阔而悠久的传统，可以从各个文化系统的史前文化中追溯其渊源。

上述这些因素，农业、城墙、宫殿建筑，占卜和甲骨文、青铜冶铸，除了黄河下游后岗二期文化、客省庄二期文化的传统这个主要来源外，都同黄河下游的龙山文化有关。而白陶则主要是来源于龙山文化。精美的玉器和漆器则是来源于长江下游的良渚文化，有可能从良渚文化先传播到龙山文化而后成为殷商文化的一个因素并进一步发扬光大的。

因此，光辉灿烂的以殷商文化为代表的中国古代文明其来源不仅是黄河中游的后岗二期文化或客省庄二期文化，还有长江下游的良渚文化和黄河下游的龙山文化，可能还有其他同时代的史前文化。总而言之，伟大的中国古代文明的渊源是多元的，具有广阔而深厚的基础是万年以来中华大地上不同系统史前文化的汇总。龙山文化则是中国古代文明的一个来源。

（《日照两城镇陶器》，文物出版社，1985 年）

日照地区大汶口、龙山文化聚落形态之研究

栾丰实

日照位于山东省的东南部，北邻青岛、潍坊两市，西、南两侧与临沂市相接，东南一隅与江苏省赣榆县相连，东为茫茫黄海。该市下辖东港区（原日照县）和莒县、五莲县，考虑到古代文化分布的相似程度和自然地理的特点，此区还包括胶南市南部、诸城市南部及紧邻莒县的沂水县、沂南县和莒南县一小部分，总面积约6000余平方公里。所以，本文所说的日照地区实际上又略超出了现日照市的行政区划。

这一地区东北—西南分布着泰沂山的支脉——五莲山，地貌类型以丘陵为主。沭河自北而南纵贯西部，东部则有数条源自五莲山的短促河流由西北向东南直接注入黄海，其中以北部的潮河、吉利河和中南部的傅疃河流域面积稍大，这些河流的下游沿海地区都有范围不大的冲积海积平原。北部河流的流向相背，经潍坊地区而注入渤海。就以河流为主干的自然地理形势而论，这一地区可以划分为三个部分。莒县的大部和东港、五莲、沂南、沂水的近莒边缘地带，此区为沭河水系，属于淮河流域，为和后面的古文化区相对应，可称为"陵阳河区"；东港区大部、五莲东南部和胶南的西南部为沿海地区，北部和南部又有所差别，北部以潮河、吉利河流域为主，包括胶南的西南部和诸城东南隅，可称为"丹土区"，南部以傅疃河流域为主，包括东港南部至鲁苏交界地区的绣针河流域，可称为"尧王城区"；五莲中、北部和莒县东北隅则在泰沂分水岭之北，属渤海水系的潍河流域，向北包括诸城的南部，可暂称为"前寨区"。就地理地貌言之，以上三个部分之间，东、西联系更为密切一些。

以下我们重点讨论这一地区的大汶口、龙山文化。

一、考古工作的回顾

这一地区的考古工作始于20世纪30年代，60余年来，在海岱地区乃至全国有较大影响的工作主要有四次。

1936 年，中央研究院历史语言研究所考古组的梁思永、刘燿等对两城镇遗址进行了较大面积的发掘，发现了包括 50 多座龙山文化墓葬和丰富而精美的陶器、玉器在内的龙山文化遗存①。后来关于龙山文化甚至中国新石器文化的许多新认识，如仰韶、龙山文化的东西二元对立、龙山文化的区域划分、龙山文化是循着自东向西的方向发展的观点等，都与这一遗址的收获有直接关系。新中国成立后的 50 年代，山东省文管处和山东大学围绕着两城镇遗址开展了一系列的考古调查工作，除了对两城镇遗址有了进一步的了解并屡有重要发现之外，还发现了丹土、尧王城等一批重要的同时期遗址②。

1975 年，山东省博物馆和山东大学考古专业等单位对东海峪遗址的发掘，不但再次发现大汶口文化和龙山文化的地层叠压关系，而且从器物形态的演变关系上找到了两者之间具有一脉相承的传承关系的证据，从而解决了龙山文化的来源问题③。

1979 年，山东省博物馆发掘了陵阳河和大朱家村等遗址，发现了一批重要的大汶口文化墓葬，其中尤为引人注目的是，第一次找到了有具体出土层位和单位的陶器刻画图像文字④，从而使大汶口文化的研究愈加丰富多彩。此外，1978 年发掘的尧王城遗址，除发掘出与东海峪遗址相同的台基式房屋外，还在山东地区首次发现龙山文化的土坯墙房屋。这些工作推进了海岱地区史前文化研究的深入⑤。

1995 年，为了采用聚落考古的方法切入中国古代文明起源的研究，山东大学和美国耶鲁大学等组成联合考古队，选择两城镇遗址及其周围地区进行实践。4 年来，考古队投入较大的人力物力调查了潮河流域 300 余平方公里的范围，并开始对两城镇遗址进行发掘，取得令人鼓舞的阶段性成果⑥。

此外，自 60 年代以来，市县文物部门还多次对本地区进行了文物普查工作，发现和记录了大量各个时期的遗址。以上从点的发掘到面的普查工作，为我们进一步的分析和研究奠定了坚实的基础。

上述考古调查、发掘工作的成果，初步建立了日照地区新石器时代至汉代这一漫长时期古代文化的发展脉络，其中最为丰富并对探讨中国文明起源具有重要意义的是大汶口文化晚期和龙山文化两个时期。

二、大汶口文化晚期的聚落形态

日照地区的大汶口文化遗址，明确属于早期阶段的只有后果庄一处，属于中期的遗址也不多，晚期阶段则不然，数量显著增多，达到 50 余处。

大汶口文化晚期阶段遗址的分布极不平衡，陵阳河区遗址十分密集，数量甚多。

前寨区较少，但时代大体与陵阳河区相当。东部沿海两区大汶口文化遗址甚少，呈散点状分布，并且年代明显较晚，约略相当于陵阳河区的晚期。因此，这里着重分析陵阳河区大汶口文化的聚落形态。

1. 陵阳河区

沭河上游的陵阳河区，四面有低山丘陵环绕，形成一个河谷盆地的地貌，面积大约 2000 平方公里。陵阳河遗址大约在莒县盆地的中心位置。历年考古调查成果显示，仅在莒县就发现大汶口文化晚期遗址 42 处[⑦]（图一中 41 处，另一处在图范围外的东莞乡）。综合考虑遗址的面积范围、所处位置、已发现的遗迹和采集的遗物等因素，可以将这 42 处遗址划分为三个层次或等级（图一）。

第一级，1 处，即陵阳河遗址。遗址西距沭河约 5 公里，地势平坦而开阔，向东不远即进入丘陵地区。陵阳河遗址的范围东西约 500 米，南北约 300 米，面积约 15 万平方米[⑧]。因为陵阳河遗址没有进行过系统的钻探，也没有对居住区进行发掘，所以我们对陵阳河遗址的了解是很不全面的。此外，在以陵阳河遗址为中心的半径 5 公里的范围内，就有大汶口文化遗址 11 处，如果将半径扩大到 10 公里，遗址的数量就增加到 25 处。这显然是一个以陵阳河遗址为中心的遗址群。对陵阳河遗址的了解主要是通过部分墓葬的发掘而获得的。发掘的墓地位于遗址的东、北部边缘，主要部分处于现今陵阳河河道之内。已发掘的 45 座墓葬均属大汶口文化晚期阶段，在空间分布上可以划分为四组。

第一组位于遗址北部，在陵阳河河道偏南的河滩之内。此组共有 25 座墓葬，排列比较整齐，可以分为九排，每排最多 4 座，最少 1 座，一般为 2、3 座。从年代上看，中部以西的墓葬较早，中部以东的墓葬较晚，除了个别墓葬微有打破关系外，多数间隔距离较为适中。陵阳河遗址已发现的长度在 3 米以上的 19 座大中型墓葬均属于此组。第二组亦在河滩，东南距第一组 50 余米，共 10 座。第三组位于遗址的东北部，西北距第一组 60 余米，共 6 座。第四组分布于遗址的东部偏南，西北距第一组 150 余米，共 3 座。第二、三、四组均为小型墓葬。陵阳河的大汶口文化墓葬属家族墓地性质，从墓葬规模、葬具、猪下颌骨的有无和多少以及随葬品数量、质量等方面分析，这一时期的社会成员占有财富的急剧分化，不仅表现在家族与家族之间，而且也出现在家族之内。

陵阳河遗址周围（大约半径 5 公里范围）还分布着 11 处同时期的大汶口文化遗址。其中北侧的略庄、西侧的杭头和西南方向的张家葛湖 3 处遗址，面积在 6 万～9 万平方米之间，它们的规格和等级应在陵阳河之下，而又高于其他小聚落。因为这些遗址距离陵阳河遗址甚近，应是在陵阳河的直接控制之下。

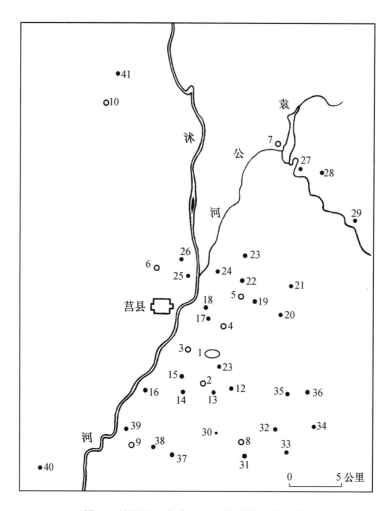

图一　陵阳河区大汶口文化晚期遗址分布图

1.陵阳河　2.张家葛湖　3.杭头　4.略庄　5.大朱村　6.八里庄　7.仕阳　8.前牛店　9.古迹崖　10.后果庄　11.西山河　12.王标大前　13.项家官庄　14.北台子　15.孙家葛湖　16.前夏庄　17.张家围子　18.大宋家村　19.小朱村　20.周家庄　21.徐家村　22.东沟头　23.前集　24.李家城子　25.魏家村　26.沈家村　27.桑庄　28.三角山　29.寨村　30.春报沟　31.陡崖　32.小窑　33.孙由　34.河峪　35.南楼　36.西涝坡　37.杨家崮西　38.公家庄　39.前李官庄　40.刘家苗蒋　41.官家林

　　第二级，6处，这些遗址分布于陵阳河遗址的周围，距离在30公里之内，面积在6万～10万平方米之间。同时，这些遗址的周围还有多少不一的面积更小的遗址，形成一个小的遗址群。因此，我把这一类遗址称为第二级的小中心，即小区的中心。这6处遗址分别是：

　　大朱家村遗址。位于陵阳河遗址东北约6公里处，周围分布着面积在5万平方米以下的遗址6处，分别是小朱村、周家庄、东沟头、李家城子、前集和徐家村。大朱家村遗址的面积约为 6 万平方米，是这一小区中规模最大的遗址。两次发掘的 35 座大汶口文化墓葬[⑨]，至少分布在五个墓区。发掘报告的第二、三组和位于现代墓区西侧的 M05 三区，已发现者均为小型墓葬。而发掘报告的第一组和 M02、M04 两区，则有一定数量的大中型墓。就墓葬的年代、数量和排列规律而言，大朱家村的大汶口文化墓葬应为家族墓地。墓葬较多的第一墓区（即第一组）共有 24 座，墓向均为东南方向，排列比较整齐，共有 7 排，每排各有一座规模较大的墓，出土图像文字的 M26 和 M17，分列于中部的第三排和第四排正中。墓葬相互之间的贫富分化十分明显，至少可以分为大中小三个类型，代表了当时身份和地位有显著差别的不同阶层的人们。同时，大朱家村遗址发现了 5 件刻画图像文字标本，其数量仅次于陵阳河遗址。此外，1985 年还在该遗址采集到一件长 18.6、宽 16.6 厘米的大型浅绿色石钺，石钺的刃部为三个连弧形，极具特色。这些发现表明大朱家村遗址的规格相对较高，与小区中心的地位也是相称的。该小区的李家城子遗址，位于大朱家村西北近 4 公里处，1982 年群众取土至距地表 1.5 米深时，曾发现 12 件青绿色穿孔石钺叠置在一起，为进一步了解该遗址的功能提供了线索。

八里庄遗址。位于陵阳河遗址西北约 10 公里处，在县城西北。这一小区因处在县城之下及其周围，遗址发现不多，目前共有 3 处（还有魏家村和沈家村遗址）。八里庄遗址面积约 6 万平方米，可能是这一小区的中心。

仕阳遗址。位于陵阳河遗址东北约 21 公里处。这一小区共发现 4 处遗址，其他 3 处分别是桑庄遗址、三角山遗址和寨村遗址。遗址的特点是沿沭河支流——袁公河沿岸分布。从发现的遗址数量和分布情况看，这一小区的大汶口文化遗址当不止此数，如果进行仔细的调查，在仕阳遗址的东北和西南会有新的发现。仕阳遗址坐落在袁公河和另一条支流的交汇处，面积 6 万多平方米，1959 年修水库时曾发现大量遗物，其中最重要的是一件有刻画图像文字的大口尊和若干件玉石钺。一件玉钺为青玉质，长 26.6、宽 9.4 厘米，是大型玉钺精品。1988 年在该遗址采集的一件石钺用白色变质灰岩制成，长 28.8、顶宽 15.4、刃宽 16.6 厘米，堪称钺中之王。虽然仕阳遗址未经发掘，但凭以上遗物，我们足可以认定居住在这一聚落的大汶口文化上层人物绝非等闲之辈。

前牛店遗址。位于陵阳河遗址东南约 9 公里处。这一小区共有 8 处同时期的遗址，除前牛店之外，其余 7 处遗址都在 5 万平方米以下，分别是小窑、孙由、春报沟、陡崖、河峪、南楼和西涝坡。前牛店遗址面积 9 万多平方米，应是这一小区的中心。

古迹崖遗址。位于陵阳河西南约 12 公里处。这一小区位居沭河之东，目前只发现 4 处遗址，分别是前李官庄、公家庄和杨家崮西。4 处遗址之间相距较近，东西依次沿沭河的支流——小店河分布，并且面积都不大，保存较好的古迹崖遗址调查面积也只有 4 万多平方米。从遗址的分布和地貌特征分析，这一带应是一个小区，中心遗址暂定古迹崖。

后果庄遗址。位于陵阳河西北约 25 公里处。后果庄一带地处沂沭河之间，这里仅发现 2 处大汶口文化遗址（另一处为官家林遗址）。后果庄遗址面积不大，只有 3 万多平方米，但延续时间甚长，据中国社会科学院考古研究所高广仁等先生考察，认为有北辛、大汶口、龙山、商周时期的遗存。这在整个临沂和日照地区尚属罕见。在后果庄遗址的北侧有东周时期（现在地面以上尚保存着城墙等遗迹）的茶城古城。这一带的大汶口文化遗址发现较少，或许与工作开展得不充分有关。可暂定为一小区。

以上述六个遗址为中心，其周围分布着或多或少的同时期大汶口文化遗址，我们将其划为六个小区。这六个小区都围绕着陵阳河遗址，即使中心遗址的规模和等级也都明显低于陵阳河遗址。因此，我认为陵阳河遗址与这六个小区之间存在着主从关系，这种关系具有统治与被统治的性质。除以上六个小区之外，我推测在陵阳河的东西两侧还应有数个这种性质的小区，这需要通过今后有针对性的考古调查工作来加以证实。

2. 前寨区

前寨区地处潍河上游，以丘陵地貌为主，面积在 1000 平方公里以上。此区发现的大汶口文化遗址不多，目前所知属于大汶口文化中期的仅诸城呈子 1 处，晚期阶段则有 5 处，其实际数量当不止此数，其中以前寨遗址的等级较高。

前寨遗址位于诸城西南隅，坐落在潍河故道之北的台地上。遗址面积为 6.5 万平方米，1973 年曾发现有图像文字的陶尊残片[⑩]。1980、1981 年，北京大学考古实习队对其进行了较大规模的发掘，清理了一批大汶口文化墓葬[⑪]。从调查和发掘的情况看，前寨遗址的时代属于大汶口文化晚期阶段，其延续时间与陵阳河、大朱家村等基本相同。就规模和等级而言，前寨则与大朱家村遗址相仿。如发现有图像文字、墓葬间的贫富分化较为严重、采集到精致而没有使用痕迹的石钺等。因此，可以认为前寨遗址的等级低于陵阳河而与大朱家村等相当，属第二级聚落的层次。

前寨周围的 4 处大汶口文化遗址分别是诸城的阎家同、玄武庵和五莲的程戈庄、留村。如果考虑到前寨大汶口遗存的特征与陵阳河区的同期遗存极为相似的实际情况，并且前寨区的大汶口遗址数量较少，则可以进一步认为前寨区大汶口遗存可能是从属于陵阳河区的一个部分。或就是从陵阳河区派生出来的。

3. 东部沿海两区

日照沿海地区（包括诸城东南隅和胶南的西南部），在南北近百公里的范围内发现大汶口文化遗址 12 处，其中尧王城区 8 处，两城镇区 4 处。这些遗址均散布于沿海及其邻近地区，相互之间的距隔在 8～16 公里，构不成群体。并且，这一地区大汶口文化遗址的时代偏晚，均属于大汶口文化晚期阶段的偏晚时期。在经过我们详细调查的丹土区 300 多平方公里的范围内，只发现 2 处大汶口文化遗址，与龙山文化时期遗址的数量简直不成比例[12]。基于此，我倾向于认为东部沿海地区的大汶口人是从邻近地区迁徙过来的，而这个邻近地区应是陵阳河区。

三、龙山文化时期的聚落形态

时间进入龙山文化时期后，这一地区的遗址迅速增多，据现有资料统计，龙山文化遗址至少已经达到 230 处[13]，较之大汶口文化晚期阶段成倍增加。以下分四个小区予以考察。

1. 陵阳河区

此区龙山文化遗址 63 处（未包括沂水、沂南邻莒边缘属陵阳河区的六个乡镇的龙山文化遗址）。就县博物馆调查的遗址面积而言，10 万平方米左右的有 6 处，分别是薄板台、任家口、李家城子、东穆家庄、马家店和曹河。6 万～7 万平方米的 11 处，5 万平方米以下的 46 处（图二）。仅从遗址的面积和数量看，似乎也有三个等级，并且面积越小的遗址数量越多，略呈金字塔形结构。但如果与大汶口文化时期的陵阳河区及其他地区的龙山文化相比，则这里显然缺少大型的聚落遗址。出现这种情况有两种可能：一是工作开展得还不细致，本区的大型聚落中心尚未辨认出来；二是进入龙山文化时期后，政治、经济、文化中心外移。

陵阳河区的 63 处龙山文化遗址可以划分为七个小遗址群，即为七个小区（图二）。

第一小区。主要包括店子和城阳两个乡镇，东西横跨沭河两岸。共有遗址 14 处，其中位于中部的东穆家庄和李家城子两遗址相距不远，面积均为 9 万平方米，其中应有一处为中心聚落。两遗址东距两城镇约 60 公里。

第二小区。主要在今之龙山镇界内。共有遗址 10 处，其中的薄板台遗址面积为 12 万平方米，是目前所知莒县境内最大的龙山文化遗址。但有意思的是，薄板台遗址并不在这一小区的中心，而是位于西北部，靠近第一小区。

第三小区。主要在今之峤山镇界内。共有遗址 6 处，其中没有 10 万平方米左右的遗址，较大的后店和梁家崖头均为 6 万平方米。此区 6 处遗址分布密集而紧凑，应是一个小遗址群，从位置上看，以后店遗址为中心的可能性较大。

第四小区。主要包括招贤和洛河两个乡镇，东西横跨沭河。共有遗址 6 处，其中马家店遗址面积为 9 万平方米，应是这一小区的中心。我们注意到，马家店子遗址也并不在此区的中部，而是在其南部。

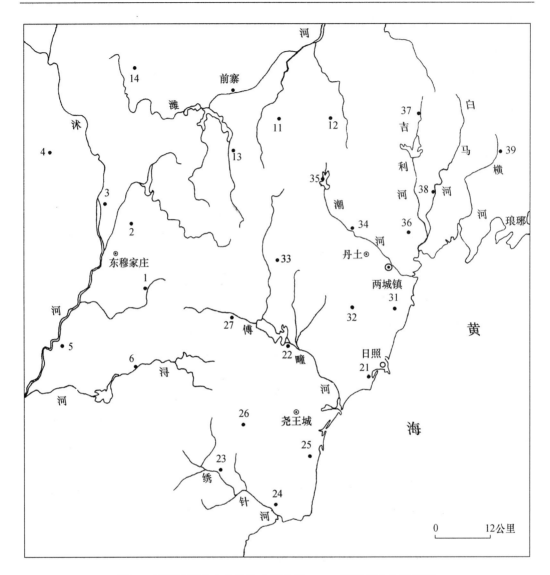

图二　日照地区龙山文化特大型和第一、二级聚落分布示意图

1.薄板台　2.后店　3.马家店　4.曹河　5.西心河　6.马家西楼　11.李家庄　12.呈子　13.西郭村　14.孟家洼　21.东海峪　22.小代疃　23.西辛兴　24.竹园　25.西村子头　26.大土山　27.邱前　31.苏家村　32.大桃园　33.东城仙　34.刘官庄　35.窑沟　36.甲王墩　37.石河头　38.西寺　39.河头

第五小区。主要包括果庄和安庄两乡。共有遗址 4 处，其中曹河遗址面积为 9 万平方米，应是这一小区的中心。

第六小区。主要包括小店和夏庄两个乡镇。共有遗址 11 处，其中以西心河遗址的面积最大，为 7 万平方米，应为本小区的中心。与前几个小区相同，西心河遗址也不在本小区的中部，而是位于北部。

第七小区。主要包括中楼镇和东港区黄墩镇，地处浔河上游地区。目前共发现遗址 4 处，此区中心暂拟为马家西楼遗址。

除了以上七个小区之外，在中部的陵阳乡、北部的棋山乡各有 3 处遗址，袁公河上游有 2 处遗址，从其分布相对集中看，可能各是一个小遗址群，代表着三个小区。

以上各个小区，以第一小区的遗址最多，分布也最密集，所处的位置恰好在莒县盆地的中心部位。同时，我们还注意到，第二、第四、第五、第六、第七小区的拟定中心遗址均位居指向第一小区的一侧。这些现象或许告诉我们，第一小区是龙山时期陵阳河区的中心所在，而目前付之阙如的陵阳河区第一级中心聚落，应在这一范围内去寻找。

2. 前寨区

此区龙山文化遗址较之大汶口文化明显增多，已发现 22 处。此区龙山文化遗址的调查资料多未经系统整理，缺乏详细的介绍。因此，这里只是根据遗址分布方面的集合及自然地理特征作一初步梳理和划分。已知的 22 处遗址可以划分为五个小遗址群体，即为五个小区（图二）。

第一小区。主要在诸城枳沟镇界内。共有遗址 4 处，即前寨、凤凰岭、薛家庄和阁家同，其中以前寨遗址的面积略大，为 6.5 万平方米。前寨遗址东南距两城镇 31 公里。

第二小区。主要包括五莲县北部的院西、许孟等乡镇。共发现龙山文化遗址 3 处，即九楼崖、李家庄和属于诸城市的王家戈庄，调查面积均较小。暂拟李家庄为此区中心。

第三小区。主要包括诸城郝戈庄和皇华两镇。目前发现遗址 5 处，即呈子、尚庄、桥上、朱泮和马家崖头。暂拟呈子为此区中心。

第四小区。主要包括五莲县西北部的高泽、中至等乡镇。共发现龙山文化遗址 4 处，即西郭村、程戈庄、留村和丁家庄，其中西郭村遗址的面积最大，约 8 万平方米，应为这一小区的中心。

第五小区。主要包括潍河上游的莒县东莞和库山两个乡镇。共有遗址 6 处，面积普遍较小，其中以位居中部的孟家洼遗址面积最大，为 6 万平方米，应为此小区的中心。

前寨区目前尚未发现龙山文化时期的大型聚落中心遗址。这种情况的产生或是因为工作没有做到，拟或是此区本来就没有在政治、经济和文化上形成一个统一体，至少目前还不宜作最后的判断。不过，考虑到前寨区特殊的地理环境，即地处潍河上游，地貌特点为山区多而平地较少，不同的河流山谷之间交通不便，因而影响了凝聚力，有可能在较大的范围内还处于分散状态。

3. 尧王城区

此区目前发现龙山文化遗址 27 处，显然偏少，其间当有相当数量的遗址尚未发现。这 27 处遗址绝大多数没有系统地发表资料，据已公布的资料及我们对部分遗址的调查，如果按遗址面积作为分析的主要依据，大体上可以划分为三个等级。第一级只有 1 处，即尧王城遗址，面积达 50 万平方米。其次，面积在 10 万平方米左右的遗址至少有 3 处，即小代疃、东海峪和西辛兴。第三级是众多面积在五六万平方米以下的遗址。

第一级，1 处，即尧王城遗址。遗址坐落在傅疃河下游之南，西有低山丘陵，东为沿海平原，距黄海约 7 公里，东北距两城镇 38 公里。遗址南北长 800 余米，东西宽约 630 米，面积超过 50 万平方米。1954 年山东省文物管理处调查发现，1978～1993 年，先后进行过 4 次发掘。在遗址的不同部位发现有台基式房屋、土坯墙房屋和小型墓葬等，出土了大量文化遗物。尤为重要的是笔者 1995 年 12 月对尧王城遗址进行调查时，在遗址西北角的一条深沟内，从西、北两壁的剖面上发现有夯土堆积，据其范围、宽度、走向和夯土的结构，判定其为城墙的西北部。1998 年冬经山东省文物考古研究所和日照市博物馆的钻探，证实了这一看法。尧王城遗址还存在大汶口文化晚期偏晚时期的遗存，1993 年曾在大口尊的残片上发现刻画有被释为"皇"字的羽冠类图像文字。这一发现不仅表明这一遗址在大汶口文化末期就非同寻常，而且暗示了其与陵阳河区大汶口文化的内在联系。

第二级，比较明确的有 3 处，即东海峪、小代疃和西辛兴。此外，还有四个值得注意的小区域（图二）。

东海峪遗址。位于傅疃河下游的黄海之滨，西南距尧王城遗址 17 公里。遗址东距黄海约 1 公里，坐落在一较矮的台地之上，海拔高度不足 4 米，东西、南北均 300 余米，面积近 10 万平方米。该遗址的文化堆积在 2 米以上，时代为大汶口文化晚期之末到龙山文化时期，与尧王城遗址大体相当。在 70 年代的发掘中曾首次发掘出龙山文化的台基式房屋建筑，并发现使用精美的蛋壳陶高柄杯随葬的墓葬。在东海峪所在的傅疃河下游地区，还发现有 3 处龙山文化遗址（其中 1 处有大汶口文化末期遗存）。东海峪遗址应是这一小区的中心。

小代疃遗址。位于傅疃河中游，东南距尧王城遗址约 15 公里。遗址坐落在傅疃河南岸，东西长约 400 米，南北宽约 300 米，面积约 12 万平方米[11]。该遗址的文化堆积较为丰富，厚度在 1～2 米之间，从采集的大量陶片分析，其时代与尧王城龙山文化遗存相当。在小代疃遗址周围 8 公里的范围之内还分布着 3 处龙山文化遗址，从遗址规模和所处位置等方面看，小代疃遗址是傅疃河中游这一小区的中心。

西辛兴遗址。位于东港区的西南角，东北距尧王城遗址 22 公里。遗址坐落在绣针河的北岸，面积近 20 万平方米。在属于绣针河上游的东港区碑廓镇和莒南县朱芦、坪上、团林三个乡镇，除西辛兴外还发现龙山文化遗址 4 处，即中峪子、潘家沙沟、崔家沙沟和址坊。西辛兴应是这一小区的中心。

除了上述 3 处遗址的内涵和外围区域均较清楚外，在尧王城区内还有三个小区需予以注意。

绣针河下游地区。绣针河下游是鲁苏两省的界河，目前在山东一侧发现龙山文化 3 处，即竹园、卫东庄和前车水沟。暂拟竹园为中心，北距尧王城约 21 公里。

涛雒镇和虎山乡一带，此区东为黄海。已发现的西村子头龙山文化遗址，调查面积达 20 余万平方米，遗址西北距尧王城约 10 公里。尽管目前这里只发现一处龙山文化遗址，但应是一个值得注意的小区。

大坡和巨峰两个乡镇一带，东距尧王城遗址 10 余公里。发现 3 处龙山文化遗址，即大土山、辛留和孟家官庄，其中大土山遗址的面积近 10 万平方米，可能是这一小区的中心。

傅疃河上游的三庄镇和竖旗山乡一带，东南距尧王城遗址 20 余公里。目前只发现 2 处龙山文化遗址，即邱前和板石。

尧王城区尽管目前发现的龙山文化遗址不是很多，但已有的近 30 处遗址，从面积和发现的遗迹、遗物及数量关系等方面分析，明显呈现出一种金字塔形结构。尧王城遗址范围之大，在海岱地区 1000 多处龙山文化遗址中仅次于两城镇而居于第二位。在面积不大的发掘中已发现台基式和土坯垒墙的房屋、铜器残片、精美的蛋壳陶器以及水稻作物等，特别是大型城墙设施的出现，一个具有都城性质的大型聚落中心实实在在地展现在我们面前。当然，此区还缺乏有明确目的并以聚落形态研究方法为指导的田野考古工作，但以目前所知并与相邻地区作简单比较后就可发现，这是一个有着极为广阔的研究前景的区域。

4. 丹土区

此区主要包括潮河和吉利河流域，南北约 40 公里，东西约 30 公里，面积 1000 多平方公里，各县市调查发现龙山文化遗址 31 处。1995 至 1998 年，中美联合考古队采用了系统的区域调查方法对两城镇周围地区进行了四次调查，野外实际工作时间 94 天，折合人步行调查路程累计约 1 万多公里，调查面积为 308 平方公里，新发现新石器时代至汉代遗址（其中包括一些只发现古代遗物的文物分布点，下同）400 余处，其中龙山文化遗址 130 余处。如按此数合计，则丹土区的龙山文化遗址总数已达到 160 余处。

丹土区内众多的龙山文化遗址，就面积大小和发现的遗迹、遗物分析，应该存在着四个等级的聚落，即特大型和第一、二、三级聚落。特大型聚落只有两城镇一处，第一级聚落也只有五莲丹土一处，第二级聚落则至少有九处，第三级聚落的数量更多，它们分别和某一个第二级聚落有着密切的联系。此外，在联合调查中还发现了数量甚多的龙山遗物分布点，在这些地点中，只发现少量龙山文化遗物，而没有找到确凿的文化堆积。联合考古队的成员们对这一类"遗址"的性质及形成原因有着不同的看法。我个人认为，这一类"遗址"的性质有四种可能：一是遗址的文化层没有暴露，故未发现；二是原本为龙山文化遗址，后来由于各种原因使遗址遭受毁灭性破坏，文化堆积已完全或基本不存；三为不是居住的聚落址，而是龙山时期人们的生产活动所遗留；四是古代人（指龙山时代之后）或现代人将龙山文化遗址上的陶片"搬运"到了现地点。如果是前两种情况之一，这类地点毫无疑问是遗址。如果是第三种情况，那么它至少告诉了我们龙山时期人们的活动范围，我们甚至可以进而推断是什么生产活动，这无疑是很有意义的。如果是第四种情况就比较糟糕，它对于我们研究龙山文化没有什么价值，因此应该予以排除。这个问题在调查中一直困扰着我们，因为它将给调查资料的分析造成不确定的因素。但它又激起我们的思考，因为这个问题在中国（主要是历史上和现代人口密集的区域，如黄河流域和长江流域等）相当一部分地区具有代表性。经过几次调查工作，我们对遗址的认识也不断深化。调查中，除了采集文物并将发现文物的范围在地图上准确地标记下来，对区域地貌作详细观察并做各种记录之外，还综合各方面情况将遗址分为四个等级：A．发现有文化层的遗址；B．虽然没有发现文化层，但从各方面分析应该是遗址；C．亦未见文化层，但从发现遗物的数量、特点及遗址的位置关系等方面分析，可能是遗址；D．不是遗址。这样，我们就能够在调查资料的分析研究中分等级区别对待，使之比较符合客观实际，并为将来第二步工作打下基础。

以下我们来分析丹土区各等级的聚落及其空间分布规律。

特大型聚落，1 处，即两城镇遗址。遗址位于潮河下游的支流——两城河南侧，东距黄海 6 公里。遗址坐落在丘陵的边缘，东西约 1050 米，南北约 1000 米，面积约 100 万平方米，东北角被两城河冲去一部分。1936 年春，中央研究院历史语言研究所考古组在遗址的中部和西北部等三个地点进行了面积较大的发掘，发现龙山文化墓葬 50 余座，出土了包括玉器和精美蛋壳陶器在内的大量遗物标本[⑮]。据尹达介绍，其中"有一座墓葬的随葬品特别丰富，就中有玉质的带孔扁平式斧，它略似殷代的圭；……这一墓葬中还有绿松石凑成的东西，大约是头部的一种装饰品。据说就在这遗址的附近还有不少用玉器殉葬的墓葬，当地的工友曾经替我指明那些墓葬的出土地点。"[⑯]50 至 80 年代，省地县文物部门和山东大学多次调查该遗址，获得了玉器坑等重要遗迹和以刻有神徽图像的玉圭为代表的一大批珍贵玉器及包括兽面纹陶片在内的大量精美陶器的资料[⑰]，为认识两城镇遗址的等级和地位提供了证据。1995～1998 年，中美联合考古队多次调查并试掘了该遗址，在遗址内发现成片的夯土堆积，更为重要的是，在遗址东南部和遗址南部偏西处两个地点发现龙山时期的夯土堆积，初步判定为城墙遗迹。关于两城镇遗址文化内涵的全面揭示和认识，还有待于今后的大量脚踏实地的工作。不过，从以上发现所透露出的信息告诉我们，像两城镇遗址这样的规模、等级和重要程度，在海岱地区乃至全国同时期遗址中都是较为罕见的。所以，我认为两城镇遗址不仅仅是丹土区的中心，而应是更大范围的中心。

第一级，1 处，即丹土遗址。遗址坐落在一个略为隆起的平坦台地上，西、北两侧紧邻两城河，东北距两城镇遗址直线距离 4 公里。遗址东西超过 500 米，南北 400 余米，面积近 30 万平方米。该遗址 1936 年发现，50 年代以后经多次调查，以村后有大片红烧土和出土大量精美玉器而广为人知。在我们的调查中，曾采集到数量较多的石器，其中相当多的是半成品。1995～1996 年，山东省文物考古研究所对该遗址进行了钻探和发掘，发现了面积达 25 万平方米、平面形状近长方形的龙山文化城墙、壕沟⑩，并发掘出一批地面式房屋和墓葬等。这些发现表明，丹土遗址已具备了同时期古国都城的规模。同时，在丹土遗址还新发现了大汶口文化末期的遗存。

第二级，离两城镇和丹土遗址稍远且周围有一定数量的第三级遗址环绕的有 9 处（图二）。这些遗址的面积不尽一致，大的有 10 余万平方米，小的在 6 万平方米左右，文化堆积都比较丰富。

苏家村遗址。位于丝山东侧，东距黄海约 3 公里，西北距两城镇 10 公里，距丹土 14 公里。遗址南北各有一条小河自西向东流过，面积 10 余万平方米。据调查资料，该遗址的文化内涵以龙山文化为主，亦发现少量大汶口文化遗物。苏家村周围已发现 4 处龙山文化遗址，如凤凰城、冯家沟等，面积一般在 5 万平方米以下。这一带西有南北向的丝山，东为黄海，南北有通往两城和日照的道路，是一个相对较为封闭的小区，苏家村显然是这一小区的中心聚落。

大桃园遗址。位于河山东南，坐落在大桃园村后一片平坦的台地上，东西两侧分别有小河自北向南流过，属傅疃河支流的上游，东北距两城镇 12 公里，北距丹土 13 公里，南距尧王城 26 公里。从大桃园到两城、丹土一带交通便利，距离较近，故将其归入丹土区。遗址由市博物馆调查发现，面积 10 余万平方米。文化内涵以龙山文化为主，文化堆积的厚度在 2 米以上，包含遗物极为丰富。大桃园周围已发现龙山文化遗址 11 处，如辛家庄、前山前、上李家庄、北大村、林家村、城壕村、韩家村等，面积都在 5 万平方米以下。这一带东西两侧分别有较高的丝山、河山阻隔，南北地势则较为平坦，交通便利，大桃园遗址面积明显大于其他遗址，且位置居中部略偏北，是这一小区的中心应无问题。

东城仙遗址。位于五莲县南部的傅疃河上游，东距丹土约 22 公里，东南距尧王城约 31 公里，因距丹土较近，故归入此区。遗址东西约 250 米，南北约 200 米，面积约 5 万平方米。东城仙周围发现龙山文化遗址 4 处，分别是王世疃、席家庄、牌孤城和中西峪，面积均在 3 万平方米以下。暂以东城仙为此区中心。

刘官庄遗址。位于五莲县东南部的潮河、叩官两镇之间，坐落在潮河与北侧一支流相交汇的地段，东南距两城镇 12 公里，距丹土 5 公里。刘官庄遗址破坏较甚，据县文管所 70 年代调查，面积近 10 万平方米。刘官庄周围已发现龙山文化遗址多处，其中比较明确的有潮河东南、潮河西北、夏家庄、王石头、崖头等，遗址面积均在 5 万平方米以下。这些遗址均位于五莲山东侧的潮河中游地区，其中刘官庄遗址位于交通最便利的潮河近旁，位置适中，遗址面积较大，暂将其作为这一小区的中心。

窑沟遗址。位于潮河上游地区，现大部分已没于户部岭水库淹没区之中，东南距两城镇 24 公里，距丹土 20 公里。窑沟遗址由县文管所调查发现，面积约 6 万平方米，就露于水面以上部分看，文化内涵以龙山文化为主，堆积较为丰富，除陶器外，在该遗址曾采集到数量较多的半成品石器和石料。窑沟遗址位于五莲山东北，向北不远就是渤海、黄海水系的分水岭。由于这一区域尚未开展系统调查，目前所知还只有窑沟 1 处，相信随着今后工作的开展，这一小区的遗址会有所增加。

甲王墩遗址。位于胶南市海青镇东南的甲王墩村后，东南距吉利河入海口仅 4 公里，西南距两城镇约 10 公里，距丹土约 10 公里。遗址面积近 10 万平方米，文化内涵以龙山文化和周汉代遗存为主，龙山文化堆积和遗物甚为丰富。甲王墩村东南至东北数里范围之内，分布着 8 个高大的封土堆，应为 8 个较大的汉墓，其中以村后遗址上的一个最大。甲王墩周围的海青、大场两镇区域内，已发现龙山文化遗址 10 余处。面积多在五六万平方米以下。这一小区地处潮河和吉利河下游之间，龙山文化遗址数量较多，甲王墩遗址应是此小区的中心所在。

石河头遗址。位于诸城市东南部的石河头乡，地处吉利河上游地区，西南距两城镇 34 公里，距丹土 32 公里。据诸城市博物馆的调查，该遗址东西 250 米，南北 200 米，面积约 5 万平方米。这一地区没有进行详细的调查，发现的龙山文化遗址不多，诸城境内还有东升、杨家庄子等。从地理位置和地貌形势分析，这一带应是一个小区，并且与丹土区的关系较其他地区密切，故暂定为石河头小区。

西寺遗址。位于胶南市西南部的塔山镇，西南距两城镇和丹土均约 20 公里。遗址东西 300 米，南北 200 米，面积约 6 万平方米，文化堆积较厚，出土遗物丰富，发现遗存以龙山文化为主，也有少量大汶口文化晚期和岳石文化遗物。在白马河中上游地区还发现驼沟、张家大庄、王家屯、井戈庄和茶沟等 5 处龙山文化遗址。从遗址文化内涵和所处位置分析，西寺应是这一小区的中心。

河头遗址。位于胶南市西南部的张家楼镇，西南距两城镇约 35 公里，距丹土约

36 公里。遗址南北 300 余米，东西约 200 米，面积 6 万余平方米。在横河流域及东部邻近张家楼、藏南和寨里三个乡镇交界地区，还发现高戈庄、崖上、纪家店子、东碾头、上瞳和逄家台后等 6 处龙山文化遗址。河头应是这一小区的中心。

此外，还有一些面积较大、距离两城镇较近的遗址，如大界牌、项家沟等，其性质应是两城镇直接控制的二级聚落遗址。

四、分析和讨论

以上分区分析了沭河上游及其以东的日照沿海地区大汶口、龙山文化时期的聚落形态，讨论中在着重分析聚落的空间分布关系的同时，也根据目前所掌握的资料尽可能地分析了一些重点遗址的具体情况，并就其社会内部的形态结构进行了探讨。以下分别就几个重要方面再作综合分析。

1. 聚落分布特点

日照地区大汶口、龙山文化时期聚落遗址的分布，以河流中下游两侧的平坦地带最为密集，而河流的上游地区较为稀疏，山岭上只发现一些文物分布点。大中型遗址多靠近沿海地区，地势最低的遗址海拔高度只有 2 米，而两城镇遗址最低的位置也只有 4 米左右。遗址多成群分布，形成大大小小的聚落群。从小区域的聚落空间分布形态进行总结，可以划分为三种类型。

（1）集中群落式。这种类型多处在地势开阔的平原地区，遗址数量相对较多，分布也比较密集，区域范围大体呈圆形或近似圆形。如大汶口时期陵阳河区的大朱家村小区等。由于日照地区的地貌以丘陵为主，较大的平原极少，故这一类型不多。

（2）散点式。这种类型的特点是聚落的数量较少，相互之间的距离略远，群体性不强。如大汶口时期前寨区和东部沿海区的聚落遗址，龙山时期深山区的聚落遗址，都属于这种类型。当然，这一类型的聚落有的可能与工作开展得不充分有关。

（3）长条形或枝杈式。这种类型分布于较小的河流沿岸，遗址数量多少不一，有的多达十余处，有的则只有四五处，区域范围的形状不甚规则。如大汶口时期陵阳河区的仕阳小区、古迹崖小区等，龙山时期各区的大部分小区。由于总体地貌的原因，这种类型的聚落群在日照地区占据绝大多数。

由以上聚落群的分类可以看出，聚落的分布和自然地理环境有着密切的联系。从整体上看，日照地区的地貌特点是以低山丘陵为主而兼有面积大小不一的河谷平原。这一地区的大汶口、龙山文化遗址基本上都分布在河谷地带，因此，河谷间平地的大小和形状与本区聚落分布特点有着直接的关联。换言之，自然地理地貌在一定程度上决定了聚落的空间分布特点。本文将日照地区划分为四个区域，就是综合了遗址的分布规律和自然地理地貌特点两方面的因素。

2. 聚落形态的演变

日照地区新石器时代的聚落遗址，目前所知最早为北辛文化和大汶口文化早期，但数量极少，尚未形成聚落群。大汶口文化中期遗址的数量开始增多，到大汶口文化晚期阶段，沭河上游的莒县盆地遗址已达到40余处，分布较为密集，成为一个规模不小的聚落群。在这一聚落群中，陵阳河遗址面积较大，规格和等级最高，是名副其实的中心聚落。而北侧毗邻的前寨区，同时期的遗址仅发现3处，且等级最高的前寨遗址也只是与陵阳河区第二级聚落相当。从文化内涵上分析，前寨区的大汶口文化与陵阳河区基本一致，并且还发现与陵阳河区相同的陶器刻画图像文字，因此，前寨区的大汶口文化应从属于陵阳河区。再看东部沿海地区，只是在大汶口文化晚期之末才出现与陵阳河等遗址相同遗存，并且遗址数量很少，分布上呈散点式，尚未形成一个独立的区域。所以，此区的大汶口文化很可能是随着陵阳河区人口的增多而从莒县盆地迁徙出来的人们所创造的。如果以上分析不误的话，可以说大汉口文化晚期阶段日照地区的中心在沭河上游，即以陵阳河为中心的莒县盆地及其周围地区（陵阳河区）。其他地区，东部沿海此前尚少有人居住，北侧的潍河上游则处在南北两个类型的邻界区域，属于大汶口文化中期阶段的诸城呈子第一期，则可以在潍弥河流域找到相同的遗存。

进入龙山文化时期后，日照地区的聚落遗址成倍增加，聚落之间的关系也由大汶口时期以陵阳河区为主的一大群发展为分处各地的四大群，即陵阳河区、尧王城区、丹土区和前寨区。聚落遗址分布的格局，陵阳河区没有大的变化，仍以莒县盆地为主，其中心聚落尚未确定，但不出莒县盆地中部地区。前寨区亦未发现大型的中心聚落遗址。而尧王城和丹土区则不仅发现了大型中心聚落遗址，还发现了与其相称的城墙、贵重的礼器等。与陵阳河区不同，尧王城和丹土区的中心聚落并不位于各自区域的中心部位，而都偏居于靠近沿海的一侧，这应与经济上对海洋资源的利用及海上交通相关。丹土区更有新的问题需加以讨论。

丹土区与其他各区最大的不同是，在极近的距离内发现了两处重要的大型聚落遗址，即两城镇和丹土。这两处遗址都发现有城墙，为龙山时期的城址；两者位居同一条小河流——两城河的南岸，遗址边缘相距仅4公里；都发现重要的夯土堆积和具有礼器性质的玉器、蛋壳陶器等。丹土城址面积约为25万平方米，如果将其放在海岱地区已发现的龙山城址中比较，属于中型较大者或大型较小者的位次，即大于城子崖龙山城址（20万平方米）而小于景阳冈龙山城址（35万平方米）。两城镇遗址的面积更大，约100万平方米左右。关于两城镇和丹土的关系，我们曾做过多种假设。其中一种解释为丹土的城址时代较早，两城镇作为中心遗址的时代较晚，即丹土区的中心最初在丹土，后来由于种种原因而迁到了靠海边更近的两城镇。不过，根据我们对两城镇遗址的调查，在遗址不同位置都曾采集到龙山文化早期的陶片，去年冬天进行的试掘又发现了属于龙山早期的成片夯土，也清理了一座出土蛋壳陶高柄杯的龙山文化早期墓葬。基于此，两城镇和丹土很有可能是同时并存的。如果如此，则两城镇应是统辖区域更大的中心聚落。即丹土是丹土区的中心聚落，而两城镇则是整个日照地区（甚至再大一些的区域）的中心聚落，相当于大汶口时期的陵阳河聚落的地位，不过是随着社会的发展和人口的增多及统辖区域的扩大，规模得到进一步扩展，性质也有所变化。

日照地区大汶口、龙山时期聚落形态的演变，可以明确地区分为两个阶段。大汶口晚期只有一个主要的区域，中心在莒县盆地的陵阳河遗址，至晚期有向东方发展的趋向。至龙山文化时期发展为三个或四个区域，每个区域都有（或应有）自己的中心。而四个区域之间则存在着密切的内在联系（同由陵阳河区大汶口文化发展文化而来，相互间为亲族关系），在此基础上就产生了规格更高、规模更大的中心，即地处沿海的两城镇遗址。与常规的认识不同，无论是小区域中心还是地区中心，其所处位置似乎都不必拘泥于地理和距离上的中心位置，而具体的立地则主要是由经济等因素决定的。从东部几个大小中心都偏居于沿海看，人们对海洋的开发利用似乎有了相当充分的认识。

3. 社会结构问题

下面首先来分析大汶口文化晚期阶段陵阳河区的社会结构和社会形态问题。

以莒县盆地为主的陵阳河区，总面积约在 2000 平方公里左右。大汶口晚期阶段的陵阳河区存在着三个等级的聚落。属于第一级的聚落仅有陵阳河一处，其面积在 15 万平方米左右。该墓地各个方面显示了贫富分化的加剧和等级差别的扩大，特别是发现了相当于"皇"、"王"一级的墓葬，并且创造和使用了反映不同身份、地位及包含不同内容的图像文字，我们有理由认为陵阳河遗址是一个地区性的中心聚落，如果说得更直接一点的话，那它就是最初的古国之"都"。第二级聚落有 9 个甚至更多，分属两种情况，邻近陵阳河遗址的 3 个，可能与陵阳河是一个群体，合成一个大的聚落群。而分布于外围的 6 个（或许可能再加上几个），各为一个小区的中心，其性质约略相当于后来的"邑"。这种小区的范围相差不会太大，一般统辖有 5 至 10 个小聚落，其面积可能与现在的大乡镇相当或略大。第三级聚落的数量较多，现在已经调查到的遗址，陵阳河地区共有 30 余个，实际上要超过此数。按我们在日照地区的调查经验，估计陵阳河地区第三级聚落的数量当在 60 处以上，甚至更多。

陵阳河区的晚期大汶口文化，以家族为核心，以家庭、家族和宗族为社会基层的基本结构的新型社会形态已经逐渐走向成熟。而不同的宗族又结合成大小不一的宗族联盟网络体系，陵阳河聚落就是居于网络顶端的权力中心。表现在聚落空间分布形态方面的特点，就是不同级别聚落的数量结构呈金字塔状排列，大小中心聚落似乎都占据着交通便利、地势相对开阔、资源较为丰富的有利位置。这样一种社会结构的地区，较之以往的平等社会发生了质的变化，我认为它已经建立了早期国家并进入了文明时代。有鉴于此，我们可以将这一地区的晚期大汶口文化称之为"陵阳河古国"。

社会发展到龙山文化时期后，聚落遗址迅速增加，特别是东方沿海地区，龙山文化遗址更是成倍增长。区域中心从大汶口文化晚期阶段的陵阳河区一个，增加到龙山文化时期的三或四个。这些区域中心在性质上和陵阳河区是相同的，各代表着一个小的古国，而他们又聚合成一个更大的统一体。龙山文化时期各区聚落遗址的等级，如果把两城镇计算进来，就存在着四个层次。最高一级只有两城镇一处，第二个等级约有三至四处，第三个等级则有 20 多处，而第四个等级更是多达 200 处以上。这四个层次的聚落遗址在数量上亦呈金字塔形结构，但与大汶口文化晚期相比又有所变化。

首先是第一级和第二级聚落本身的面积显著扩大。大汶口晚期第一级聚落的面积不过 15 万平方米左右，而龙山时期的第一级聚落小的达到 20 余万平方米，尧王城则超过 50 万平方米。其次，龙山时期第二级聚落也达到了 10 余万平方米，如小代疃、大桃园、苏家村等，与大汶口晚期的第一级聚落相差无几，而大大超过了大汶口晚期的第二级聚落。第三，从墓地墓葬反映的社会结构看，呈子龙山墓地基本上与大朱家村大汶口墓地相仿，也是一种贫富分化比较严重的家族墓地。而呈子遗址只有 2 万多平方米，即使加上历代自然和人为因素的破坏，也不会太大，一般应属于第三等级的聚落遗址。第四，龙山时期第一级聚落已转变为原始城市，从尧王城、丹土都有城墙和海岱地区各地普遍发现城来分析，城在龙山时期的各个区域已普遍出现，而大汶口文化至今尚未发现城，当然，很有可能城在大汶口时期已经产生，只是目前还没有发现，但我想不会像龙山时期那么多。

更为重要的是，龙山文化时期又出现了像两城镇这样规模宏大、等级明显高出同时期各区域中心城址的特大型聚落中心。两城镇不仅仅是丹土区龙山文化的中心已如前述，它应是整个日照地区（甚至再大一些的区域）的统治中心。日照地区大汶口文化向龙山文化的发展，其趋向是遗址分布的范围明显扩大，遗址数量显著增多，相应地人口也随之成倍增加，而沿海地区大遗址的数量显然多于内陆地区。因此，我认为统治中心也应是随着这种变化而从原来的陵阳河区所在的莒县盆地，向东迁到了沿海的两城镇。从 15 万平方米的最初古国之"都"陵阳河，到有百万平方米宏伟气势的方国之"都"两城镇，两者之间发展变化的轨迹，昭示了自大汶口晚期到龙山文化时期文明步伐进程的加快和国家形态由最初的古国发展出新的统辖范围更大的方国。

综上所述，在龙山文化时期的日照地区，已在"陵阳河古国"的基础上产生出一个屹立于海岱地区东方的强大政治实体——"两城方国"。

龙山文化晚期到岳石文化时期，日照地区已发现的聚落遗址不足 30 处[19]，较之龙山文化早、中期锐减 80%以上，曾繁荣发达数个世纪之久的"两城方国"突然在海岱地区东方神秘地消失了。至于其消失的原因，目前的各种猜测都缺乏科学依据，还有待于今后多学科的综合研究。

本文在论述中使用了东港、莒县、五莲、莒南、胶南和诸城等县市区博物馆、文管所的文物普查资料，谨向以上单位表示衷心的感谢。

注　释

① 尹达：《中国新石器时代》，生活·读书·新知三联书店，1955 年。

② 山东省文物管理处：《日照两城镇等七个遗址初步勘查》，《文物参考资料》1955 年第 12 期；又：《山东日照两城镇遗址勘察纪要》，《考古》1960 年第 9 期；刘敦愿：《日照两城镇龙山文化遗址调查》，《考古学报》1958 年第 1 期；又：《山东五莲、即墨两处龙山文化遗址的调查》，《考古通讯》1958 年第 4 期。

③ 山东省博物馆等：《一九七五年东海峪遗址的发掘》，《考古》1976 年第 6 期。

④ 山东考古所等：《山东莒县陵阳河大汶口文化墓葬发掘简报》，《史前研究》1987 年第 3 期。

⑤ 临沂地区文物管理委员会等：《日照尧王城龙山文化遗址试掘简报》，《史前研究》1985 年第 4 期。

⑥ 中美两城地区联合考古队：《山东日照市两城地区的考古调查》，《考古》1997 年第 4 期；Anne P. Underhill et al, Systematic, regional survey in se Shandong Province, China, *Journal of field archaeology*, Volume 25 Number 4 Winter 1998.

⑦ 这里采用了莒县博物馆的调查资料，详见《莒县文物志》，39～62 页，齐鲁书社，1993 年。关于莒县大汶口、龙山文化的调查资料，未加注明的均采自本书。

⑧ 关于陵阳河遗址的面积有多种说法。《发掘简报》说 2 万平方米，《莒县文物志》说 15 万平方米，而苏兆庆先生 1997 年亲自对我说 30 万平方米。由于笔者未对遗址面积做实地勘察，这里暂取中间的数字。

⑨ 山东省文物考古研究所等：《莒县大朱家村大汶口文化墓葬》，《考古学报》1991 年第 2 期；苏兆庆等：《山东莒县大朱家村大汶口文化墓地复查清理简报》，《史前研究》（辑刊），1989 年。

⑩ 任日新：《山东诸城前寨遗址调查》，《文物》1974 年第 1 期。

⑪ 诸城县博物馆：《山东诸城史前文化遗址调查》，《海岱考古》第一辑，山东大学出版社，1989 年。

⑫ 其中的五莲丹土遗址，是在经过发掘之后才知道有大汶口文化末期遗存的。当然，因为绝大多数遗址并未进行过发掘，所以不排除一部分龙山文化遗址的下层会有大汶口文化遗存的存在。

⑬ 这一数据由以下部分组成。莒县 67 处，东港区 33 处（原日照博物馆调查资料），莒南东北部 4 处，五莲县 20 处，诸城南部 15 处，胶南西南部 7 处，中美联合考古队前三次调查新发现 88 处（调查面积约 100 平方公里）。

⑭　小代疃等东港区有关遗址的资料除了前引文献之外还见于：日照县图书馆等：《山东日照龙山文化遗址调查》，《考古》1986 年第 8 期；《山东省志·文物志》，齐鲁书社，1996 年；日照市博物馆调查资料。

⑮　南京博物院：《日照两城镇陶器》，文物出版社，1985 年。

⑯　尹达：《新石器时代》60 页，生活·读书·新知三联书店，1979 年。

⑰　刘敦愿：《记两城镇遗址发现的两件石器》，《考古》1972 年第 4 期；又：《有关日照两城镇玉坑玉器的资料》，《考古》1988 年第 2 期。

⑱　王学良：《五莲县史前考古获重大发现》，《日照日报》1995 年 7 月 8 日，第一版。

⑲　据目前所知，在日照地区龙山文化遗址采集的遗物，基本上都为龙山文化早中期，属于晚期者极少。关于这一地区的岳石文化遗址，莒县发现 10 处，东港区发现 5 处，其他几个县市也很少。在我们中美联合考古队调查的 300 余平方公里范围内，仅发现 2 处岳石文化遗址，其数量之少令人不可思议。

（《中国考古学跨世纪的回顾与前瞻（1999 年西陵国际学术研讨会论文集）》，

科学出版社，2000 年）

山东日照两城镇遗址的发掘及其学术价值

高广仁

一、两城镇发掘的学术背景

　　"五·四"新文化运动的浪潮促成了 20 年代、30 年代古史学界的大变革。不论是顾颉刚为首的疑古派、王国维"二重证据法"还是郭沫若等以马克思主义观点"清算中国古代社会"的史学新研，都是对千百年来儒家经学发起的冲击，其中影响最大、最深远的，则是以田野发掘为主要标志的中国考古学的诞生。通常把 1921 年瑞典学者安特生对河南渑池县仰韶村的发掘认作是中国考古学诞生的标志，随后，1926 年，中国学者李济、袁复礼在美国科研基金的资助下，对山西西阴村进行了发掘[①]。以我之见，1928 年中央研究院历史语言研究所的成立、考古组的设立、同年开始的安阳殷墟发掘，才应是中国考古学正式诞生、独立启动的主要标志。殷墟的发掘不仅使《殷本纪》成为信史，而且对殷代历史的复原，殷本纪已不可与之同日而语。而 1930～1931 年城子崖的发掘当是中国史前考古的主要发端。此前的考古活动，自有功在，但从考古学史的长河来看，那仅仅是序幕。城子崖的发掘，如傅斯年所说，"第一是想在彩陶区域以外作一实验，第二是想看看中国古代文化之海滨性，第三是想探探比殷墟——有绝对年代知识的遗迹——更早的东方遗址。如此的一线思想，是易于在中国学人心中发出的，如此的一个步骤，是有组织的设计，不是凭自然出土或文书牵之流转的"[②]。这是"中国考古学家在中国国家学术机关发布其有预计的发掘未经前人之手之遗址之第一次"。城子崖发掘的结果达到了预定的目标，确立了"黑陶文化"或"龙山文化"。如李济所说，它"给予我们一个强有力的暗示，就是，构成中国最早历史期文化的一个最紧要的成分，显然是在东方——春秋战国期的齐鲁国境——发展的。要是我们把城子崖的黑陶文化寻出他的演绎的秩序及所及的准确范围，中国黎明期的历史就可解决一大半了。我们相信这不但是田野考古工作一个极可遵循的轨道，对于中国上古史的研究将成为一个极重要的转折点"。城子崖发掘的收获指引了史前考古学"渐渐的上溯中国文化的原始，下释商周历史的形成"。可见，中国学者所从事的考古学，从启步之日起，就确定了一条考古学与历史学整合修国史的正确道路。

关于傅斯年所说发掘城子崖的第一个原因，李济说得更为明确：在奉天（今辽宁）、山西、河南、甘肃一带发现的石器时代遗址多含有彩陶，与中亚、小亚细亚以及东欧所出者有若干相似。因此才引起外国考古家的注意，有好多学者指它们为中国文化源于中亚的证据。所以，沉默了30年的中国文化西来说差不多又复活起来。但在中国考古学者看来这并不能给"西来说"一个完全的实证。城子崖居于"东北大平原的中心点"，这里并未发现彩陶，却出土了与西部、北部石器时代完全不同的贵重陶器并与商周铜器文化的关系密切，城子崖发掘收获的重要意义是一目了然的。"总而言之，西洋人作中国考古学，犹之乎他们作中国史学之一般，总是多注重在外缘的关联每忽略于内层的纲领，这也是环境与凭藉所使然"。城子崖的收获，使中国学人能对当时甚嚣尘上的"中国文化西来说"予以更加理性、更有根据地的检讨与批评。城子崖发掘所具有的开创性学术地位是无可取代、无可争辩的。在城子崖收获的启发下，中国考古学的开创者把追寻中国文化源头的目光投向了东方沿海及邻近地区。到1936年秋，已在山东日照、诸城、滕县一带，在豫北、豫东以及浙江余杭良渚附近，发现或试掘了近80处"龙山文化"遗址。其中1936年中央研究院历史语言研究所发掘的日照两城镇遗址，不仅是面积最大的史前遗址，而且是发掘收获最丰富的遗址，为"寻出他（龙山文化）的演绎的秩序"作出了巨大贡献。60多年过去了，两城镇早年发掘的材料，由于历史原因，尚未正式发表，但从几位考古先辈著作中所征引的材料，就已显示出两城镇的收获是中国文明起源与形成研究中不可或缺的史源，它的巨大的学术魅力引不少后学者怀着类乎朝圣的心情一再前去考察、研究，迄今仍在发掘不止。

二、两城镇的发掘与主要收获

1936年夏初开始由梁思永主持了日照两城镇的发掘。发掘分两个工地进行，大孤堆东南工地由祁延霈负责，西瓦屋村后工地由刘燿负责。突出收获是发现了50多座墓葬，取得了在当时说是最大的、最完整的一批陶器石器和玉器。实物资料于1936年夏运回南京玄武湖南岸的中央研究院历史语言研究所（今中国科学院古生物研究所）。并由刘燿执笔编写发掘报告。1937年"七七事变起，全国沸腾，莫不以驱逐日寇誓雪国耻为志；抗日的烽火燃遍了全国各地，掀起了民族解放运动的怒潮。日寇在南北各地屠杀了不少同胞，占领了我们不少的城市，南京已受到敌人的威胁。"③。就在发掘报告即将杀青之际，1937年12月12日南京沦陷。年轻的爱国者刘燿，再也按捺不住愤怒之情，于12月15日告别了他所酷爱的考古岗位，放下了报告的手稿，毅然奔赴延安，改名尹达，在民族抗日的圣战中，成长为一名出色的马克思主义史学家。两城镇的发掘材料与国、与民同难：从墓葬收取的 30 几个头骨，"未经人类学家的鉴定之前就已经完了"，"在日寇的狂暴的侵略中牺牲了"④。其余发掘材料，有的饱经颠沛流离之苦，更有的惨遭蹂躏，毁于日寇之手。李济在 1948 年 10 月 15 日给苏秉琦的信中写道："两城镇陶器，抗战期间只携出若干标本件数（高按：或为"数件"之笔误），大部分搜集均留首都。敌人占据期间，在北极阁下挖掘防空洞时，为运石方便计，曾建一轻便铁路，横越史语所大楼后院，用未运走之陶片陶器标本箱，填成路基，负荷铁轨。光复后，弟为最早返都之一人，亲自发掘此类陶片，虽救出不少，但损失之钜，尚不能估计也。"⑤报告文稿幸随史语所迁往内地，夏鼐回忆："我在（四川）李庄时曾看到这（两城镇）报告的底稿，实际上只缺结论一章。还附有尹达的留言，希望梁思永加以完成。"⑥我们有幸从尹达、梁思永、李济等人的著作中窥见两城镇发掘收获之一斑。1939 年尹达在延安蓝家坪撰写了《中国新石器时代》一文，其中对两城镇的发掘有具体的讲述：除有磨制的石器、骨角器外，还有"琢制的燧石的箭头和琢制的燧石的镰形残刀"，指出两城镇陶器的最大特征就是，黑光且薄的细致陶器常见（图一）。

图一　《中国新石器时代》一书发表的两城镇陶器
1. 盆　2、4. 鼎　3. 鬶　5. 碗　6. 罐　7. 杯

　　两城镇发掘到 50 多座墓葬，仰身直肢为主，个别俯身，墓向东南，随葬器物精致而小巧。"两城镇墓葬中有一座墓随葬品特别丰富，就中有玉质的带孔扁平式斧，它略似殷代的圭；这样的东西和两城遗址中的一种石斧相似。这一墓葬中还有绿松石凑成的东西。大约是头部的一种装饰品。据说就在这遗址的附近还有不少玉器殉葬的墓葬，当地的工友曾经替我指明那些墓葬的出土地点。这种现象证明当时以玉器殉葬并不是什么特别稀少的事情"。尹达还提出龙山文化分"两城期"、"龙山期"、"辛村期"的意见。梁思永也于 1939 年在第六届太平洋学术会议会志第四本上发表了《龙山文化——中国文明的史前期之一》（英文）一文，1954 年以中文发表在《考古学报》第 7 册上。这篇文章报道了 1936 冬以前所发现的 72 处龙山文化遗址（连同尹达文中提到的日照境内还有丹土、大洼，诸城县境有几处，以及渑池仰韶村、不召寨等，实际数量当在 80 处左右）。梁思永估计两城镇遗址范围约 36 万平方米。该文对龙山文化一般特征，特别是对两城镇陶器特征的把握，即使是在 60 多年后的今天看来，也是相当准确的。他说："他们所制的陶器可与中国制陶技术所造出的最美好的产品相颉颃，而形式的轻巧、精雅、清纯之处也只有宋代最优良的瓷器可以与它媲美。这种陶器最占优势的颜色，是黑色……最精美的陶器都是漆黑色，内外透黑，而其表面是有光泽的。普通的陶器常为深灰色，有时外面有一层黑色。特种器皿的次要颜色是温润黝暗的褐色和纯白色，用前色为炊器，用后色的为鬹。鬹类器形中，纯白的，是很少的。这些器形通常带着轻微的砖红，外面涂上一层白色陶衣。这就提供了这类器皿都用白色的有趣指证。"主要类别陶器"有着显著的分格的形状与某种程度的突棱"。陶器的其他特征是："平底和微凹的器底的普遍；器底直径较诸同器其他部分为小；陶壁近底部分的显著收缩；特种皿类上的高圈足的制作；小型器的丛多；器身最大广度的局限性；带形把手、器耳和敞开的和管状的流咀的常见；以及器壁的镂孔。""除了与器底平行的凸脊凹沟，其他部分很少有着文饰。""两城镇的有些陶器上可以见到一些更复杂的和写实的图样。"并指出当时无疑已经使用陶轮，等等（图二）。梁思永已经敏锐地观察到，从 70 多处遗址收集来的陶片"显示出了不可忽视的确定的地域差异"，遂提出"山东沿海区"、"杭州湾区"、"豫北区"三个区域的划分。该文还讨论了龙山文化的地层、年代以及与殷文化的关系。梁思永注明，该文"大部分根据了前中央研究院历史语言研究所未发表的材料"，"刘燿：《两城镇——山东日照两城镇龙山文化遗址发掘报告》（未发表）。这报告将成为对山东沿海区龙山文化的标准著作，而（且）是研究龙山陶器不可缺少的参考书"。此外，李济的《记小屯出土之青铜器》[⑦]一文，也引用了 10 多件两城镇的器物（图三）。李济在给苏秉琦的那封信中说："拙著所引之两城镇陶甗，为尚未查出的标本之一。……应俟将来将原标本查出后再办，但是否尚在人间，不可知矣。"

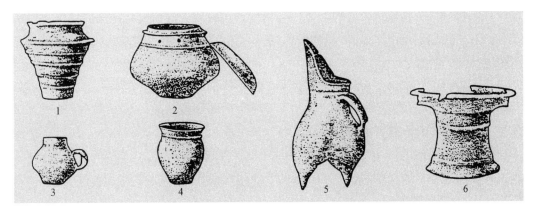

图二 《龙山文化——中国文明的史前期之一》一书发表的西城镇陶器

1～4. 罐 5. 鬶 6. 高足盘

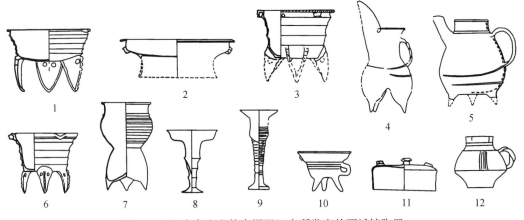

图三 《记小屯出土的青铜器》中所发表的两城镇陶器

1、3、6、10. 陶鼎 2. 圈足盘 4. 鬶 5. 盉 7. 甗 8、9. 蛋壳陶杯 11. 器盖 12. 单耳罐

　　《两城镇》报告文稿迄今仍珍重地、完好地保存在台北的中央研究院历史语言研究所里。我相信不久的将来，一定会出版，所缺的结论，似可由尹达《中国新石器时代》的有关章节或1943年延安作家出版社出版的尹达著《中国原始社会》[8]中的有关部分代替。

　　两城镇发掘所得的"出土遗物除石器和蛋壳陶的豆、阔沿高柄杯等陶器精品运往台湾外，其余由南京博物院收藏。"[9]并已于1985年出版了《日照两城镇陶器》图录，发表了近百件完整器物。我有幸得到南京博物院领导惠允，进入文物库房，亲眼看到了这批陶器的主要部分，它们有条不紊、完好无损，得到了妥善的保管，一般有出土地点代号、器物号，W.W.为西瓦屋村后出土，T.K.T.则为大孤堆前东南出土。在保存于南京博物院的陶器中，有1件施斜横篮纹的红陶鼎（《日照两城镇陶器》13号）应属大汶口文化晚期的遗存。邵望平曾拜访过尹达，尹达给她画过1件蛋壳高柄杯的图形，杯身与杯柄分别制作，界线明显，杯柄细长，应属大汶口文化晚期或龙山文化早期。李济在《记小屯出土之青铜器》一文所引用的3件两城镇高柄杯中，a1.1 与呈子 M10:2 相近，稍早；a1.2 与三里河 M278:1 相近，稍晚。两者均属中期。而 a. b1 则与呈子 M81:2、三里河：M2100:5、M106:17 相近，为晚期形制。

鼎：分两大类，除上述那件大汶口文化晚期红陶蓝纹鼎外，多为砂质（黑色或褐色）的罐形鼎和泥质磨光黑陶盆形鼎。

罐形鼎：《日照两城镇陶器图录》（以下简称《图录》）10（059）与三里河 M112:1 接近，大致属于早期；《图录》23（064）与呈子 H16:5 很接近，应属晚期；《图录》24（063）与三里河 M102:6 相近，都按有侧三角式鼎足，为时代较晚的一种形制。

盆形鼎：《图录》4（054）、《图录》11（070）、《图录》12（130）（有人称其为三足盒）、《图录》14（131）、《图录》16（132）、《图录》17（055）、《图录》18（194）均为"鸟首形"或称"鬼脸形"鼎足。一般说来，这类鼎足在中期才出现，上述各器多为晚期遗存。李济文中插图一，a2（可能与《图录》4 为 1 件）、插图二，a3、a4 和插图五所引 WWM19 一件属晚期典型器物。特别是插图二，a4 的 V 形足，与三里河 M2100:3 相近，为晚期典型特征。

陶鬶：《图录》1（053）柱足鬶，与三里河晚期 M134:14 的 1 件几乎全同；《图录》2（193）、（052），《图录》5（069）、（050）和李济文中插图五所引 WWM7 一件均为常见的晚期遗存。插图七，a，一件管状流的陶盉，虽不见于三里河，但这类管状流的陶盉，在潍坊姚官庄遗址属晚期遗存。

陶鬶：李济文引 a2 与三里河 M106:8 相近，属晚期。

此外，如李济文插图八，a1 的圈足盘、插图二十，a1 的器盖均属晚期形制。从几位先辈的文章中、从南京博物院的藏品中，我所得到的印象是，两城镇遗址有早到大汶口文化晚期的遗存，有龙山文化早期遗存，但以龙山文化晚期遗存为主。必须说明的是，我并未深入到这批资料中去，上面提到的器物，其层位关系、组合关系，都没有了解。这只是凭我的一点工作经验作出的判断。一个遗址资料的整理、分析、分期绝不是只看图就一望而知。和所有的学科一样，考古资料的整理、研究，也需要认真、实事求是的科学态度。

三、两城镇考古的新进展

由于上述两城镇遗址的发掘收获在认识中国史前文化上的重要性，所以，50 年代以来，数个文物部门对两城镇进行了多次调查和小规模的发掘。见于报道的至少有：

1954 年山东省文物管理处对包括两城镇在内的日照 7 处遗址进行了调查[10]，确定两城镇遗址范围约百万平方米。

　　1955 年、1957 年山东大学刘敦愿两次到两城镇调查，收获颇丰，除采集到大量陶器、石器外，还征集到 1 件底边长 26 厘米、宽 12.4 厘米、厚 0.2～0.5 厘米的大玉版和 1 件玉刀[11]。

　　1958 年山东省文物管理处、中国科学院考古研究所和中国历史博物馆的同志再次调查，并开探沟 2 条进行试掘。出土物中有玉器小件和有刻云雷纹的蛋壳黑陶片、内外均刻云雷纹的盆片（图四）[12]。

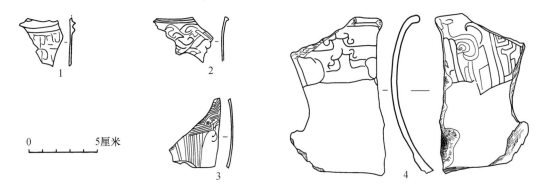

0　　　　　5厘米

图四　两城镇出土标准黑陶花纹

　　1963 年山东大学刘敦愿再一次到两城镇访问，征集到 1 件墨绿色似玉质“长方形扁平石锛”长 18 厘米，两端宽分别为 4.5 厘米、4.9 厘米，窄段两面刻有不同的兽面纹（图五）。另有 1 件穿孔扁平大型铲，长 48.7 厘米、宽 12～15 厘米、厚平均 0.5 厘米，四面有刃[13]（图六）。

图五　两城镇出土玉锛

　　80 年代前期，临沂地区文管会、日照市图书馆多次进行日照市的普查，在两城镇采集到大量遗物，其中有异形陶鼎和在鲁东南地区未见的子母口、两把手、分档高袋足粗砂黑灰陶鬲，以及弦纹瓮、粗颈鬶等（图七）。另有穿孔玉铲 2 件、长条玉板 1 件（图六，5、8、9）[⑭]。

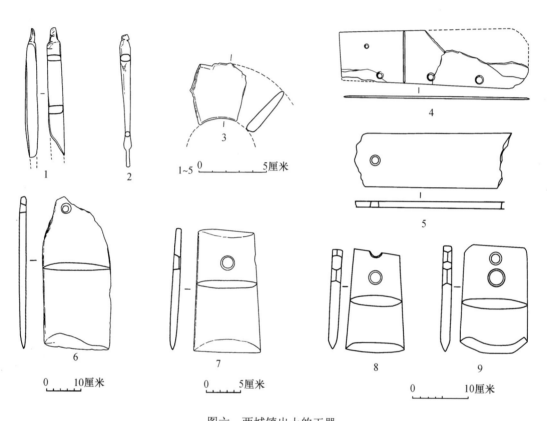

图六　两城镇出土的玉器

1、2. 玉小件　3. 残玉璧　4. 玉板　5～9. 玉钺（斧、铲）

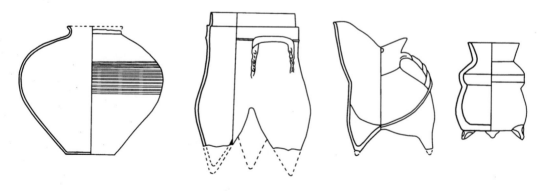

图七　两城镇出土的瓮、鬲、鬶、鼎

1988年刘敦愿著文报道了有关两城镇玉器、玉坑的有关资料。1件淡绿色玉簪和1件玉璧残器。刘敦愿综述了两城镇发现人之一的王献唐、和两城镇刘述枋老人对30年代初两城镇发现玉坑情况的追忆，玉坑位于村镇北边偏中一带坑内有玉料，大者如枕；有片状半成品和穿孔玉铲及其他小件（图六，1～3、6、7）[15]。

此外，据说南京博物院张正祥等于1962年10月曾对两城镇做过调查。考古研究所山东队同仁，包括我本人在内，曾多次去两城镇调查，并向所长夏鼐提出发掘两城镇的建议，夏鼐希望等待两城镇发掘报告发表之后再开展工作。

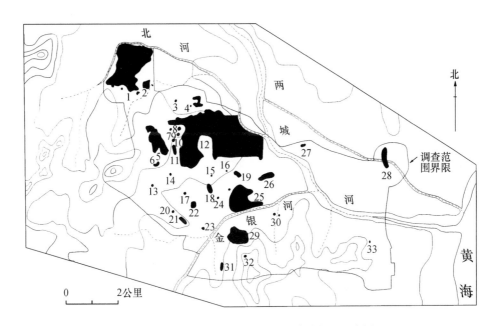

图八　两城—丹土地区龙山文化遗址位置示意图

1. 丹土村　2. 石桥　3. 大界牌　4. 小界牌　5. 大界牌　6. 两城镇　7. 大小白石　8. 大小界牌　9. 大小界牌　10. 大小白石　11. 大小白石　12. 两城镇　13. 大白石　14. 大白石　15. 潘家村　16. 两城镇　17. 大小白石　18. 潘家村　19. 两城镇　20. 大白石　21. 青岗沟　22. 大小白石　23. 两城镇　24. 潘家村　25. 两城镇　26. 夏家村　27. 桂延　28. 安家岭　29. 项家沟　30. 东屯　31. 西屯　32. 项家沟　33. 黑七村

90年代山东大学与美国耶鲁大学、威斯康星大学、加州大学洛杉矶分校三所大学合作，对以两城镇为中心的特大遗址群进行了大规模的调查和发掘，并已发表了先期调查报告[16]。他们于1995年12月～1996年1月以"区域系统调查"的方法，对两城镇附近包括51个自然村的36平方千米范围进行密集的"拉网式"调查。结果发现了少量大汶口文化晚期的遗存和极大量的龙山文化遗存（图八），龙山文化地点达33处，并判断存在着规模、功能不同的四类遗址；在两城镇中部偏西的位置，发现有较大面积的夯土，推断这里不仅是当时的政治中心，也是宗教或祭祀中心；五莲县丹土遗址大致与两城镇连成一片，丹土有 25 万平方米的龙山文化城址[17]，城内有手工业作坊，有"丰富"的红烧土遗迹。丹土的城址和两城镇大片夯土的露头，预示着将取得重大考古突破，将对中国上古史、文明起源与形成史的研究做出重要贡献。发掘仍在进行之中。

四、最后的话

傅斯年在讲城子崖发掘的重大意义时说："虽不敢以创新纪元自负，然后来此学之发展，或当承认此一工作为昆仑山下一个长源。"历史已经证明，城子崖、两城镇的发掘对中国史前考古、史前史的研究无疑具开山之功。大半个世纪过去了，中国史前考古、龙山文化研究的面貌，30 年代的成果已是不可与之同日而语的了。1958 年潍坊姚官庄的发掘，比较清楚地揭示了龙山文化的面貌，把山东地区的龙山文化与黄河中游的、长江下游的以灰黑陶为共同特征的诸"龙山文化"区别开来；1959 年大汶口遗址的发掘和 1962 年曲阜西夏侯的发掘，使我们知道了在龙山文化之前，已存在着繁荣昌盛的大汶口文化；70 年代前期临沂大范庄、日照东海峪等的发掘，科学地解决了龙山文化对于大汶口文化的继承关系。特别是 70 年代、80 年代鲁东南地区考古事业的发展，除大范庄、东海峪外，还有日照尧王城、莒县陵阳河、大朱村以及邻近的胶县三里河等遗址的发掘，展现了鲁东南地区在公元前 3000 年前后"突然"兴旺发达的盛世之况。鲁东南的社会发展走在了海岱各小区的前列，直到龙山文化时期，其势头不减。就现有的材料来看，以两城镇为代表的滨海地区似乎是在龙山时期崛起的一大文化、政治、经济中心。1936 年所发掘那座有玉斧、有绿松石"凑成的东西"的富墓已经报告了社会大分化的信息；那些被称之为"只有宋代最优良的瓷器可以与之媲美"的"蛋壳陶"，说明当时不仅社会大分工已相当深刻，而且当时的陶业已达到中国历史上的，甚至是全世界的巅峰；30 年代发现的，以及后来在两城镇收集到的玉器，特别是那件两面刻有流畅而复杂纹样的玉锛，和蛋壳陶一样，诉说着社会经济结构的大变革，如此高级的精品必然只流向社会上层；新发现的丹土龙山文化城址和两城镇的大面积夯土以及这一特大遗址群中不同等级聚落的有机组合，都预示着即将揭去湮没了 4000 多年的一个雄居鲁东南海滨王国上的封土，露出他的辉煌，正如"日照"地名所意味的那样，这里也是迎接第一缕中国文明曙光的地方。惟其如此，考古学界才更盼望 1936 年两城镇遗址发掘报告的早日问世。

（本文原是在 1997 年 12 月应邀赴台访问历史语言研究所期间所作的讲演文稿，原载《东南文化》2000 年 3 期。编入本书时，稍事修改）

注　释

① 李济：《西阴村史前的遗存》，清华学校研究院丛书第三种，1927 年。

② 傅斯年等：《城子崖——山东历城县龙山镇之黑陶文化遗址》《序一》，中央研究院历史语言研究所，1934 年。本段中的引文均引自该报告傅斯年所作《序一》、李济所作《序二》。

③④　尹达：《中国新石器时代》，三联书店，1955 年第 1 版，1979 年增订再版，更名为《新石器时代》。

⑤ 苏秉琦：《苏秉琦考古学论述选集》第 58 页，文物出版社，1984 年。

⑥ 夏鼐：《悼念尹达同志（1906—1983）》，《考古》1983 年第 11 期。

⑦ 李济：《记小屯出土之青铜器》，《中国考古学报》第三册，1948 年。

⑧ 见⑥文中提及此书。

⑨ 南京博物院编：《龙山文化是中国文明的一个来源》，《日照两城镇陶器》代前言，文物出版社，1985 年。

⑩ 山东省文物管理处（袁明执笔）：《日照两城镇等七个遗址初步调查》，《文物参考资料》1955 年第 12 期。

⑪ 刘敦愿：《日照两城镇龙山文化遗址调查》，《考古学报》1958 年第 1 期。

⑫ 山东省文物管理处：《山东日照两城镇遗址勘察纪要》，《考古》1960 年第 9 期。

⑬ 刘敦愿：《记两城镇遗址发现的两件石器》，《考古》1972 年第 4 期。

⑭ 日照市图书馆等（杨深富、徐淑彬）：《山东日照龙山文化遗址调查》，《考古》1986 年第 8 期。

⑮ 刘敦愿：《有关日照两城镇玉坑玉器的资料》，《考古》1988 年第 2 期。

⑯ 中美两城地区联合考古队：《山东日照市两城地区的考古调查》，《考古》1997 年第 4 期。

⑰ 罗勋章：《五莲县丹土村新石器时代遗址》，《中国考古学年鉴（1996）》第 156～157 页，文物出版社，1998 年。

（《海岱区先秦考古论集》，科学出版社，2000 年）

谈山东日照两城镇发现的烤箅

钱益汇

1999 年 11 月，山东大学中美联合考古队在日照两城镇合作发掘期间，从当地民间征集一件形制比较罕见的陶片，经清洗观察，系山东龙山时代的一件烤箅。现将其情况介绍如下：

该箅为夹砂黄褐陶，间有黑斑，已残，仅存约三分之一。质地坚硬，显然是高温烧制而成。形状似鼎的残片，一条鸟喙形足连接部分底面，平底微下凹。值得注意的是，底部镂大小相等排列不甚规则的圆孔，孔痕清晰，呈不规则的圆齿状，推测是用圆锥形工具刺穿而成。（图一：1）孔径上大下小，底面上部饰有多条凹弦纹，系磨擦所致，据此可推断穿孔方向应是从上到下，且底面下部有调整箅孔的痕迹。根据箅足所留痕迹，此箅系三足器，但仅存一足，呈鸟喙形，微外弧，中间有一条锯齿状附加堆纹。这佳箅口径约 12.6 厘米，孔径约 0.5 厘米～0.6 厘米，是高 10.5 厘米。（图一：2、3）清理后的陶箅表面洁净，但其底面部分为青灰色，显然是使用时经反复烧烤而成。在其内侧，经美国专家化验发现有大量的动物油脂成分，据推测可能是烧烤鱼类所致。该箅是直接架在火上使用，食物放在箅子上，经过烧烤而成熟食。

众所周知，山东地区以后李文化、北辛文化、大汶口文化、龙山文化、岳石文化这一发展序列建立起较为清楚的发展谱系。山东地区的炊食器就种类而言，先后有釜、鼎、簋、壶、盉、甗、鬲、罐和箅子等。可见，箅子只是各种炊器中的一个种类，但其还是很值得研究的一种器。

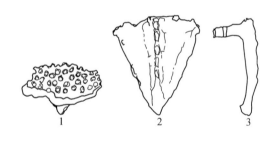

图一　日照两城镇发现的陶箅平剖面图

1. 俯视图　2. 箅足正视图　3. 剖面图

从现有考古资料并按照其功能来划分，陶箅可分为两类：一类是作为陶甗或甑的附件放在里面使用为蒸箅；另一类单拱使用，直接受火日烤箅。

第一类陶箅一般呈圆饼形，以与甗腰、甑配合使用，中间略凸，上面镂有排列紧密的透孔以透蒸汽，故名蒸箅。大家知道，甑是一种底部镂孔之器，如果把甑与鼎、鬲配合使用，把甑底换成可活动的箅子，则形成最早的甗。在山东地区，早在龙山文化早期即已出现实足甗，作为其附件的蒸箅必然与之同时或随后产生。但到目前为止，仍然没有发现山东龙山文化早期的蒸箅。此种箅最早见于山东龙山文化晚期的永城黑堌堆遗址①和城子崖遗址②。黑堌堆遗址中出有甗箅一件，为一圆角泥块，带有圆孔，四边较薄，中心微凸，棕色，手制，似与城子崖之泥饼相为，直径较小，适合放置于甗内；而城子崖遗址出土的箅直径较大，形制特殊。到后来的岳石文化中，此类陶箅是其典型器物之一，多有出土，在泗水尹家城岳石文化遗存③（图二：1）和"南关外期"遗存（图二：2）中即可见到此类陶箅。甗的功能很明显，即用来蒸食，蒸食必用箅。《说文解字》曰："箅，蔽也。所以蔽甑底。"段玉裁注云："甑者，蒸饭之器，底有七穿，必以竹席蔽之，米乃不漏。"这也正是从功能上说明了蒸箅是和甑、甗配合使用的。

另一类箅子形制比较复杂，平面呈长方形或圆形，多为夹砂灰陶或夹砂黑灰陶。周边（或一部分）起墙，箅面有圆孔或长方形孔，有的仅有4～5根箅梁，有直口直壁平底和敞口浅盘形等几种，有的在盘中央还有鸟喙形钮，有的周沿外伸，多呈锯齿状。这种箅子不能与其他炊器相配，应为单独使用。值得注意的是，此类陶箅表面很洁净，而底面多有烟熏痕迹，应是直接置于火上熏烤食物之用，故称之为烤箅。

烤箅早于山东龙山文化时就已出现和使用。在曲阜南兴埠④、尉迟寺一期⑤（图二：3、4）、皖北芮集堌堆等一大批大汶口文化晚期遗址中即已出现直壁或斜壁平底陶箅，有的呈假圈足状，有的有鸟喙形钮。在山东龙山文化使用烤箅以前，江南地区太湖流域的马家浜文化中也存在一种类似器具，呈长方形，中间有四条长形孔，称为炉箅。

到山东龙山文化时期，烤箅则大量出现，且不断向外传播。尤其在龙山文化晚期，陶箅火候较高，比例均匀，几乎全为轮制，反映出当时制陶工艺的新进展。泗水尹家城 A 型陶箅（T1⑧：5），平面呈长方形，两端有矮壁，中央有圆孔与箅梁相连接；B 型陶箅（H811：17）圆形矮直壁，平底，周缘外伸，底镂有八条长方形孔，二者底部都有烟火熏烤痕迹。（图二：5、6）在城子崖、茌平尚庄⑥（图二：7）、南陈庄⑦、梁山青堌堆⑧、河南永城王油坊⑨、泗水尹家城（图二：8）等遗址都发现有大量带锯齿状边缘的烤箅。另外在邹县南关⑩、兖州西吴寺⑪、兖州谭家村、安家庙、泗水钓鱼台⑫、济宁程子崖⑬、山东滕县⑭等地均有陶箅出土。还有一类形制特殊的烤箅，平顶，顶面镂孔，有似圈足的支撑物，如兖州西吴寺 H652∶16 沿向下斜折，有对称缺口，镂长条形孔，中间有斜刻划纹；济宁程子崖 T12⑤∶7 镂圆孔，侈口平底，口部饰弦纹，有圈足，与茌平尚庄、城子崖、泗水尹家城同类同期器相似。（图二∶9、10）

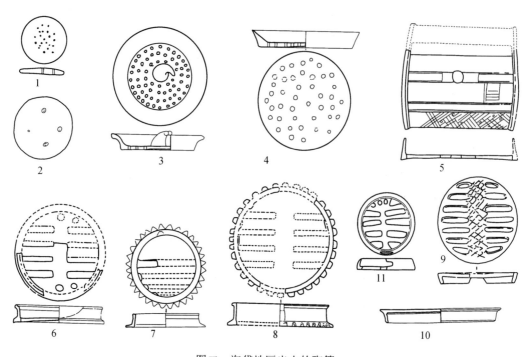

图二　海岱地区出土的陶算

1. 泗水尹家城陶算（H714∶6）　2. 南关外陶算（T87∶122）　3. 蒙城尉迟寺 A 型陶算（T1102H02∶18）　4. 蒙城尉迟寺 B 型陶算（T3103∶M3）　5. 泗水尹家城 A 型陶算（T1⑧∶5）　6. 泗水尹家城 B 型陶算（H811∶17）　7. 茌平尚庄 II 式陶算（H169∶10）　8. 泗水尹家城 B 型陶算（H537∶1）　9. 兖州西吴寺陶算（H652∶16）　10. 济宁程子崖陶算（T12⑤∶7）　11. 磁县下潘汪陶算

　　在龙山时代，文化交流不断加强，表现在考古学上的特征是几种文化间互有对方的文化因素，山东龙山文化的陶算即是如此。如属后冈类型的磁县下潘汪（图二∶11）、后冈遗址中即发现平面呈圆形、底部周缘向外突出或切割成齿状、周壁较矮、有一对对称缺口的烤算，这应当是文化交流的结果。

　　烤算主要是用来烘烤肉类或鱼类等。山东龙山文化时期，以养猪、牛、羊、马、鸡为代表的家畜饲养业获得长足发展，但渔猎活动依然盛行，当时狩猎对象主要是鹿、獐、四不象等动物，但鱼类也是龙山文化居民食物的重要组成部分。烤算的大量出现与此不无关系。过去一般认为，古代烧烤食物是把猎物悬挂架火燎烧或用泥将猎物糊起来直接烧烤，此类烤算的发现，说明早在山东大汶口文化晚期已开始用算子进行间接烧烤。

　　此次发现的陶算显然属于烤算类。根据其残留物的化验我们知道，此烤算主要用于烧烤易熟的鱼类。日照两城镇濒临大海，气候温暖湿润特殊的地理环境决定了渔业是当时这一地区较重要的经济活动，该地区许多龙山文化遗址中大量的鱼骨、鱼刺的发现即可为证。可以说，两城镇的先民们获取的肉食资源主要是鱼类。根据该烤算的器形特征，我们可推测其年代为山东龙山文化中晚期。从现有的考古资料分析，此类三足烤算在山东地区新石器时代文化中发现尚属首次。

注 释

① 李景聃：《豫东商丘永城调查及造律台、黑孤堆、曹桥三处小发掘》，《中国考古学报》第二册，1947 年。
② 李济等：《城子崖》，中国考古报告集之一，1934 年。
③ 山东大学历史系考古教研室：《泗水尹家城》，文物出版社，1990 年。
④ 山东省文物考古研究所：《山东曲阜南兴埠遗址的发掘》，《考古》1984 年第 12 期。
⑤ 中国社会科学院考古研究所安徽工作队：《安徽蒙城尉迟寺遗址发掘简报》，《考古》1994 年第 1 期。
⑥ 山东省文物考古研究所：《茌平尚庄新石器时代遗址》，《考古学报》1985 年第 4 期。
⑦ 山东大学历史系考古专业、聊城地区文化局、茌平县图书馆：《山东茌平县南陈庄遗址发掘简报》，《考古》1985 年第 4 期。
⑧ 中国社会科学院考古研究所山东发掘队：《山东梁山青堌堆发掘简报》，《考古》1962 年第 1 期。
⑨ 中国社会科学院考古研究所河南二队等：《河南永城王油坊遗址发掘报告》，《考古学集刊》第 5 集，1987 年。
⑩ 国家文物局考古领队培训班：《山东邹县南关遗址发掘简报》，《文物》1991 年第 2 期。
⑪ 国家文物局考古领队培训班：《兖州西吴寺》，文物出版社，1990 年。
⑫ 中国社会科学院考古研究所山东工作队：《山东泗水、兖州考古调查简报》，《考古》1965 年第 1 期。
⑬ 国家文物局考古领队培训班：《山东济宁程子崖遗址发掘简报》，《文物》1991 年第 7 期。
⑭ 中国社会科学院考古所山东工作队、滕县博物馆：《山东滕县古遗址调查简报》，《考古》1980 年第 1 期。

（《中原文物》2002 年第 4 期）

中美合作两城考古及其意义

栾丰实

　　鲁东南的日照市及其邻近地区，至少从大汶口文化晚期开始，就成为黄淮下游的海岱地区内部一个文化发展水平很高、文化联系十分密切的重要小区，这种现象一直持续到周代的莒国。因此，当 1994 年美国耶鲁大学人类学系的文德安博士来山东大学商谈在山东地区合作开展史前考古研究的课题时，我们一致选定了这一区域。因为这一地区的两城镇遗址发现最早，并做过正式考古发掘，而且在目前海岱地区发现的一千余处龙山文化遗址中面积最大，曾出土过精美绝伦的玉器和蛋壳黑陶器。所以，我们决定把发掘工作的重点放在两城镇遗址，而调查工作则以两城为中心不断向外扩大和延伸，只要条件允许，这一研究将一直持续下去。形成这一共识之后，山东大学与美方学者联合向国家文物局提出调查和发掘的申请。1995 年，国家文物局批复同意在两城地区开展系统区域调查，1998 年，经国务院特别批准，中美联合考古队开始在两城镇遗址进行为期 3 年的考古发掘工作。同时，两城考古调查和发掘工作得到了美国国家科学基金会（NSF）、温尼-格林（Wenner-Gren）基金会、路斯（Henry Luce）基金会、山东省文化厅、日照市文化局、日照市博物馆、东港区文化局、山东大学、耶鲁大学和芝加哥自然历史博物馆等单位的积极支持和帮助，使这一研究项目得以顺利开展。

　　基于上述，我把在以两城镇为中心的地区所开展的系统考古调查、发掘和研究工作，简称为"两城考古"。

一、两城地区的自然地理环境和考古工作的历史回顾

　　两城地区有广义和狭义之分。狭义的两城地区，是指潮河流域及其邻近地区，主要包括日照市东港区的北半部、五莲县的东南部和胶南市的西南部一带，面积约 1000 多平方公里。这一地区以著名的两城镇遗址为中心，主要是一个人文地理概念。广义的两城地区则是指整个日照市及其周围的区域，分布范围除了日照市的东港区、莒县

和五莲县之外，还有胶南市和诸城市的南部、沂水县和沂南县的东部、莒南县的东北部及江苏赣榆县的北部，总面积约 6000 平方公里。我们的工作是由狭义的两城地区逐渐向广义的两城地区推进和延伸。

两城地区的基本地理地貌是，中部有呈东北—西南走向的泰沂山支脉—五莲山，东部面向一望无垠的黄海。地貌类型以丘陵为主，间有小片的河谷冲积平原。海拔超过 500 米的山峰只有位于五莲山脉中部的五莲山和河山等少数几座。区内河流分为三组：一是沭河及其支流，自北而南纵贯本区西部，属于淮河的重要支流；二是潍河及其支流，此区西北部河流的流向与沭河相背，向东北汇合于潍河，最后注入渤海的莱州湾，或认为潍河本来就是淮河，至今其上游还称为淮河可以为证，当然这牵涉到历史地理的问题；三是众多源自五莲山脉的短促河流，均由西北向东南直接注入黄海，自北向南较大者有横河、吉利河、潮河、傅疃河、巨峰河、绣针河等，其中以北部的吉利河、潮河和中南部的傅疃河流域面积稍大，这些河流的下游沿海地区都有范围不大的冲积、侵蚀平原。

从上述三组河流为主干的自然地理地貌和区域内的文化面貌等因素考虑，这一地区可以划分为四个部分：沭河上游地区，包括莒县的大部和东港、五莲、沂南、沂水的近莒边缘地带，此区属沭河水系，中心是中南部的莒县盆地，这里孕育了发达的古代文化，我曾将其称为"陵阳河区"[①]，潍河上游地区，包括五莲中、北部、莒县东北隅和诸城的南部，此区在泰沂分水岭之北，在水系上属于注入渤海的潍河流域，可称为"前寨区"；东部沿海地区，包括东港区大部、五莲东南部和胶南的西南部，此区南北狭长，北部和南部又有所差别。北部以潮河、吉利河流域为主，包括胶南的西南部和诸城东南隅，可称为"丹土区"。南部以傅疃河流域为主，包括东港区南部至鲁苏交界地区的绣针河流域，可称为"尧王城区"。

二、两城考古的历史回顾

两城地区的考古工作始于 20 世纪 30 年代，六十多年来，在海岱地区乃至全国有较大影响的工作主要有以下几次。

1934 年春，为了进一步了解龙山文化及其他古代文化在山东地区的分布，中央研究院历史语言研究所考古组的王湘、祁延霈先生在山东东部沿海地区持续进行了三个月的野外调查，仅在日照县境内就发现了 9 处龙山文化遗址。其中以两城镇遗址的面积最大、包含遗物最多，并与此前所知的城子崖遗址有所区别。鉴于此，梁思永、刘燿、祁延霈等于 1936 年春对两城镇遗址进行了较大面积的发掘，发现了包括 50 多座龙山文化墓葬和丰富而精美的陶器、玉器在内的龙山文化遗存[②]。后来关于龙山文化甚至中国新石器文化的许多新认识，如龙山文化基本面貌和特征、龙山文化山东沿海区、豫北区和杭州湾区的划分、龙山文化系自东向西发展、仰韶和龙山文化的东西二元对立等观点，都与两城镇遗址的发掘收获有密切关系。新中国成立后的 50 年代，山东省文物管理处和山东大学围绕着两城镇遗址在日照地区开展了几次专门的考古调查工作，累有重要发现，如征集到一些重要的龙山文化玉器等[③]。

1975 年，山东省博物馆和山东大学考古专业对日照东海峪遗址的发掘，发现了大汶口文化晚期、过渡期和龙山文化早期依次叠压的层位关系，同时，从陶器的形态演变关系上证实了大汶口与龙山文化之间具有一脉相承的传承关系，最终解决了大汶口与龙山文化的关系问题[④]。

1979 年，山东省博物馆在莒县盆地发掘了陵阳河和大朱家村等遗址，发现了一批重要的大汶口文化墓葬，并第一次找到了有具体出土单位的陶器刻画图像文字[⑤]。陵阳河大汶口文化墓葬的发现可以追溯到 60 年代，当时山东省博物馆曾在此清理过几座小型大汶口文化墓葬。

1978 年，临沂地区文管会等发掘了日照尧王城遗址，在这里除发掘出与东海峪遗址相同的台基式房屋外，还在山东地区首次发现龙山文化的土坯墙房屋[⑥]。1992～1993 年，中国社会科学院考古研究所山东队又先后两次发掘尧王城遗址，除发现新的台基式建筑和土坯墙建筑之外，还发现了大汶口文化末期的刻画图像文字和浮选出龙山文化的稻米遗存[⑦]。

1995 年春，山东省文物考古研究所在五莲丹土遗址的勘探和试掘中，发现了面积达 25 万平方米的龙山文化城址，这是鲁东南地区首次发现的龙山文化城址[⑧]。随后几年的发掘，清理出一批龙山文化房屋基址、墓葬等遗迹和大量的文化遗物，并且把城址的始建年代提前到了大汶口文化晚期[⑨]。

为了采用聚落考古的方法切入中国古代文明起源的研究，1995 年冬起，山东大学和美国耶鲁大学、芝加哥自然历史博物馆等单位组成联合考古队，在两城镇遗址及其周围地区开展考古调查工作。七年来，联合考古队投入较大的人力物力已调查了潮河流域及其周围地区，并对两城镇遗址进行了三年发掘，取得令人鼓舞的阶段性成果[⑩]。

此外，自 20 世纪 60 年代以来，市县文物部门还多次对本地区进行了文物普查工作，发现和记录了大量各个时期的遗址[⑪]*。以上从点的发掘到面的普查工作，为两城地区考古研究奠定了较好的基础。

---

* 除见之于报导者之外，在各市县文管所、博物馆还馆藏有大量第一手调查资料。

三、两城合作考古的新收获

经过七年的合作调查、发掘和研究工作，两城考古已取得多方面的成就。在两城地区，系统区域调查的范围已达到 800 平方公里，涉及到三个县区的十几个乡镇，发现各个时期古文化遗址和文物分布点近千处。两城镇遗址的发掘工作已持续进行了三年，基本搞清楚了遗址的分布范围、面积、文化层堆积、年代等基本问题，发现了大批遗迹和遗物，提取了多方面有价值的资料和信息。除上述收获之外，我们着重在探索符合中国特点的考古调查、发掘方法方面进行了努力和实践，因为已有田野考古方法的改进、新方法的探索和借鉴国外较为成熟的方法，进而建立起与聚落考古学相适应的野外考古操作方法，在当前显得更为紧迫和重要，如果做的好，就会从整体上推动中国考古学的发展。下面主要从调查和发掘两个方面进行归纳和总结。

（一）系统区域调查方法的实施

系统区域调查法（Systematic Regional Survey），或称为全覆盖式调查法（Full-Coverage Survey），我们将其通俗地称为拉网式调查。这种方法最先是从美洲地区发展起来的。不少美国学者利用这一方法对美洲的原住民遗存进行了调查，取得了很好的效果。负责两城地区系统调查工作的芝加哥自然历史博物馆人类部主任费迈教授，曾在墨西哥的奥哈卡地区进行长达 20 余年的系统区域调查工作，取得了令人瞩目的成果。

中国传统的田野考古调查工作，主要有普查和复查两种形式。普查就是普遍性的调查，发现新遗址并查清遗址的一些基本问题（如位置、面积、时代、保存状况等），记录在案，主要目的是进行文物保护。复查是在普查的基础上开展的一种重点调查，有时还可以配合做一些勘探工作，主要是为重点保护提供资料或为考古发掘做准备。系统区域调查看起来与文物普查类似，但实际上有很大区别。首先是两者的主要目标不同，系统区域调查主要是探讨聚落遗址之间可能存在的各种关系、分布特点和演变规律，它是聚落考古学的基本组成部分；其次是系统区域调查的要求比一般的文物普查更细致，并且系统化，它既重视发现和记录新遗址，也重视特定区域内遗址的分布规律及其与自然地理环境（包括地貌、生态、各种资源等）的关系等多方面的问题，即使没有遗址的地区经过调查加以证实也是一种收获；再次是系统区域调查对构成人员的要求较高，其中既有对调查区域可能存在的文化遗存有深入研究的人员，也有精通制图作业的专业人士，并要求有地貌、岩石、土壤等方面的基本知识和会采集各种标本及样品。

系统区域调查的具体作业主要有以下几个步骤。

一是准备工作。为了使调查工作能够顺利进行，在调查正式开始之前要做好充分的准备，主要有：购买预定调查区域精确的大比例地形图，地图的比例最好是 1:10000 或更大比例；调查人员的配备以 5～8 人为宜，其中要有精于制图作业和熟悉当地古代文化遗存（特别是具有较强的辨认陶片时代的能力）的人员；对一次调查要完成的范围和每天的调查区域做周密的计划和安排；准备各种必要的工具和材料，如卫星定位仪（GPS）、简易罗盘、照相机、采集标本的各种袋子（不同质料、不同规格）、探铲、手铲、哨子、手电筒、望远镜、防雨笔记本和笔等；配备适宜的交通工具，以节省时间。当然，与当地文化文物部门取得联系并得到他们的支持和帮助也是在调查开始之前非常重要的工作。

二是野外调查。每天的工作要按计划进行，调查的起点和终点应有在现场易于辨认的明显标志，如公路、河流、山嶂、村庄等，以免调查时产生重复或遗漏现象。具体的调查方法如下：全体人员以 30～50 米的间隔排成一横队，排列方式基本是平行的"一"字形或中部前突的"人"字形，平行前进；持地图的人员居中，其任务和责任最重，既要注意自己所走路线是否有遗存，还要随时观察两侧其他人员有或者没有新的发现，并不断在地图上加以标记，由于近年来基本建设速度甚快，地图的更新总是跟不上实际的变化，因而就需要对地图上的地物加以修改和补画；挑选富有经验的调查人员分居两侧，以准确掌握每次来回折返的位置，以免重复或遗漏；一人发现陶片等遗物后要立即报告持图者，全体人员应暂停前进而在周围徘徊观察，以确定遗物的时代、各时代遗物的分布范围和数量等，搞清楚有无文化层出露及堆积层次特点等详细情况*，这里要特别强调的是，如果出土遗物的范围较大或时代拉得较长，应将采集的遗物分别编号装袋并在地图上标记清楚；此外，对遗址立地的环境、微观地貌以及区域内的岩石种类、山泉水源等，也要做相应的观察和记录。在调查中要尽可能地利用断崖、沟渠等所暴露的文化堆积，以进一步了解遗址的有关信息，并注意分析它们与地表采集遗物之间的关系。

调查开始之前，全体人员要做到对调查路线心中有数，相互保持密切联系，特别是那种沟壑纵横、树木林立的地段，不注意有时会迷失方向，延误调查工作。调查的单程不宜过长，以 2～3 公里为宜。到达预定地点后，可根据需要大家简单碰头交流情况。折返时采用大回转的形式，以便两侧人员把握调查路线和方向。

调查人员的走位一般情况下是直行，眼睛不断审视两侧及脚下，需集中精力，以

---

* 关于记录标准，尚不统一，有的考古队自己设定了这样的标准：50 米内如果发现的陶片在 3 块以下，则不予以记录，而只记录 3 块及其以上数量的文物分布点。

随时发现各类遗存。特殊情况下也可以采用灵活的走位方法，如走"之"字形路线等，其前提是做到不遗漏每一小片地块。规范的调查不仅要求走遍一般的野外和村庄，河滩也要观察，因为自然和人为的河流改道现象十分普遍，今天和古代的河床在位置上未必吻合，所以，在新河床内有存在遗址和其他遗存的可能性。

三是室内整理和分析工作。室内整理工作主要有两方面内容，即采集遗物的整理和绘制各种图表。采集遗物洗刷干净后可做简单的拼对，重点在于逐个地点进行分析，以确定采集品的器形和时代。时间幅度的掌握要根据具体情况而定：如果采集的遗物较多，应尽量细一些，如我们一般把龙山文化分为早中晚三个阶段；遗物较少则只能粗一些，如岳石文化和商代，遗物甚少，只能各作为一个时代；而周汉时期，则可以分为西周、东周和西汉、东汉，东周有时还可以分为春秋、战国两个时期。重要的代表性遗物需要拍照和绘图。绘制图表是室内工作十分重要的一环，包括按考古学文化（有的还可以更细一些）绘制遗址和文物点的分布图、制作各种图表。遗址分布图的数量视需要和原始资料的丰富程度而定，在两城地区的调查中，我们分为大汶口文化、龙山文化、岳石文化、商代、周代、汉代等几个大的时期，其中龙山文化、东周和汉代还可以细分为不同的期别。为了便于比较，需要把现代村庄的大小和分布制成单独的一张图。表的形式有多种，既可以是一般的表格，也可以做成柱状图表、曲线图表等，其基本要求是清楚、直观和准确。

以上工作完成之后，就可以进入对各个时期的聚落形态进行分析研究的阶段。当然，这一研究和前面的基础工作并不能截然分开。

（二）田野考古发掘方法的改进和探索

考古发掘是田野考古学中最重要的工作。在两城镇遗址的发掘中，我们严格按照中国传统的考古地层学原理进行田野操作，如按土质土色划分文化层和遗迹、按最小的单位收集和存放遗物、客观准确地做好各种记录，等等。但在具体作业中，我们要求尽量把地层和遗迹做得更细致、更准确，资料收集得更全面、更丰富，记录内容更精确、更详细。同时，尽最大可能吸收不同学科的专家参加两城考古研究，力求做到真正意义上的多学科综合研究。关于田野考古方法的改进，主要体现在以下几个方面。

1. 发掘方法。在常规发掘方法的基础上，我们主要做了四个方面的改进。

一是布方。由于发掘的要求越来越细，探方的面积太大不利于对各个部分的细致把握，所以经过认真的讨论和研究后，我们把探方由传统的5×5米改为4×4米，面积也由25平方米变为16平方米，缩小了近2/5，同时，把隔梁的宽度减至0.5米，有的视需要甚至不留隔梁，一切可以灵活掌握。探方的编号除了传统的方法之外，还增加了坐标法，即以遗址的西南起点为基准，每一探方增加西南点的北、东坐标，这个坐标也就是探方位置，填写时加注在传统的探方号之后。如 E4T1205（696N，816E），它表示这个探方的西南点坐标是从总基点向北 696 米、向东 816 米。在实际操作中，为了从平面上把握遗迹之间的共存关系，要求各个探方在进度上尽可能保持一致，隔梁也可以视需要而随时打掉（或部分打掉）。

二是最小单位的重新界定。以往我们一般是把一个小的文化层，或一座房基，或一座灰坑，或一座墓葬，作为一个基本的地层单位，当然，有时也在其内部分层。为了更细致地了解文化层或遗迹内部的细小变化，进而分析和把握人类的行为过程，我们把以往的地层单位分解成更小的单位，并采用顺序号码的编号方法加以表示和记录，与所谓 Context 方法[12]类似。例如，发掘一个灰坑，要求先清理一半，清理的堆积至少给一个顺序号，完毕后，绘制剖面图，然后按剖面的实际堆积层次发掘余下的一半，每一小层给一个顺序号。房址、墓葬等遗迹也是一样。地层则按最小的层次编号，如果一个层次较厚而土质土色又看不出什么变化，就自上而下每 10 厘米划为一层，给予编号。如果在两层之间的地面上发现特殊遗物或采集了样品，则既不归上也不归下，而是单独编号按地面的内容予以记录。

三是对所有的堆积物进行筛选。筛土的方法在国外运用得较为普遍，而国内使用得不多。筛子的网眼有两种，分别为四分之一英寸（约 0.64 厘米）和八分之一英寸（约 0.32 厘米）。两城发掘是采用了对全部发掘出来的土进行过筛的方法，由于筛土很影响发掘进度，所以是发掘中讨论最多的问题之一。但筛土确实能够发现一些我们以前忽视了的东西，如剥落的小石片、小的动物骨骼等。必要时，还需要采用水洗的方法，这样做能发现更多的细小遗物。就目前情况而言，在国内的发掘中采用全部过筛的方法还有一定困难，但对一些重点单位（如灰坑、房内地面等）进行筛选则很有必要。

四是关于土质土色的描述。以往我们都是按个人的观察和认识来描述文化堆积的土质土色，因此造成了相互间的种种差别，很早国内就有学者呼吁在考古发掘中使用色谱比对确定颜色，以建立客观而统一的土色标准，但一直没有能够实行。在两城考古发掘中，我们对此进行了尝试。首先是采用统一的色谱通过比对来确定土色，并注明干湿程度，同时仍然附上传统方法的描述。其次是从三个方面分析土质状况：分选情况，大体分为粗、中、细三类，每类之下又分为好、中、不好三个级别；土质构成，按土壤学中的三大类土壤进行比对描述，即粘土、淤土和沙，并取许多中间类型：包含杂物情况，如砂粒、红烧土颗粒、草木灰和炭屑等。

2. 记录方法。考古记录仍采用传统的文字、图纸和影像三种基本方法，但应根据学科发展的需要而不断加以改进、补充和完善。

文字记录改为表格化的记录方法。以往的文字记录也包括表格，但相对较为简单。为此，我们专门设计了各种不同的表格，如房址记录表、墓葬记录表、地层和其他遗迹记录表、各种测试样品登记表等。表格记录法的优势在于既面面俱到又简明扼要，记录以顺序号为单位，每一地层或遗迹又有总的记录，可以相互参照。表格要求在现场完成，或在现场记录有关内容，晚上回到驻地填表。

图纸记录的特点是更加细化，主要变动有六：一是在发掘之前测量一张较为精确的地形图，等高线为 0.5 米，并直接采用海拔高程表示；二是记录系统的坐标均以遗址的西南总基点为起点，而不是原来各自探方的西南点，这样做就使得所有遗存在遗址中的位置一目了然，不需要再进行换算；三是用全站仪进行定点和测量，所有基线的两个端点和所有出土遗物的中心点，均采用全站仪定点，即距遗址西南角总基点的纵横坐标和海拔高度，全站仪定点的理论误差在 0.01 厘米，而实际操作误差一般在 1～2 厘米之内；四是为了更好的表现考古遗存的细部特征，把图纸的比例统一规定为 1:20，个别特殊的遗存可视需要进一步扩大比例；五是除了手工绘图之外，对所有遗迹（包括部分地层）和出土小件遗物，用全站仪单独测量一套图纸资料，直接存入微机，可以在电脑中变换视角进行观察；六是用全站仪测量发掘区的微观地貌，等高线一般为 20 厘米。

影像记录仍以传统的拍照和摄像为主，只是增加了数码相机等新的设备，这在国内的考古工地上已经逐渐普及。根据照片的保存情况，拍照以彩色幻灯片为主，配以少量黑白片，而基本上不用一般的彩色片。增加拍照的数量，做到所有的遗迹和出土物均有记录，有的甚至记录发掘过程。

3. 资料的收集。收集各种遗物是考古发掘工作的重要一环，随着自然科学技术在考古学中的广泛运用，田野发掘所收集的资料呈现不断增多的趋势。在两城考古发掘中，除了上述对全部堆积物过筛以收集所有人工制品和动植物遗存之外，将资料的收集范围加以扩大，并使其具有系统性和科学性。

收集所有人工及自然的石块和石片。在以往的发掘中，一般只是收集属于人工制品的石器。随着研究的深入，发掘中我们不仅收集各种成品和半成品的石器，而且特别重视对制作石器时剥落下的石片的收集，因为它对石器制作过程的研究具有重要价值。同时，还收集堆积中所有的自然石块，除观察其是否有人工痕迹外，还可鉴定其岩性并称重，分析石器原料的来源及比例关系等。

浮选样品的采集。为了加强对古代社会经济活动的研究，并使分析统计结果具有系统性和科学性，我们在所有的编号单位中随机采集 10 升或 20 升土样，个别特殊的单位如房内外保存较好的地面、炉灶等则全部取样，通过水洗选别法进行浮选。这一工作的系统开展，使我们获得了大量有价值的新资料，如各种炭化植物、细小的动物骨骼和极小的石片等，这些遗物采用一般的发掘方法很难发现。

各种测试土样的采集。除了浮选外，我们还在所有的编号单位中采集一定量的土样，用来做各种检测分析。如植物硅酸体分析、孢粉分析、土壤微形态分析和化学成分分析等。孢粉分析已为大家所熟知，植物硅酸体和土壤微形态分析近年来正在兴起，而化学分析法则刚刚开始出现。特别是植物硅酸体分析，对于古代农业的产生和发展、古代环境的复原和变迁等研究有着极为重要的作用。

此外，还要收集各种可以进行测年的标本，如各种炭化植物标本等。对一些可能有特殊用途或特殊意义的器物，采取仔细起取和密封保护的方法予以处理，以备室内进一步分析研究。如对可能是酒器的容器，就要连土一同起取；一些刃部保存较完整的工具，不但起取后要立即密封保存，而且刃部周围的土样也要采集，以便进行植物硅酸体等分析时加以比较，为确定工具的用途和功能提供证据。

4. 多学科综合研究。在考古学中提倡开展多学科综合研究，特别是自然科学技术的介入，可以说是大势所趋，越来越为国内外学术界所重视。在两城考古发掘中，我们在设计研究课题时就制订了详细的多学科研究计划，尽可能多地吸收国内外各学科的专业人员参加研究，以最大限度地提取信息和资料，丰富两城考古研究的内容。我们现在已经和十几个方面的专家进行了愉快的合作，包括地磁仪法探测地下堆积和遗迹分布情况、土壤微形态分析、房屋地面土壤标本的化学分析、炭化植物的鉴定和研究、植物硅酸体分析、孢粉分析、陶器（陶片）的成分分析、陶器制作技术和工艺分析、酒器的化学分析、人骨碳十三食谱分析、石器岩性鉴定、石器的统计分析和模拟实验、碳-14 和热释光法测年等，其中许多已取得了很好的成果，这些研究将持续进行下去。

为了使各学科研究的科学化和系统化，我们把绝大多数参加研究的学者请到了两城考古工地，使他们能够部分地参与发掘工作。例如：为了进行古代植物的分析研究，我们把长期从事植物考古研究的专家请到工地，亲自给考古队全体人员讲授植物考古研究的方法、基本内容和现状，并示范如何收集浮选土样；进行植物硅酸体分析时，请相关专业研究人员在工地现场给全体人员讲解，使参加考古发掘的人员都能够基本掌握植物砖酸体分析方法的主要内容及其价值，进而做到自觉和准确地采集样品。

四、两城考古的意义

七年来两城地区的合作考古研究已经取得多方面的成果，特别是在田野考古方法的探索和新的科学技术的运用方面，进行了有益的尝试，以上我们所归纳的方方面面，就是对这种探索的初步总结。从有助于中国考古学的发展而言，新的方法、技术的引入和探索，较之一个遗址的具体发现和收获可能具有更重要的作用和意义。

首先，找到了一条研究中国文明起源和古代社会结构、组织及其演变的新的途径。最近十几年来，学术界逐渐认识到聚落考古方法对于古代社会特别是史前社会研究的重要作用，而在田野工作中如何操作则是正在探索的问题。事实证明，我们不可能简单的利用以往的调查和发掘资料来达到新的研究目的。这是因为，以往调查工作所发现的遗址，只是全部遗址中的一部分，缺乏系统性；发掘工作的目的多数是为了构建古代文化的时空框架和发展谱系，重点不在于社会的研究。同时，也不能总是停留在泛论中国文明起源等问题的阶段，因为那样无助于问题的解决。通过两城考古的实践，我们认为，选择若干个各具特点的小区域，采用系统区域调查的方法开展宏观聚落形态研究，并在此基础上选择重点遗址进行发掘，这种点面结合、宏观和微观相结合的方法，是我们走进古代社会、研究古代社会的有效途径。系统区域调查的关键在于它的系统性，这就要求我们一丝不苟地过滤调查区内每一片土地，用最大的努力把古代遗存尽可能多的记录下来。所以，系统区域调查既不像我们开始时想象得那么复杂，也不是一些人认为得那么简单。它需要宏大的目标，即有明确的研究目的和实现研究目的的方法，也需要具体而近似繁琐的重复工作，即每天徒步跋涉于田野之中，没有露宿，但有风餐，严肃认真的重复发现、采集、辨别、观察、分析、记录等一系列工作，以取得第一手资料。因为每一个小的发现或排除，都是达到研究目的的长链中的一环，不可缺少，这样，我们就会在繁琐的重复工作中得到升华，并乐此不疲。

其次，新方法的探索和新技术的运用，极大地增加了田野考古资料的信息量，并使我们在探索与聚落考古学研究相配套的田野考古发掘方法的道路上前进了一步。在学术研究中，方法和技术都是为研究目的服务的，考古学也是一样。考古学研究有重点既然逐渐转移到了研究人的行为和研究古代社会方面，那么它必然就要求与之相匹配的收集、提取、处理田野考古资料的方法和技术。实践证明，聚落考古学是利用考古资料来研究古代社会关系行之有效的方法，而传统的做法不能满足这种研究上的需要。因此，我们在两城考古发掘中进行了一些新的探索，如顺序号方法的设立、活动面概念的引进、记录方法的改进等，都取得了较好的效果。当然，这种探索工作刚刚开始，还需要考古学界同仁共同做出更多更大的努力，才能接近我们的理想境界。同时，考古学研究的发展还要求考古发掘提供尽可能多的资料，提高单位发掘面积的信息量。为此，我们进行了一系列新方法的实践，如筛土收集资料的方法、系统采样浮选的方法、系统采样做各种检测分析的方法等，相信这些做法对于推动中国考古学特别是田野考古学的发展会有积极的作用和意义。

第三，真正的多学科综合研究，是可望也可即的。开展多学科综合研究是考古学研究发展的大趋势，近些年来逐渐受到学术界的重视。不可否认，仍有不少人认为我们国家的科技水平较低、财力有限、相关学科的专业人员太少等，虽然在考古学中推行多学科综合研究好处很多，但现在时机尚不成熟，使这一工作的进展较为缓慢。实际情况并不是完全如此，如近几年我们国家不少单位相继建起了各种专门用于考古资料检测和分析的实验室，如动植物考古实验室、DNA实验室、工具微痕分析实验室、计算机考古实验室，等等。相关的研究人员也在不断增多，研究水平迅速提高。况且，很多项目的检测分析并不需要太多的经费，只要我们认识到多学科综合研究对于考古学的重要性，就完全可以做得更好一些。基于此，我们在两城考古的发掘和研究过程中，自觉地开展多学科综合研究，其涉及的内容包括从发掘前的勘探、发掘中的提取各种标本和样品到室内阶段的各种检测分析。只有这样，我们才可以多角度、全方位地接近和了解已经消失了的古代社会，有效地追寻那个时代人们的行为。

同时，我们还发现，研究结果的科学性亦即可信程度与原始资料是否具有系统性存在密切关系。在以往的研究中已经出现这样的实例，不同学科的检测分析结果相互矛盾，进而造成使用资料时的无所适从或各取所需，影响了研究结论的科学性和客观性。产生这种现象的主要原因有二：一是考古学家和自然科学家之间只是一种送资料和鉴定分析的关系，在研究中存在"两层皮"现象，为了改变这种做法，我们特意聘请科学家走进考古工地，了解考古发掘工作也宣传自己的研究方法和内容，我们则主动接近他们，向他们学习，使两者逐渐走向融合，追求研究成果有机的融为一体的效果；二是采样的问题，这一方面可能产生问题的地方很多，如样品的选择、采样的方法、包装、存储和运输等环节，但最重要的还是采样是否系统和科学的问题。举例说，如果一个遗址的发掘中只是在少数几个单位采样，它可能存在较大的偶然性，与实际情况造成差别的机率就较大，如果在遗址的每一个地层单位内都随机采样进行检测，就具备了系统性，从而可以排除掉因为偶然因素的影响而造成的误差，最大限度地反映了历史的真实。所以，我们在两城的发掘中对所有的采样、检测、分析，都要求按系统性的原则进行操作，决不草率从事，以求取得好的结果和经验。

第四，在新的形势下，为中外学者如何开展合作考古研究取得了有益的经验。中国考古学从诞生之初就带有中外合作的性质，我们对此并不陌生。众所周知，中国考古学史上早期阶段一些著名遗址的田野考古发掘工作，如仰韶村新石器时代遗址、甘青地区一系列新石器时代遗址、周口店北京猿人遗址等的发掘，在性质上都属于中外合作考古。由于各种原因中国考古学和外部世界分隔了很长时间，随着对外开放的发展，特别是《中华人民共和国考古涉外工作管理办法》的公布和实施，以田野调查和发掘为主的中外合作考古重新提上了日程，并有了实质性的进展。中美两城合作考古研究也是在这一大背景下实现的。经过七年的实践和磨合，联合考古队逐渐成为一个团结、高效、相互理解、相互补充的研究整体。达到这一步的过程中既有经验也有教训，我认为其中最重要的是双方要具有共同的研究目标和对考古事业的献身精神，互相理解和互相尊重，对各种问题进行充分的交流。对于当代的中国考古学界来说，中外合作考古还是一个新的事物，我们这些体会对于推动中国考古事业的顺利发展无疑具有积极意义。

注　释

① 栾丰实：《日照地区大汶口、龙山文化聚落形态之研究》，张忠培、许倬云：《中国考古学跨世纪的回顾与前瞻》，科学出版社，2000 年。

② 尹达：《中国新石器时代》，生活·读书·新知三联书店，1955 年。南京博物院：《日照两城镇陶器》，文物出版社，1985 年。

③ 山东省文物管理处：《日照两城镇等七个遗址初步勘查》，《文物参考资料》，1955 年第 12 期。山东省文物管理处：《山东日照两城镇遗址勘察纪要》，《考古》1960 年第 9 期。刘敦愿：《日照两城镇龙山文化遗址调查》，《考古学报》1958 年第 1 期。刘敦愿：《山东五莲、即墨两处龙山文化遗址的调查》，《考古通讯》1958 年第 4 期。

④ 山东省博物馆等：《一九七五年东海峪遗址的发掘》，《考古》1976 年第 6 期。

⑤ 山东考古所：《山东莒县陵阳河大汶口文化墓葬发掘简报》，《史前研究》1987 年第 3 期。

⑥ 临沂地区文物管理委员会等：《日照尧王城龙山文化遗址试掘简报》，《史前研究》1985 年第 4 期。

⑦ 中国社会科学院考古研究所：《尧王城遗址第二次发掘有重要发现》，《中国文物报》1994 年 1 月 23 日第 1 版。

⑧ 王学良：《五莲县史前考古获重大发现》，《日照日报》1995 年 7 月 8 日第 1 版。

⑨ 山东省文物考古研究所：《五莲丹土发现大汶口文化城址》，《中国文物报》2001 年 1 月 17 日第 1 版。

⑩ 中美两城地区联合考古队：《山东日照市两城地区的考古调查》，《考古》1997 年第 4 期。中美两城地区联合考古队：《山东日照地区系统区域调查的新收获》，《考古》2002 年第 5 期。Anne P.Underhill et al，Systematic，Regional Survey in se Shandong Province，China，. *Journal of Field Archaeology* Volume 25 Number 4 Winter 1998.

⑪ 日照市图书馆、临沂地区文管会：《山东日照龙山文化遗址调查》，《考古》1986 年第 8 期。苏兆庆编著：《莒县文物志》，齐鲁书社，1993 年。

⑫ 李浪林：《系统考古单位的定义和运用》，香港大学美术博物馆：《东南亚考古论文集》，香港，1995 年。李新伟：《CONTEXT 方法浅谈》，《东南文化》1999 年第 1 期。

（《文史哲》2003 年第 2 期）

日照两城地区聚落考古：人口问题

方　辉　（美）加利·费曼　文德安　琳达·尼古拉斯[*]

　　古代人口问题，尤其是上古时期人口问题的研究，始终最历史学和考古学研究的难点之一。其原因，主要是因为缺乏真实可信的史料记载。虽然我国先秦典籍中对某一时期的人口数量曾有零星记载，但这数据往往出自后人的附会，大多不可据信。即使到了东周时期，文献中出现了个别较为具体的城市人口数据[①]，但这样的材料毕竟十分稀少，而且其真实性也并非十分可靠。汉代的正史资料和出土文献虽然已经有了具体到郡一级的人口统计数量，但这些信息对于郡以下、尤其是特定区域内各聚落的人口规模却是付诸阙如。近年来，有不少学者通过考古资料，对于某一文化阶段具体遗址（或墓地）的人口数量进行研究，取得了一定成果[②]。但这样的研究往往受到发掘地点和发掘面积的局限，还不能上升到对于区域性人口问题研究。因此，本文拟采取聚落考古的方法，对日照两城镇地区上古时期的人口问题做一考察。

一、研究方法

　　半个多世纪以来世界范围内考古学的实践使学者们逐渐达成这样一种共识，即在缺少明确文字资料的情况下，解决史前及原史时期区域人口问题唯一可行的方法就是聚落考古。

　　以揭示特定区域内古代聚落形态演进并进而研究社会组织变迁为目的的聚落考古，出现于 20 世纪三四十年代的北美和欧洲。到了五六十年代，区域研究的方法逐渐系统化，其重要性也越来越为人们所认识[③]。特别是最近几十年来，区域方法在世界不同地区的考古研究中已经或正在显示其重要作用。正如最近两位著名考古学家所指

---

*　加利·费曼、文德安、琳达·尼古拉斯：美国芝加哥自然历史博物馆。

出的那样，作为区域方法理论精髓的聚落考古，"是第二次世界大战以来最为重要的考古学方法和理论的变革与创新"[④]。

众所周知，聚落考古研究的对象可以分为居址、聚落和区域三个层次。对于聚落考古研究来说，无论是哪一个层次的研究都不可偏废。然而，对于特定区域内人口数量的升降和变迁，就离不开具有一定规模的区域系统调查。区域系统调查在获取特定区域内遗址的大小、数量和等级（取决于遗址的面积）历时变迁的信息方面，有着不可替代的作用[⑤]。人口规模和数量同聚落面积大小有直接关系。因此，通过这种调查所获得的信息对于研究该地区的人口问题有着显而易见的潜在的价值[⑥]。尽管这种研究难免带有一定的推论性质，但不可否认，在可以同后世相关文献相比照的情况下，聚落考古是目前研究早期区域人口规模唯一可行的方法。

考古调查是通过对地表分布的遗物（主要是陶片）来确定古代遗址的考古学方法。与传统的取样式调查方法不同，区域系统调查是通过密集式的徒步踏查方法发现和记录古代遗址的一种方法，比之以往的方法有着显而易见的优越性。至少在所调查的区域内，一般不会出现明显的遗漏。因此，用区域系统调查法所获得的古代聚落和聚落形态方面的信息，有较强的可信性，这就为进一步的聚落人口研究提供了坚实的基础。

聚落和区域内聚落群面积只是研究人口问题的一个因素，另一个因素则是当时的聚落人口密度。对所在研究区域内古代遗址进行大规模发掘以确定房址的密集程度，进而推测聚落的人口规模，无疑是一种最为理想的方式。但在缺少此类资料的情况下，目前学者们普遍认可的一种方式，是依该地区现代聚落人口密度，来计算历史上不同时期的人口数量和规模。例如，在美索不大米亚地区，学者们使用每公顷200人这一数字[⑦]；而在中美洲，学者则乐意接受每公顷25～50人这一数据范围[⑧]。一个地区内聚落人口的密度是人们适应环境的结果，能够在长时期内保持着相当程度的稳定性。在缺乏更早的历史记载的情况下，现代聚落人口密度（而非区域人口密度），是目前看来所能采取的最为合理有效的数据。

本文对于日照地区上古时期人口问题的考察，首先是基于我们在该地区长达5个季度的系统调查。这次由山东大学同耶鲁大学、威斯康星大学、芝加哥自然历史博物馆等单位联合进行的全覆盖式区域系统调查始于1995年，截止到2000年，联和考古队在以日照两城镇遗址为中心的鲁东南地区系统调查了面积达400平方公里地区。调查涉及到日照市的东港区、五莲县和青岛市的胶南县，发现和记录了史前至汉代时期的文化遗址近500处[⑨]。

系统调查确定了区域内各文化阶段的聚落面积，调查所在地现代农村的聚落人口密度是我们接下来最为关心的问题。但是，因为缺少具体的统计资料，关于日照地区现代的聚落人口密度，我们不得不通过有关人口统计数据并参考其它地区的情况来求得。

据上世纪 80 年代初期的统计资料，日照市（县级）有 22 个乡镇，1095 个行政村，人口 98.7 万[⑩]。其中乡村人口 87.7 万[⑪]。根据学者对山东省五个县（济阳蒙阴、招远、长岛和微山）农村聚落的统计，山东省每行政村所包括的自然村数为 1.44 个[⑫]。据此，日照 1095 个行政村折合自然村数为 1576.8 个。22 个乡镇的聚落规模，约当 110 个自然村面积（按照每个乡镇住地面积合 5 个自然村住地面积计算如此推算，日照市所拥有自然村的数量约为 1687 个。我们以该市乡村人口数除以自然村个数，得到每自然村的人口数量大约为 520 人[⑬]。笔者对所调查区域内的 100 个村落（包括行政村和自然村）作了随机抽样用计积器（planimeter）测得每个村落的平均面积为 7.2 公顷。以村落人口数 520 除以面积数 7.2，可得出当地现代聚落人口密度为每公顷 72.2 人。

根据 1985 年的统计，山东省所在的山东地区，村庄人均用地面积为 137.45 平方米[⑭]。即每公顷人口数量为 72.6 人。这一数据与我们上面计算得出的数据基本一致，说明我们的数据是可信的。

二、对调查区域内各时期人口数量的蠡测

区域系统调查为我们提供了各个文化期聚落的总面积。利用每公顷 72.2 人和调查所得各个时期的聚落总面积，即可推知调查范围内各个文化期人口的数量，列表如下：（表一）

表一　　　　　　　　　　各时期聚落总面积与人口数量

文化阶段	聚落总面积（公顷）	人口数量（人）
龙山文化	873	63031
周　代	791.6	57154
汉　代	847.5	61190

（现代聚落人口密度：72.2 人/公顷）

上述各时期人口数量都是根据调查发现的每一文化阶段聚落的总面积得出的。在聚落面积界定准确的情况下，上述人口数字及其所反映的人口发展趋势应该是可信的。从中可以看到，龙山文化时代是该地区人口发展的一个高峰。其后的岳石文化和商代文化，聚落面积出现大幅度下降，我们只在 6 个遗址上采集到岳石文化的陶片，发现商代陶片的遗址也不足 20 处，反映了这一时期人口的大量减少。当地人口发展的第二个高峰出现在周代，并一直持续到汉代时期。如果从我们总共 7 年调查的资料来看，汉代的人口数量明显接近了龙山时代。

我国自汉代时期开始有了具体到郡一级的人口统计数据。我们不妨将这一数据同上述汉代时期的人口数量做一比较，看看二者是否有所出入，而出现差异的原因又是什么。

日照地区在西汉时期属于琅邪郡。据《汉书·地理志》记载，西汉元始二年（公

元 2 年）琅邪郡的人口数量为 1079100，下辖 51 个县。根据《中国历史地图集》，其所统辖的区域大约相当于现在日照市区、五莲县和莒县的一部分，青岛市区和即墨市、胶州市、胶南市诸县市，潍坊市的诸城市、安丘市的南部和临朐县东部，烟台市的海阳市和莱阳市东部，临沂市的莒南县，以及江苏省连云港市赣榆县[15]。使用计积器，求得其总面积约为 21700 平方公里。据此，可以计算出西汉时期琅邪郡的区域平均人口密度为 49.73 人／平方公里。按照这一区域平均人口密度计算，汉代时期在我们所调查的 400 平方公里范围内应有人口 19892 人，即大致为 20000 人。

两相比较，出入达三倍以上，差别可谓明显。这并非数据的问题，而是由两种计算方法的不同造成的。第二种方法使用的是汉代琅邪郡的区域平均人口密度。众所周知，汉代琅邪郡境内各地区间的地理条件差别很大，而我们所调查的两城镇地区所在区域，地理环境比较优越。境内以山前平原为主，河流密布，而且紧邻海岸线，不但是该郡中农业生产条件最为优越的区域之一，而且又有鱼盐之利（汉代曾于此置盐官[⑥]）。与郡内其它地区、尤其是靠近内陆的多山地区相比较，该地区在各类资源，尤其是食物资源方面的优势是十分明显的。因此，自然可以养活更多的人口。显然，使用琅邪郡区域平均人口密度套搬于两城镇地区，显然有很大的局限性。即使在目前人口数量巨幅增加、人类适应自然的能力大为增强的情况下，该地区的人口密度仍然大大高于其邻近的内陆山区。

采用区域系统调查法在我国开展聚落形态研究不过是近几年出现的新生事物，方法本身值得总结的地方还有很多。因此，在此基础上进行区域人口问题的研究，也只是初步的探索。随着调查面积的扩大和对调查区域内不同类型、不同时代的遗址进行有针对性地解剖式发掘，有关房址密度、布局和功能等方面的信息将会更加有助于对人口问题的研究。

注　释

① 如《战国策·齐策一》战国时期齐国都城临淄有 7 万户，《史记·孟尝君》说齐国薛地的人口也达到 6 万家。

② a. 张忠培：《史家村墓地的研究》，《考古学报》1981 年第 2 期。b. 严文明：《横镇墓地试析》，《文物与考古论集》，文物出版社，1986 年。c. 朱延平：《裴李岗文化墓地再探》，《考古》1988 年第 11 期。d. 辛怡华：《元君庙墓地所反映的人口自然结构之分析》，《考古》1991 年第 5 期。e. 朱乃诚：《元君庙仰韶墓地的研究》，《考古学集刊（9）》，科学出版社，1995 年。

③ Jeffrey R Parsons.Archaeological Settlenent Patterns.*Annual Review of Anthropology* 1: 127-150，1972.

④ Jeremy A.Sabloff，Wendy Ashmore. An Aspect of Arehaeology's Recent Past and Its Relevance in the New Millennium.Archaeology at the Millennium: A Sourcebook, edited by Gary Feinman and T.Douglas Price.Kluwer Academic/Plenum Publishers, New York, 2001.

⑤ 方辉:《关于区域系统考古调查方法的认识与思考》,《考古》2002 年第 5 期。

⑥ Fekri Hassan.Demographic Archaeology.Academic Press, New York.1981.

⑦ Adams Robert M.Land Behind Baghdad: A History of Settlement on the Diyala Plains.The University of Chicago Press, 1965.pp.25.

⑧ Parsons, Jeffrey R.Prehistoric Settlement Pattern of the Texcoco Region, Mexico.*Museum of Aathropology*.University of Michigan, Meoirs 3, 1971.pp 23.

Blanton, Richard E., Stephen Kowalewsik, Gary Feinman, and Jill Appel.Monte Alban's Hinterland Part I: The Prehispanic Settlement Patterns of the Central and Southern Parts of the Valley of Oaxaca Mexico.Prehistory and Human Ecology of the Valley of Oaxaea.General Editors: Kent V.Flannery and Richard E.Blanton. Volume 7, Ann Arhor,1982 pp.10.

⑨ 中美两城地区联合考古队:《山东日照地区系统域调查的新收获》,《考古》2002 年第 5 期。

⑩ 山东省地方史志编纂委员会:《山东年鉴·济南》第 161 页,山东人民出版社,1988 年。

⑪ 国家统计局农村社会经济统计司编:《中国分县农村经济统计概要》第 261 页,中国统计出版社,1989 年。

⑫ 金其铭:《中国农村聚落地理》第 188 页,江苏科技出版社,1989 年。

⑬ 这一数字与苏北地区诸县的情况大致接近,该区每自然村人口数量,沛县为 522 人,丰县为 439 人,赣榆县为 843 人。同⑫第 325 页。

⑭ 国家土地管理局土地利用规划司编:《全国土地利用总体规划研究》第 143 页,科学出版社,1994 年。

⑮ 谭其骧主编:《中国历史地图集·第二册》第 19、20 页,中国地图出版社,1982 年。

⑯ 《汉书·地理志》第二十八卷上,琅邪郡海曲条下注。

(《华夏考古》2004 年第 2 期)

Haidai Region Landscape Archaeology

Bennett Gwen

（Department of Art History and Archaeology，Washington University，USA）

Landscape archaeology or "环境考古" is conducted around the globe，but has several definitions，depending on its practitioners and where it is done.A simple definition is that landscape archaeology situates past peoples within their landscape or environmental framework，and takes account，without being deterministic，of how this environment entered into the choices that they faced in their lives.

Our understanding of the development of complex societies in the Haidai region has been helped by the landscape archaeology approaches of several researchers.One of the first is Ding Su（丁骕），who published his ideas in a 1965 article "华北地形史与商殷的历史（TIhe geomorphology of the North China Plain and the history of the early Chinese）".Ding proposed，based on sedimentation rates and loess dating，that the Shandong Peninsula was originally composed of two mountainous islands，the central Taishan（泰山）area and the eastern Jiaodong（胶东）area that were eventually connected over time.These areas were joined together and to the mainland by alluvial deposition from the Yellow River（黄河）and other sources，which，in conjunction with other physical processes，also formed the present-day coast line.Ding came to these conclusions by plotting out the locations of archaeological sites from various cultural periods and noting their changes over time.His chronology was inaccurate，but his idea stimulated other scholars to pursue examinations of Holocene environmental conditions from an archaeological perspective.Ding's important contribution is his reminder that active land formation processes greatly affected what land was actually available for use by prehistoric people in the region.

K.C.Chang（张光直）adopted Ding's ideas in his 1986 synthesis of available environmental data for the early Holocene Hypsithermal period（全新世早期）. He proposed that "during periods of highest temperature and precipitation，parts of the eastern plains of North China were submerged and the other parts were marshy; Shantung was essentially an island separated from the western highlands of North China by water and marshes..." (1986: 72). This view was further built on by Wu Hung (巫鸿) in his 1987 article "从地形变化和地理分布观察山东地区古文化的发展 (An examination of the development of culture in Shandong made from the analysis of geography and topographical change), which used current archaeological data to refine Ding's model.

Two recent studies make in-depth use of archaeologically recovered environmental data to look at the inland Nanyanghu (南阳湖) region and the Jiaodong Peninsula (胶东半岛). Gao Guangren 高广仁 and Hu Binghua 胡秉华 (2000) looked at archaeological data from nine prehistoric sites dating from Beixin to Longshan in south-central Shandong in an article titled "山东新石期时代环境考古信息及其与文化的关系 (The information of environmental archaeology and its relationship with the ancient cultures in Shandong Province)". They looked at flora, fauna, pollen and spore remains to determine that environmental and climatic conditions had cycled through warm and wet, or cool and dry periods and that the distribution of sites in the Nanyanghu-Zhaoyanghu-Weishanhu (南阳湖-昭阳湖-微山湖) region reflected these differing conditions.

Researchers from the Chinese Academy of Social Sciences Archaeological Research Institute (CASS or 中国社会科学院考古研究所, 1999) conducted environmental archaeological investigations on shell midden sites in the Jiaoedong Peninsula reported in "胶东半岛贝丘遗址环境考古 (Environmental archaeology of the shell midden sites in the Jiaodong Peninsula)". They used pollen and faunal remains, soils analysis, geomorphological research, and evidence of sea transgressions to reconstruct the region's environment, and to look at man's effects on this environment. They also found evidence of similar climatic cycles along with violent swings in climatic conditions (CASS 1999: 174).

Coastline formation and sea level transgressions are also dealt with in several landscape archaeology studies and there is much evidence to show that Hypsithermal period sea levels in the Jiaodong Peninsula area were sometimes five meters higher than today. Shi Yafen and Wang Jingtai (1981) write that during the period from 4600-3400 B.C. the Bohai Bay would have been 30-50 km west of Tianjin. Yang Huairen and Xie Zhiren (1984) and Yang et.al. (1988) write that sea transgressions reached up to 100-150 km. inland in northern Jiangsu.

The Jiaodong Peninsula study found that during the period between 4,000-2,500 B.C., sea transgressions reached 35 km inland in the Laizhou Bay (莱州湾), up to 10 km inland in river channels and ravines, and two km inland in areas of bedrock coastline (CASS 1999:

190). Sea levels in bedrock harbors reached from five or even ten meters higher than present day levels (CASS 1999: 216). Sea transgressions and their effects were important for determining site locations in the Jiaodong Peninsula(CASS 1999: 216), all of which are now three kilometers from the present day sea coast.

when these environmental approaches are applied to the Longshan period (龙山时期) in the Rizhao region(山东省日照市地区), we can make some interesting observations that help us better understand settlement concems at that time.

Liangchengzhen (两城镇遗址) sits on a terrace 10-20 meters in elevation, but below this terrace most elevations are below five meters a.s.l.Liangchengzhen is now five to six km from the sea but at the height of the 2500 B.C.sea level transgressions.it would have overlooked an estuary on its northern, eastern, and southem sides.According to the first four years of Liangchengzhen survey data (1995-1999), there are a total of 31 sites that are situated on the 10m.elevation line, including the Liangchengzhen site and four Tier 3 sites (Bennett / 关玉琳 2002).

Many of coastal Shandong's largest Longshan sites such as Rizhao Liangchenzhen, Donghaiyu(东海峪), Yaowangcheng(尧王城), and Sujiacun(苏家村); Jiaoxian Sanlihe (胶县三里河); as well as Jiangsu, Lianyungang, Tenghualuo (江苏省连云港藤花落) are located on both the 10m.elevation line and also at the confluence of streams with the Yellow Sea(黄海). These sites were protected from high tides and storm surges, and would have had freshwater at their margins and estuaries at their doorsteps, providing them with an abundant variety of resources along with command of transportation routes to the interior.Liangchengzhen would have controlled the most direct transportation route to the Wulian Mountains (五莲山脉), and to the shortest pass over these mountains to the Zhucheng region of Weifang City where the Chengzi site (诸城呈子遗址) is located.

Sheltered bays and sea access may have also been a consideration in the locational choices for these large Longshan settlements.There is clear evidence by this time for a maritime exchange system between the Shandong and Liaodong peninsulas at the Liaoning Shuangtuozi (CASS 1996), Guojiacun 郭家村 (Chang 1986: 288) and Wenjiatun (文家屯) sites and the Shandong Beizhuang site (山东省北庄遗址). Sea links would have been aided by the prevailing winds of the seasonal monsoon and the prevailing ocean currents.Sea salt production may have been another factor in location choice.Many coastal settlements made salt in evaporation ponds (like those that now line the seacoast near Liangchengzhen by the hundreds) or the burning of brine-absorbing marsh reeds.

Current knowledge of Longshan period occupation in the Futuan River area（傅疃河流域）South of the Liangchengzhen Chaohe watershed（潮河流域）provides a puzzling contrast to it.This river and its tributaries，unlike Liangchengzhen's Chaohe River，form a much larger watershed.Several Futuan tributaries begin in passes through the Wulian Mountain region，and would have been obvious transportation routes to the interior，allowing access to the Shu （沭河流域）and Yi River（沂河流域）system in Juxian（日照市莒县）. The Futuan River watershed would have provided not only water and access to large amounts of farm land，but would have also been the maior transportation route to a much larger interior region than the Chaohe.Many unpublished Longshan period sites are located on tributaries of the Futuan.Some of the largest of these sites are Xiaodaituan（小代疃），located on the Futuan，and Yaowangcheng，located on a tributary that joins the Futuan west of its mouth on the Yellow Sea.Dataoyuan（大桃园）is another large site within the Futuan watershed.

The Futuan watershed seems as if it would be more likely location for a large dominant settlement like Liangchengzhen than the Chaohe watershed，and comparing these two watersheds can lead to a better understanding of why Liangchengzhen is located where it is.The Futuan watershed has three large Longshan sites，and most likely more.However there is no site as large as Liangchengzhen.why did the people living at Liangchengzhen choose to establish their settlement on the Chaohe River，and not on a larger river like the Futuan?Access to resources available at Chaohe River mouth must have been an important consideration，but not the most important，as other locations provided these resources as well.Control of the interior must have been important，but the Futuan watershed is both larger and richer in terms of water resources and farm land，and its tributaries also lead to passes through the Wulian mountains into the Shu and Yi River systems beyond.

The larger Futuan drainage seems to have had several advantages over the Chaohe drainage. But perhaps it was just this its large size，and its topographically unconstrained territory that did not allow use，and more importantly，control by any one dominant entity.Effective territorial control over the region around the Chaohe River would have been much easier，especially since Liangchengzhen would have been surrounded by rivers，estuaries or marshes on three sides during the time of higher sea levels in the Longshan period.

Much of the area to the north and northeast of Liangchengzhen must have been extremely wet and marshy in Longshan times，isolating the approaches to Liangchengzhen from these directions. The steep rock slopes of the Sishan and Heshan Mountains（丝山山脉和河山山脉）would have flanked Liangchengzhen's territory to the southeast and southwest, and the rocky slopes of the Wulian Mountain range were located on its northwest, slightly more distant from the Liangchengzhen settlement.

Liangchengzhen's territory would not have been impenetrably surrounded by these water and mountain boundaries, but it would have had only three easily accessible approaches: the coast on the east, the Jinyin river (金银河) flowing through a gap in the Heshan-Sishan Mountains on the southwest, and the Chaohe River flowing through a pass in the Wulian Mountains from the northwest.The settlement's advantageous location for the exploitation of marine and freshwater resources and access to farm land is already clear.Now, by looking closely at its position on the landscape, Liangchengzhen's optimally situated defensive location can also be clearly understood.

The CASS researchers reported that pre-Dawenkou period shell midden sites were found in the Jiaodong Peninsula but the Field Museum-Shandong University survey found only four sites with Dawenkou period sherds.However, there are published Paleolithic and Mesolithic occupations in the Sishan Mountain region (临沂地区文物管理委员会 Linyi Diqu Wenwu Guanli Weiyuanhui 1985). It is unlikely that the region was totally depopulated from the Mesolithie until the Longshan period, since there is evidence for pre-Dawenkou and Dawenkou period occupation to the north and south.Dawenkou and earlier occupations may have been destroyed by subsequent occupations, or they may have been washed away or covered over by erosion during the mid-Holocene period.

Currently, there is only slight evidence of possible pre-Longshan occupation at Liangchengzhen.If this was the case, and there do not seem to be environmental factors which would have barred earlier occupation, it appears that a fortuitous combination of several factors may have led to the settlement having developed into the flourishing community that it did.Settlement location choices would probably have been different in the pre-Longshan period than in the Longshan period and the selection of early period community locations do not seem to have been as concerned with defensive considerations as much as with subsistence.But if Liangchengzhen was settled shortly before its height in the early-middle Longshan period when there were other large and powerful communities also located in the southeastern coastal region, then defense was probably an important consideration.It might be that Liangchengzhen, through the combined luck and wisdom of its ancestors, was Iocated in a position that was favorable to the concerns of both the pre-Longshan and the Longshan period inhabitants.

As it was, the Liangchengzhen site cluster was located in an environmentally favorable location that allowed for easy access to a wide variety of subsistence and other resources.It was also located with access to both inland river and coastal transportation routes.By chance or design，the Liangchengzhen area's physiographic characteristics resulted in natural boundaries existing along almost all sides of the Liangchengzhen settlement cluster, with the area's transportation routes passing through narrow constrictions in the landscape. And in fact, each of these three points of constriction has a site located at it, two of which are large Tier 3 sites.An additional gateway site is located at the confluence of a smaller tributary stream with the Chaohe.

The serendipitous convergence of many environmental factors，some of which were a favorable physical environment with arable land，good water sources，controllable access routes，and a defensive location may have played a part in nurturing the growth of Liangchengzhen into not just the largest Longshan site within the Rizhao area，but in all of eastern China.The high levels of achievement obtained by the Longshan period people living within this environment have been clearly evidenced ever since the site was discovered in the early 1900s.

References

Bennett，Gwen P.（关玉琳）

2002　The Organization of Lithic Production during the Longshan Period（ca.2600-2000 B.C.）in Southeastem Shandong Province，China（中国山东省东南地区龙山时期，2600-2000 B.C.，石器生产与其组织）. Unpublished Ph.D.dissertation，UCLA Cotsen Institute of Arehaeology.

Bi Fuzhi and Yuan Youshen

1988　A Preliminary Study of Beachrocks and Paleoclimate in China over the past 5000 years.*The Paleoenvironment of East Asia from the mid-Tertiary（Proceedings of the second conference）*，Pauline Whyte，ed.，pp.337-344.Centre of Asian Studies，University of Hong Kong.

Cai，F.S.，H.G.Yu，F.S.Luan，H.Fang，（蔡凤书，于海广，栾丰实，方辉）A.Underhill，G.Feinman，L.Nicholas，G.Bennett

1997　山东日照市两城地区的考古调查（Archaeological Survey in the Rizhao City Region，Shandong）. *Kaogu*（考古）1997（4）：1-17

CASS：see Zhongguo Shehui Kexueyuan Kaogu Yanjiusuo（中国社会科学院考古研究所）

Chang，K.C（张光直）

1986   *The Archaeology of Ancient China（Fourth edition）*. Yale University Press，New Haven.

Ding Su 丁骕（William S.Ting）

1965   华北地形史与商殷的历史（The Geomorphology of the North China Plain and the History of the Early Chinese）. *Bulletin of the Institute of Ethnology，Academia Sinica* 中央研究院民族学研究所季刊（20）：155-162.

Gao Guangren（高广仁）and Hu Binghua（胡秉华）

2000   山东新石器时代环境考古信息及其与文化的关系（The Information of Environmental Archaeology and Its Relationship with the Ancient Cultures in Shandong Province *Zhongyuan Wenwu*（中原文物）2000（2）：4-12.

Linyi Diqu Wenwu Guanli Weiyuanhui（临沂地区文物管理委员会，Linyi District Cultural Relics Administrative Committee）

1985   山东日照秦家官庄发现旧石器（Discovery of Paleolithic Stone Tools at Qinjiaguanzhuang，Rizhao，Shandong）. *Kaogu*（考古）1985（5）：385-388.

Linyi District Cultural Relics Administrative Committee and the Rizhao City Library（临沂地区文物管理委员会和日照市图书馆）

1985   日照尧王城龙山文化遗址试掘简报（Preliminary Report on Test Excavations at the Longshan Culture Site of Yaowangcheng，Rizhao）. 史前研究（*Shiqian Yanjiu*）1985（4）：51-64.

Rizhao City Library and Linyi District Cultural Relics Administrative Committee（日照市图书馆和临沂地区文管会）

1986   山东日照龙山文化遗址调查（A Survey of Longshan Culture Sites in Rizhao，Shandong）. *Kaogu*（考古）1986（8）：680-702.

Shandong Provincial Museum，Rizhao County Cultural Center，Donghaiyu Excavation Team（山东省博物馆，日照县文化馆，东海峪发掘小组）

1976   1975 年东海峪遗址的发掘（Excavation of the Donghaiyu site in 1975）. *Kaogu*（考古）6：378-382，377.

Shandong Province Regional Gazetteer Editorial Committee（山东省地方史志编纂委员会）

1996   山东省志—自然地理志（*Shandong Province gazetteer-gazetteer of natural geography*）. Shandong Renmin Chubanshe，Jinan.

Shandong Proxrince Map Publishing House，editors.（山东省地图出版社）

1988   山东省地图册（*A Handbook of Maps for Shandong Province*）. Shandong Sheng Ditu Chubanshe，Jinan.

1995   山东省地图册（*A Handbook of Maps for Shandong Province*）. Shandong Sheng Ditu Chubanshe，Jinan.

Shi Yafeng and Wang Jingtai

1981   The Fluctuations of Climate，Glaciers and Sea Level since Late Pleistocene in China. *Sea Lerel，Ice，and Climatic Change*（*Proceedings of the Canberra symposium，December* 1979），Ian Allison，ed.IAHS Publication No.131，pp.281-293.International Association of Hydrological Sciences，Oxford.

Underhill，Anne，Gary Feinman，Linda Nicholas，Gwen Bennett，Cai Fengshu，Yu Haiguang，Luan Fengshi，Fang Hui

2002   Regional Survey and the Development of Complex Societies in Southeastern Shandong，China.*Antiquity* 76：745-55.

1998   Systematic Regional Survey in Southeastern Shandong Province，China. *Journal of Field Archaeology* Vol.25（4）：453-474.

Wang Qing

1999   大禹治水的地理背景（The Geographical Background of the Controlling of the Waters by the Great Yu）. *Zhongyuan Wenwu*（中原文物）1999（1）：34-42.

Whyte，Pauline，ed.

1988   *The Paleoenvironment of East Asia from the Mid-Tertiary*（*Proceedings of the Second conference*）. 2 *volumes*.Centre of Asian Studies，University of Hong Kong.

Whyte，Robert Orr，ed.

1984   *The Evolution of the East Asian Environment*，2 *volumes*.Centre of Asian Studies，University of Hong Kong.

Wu Hong（巫鸿）

1987　从地形变化和地理分布观察山东地区古文化的发展（An Examination of the Development of Culture in Shandong Made from the Analysis of Geography and Topographical change）. *Kaoguxue Wenhua Lunji*（考古学文化论集）, edited by Su Bingqi 苏秉琦主编, pp.165-180.Wenhua Chubanshe.Beijing.

Yang Huairen，Chen Xiqing，and Xie Zhiren

1988　Sea Level Changes since the Last Deglaciation and Their Impact on the East China Lowlands.*The Paleoenvironment of East Asia from the Mid-Tertiary*（Proceedings of the Second Conference）, Pauline Whyte，ed., pp.356-374.Centre of Asian Studies，University of Hong Kong.

Yang Huairen，and Xie Zhiren

1984　Sea-Level Changes in East China over the past 20,000 years.*The Evolution of the East Asian Environment*，Robert Orr Whyte，editor.Vol 1，pp.288-308.Centre of Asian Studies，University of Hong Kong.

Ye Qingchao，Li Zhongchen，Yang Yifen，Sun Zhongming，Zhang Yifeng，Cao Yinzhen，eds.

1990　黄河下游河流地貌（*Geomorphology of the Lower Reaches of the Yellow River*）. Scienee Press.Beijing.

Zhang Zonghu，Chief Compiler

1990　*Quaternary Geologic Map of the People's Republic of China and Adjacent Sea Area*，1:2，500，000（*including explanatory text*）. China Cartographic Publishing House，Beijing.

Zhao Songqiao

1986　*Physical Ceography of China*.John Wiley and Sons.New York.

Zhongguo Ditu Chubanshe，editors（中国地图出版社）

1987　山东省地图（*A Map of Shandong Province*）. Zhongguo Ditu Chubanshe，Beijing.

1995　江苏交通旅游图册（*A Handbook of Maps for Transportation and Tourism in Jiangsu*）. Zhonghua Ditu Chubanshe，Shanghai.

Zhongguo Renmin Jiefangjun Zongcanmoubu Cehuiju（China Peoples' Liberation Army Headquarters of the General Staff Mapping Bureau，中国人民解放军总参谋部测绘局）

1983　1:50,000 m.scale，Map Sheet "Zhigou 9-50-11-Jia".

1983　1:50,000 m.scale，Map Sheet "Zhucheng Xian 9-50-11-Yi".

1983　1:50.000 m.scale，Map Sheet "Wulian Xian 9-50-11-Bing".

1983　1:50,000 m.scale，Map Sheet "Hubuling 9-50-11-Ding".

1983　1:50,000 m.scale，Map Sheet "Shimen 9-50-12-Jia".

1983　1:50,000 m.scale，Map Sheet "Liwuguan 9-50-12-Bing".

1983　1:50,000 m.scale，Map Sheet "Boli 9-50-12-Ding".

1983　1:50,000 m.scale，Map Sheet "Shichang 9-50-23-Jia".

1983　1:50,000 m.scale，Map Sheet "Jiaonan Xian 9-50-24-Yi".

1985　1:50,000 m.scale，Map Sheet "Zhanjiacun 9-50-23-Yi".

1985　1:50,000 m.scale，Map Sheet "Huangdun 9-50-23-Bing".

1985　1:50,000 m.scale，Map Sheet "Rizhao Xian 9-50-23-Ding".

1985　1:50,000 m.scale，Map Sheet "Liangchengzhen 9-50-24-Jia".

1985　1:50,000 m.scale，Map Sheet "Gongkou 9-50-24-Yi".

1985　1:50,000 m.scale，Map Sheet "Shijiusuo 9-50-24-Bing".

1985　1:50,000 m.scale，Map Sheet "Taoge 9-50-35-Yi".

Zhongguo Kexueyuan Dili Yanjiusuo（Geography Institute of the Chinese Academy of Social Sciences，中国科学院地理研究所）

1988　中国地貌图（*A Geomorphological Map of China*）1:1,000,000.Science Press，Beijing.

Zhongguo Shehui Kexueyuan Kaogu Yanjiusuo（CASS，中国社会科学院考古研究所）

1988　胶县三里河（*Jiaoxian Sanlihe*）. Culture Relics Puldishiry House，Beijing.

1996　双坨子与岗上：辽宁史前文化的发现和研究（*Shuangtuozi and Gangshang：the Discovery and Research of Liaoning Prehistoric Culture*）. Science Press，Beijing.

1999　胶东半岛贝丘遗址环境考古（*Shell Midden Sites in the Jiaodong Peninsula：Studies in Environmental Archaeology*）. Shehui Kexue Wenxian Chubanshe，Beijing.

（《东方考古（第 1 集）》，科学出版社，2004 年）

丹土与两城镇玉器研究
——兼论海岱地区史前玉器的几个问题

燕生东　高明奎　苏贤贞

引　言

　　五莲县丹土、日照市两城镇遗址是山东东部沿海地区两个著名的史前遗址，相隔不足 4 公里。它们以聚落规模大、出土玉器多而闻名于世。丹土、两城镇遗址出土的玉器在海岱地区史前玉器中占有好几个第一，如，是目前海岱地区出土玉器数量最多的史前遗址之一，有最扁薄的玉器（如厚仅 0.2 厘米的玉钺、玉刀），最长的玉钺（30 多厘米）、最长的玉刀（50 多厘米）、直径最大的玉璇玑（20 多厘米），还发现了山东地区唯一的一件史前玉琮和刻有兽面纹的玉锛（圭）等。由于绝大多数玉器为村民在平整土地和挖土时发现的，又被不同文物部门征集和收藏，迄今，学界还尚未系统收集、整理和总体考察这些玉器。目前所发表的有关图录和论文中多把丹土和两城镇玉器定为龙山文化时期。两城镇遗址由于考古工作开展较早，考古资料也较多，该遗址主要是龙山文化遗存，1936 年发掘的龙山文化墓葬 M2 内还出土了玉钺，玉器归于龙山时期应无多大问题。而最近的考古发掘表明，丹土遗址则包含着大汶口文化晚期和龙山文化等时期的遗存。2001 年，笔者在五莲县董家营遗址进行考古发掘，在大汶口文化中晚期墓葬内发现了一批玉石器，工作期间又仔细观摩了五莲县博物馆馆藏的丹土等遗址历年来出土的玉石器。后文蒙刘延常先生惠允，还有幸观摩了山东省文物考古研究所在丹土遗址发掘的玉器和其他材料。我们认为，丹土玉器的年代归属存在着问题，并影响了对海岱地区史前玉器的整体评价，因而有重新研究的必要。此外，丹土与两城镇玉器的关系、玉器制作、玉料来源以及这种高精端产品在海岱地区史前社会中的运作方式与过程、在社会复杂化过程所扮演的角色以及从玉器角度所反映的这两个聚落之间的关系等诸多问题都有深入讨论的必要。

一、海岱地区玉器的研究与各阶段发展特点

在分析丹土、两城镇玉器之前，首先回顾下海岱地区史前玉器*研究概况，其次简要介绍一下各阶段玉器的发展特点。

以山东行政区为中心的东方地区，考古上称为海岱文化区或东夷文化区。经过几十年的工作和研究，考古工作者在该地区已初步构建起后李—北辛—大汶口—龙山—岳石文化自新石器时代中期至青铜时代初期的发展谱系和序列。研究表明，公元前 6000～前 1500 年间海岱文化区基本上是独立发展的，是中国古代六大文化区之一。近十几年来，学者们从不同角度对海岱地区的玉器进行了专门研究和叙述。在中国玉文化区系类型划分上，多数研究者把海岱区看作为一个独立的玉文化区或亚文化区（系）。学者们对海岱地区的玉器分布、分期、时代特征、来源以及与周围文化区玉器的关系，尤其是海岱地区玉器在中国史前玉文化的地位、对夏商玉器文化的影响，已做了相当深入的探讨[①]。自此，我们对海岱地区史前玉器诸方面有了基本了解。大致说来，有些研究者把海岱地区玉器作为一个独立系统[②]，还有学者认为应属于次生型的亚系统[③]，而有的学者认为自公元前 3000 年之后该地区才有自己的玉器传统或工业[④]。把海岱地区玉器作为独立系统或亚系统的主要依据是其有自己特色的玉器种类，如各种形态的玉钺、齿刃钺、戚、兽面纹玉锛（圭）、刀、冠形饰、璇玑（牙璧），最早的牙璋，工艺独特的镶嵌绿松石，刻纹和镂孔透雕等治玉技术。但也有学者把海岱地区玉器划归为涵盖整个东北和山东地区的东夷集团玉器[⑤]，或者早期属于东夷玉文化板块，晚期（相当于龙山文化时期，距今 4500～4000 年）独立成海岱玉文化东夷玉器亚板块[⑥]。学者们把海岱地区史前玉器归入东北地区玉文化系统是由于海岱地区存在与东北地区相同或相近的玉璧、多联璧、环、瑗、璇玑、镯等。对于海岱地区史前玉料的来源研究，以往的学者认为是就地取材，但最近对海岱等地区玉料的物理特征、矿物成分、化学成分和显微结构的研究表明，该地区的相当部分软玉原料，可能来自辽宁岫岩玉矿地带[⑦]。

本文主要是参照近几年来的新发现和研究成果，把海岱地区玉器置于中国整个史前玉石器工业发展过程中——尤其是辽海、江淮、太湖和中原地区玉石器文化系统下——考察。通过分析海岱地区不同时期玉器的种类、组合、形态、玉器原料来源以及玉器在不同地区、不同聚落、不同等级墓葬（地）的呈现，来探讨海岱地区史前时期各阶段的玉器制作、控制、流通、分配等方式以及所表现的社会运作模式、过程和机制，并分析一下海岱地区对江淮、辽海、太湖等地区玉器种类、形态和玉

---

* 由于绿松石器多属耳坠饰品，形体小，出土数量多，分布范围广泛，本文提及的玉器基本不包括此类器物。

料的引进与认同，玉器在社会各阶层的表现形式及其在社会复杂化进程中所扮演的角色。

新石器中期的后李—北辛文化石器工业以石磨盘、磨棒、斧、铲、盘状器、镰等组合为总体特征。长清月庄、滕州北辛、邳州大墩子等地均发现了这个时期的石器制作场，说明石器是在当地制作的，但总体样式、组合特征、技术传统应属于中原磁山—裴李岗石器工业系统。相当于北辛文化中晚期的苏北灌云大伊山遗址⑧却开始出现石钺、锛、凿、刀组合以及玉玦、璜、珠等南方玉石器工业系统的产品，除了水晶质玦是当地生产的外，其他玉石器应为流通至此的江淮地区产品。在大汶口文化早期及中期前段，海岱地区玉石器工业以各种形态的钺、斧、锛、凿和少量刀为组合，就器物形式和技术系统而言，属于典型的北阴阳营—薛家岗玉石器工业系统⑨，之后仍为该传统的延续（下文玉石钺的演变轨迹也可证之），但受到南方的良渚文化玉石器工业系统的影响非常大，整体而言，归入后者工业系统也未尝不可。只是由于环境、经济形态的差异和原料问题，良渚文化中许多有特色的石器种类如耘田器、破土器、石犁和镰等不见于海岱地区。

大汶口文化时期（4200～2600BC），海岱地区对外来玉器引进是有选择的。种类上多见装饰品，形态上以小型玉器为主，少见大型器类。江淮地区常见的玉钺、刀、玦以及各类桥形、月牙形和条形璜（只在新沂小徐庄大汶口文化早期遗址、徐州小山口和萧县金寨见到这类璜）在海岱文化区腹地比较罕见。良渚文化典型的玉琮、形体较大的玉璧、冠形饰（梳）、镦、冒（在海岱地区则以骨质和象牙质替之）等，以及随葬较多数量的琮、璧、钺等埋葬习俗特征也不见于海岱区腹地的墓地内*。红山文化典型的箍形器、勾云形器、玉人、猪龙、龟、凤、鸟等动物类以及辽东半岛常见的玉斧、锛类基本不见于海岱地区。但江淮和太湖地区的小璧、小环、瑗、半圆形璜、管、圆饼饰、指环、筒形玉镯、臂环等在海岱地区较常见，红山文化的玉器如小型截面呈扁薄椭圆体的玉璧、环、瑗、双联璧、三联璧和四联璧等，小河沿文化的玉璧、环⑩，以及辽东半岛的玉璇玑⑪频繁出现在大汶口文化中期、晚期墓葬内。海岱地区各地的大汶口文化中晚期墓地内大都出土了良渚文化各类形态的镦形饰。此外，海岱地区还把从各地引进的多种器物如江淮、太湖和辽海地区的多个小璧、小环、联璧组合成新的装饰品——项饰和头饰，在新沂花厅⑫、邹县野店⑬、泰安大汶口⑭高等级墓葬内均有发现。野店M47内出土了由多个璧、环组成的臂饰。镦形饰除在头部、颈部做装饰品外，有些放在死者手旁、口内，像野店M62，还把四五件镦形饰成组地摆放在一起，放在二层台上。可以说，这些外来的玉器在功用上已经有所改造了。但较大型玉器类如代

---

* 由于良渚文化北侵已至淮河两岸的阜宁、涟水一带，苏北的花厅大汶口遗址、三里墩遗址和皖北的金寨遗址都出土了数量较多的典型良渚文化的玉器，玉器在随葬品中的地位和比例高，但这在整个海岱地区只是特例。

表军事指挥权的玉钺等，除少量从南方进口外，多是用本地各种各样的"美石"制作
或仿制的*。玉器矿料研究表明，有些玉料来自辽宁半岛的岫岩矿，有些来自南方地区，
有些属于本地的"美石"类。这在不同阶段，比重不一。此外，海岱地区大汶口文化
时期的墓葬内，表达财富和社会地位、身份的是成套的鼎、鬶、豆和各类杯，如觚形
杯、筒形杯、薄胎高柄杯、厚胎高柄杯等，以及陶炊器、盛食器、酒器，而酒器的比
例随时代的发展愈来愈重，大汶口晚期甚至酿酒用的大瓮、罐、过滤器等也随葬在墓
内。莒县陵阳河随葬薄胎和厚胎高柄杯占随葬陶器总数的 45%，其中 M17、M6 分别
随葬 83、93 件，占随葬陶器总数的 55%～60%，M17 随葬猪下颌骨的数量达 33 块，
鬶 15 件[15]。因而，在多数墓葬内，玉制品并没有得到强调或凸显，这种情况只有到了
龙山文化时期才有了改变。

　　大汶口文化早期，苏皖地区玉石器工业崛起（可能延续到大汶口文化中期前段），
以凌家滩为代表的玉文化已经非常发达，对海岱地区玉器影响很大。北方地区玉器
工业出现虽早，像兴隆洼文化、红山文化早期都出土了一定数量玉器，但目前还看
不出对海岱地区的影响来。这个时期，海岱地区的玉器以装饰品为主，种类仅见小
璧、小环、臂环饰（如环）、镯、璜，个别遗址有玦、斧、钺等，其中小璧、小环的
数量最多，真正的玉质少，多美石类。其分布特点是，南部遗址出土多，愈向北部
数量递减，种类也少。安徽萧县金寨采集到数量较多的桥形璜、条形璜、月牙璜、
刀形器、球、珠、管等[16]。新沂小徐庄 22 座墓[17]内有 8 座墓随葬玉器，占墓葬总数的
36% 以上，有钺、小璧、环、镯、璜、玦、双联璧（为早期偏晚或中期偏早）等十几
件**。徐州小山口出土了各种桥形璜等。邳县大墩子公布的 186 座墓葬内，随葬玉器
的有 39 座，占墓葬总数的 22%，但每墓仅随葬一两件玉器[18]。邳县刘林 197 座墓葬，
据不完全统计约 15 座（应包括所谓地层内出土的完整玉器）随葬玉器，约占墓葬总
数的 7.5%，有小璧、环、璜形佩、镯等 20 余件[19]。野店 42 座墓内只有 4 座随葬玉器，
比例不足 10%，共 7 件，种类有小璧、镯等。王因 899 座墓葬中[20]，只有 21 座墓随
葬玉器（墓主人多数为女性），不足墓葬总数的 3%，种类仅见镯形环、小璧、小环。
大汶口 46 座早期墓葬内，有 7 座随葬玉器，比例为 15% 多一点，仅有臂环饰、瑗、
镯、璜等 8 件[21]。若把这些数字用大样本总体成数检验，海岱南部的苏北、皖北地区，
聚落等级较高的像小徐庄、金寨遗址，出土玉器数量、种类较多，而周围大墩子、
刘林等级较次的聚落，玉器出土较少。小徐庄、金寨可能是江淮地区玉器北传的中

---

*　章丘焦家出土了较多的玉钺、斧类，从发表的线图分析，时代稍早。但笔者在济南市博物馆看到了一
　件"玉钺"，应为石钺。很遗憾，原报告未发表其他玉钺彩版，笔者也未能见到实物，不能一一核实。

**　笔者于 1999 年秋在新沂市博物馆看到了这批材料，并做了详细记录和绘图，感谢程东辉、张浩
　林等先生提供的方便。

转站，控制着玉器的贸易。在大汶口文化腹地各地区内，玉器数量递减，种类也少，玉器的流通似为沿途的互惠贸易。就遗址和墓葬的规模、随葬品种类和数量多寡而言，大汶口、王因、野店这些聚落和墓地间已有了等级差异，但随葬玉器上看不出这种区别。另外，在具有中心聚落等级性质的大汶口遗址，高级别墓葬 M1014、M2007、M2005、M2019、M2018、M2009 随葬了几十件或上百件陶制炊器、盛食器、酒器，却不见玉器，说明上层人物并不认同这些远方的玉器，也未参与或主导这样的贸易活动。

因此，从这个时期玉器种类、质料、形体特征以及出土环境和分布情况来看，存在着江淮地区玉器成品由南向北流通的趋势。在苏北、皖北地区，存在着个别聚落控制玉器的流通，但在海岱地区腹地，玉器数量递减，表现的是沿途的互惠贸易，但这些奢侈产品还得不到当地上层人物的认同。

大汶口文化中期和晚期前段，北方的红山文化玉器工业进入鼎盛时期，与其大体同时或稍后，南方的良渚文化在继承了苏皖（凌家滩）玉器传统后，把玉器制作推向中国玉器工业的顶峰。海岱地区出土玉器的种类、形态、数量、玉料以及墓葬随葬玉器的情况发生了大变化，各级聚落墓葬内出土玉器的比例明显提高。主要玉器种类有各种形态的镞形饰、小璧、小环、瑗、环、筒形镯、多联璧、璜、钺等。

就出土背景和玉器在整个海岱地区各级聚落的分布情况而言，大体看出以下特点和规律：

（1）江苏和安徽北部地区花厅、涟水三里墩、金寨遗址内出土了大量良渚文化玉石钺、锛、刀、琮、大型璧、管形琮饰、璜、冠形饰、镞形饰、圆饼形饰、玉片等。花厅北区 62 座墓葬内，至少出土了 500 余件（组）玉器*（包括采集），种类繁多，仅各类镞形器就达 120 余件，玉器数量占随葬品的 30%多。花厅、金寨等聚落在良渚文化玉石器北传过程中可能具有中转站或集散地的作用。

（2）玉器集中出土于区域中心聚落的高等级墓葬内，如大汶口文化中心区域汶泗流域的花厅[22]、金寨、野店、大汶口、章丘焦家[23]。花厅 80%的玉器集中出土于 10 座超大型墓葬（其中 8 座有殉人），大汶口 70%的玉器也出土于大型墓葬内。野店 8 座大汶口文化中晚期大型墓葬 M15、M22、M31、M47、M49、M50、M51、M62 出土的玉器之和占了玉器总量的 90%以上。

（3）各区域中心聚落出土的玉器数量多，种类也多，随葬玉器的比例高。花厅北

---

* 花厅墓地地表水土流失严重，常出露随葬品，新沂市博物馆曾采集了 48 件玉器，应是被破坏墓的随葬品。见臧公珩：《新沂市博物馆藏花厅墓地出土文物》，《东南文化》1998 年第 3 期。

区 62 座墓葬中（包括儿童墓和被破坏的残墓），有 48 座随葬玉器，约占 80%，平均每座墓近 10 件（组）；野店 41 座墓内有 12 座随葬玉器，占到总数的近 30%，仅玉环、璧就达 40 余件；大汶口墓地 133 座墓中有 27 座葬玉，占总数的 20% 多；焦家出土玉器上百件，种类有玉钺、璧、环、瑷、璜、镯、镞形饰等，仅钺类就达 7 件，镞形饰近 20 件。中小型聚落的墓地出土玉器比例低，数量和种类都少，质量差，出土情况复杂，而且在分布上，存在向北、东、西逐渐递减的趋势。距花厅遗址较近的邳州大墩子 156 座墓内有 43 座随葬玉器，占墓葬总数的近 29%，比例较高；枣庄建新 92 座墓，只有 8 座墓随葬玉器，不足 9%，玉器也只有 8 件，种类仅见镞形饰、小璧、璜、圆形饰[24]；西夏侯 32 座墓内 5 座随葬玉器，占 15% 多一点，种类有镞形器、臂环、小环、珠；兖州六里井 18 座成人墓中无一墓随葬玉器[25]；安徽蒙县尉迟寺刊布的 66 座成人墓中[26]，仅 3 座墓内随葬镞形器等玉器，不足 5%；茌平尚庄[27]17 座墓内，有 5 座随葬玉器（墓葬数少，随葬玉器的比例无意义）；潍坊前埠下墓葬 33 座（其中 M3 内埋 19 具人骨，M12 内 14 具），仅 4 座墓出土玉器[28]；桓台李寨清理的数百座大汶口中晚期墓葬内[29]，出土小璧、小环、镯和镞形饰等玉器仅十数件；呈子发现大汶口文化中期墓葬 12 座，由于有些合葬墓上下埋葬，并各有自己的随葬品，可算作 21 座，也只有 4 座随葬玉器[30]；广饶五村 75 座墓葬内有 4 座墓葬随葬玉器，比例为 5% 多一点，出土镞形饰、小环、珠，共 4 件[31]。

以良渚文化典型玉器——镞形饰为例说明一下玉器的流动。花厅出土各种形态的镞形饰 120 余件（62 座墓），野店发现 10 件（42 座墓，但仅出自 M62），大汶口有 29 件（133 座墓），焦家近 20 件，建新 7 件（92 座墓），西夏侯发现 6 件（32 座墓），尉迟寺 3 件（66 座墓），桓台李寨 5 件（数百座墓），呈子 2 件（21 座墓），五村 1 件（75 座墓）。这些或可以说明，一方面良渚文化玉器类的流布自南向北、向西、向东南逐步递减（当然，应该注意的是区域中心聚落出土的镞形器等玉器并不遵循这样的流通规律），另一方面还表现出多峰值的分布趋势。考虑到各区域中心聚落的玉器出土量都较大，又集中出自高等级墓葬内，说明这些中心聚落的贵族控制着玉器的流通和分配，但这种控制和分配也应是多渠道的、多种形式的。各区域玉器种类、形制类型和质料也有些不同，暗示玉器来源是多渠道的（当然以良渚文化玉器为主）。

此外，在中小型聚落墓地里，玉器多出自中小型墓，而不是规格较高的墓葬内。建新玉器墓集中分布在 B 区和 C 大区的南部墓组内，而大型墓 M39、M42、M44、M46、M60 等并未随葬；西夏侯的玉器分布在西区墓地的 5 座墓中，也并非大型墓的随葬必需品；尚庄的玉器也主要出自中小型墓内，如随葬玉镯的 M26、M27 等，较大型墓如 M23、M25 并未随葬玉器。如此证明这些聚落的大部分社群，主要是上层并没有认同玉器这种奢侈品，从另一侧面也说明玉器有着不同的分配方式。就玉器角度而言，地域中心聚落对周围中小型聚落的控制并不强，或者可以说玉器的分配和控制还不能成为连接中心聚落与次级聚落上层人物之间关系的有效手段。

就目前发现的玉器形态、质料、来源而言，这个时期的玉器可分三类：

第一类　来源于江淮和良渚文化的玉器。如各类镞形饰、筒形镯、剖面呈横长方形的璧、瑗、环、管形饰、几何形玉片饰、璜、钺、有段石锛以及少量的琮等。其数量最多、分布特点是海岱地区南部多，愈往北、东北、西部，数量和种类愈少，像花厅、金寨等聚落具有中转站和集散地的性质，区域中心遗址玉器数量和种类多、玉质好，应该控制着玉器的流通。

第二类　来自辽海地区特别是红山文化玉器系统类。如用岫岩制作的双联璧、三联璧、四联璧，边缘有扉牙的小璧，孔缘和边缘磨成刃部的璧、环，以及少量岫岩玉质的镞形饰等。目前，虽然在汶泗流域的中心聚落内发现这类玉器的数量较多，但种类并不占优势。分布上除了鲁东南（工作少，该地区大汶口文化中期的遗址发现也少）发现数量较少外，鲁北（泰沂山北麓，如前埠下、寿光后胡营、桓台前埠、焦家）、鲁中南（如大汶口、野店、曲阜尼山）以及苏北（花厅、小徐庄）、皖北（亳县富庄）等地都有发现，甚至长江沿岸的海安青墩、南京营盘山、含山凌家滩、黄梅塞墩等都出土了红山文化的璧、多联璧[32]，给人一种分布上比较分散的印象，还看不出红山文化玉器南下远距离运输、流通的途径、方式和过程来，似乎也没有中转站或集散地性质的聚落。因此，目前我们还无法了解海岱地区的人们是如何获得这些玉器的。

第三类　江淮地区和海岱地区早期玉器的孑遗和发展，以及用本地美石类制作的或仿制的玉器。如条状璜，边缘薄如刃、孔缘厚直的璧、环、瑗，以及斧、钺等。

第一、二类玉器从玉质、形体与分布特征来看，应是成品的流通和贸易。无论是成品的进口还本地的仿制，都是在区域中心聚落贵族首领控制下的制作、流通和再分配。但中低等层次聚落的上层人物或许并没有认同这种奢侈的玉制品，表达身份地位的仍是陶质酒器、盛食器以及石器，这也可以说明在中心聚落上层贵族向次级聚落分配和控制的过程中，玉器还不是连接他们之间关系的有效手段。

大汶口文化晚期后段（2800～2600BC），辽海地区红山文化及其玉文化已经衰亡，大约在距今5000年后红山文化发展为小河沿文化，玉文化开始走下坡路，但小河沿文化如大南沟墓地仍出土了数量较多的玉石器，如镯、大型璧、瑗、环等[33]，与大汶口文化晚期器类非常相似。与此同时，靠近岫岩矿带的辽东半岛史前玉器得到了充分发展[34]。良渚文化及其玉器工业也开始走向衰落，江淮北部良渚文化聚落消失，伴随玉器工业的消失，其对海岱地区的玉器影响也明显减小。大体在这个时段，中原地区在吸收和继承了北方、南方、东方地区玉文化的基础上，以豫西、晋南为中心的庙底沟二期文化玉器工业开始崛起[5]，并在以后的龙山时期取代红山、良渚文化玉器工业，成为中国史前玉器工业的中心。但该区与海岱地区玉器的互动关系，目前还看不出清晰的过程和方式。

这个时期海岱地区玉器也发生了变化。苏北、皖北、鲁中南等地区玉器数量、种类开始急剧减少，但鲁东南沿海地区的玉器却多了起来，并影响到泰沂山北麓。新出现了璇玑、方形玉璧等器类，镞形饰、玉钺数量增多，璧、环、瑗厚重，器体较大，周缘为一椭圆，孔缘为扁长方形，直径多超过 10 厘米。鲁东南沿海地区的墓葬内随葬玉器的比例高，玉器数量也多。胶县三里河[6]66 座墓有 22 座随葬玉器，占 33%，出土玉器 32 件；董家营 45 座墓中有 10 余座随葬玉器，占墓葬总数的 25% 以上；莒县陵阳河[7]45 座墓中就有 22 座出土玉器，占墓葬总数近 50%（按照发掘者公布材料，不一定准）；莒县大朱村[8]的 40 座墓中有 6 座出土玉器，占 15%；安丘景芝镇 6 座墓中 4 座出土玉器。玉器在各级聚落墓葬内的出土情况不太一样。具有区域中心聚落性质的陵阳河，玉器也主要出自超大型墓 M6、M12、M19、M24、M25 内，玉器种类有钺、镞、大型璧、瑗、环（图版四，5、6）、镞形饰、镯等，出土玉璧直径 16.5 厘米，玉钺长 26.7 厘米，而中型墓出土的玉器多为装饰品；大朱村的玉器均出自 6 座大型墓内，还出土 1 件岫岩玉质钺；莒县杭头墓地[9]出土了玉钺、方形璧、管，均出于 2 座大型墓葬内；临沂湖台[10]玉器也只见于 2 座大型墓葬内，出土了玉钺 2 件、方形璧 2 件、镞形饰 3 件*。据初步分析，这些高等级墓的主人是当时的社会首领，玉器与棺椁葬具、带刻画符号的大口缸、牛角号以及数量较多的酒器、盛食器、猪下颌骨一样，成为社会身份、地位、权力和威望的象征[11]。而在小型聚落如三里河、董家营墓地，随葬玉器的比例虽然高，但董家营所有玉器（主要是饰件）均出自女性墓葬内，三里河女性墓葬玉器的比例超过 70%。这些均属于中小型墓，玉器表达的是性别，而非财富、社会地位等。但三里河有些较大型墓葬（主要是男性墓）内，也随葬玉器，并与钺、斧、锛等武器、用具共出。因而，可以说玉器在某些小型聚落中也开始成为社会地位的象征了。

鲁东南沿海地区的玉器也可分为三类：

第一类 这个时期汶泗流域已经少见或不见的玉器。如镞形器、璇玑、大型璧、瑗、环的数量突然增多（图版四，5、6）。据初步鉴定，相当部分镞形饰、璇玑、小璧、小环、管、长条形饰等属于岫岩玉制品。在分布上，以镞形饰为例，三里河发现 20 件（66 座墓），景芝镇出土 4 件（6 座墓），湖台发现了 3 件（4 座墓），陵阳河出土了

---

* 发掘者以及相关研究者把墓葬定为龙山文化早期，但墓葬内出土了背壶、盉等不见于龙山文化的大汶口文化晚期典型器物，因而时代归为大汶口文化末期。

9件（45座墓），大朱村发现5件（40座墓），存在自北向南、向西（泰沂山北麓）逐步递减的趋势。

第二类　南方良渚文化的玉器仍占一定比例，如有些呈鸡骨白和杂色的镞形饰。陵阳河遗址采集的高台形、长方形、菱形、亚腰形玉片饰⑩（图版四，7），与浙江遂县好川良渚文化墓地出土的相同⑬。杭头、湖台出土的方形玉璧可能是从玉琮上横截取下来的。丹土遗址还出土了良渚文化的玉琮。这些玉器应由良渚文化输入和改制的。

第三类　本地系统的玉石器也多了起来。如蛇纹岩、辉绿岩（有绿色斑块、斑点）、玛瑙质钺以及用当地美石类仿玉制的小璧、小环、瑗、管、镯等装饰品，钺类多出土于大型聚落中，后者在小型遗址常见（图版四，4）。

大连旅顺口区文家屯遗址，日本学者在20世纪20、40年代做了调查，近年来，又做了复查，采集到大量与治玉有关的玉料、废料、半成品、成品和次品，以及治玉工具玉钻（刻刀?）等。有镞形饰、璇玑、小璧、小环、管、长条带孔玉饰等半成品、成品和废品，以及大量璧、环、璇玑类管钻剩下的玉芯。玉质为岫岩玉。另外还发现大批石镞、斧、锛的半成品、成品和废品。因此该地为治玉和制石场。1999年调查发现的陶器均为当地新石器时代遗存，但不见在该地区常见的龙山文化遗物，而且文家屯出土的玉器大多在海岱地区大汶口文化晚期常见。因此，该玉器制作场的时代可能主要是龙山文化早期之前⑭。

由于文家屯玉器制造场生产的玉器品种和形态除部分属本地玉器系统外，相当部分属于海岱地区常见的玉器，如镞形器、璧、环、瑗、镯、管等，并且还制作出璇玑这种新器形。这个时期，辽东半岛地区玉器种类、样式与海岱地区趋同，之前的本地系统各类玉斧、锛逐渐减少。说明靠近岫岩玉矿的当地人按照海岱地区玉器的式样（包括良渚式、海岱地区传统的玉器）制作玉器，或者说，这里部分玉器的制作可能是按海岱地区居民的需求专门定做的。这些玉器产品通过海路直接出口山东的沿海地区。目前的考古资料说明，辽东半岛发现的海岱地区大汶口晚期陶器等遗物并不多，文家屯等地出土的遗物主要是本地系统的，就这个层面而言，此时辽东半岛与海岱地区的关系与大汶口早期和龙山时期相比并不密切⑮。这或可说明海岱地区某些区域中心聚落首领还不能控制那里的玉器生产，只能控制岫岩类玉器成品在海岱地区的流通、贸易和分配。但同时，鲁东南的东南部在几个大型聚落内也开始出现了贵族控制下的若干个玉石器制作中心（下面还将谈起），开始从辽东半岛进口较大的玉料块，在本地制作钺类、大型璇玑、大型璧环产品，只是数量不多。海岱地区的玉器制作场也主要利用当地"美石"生产玉钺、大型玉璧、筒形镯以及一些小璧、小环类，后者主要满足社会下层如中小型聚落居民使用的需求。

龙山文化时期尤其在其中期，海岱地区玉器种类、组合、玉质、玉料来源、玉器制作方式，以及不同等级聚落、同一聚落不同级别墓地的随葬玉器情况发生了巨大变化，这在以下章节将专门叙述。

简要介绍海岱地区玉器发展过程和各阶段特点的目的是把丹土和两城镇玉器置于整个海岱地区玉器发展框架下考察，以便更好地把握它们的时代、性质及在海岱地区玉器发展中的地位。

二、海岱地区玉石钺等器物的分期

由于丹土、两城镇玉器中玉钺、璇玑和刀的数量较多，因此，本文全面收集了海岱地区出土的史前玉石钺、璇玑、刀等相关资料，并简要分析了它们的演变轨迹。

1. 玉石钺

根据玉石钺平面形态特征，本文把其分为正方形（A 型）、长方形（B 型）、梯形（C 型）和斜刃长方形（D 型）四型，其中，又按照钺的宽窄、长短等特征，把 B 型钺分为 4 个亚型，C 型钺分为 8 个亚型（图一、二、三、四）。

参照考古学界对大伊山遗存、大汶口文化、龙山文化的陶器、墓葬分期研究成果，依据玉石钺出土单位（主要是墓葬）的编年、玉石钺的形态特征（如棱角、刃部、厚薄），我们初步建构了玉石钺从大伊山类型、到大汶口、龙山文化各阶段的编年框架。

A、B 型玉石钺，大约分为大汶口早期、中期、晚期前段、晚期后段、龙山时期五个阶段。C 型钺数量最多，大体分为大伊山类型、大汶口早期、中期前段、中期后段、晚期前段、晚期后段和龙山时期七个阶段。

玉石钺的演变轨迹大体为，从顶端呈圆角、刃部外凸呈舌状，到棱角清楚、刃部外弧，再到棱角分明、刃部微弧，最后变为平直刃。总体是由厚变薄，发展到大汶口晚期最为扁薄，在龙山文化时期，又开始增厚（图一、二、三）。大汶口文化晚期，玉石钺开始出现平刃，龙山初期之后除个别厚重的钺为微弧刃外，平直刃的钺已成主流。龙山初期以后，钺的数量急剧减少，只有在高等级墓葬内出土。斜刃钺即 D 型钺（图四）出现在大汶口文化早期后段（图四，1），中期数量也不多（图四，2），主要流行于大汶口文化晚期，龙山时期已经消失。大汶口中期开始出现玉钺，但也只出现在苏北的大墩子、花厅、小徐庄和鲁南的野店（如 M50）墓地内，大汶口晚期后段玉钺的数量明显增多，在鲁东南的莒县陵阳河、大朱村、临沂杭头墓地以及汶泗流域的章丘焦家、泰安大汶口墓地、新泰光明水库都有出土。

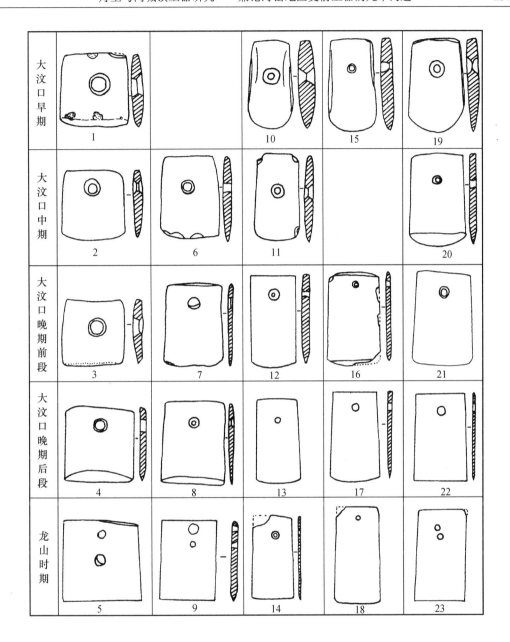

图一　海岱地区 A 型（方形）、B 型（长方形）史前玉石钺演示示意图

1～5．A 型 I～V 式（王因 M2223：4，花厅 M101：12，尉迟寺 F33：63，三里河 M286：1，朱封 M203：16）
6～9．Ba 型 I～IV 式（西夏侯 M12：28，大朱村 M24：1，陵阳河 M19：2，朱封 10：150）　10～14．Bb 型
I～V 式（王因 M2376：9，西夏侯 M8：3，焦家 ZJ：13，陵阳河采，大范庄 LD：206）　15～18．Bc 型 I～
IV 式（王因 M2395：1，建新 M17：1，董家营 M1：1，朱封 M203：15）　19～23．Bd 型 I～V 式（王因 M208：1，
西夏侯 M2：1，陵阳河 M24：4，董家营 M4：1，朱封 M203：17）（因排图需要，比例未统一）

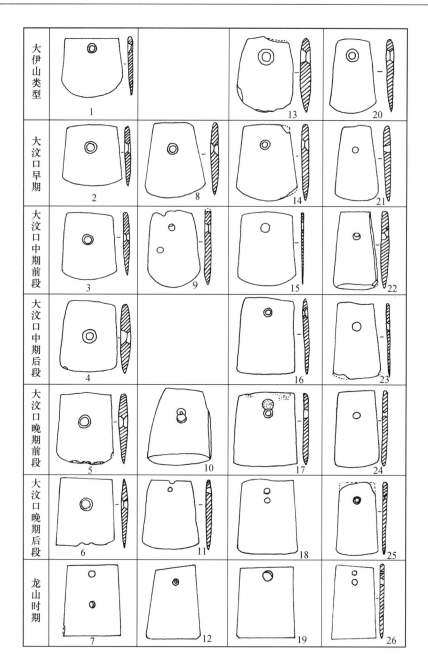

图二　海岱地区 C 型（梯形）史前玉石钺演变示意图（一）

1～7. Ca 型 I～VII 式（大伊山 M28:3，王因 M2278:3，花厅 M101:13，前埠 M23:3，三里河 M133:1，焦家 JZ:40，两城镇 M2）　8～12. Cb 型 I～V 式（野店 M24:1，大汶口 M12:6，三里河 M127:3，焦家 ZJ:6，两城镇采）　13～19. Cc 型 I～VII 式（大伊山采，大墩子 M273:3，野店 M50:1，三里河 M248:1，朱村 M07:12，陵阳河采，朱封 M202:8）　20～26. Cd 型 I～VII 式（大伊山 M13:2，大汶口（续）M2218:4，尹家城 M45:4，董家营 M16:3，大汶口 M22:9，陵阳河 M12:15，大范庄 LD:117）（因排图需要，比例未统一）

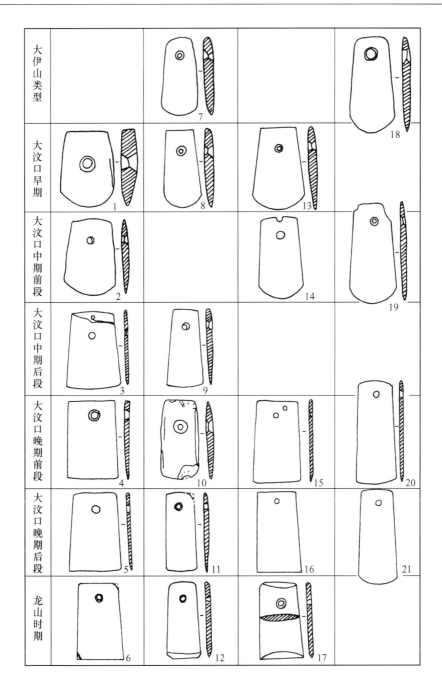

图三　海岱地区 C 型（梯形）史前玉石钺演变示意图（二）

1～6. Ce 型 I～Ⅵ式（王因 M179:8，大墩子 M117:4，野店 M50:51，大朱村 M10:14，杭头 M8:3，朱封 10:149）　7～12. Cf 型 I—Ⅵ式（大伊山采，大汶口（续）M2002:03，花厅 M46:12，西夏侯 M10:01，大朱村 M26:3，朱封 10:142）　13～17. Cg 型 I～Ⅴ式（王因 M263:3，大墩子 M60:1，花厅 M50:18，大汶口 M10:18，两城镇采）　18～21. Ch 型 I～Ⅳ式（大伊山 M37:1，大墩子 M117:21，大汶口 M117:3，仕阳采）（因排图需要，比例未统一）

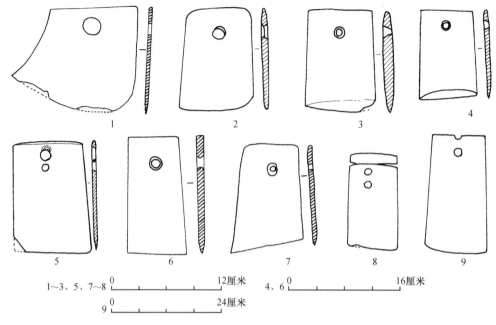

1～3、5、7～8 ⊢0————————12厘米⊣　　　4、6 ⊢0————————16厘米⊣
9 ⊢0————————24厘米⊣

图四　大汶口文化时期 D 型（斜刃）玉石钺

1. 小徐庄 M16　2. 大墩子 M106∶11　3. 大朱村 M9∶5　4. 陵阳河 M6∶149　5. 大汶口 M25∶9
6、7. 董家营 M7，M36∶15　8、9. 湖台 M2∶2、3，M1∶3

2. 玉石刀

也主要出土于墓葬，流行于大汶口文化和龙山文化时期，常见 2～3 个孔，少见单孔。早期主要出自王因墓地，中晚期在花厅、野店、大汶口、建新等墓地也有发现，刃部从外弧明显到微弧，建新还出土 1 件斜弧刃的石刀，龙山文化为平刃或内弧刃（图五）。石刀的长宽之比较大，为宽长方形，与中原龙山文化和二里头文化玉石刀不同。大汶口文化聚落内一般少见刀类工具。龙山时期墓葬出土的刀类为玉质，而居址内石刀的数量很多，只是尺寸远小于玉刀，又较厚重，平面呈宽长方形和扁长方形，还见半月形石刀，一般有两孔。目前，在泗水尹家城[36]和临朐朱封[37]各有一座墓葬内出土了玉刀。尹家城 M139 为龙山中期后段的小型墓葬，出土石刀（M139∶11）右端一孔，左端和下端有刃部，顶端有锯割痕迹，似是 1 件玉钺改制而成（或为半成品）。朱封那件出土于龙山文化中期后段的超大型墓葬内，还同出若干件玉器（将在下文讨论）。

3. 玉璇玑

目前，海岱地区正式发掘出土的史前玉璇玑（牙璧），主要分布在鲁东南、鲁北一带，共 7 件，其中三里河出土 4 件（图六，1、2、4、8），五莲董家营 1 件[38]，丹土 2 件（图八，10、11）。年代上 6 件为大汶口文化晚期，1 件为龙山中期偏晚，后者尺寸小，小孔，齿牙较大，特征不明显（图六，8），与中原地区龙山时期的璇玑形态相差

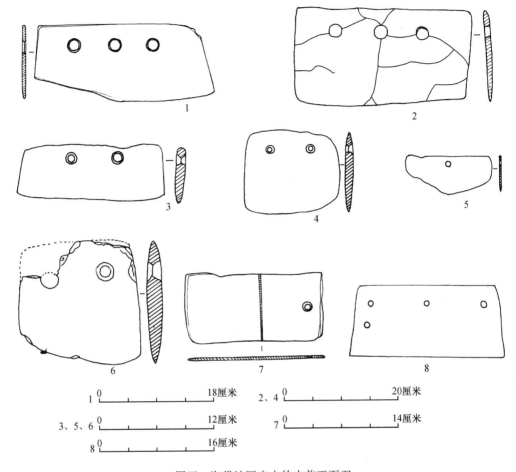

图五　海岱地区出土的史前玉石刀

1. 王因 M2406:4　2~5. 花厅 M42:13；M61:23，M20:18，M60:23
6. 建新 M47:2　7. 尹家城 M139:11　8. 朱封 M202:6

较大。在海阳司马台[49]、安丘老峒峪[50]、临朐朱封遗址[51]还采集到 4 件玉璇玑，可能
出土于被破坏的墓葬内。这三处遗址除有龙山文化堆积外，还有大汶口文化中晚期
堆积，玉璇玑的时代不能简单归入龙山，并把它们看作龙山文化的典型玉器。司马
台和老峒峪那两件齿牙圆钝、短小，与三里河发现的大汶口晚期璇玑特征类似，时
代也应相近。朱封那两件（图一三，15、16），齿牙肥大，边缘有扉牙，这类璇玑
正式发掘品还未见到。但齿牙较大的特征在董家营（图六，3）、丹土大汶口文化晚
期墓葬内也有发现（图八，10）。辽东半岛出土史前璇玑较多，据统计近 20 件[52]，
其中有部分出土于地层堆积，早于龙山和龙山时期都有。如四平山和东大山积石冢
墓内发现了 10 件之多，时代为龙山早期[53]，其中也有齿牙较肥大者（图六，5、6、

7）。此外，朱封那 3 座龙山文化中期晚段的超大型墓葬中 2 座出土了大量玉器，但并不见璇玑，而在昌乐袁家龙山早期墓地内，据说出土过璇玑。说明朱封这两件璇玑的时代可能为龙山早期或更早。总之，我们倾向认为海岱地区和辽东半岛玉璇玑主要流行于距今 5000～4400 年，即相当于大汶口文化晚期至龙山文化早期阶段。龙山中期，璇玑已经非常罕见了。

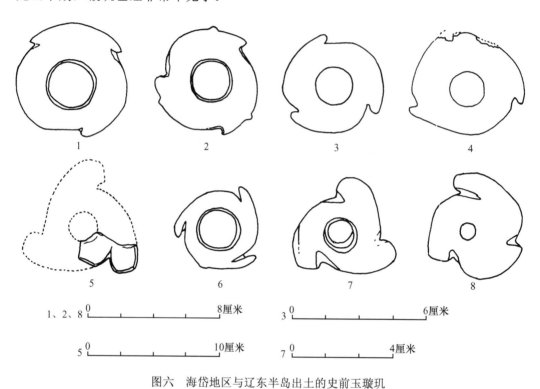

图六　海岱地区与辽东半岛出土的史前玉璇玑

1、2、4、8. 三里河 M273∶1，M113∶1，M259∶1，M203∶9　3. 董家营 M29∶2　5. 三堂村 T203⑤∶10　6. 四平山积石冢　7. 东大山 M3（4 取自照片，6 比例不清）

4. 其他

目前江淮东部地区发现了良渚文化各时期的遗存，在海安青墩、阜宁陆庄都发现了良渚文化晚期典型的玉琮（图七，6、5）。淮河以北的涟水三里墩、新沂花厅还出土了数件良渚文化的玉琮。方形玉镯在茌平尚庄大汶口晚期小型墓 M27 出土了 1 件（图七，1）[54]，学者多认为是仿制的良渚文化玉琮。方形玉璧在杭头大汶口文化晚期后段大型墓葬 M8 内出土了 1 件（图七，2），湖台大汶口文化末期大型墓 M1、M2 也各出土了 1 件（图七，3、4）。红山文化和小河沿文化中也都发现了类似的方形玉璧，但其时代远早于海岱地区的方形玉璧，形态不一样，质料也非岫岩玉。就形状分析，可能是从玉琮上截取的断面。

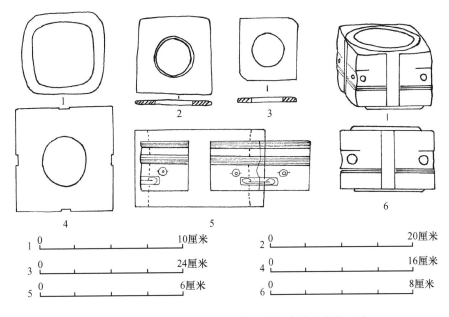

图七　大汶口文化时期的方形璧、镯及良渚文化的玉琮

1. 镯（尚庄 M26：4）　2. 方形璧（杭头 M8：16）　3、4. 方形璧（湖台 M2：4，M1：1）
5. 琮（阜宁陆庄采）　6. 琮（海安青墩采）

三、丹土玉器及其年代

丹土遗址位于五莲县东南 42 公里的潮河镇丹土村，该村因遗址暴露出大量红烧土而得名。东南距两城镇遗址仅数公里。1934 年，原中央研究院历史语言研究所考古组发现了该遗址。1954 年，山东省文物管理处在此进行了调查[55]，报告称，遗址东西长 480、南北宽 225 米，面积 10 万平方米。1956 年冬至第二年春的文物普查工作，曾征集到玉钺、刀、带扉牙环等 9 件玉器[56]。20 世纪 90 年代中期，杨波先生重新公布了这批材料[57]（图八，1、4、5、8、13；图一〇，1、2、3、7）。1957 年刘敦愿先生调查了该遗址，采集到一批史前石器、陶器，并征集到 1 件残玉刀[58]（图一〇，8）。1976 年，五莲县博物馆收集到 1 件玉璇玑[59]（图一〇，10）。1978 年文物部门在一个坑内（墓葬？）发现了镶嵌绿松石的超大型玉钺、琮和筒形玉镯[60]。（图八，6；图九，1、3）。20 世纪八九十年代，村民取土破坏了些墓葬，当地文物部门陆续收集到一批玉钺、超大型玉刀、璇玑、鸟形饰、筒形镯、大型璧、小璧、环、瑗、五角形环饰、球状指环、镞形饰等[61]（图八，2、7、9、12；图九，2、4~9；图一〇，4、5、6、9）。

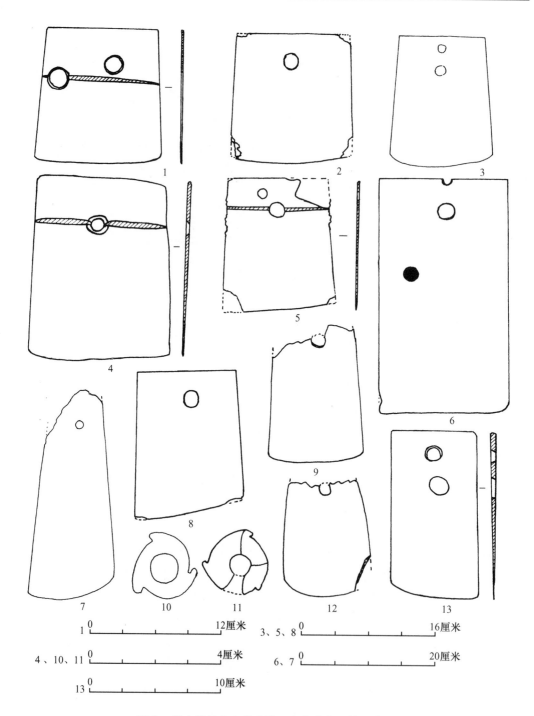

图八　丹土遗址出土的大汶口文化晚期玉钺、璇玑

1. Ca 型钺　2. A 型钺　3、4. Cc 型钺　5、7、8、13. D 型钺　6. Bd 型钺　9. Ce 型钺　12. Cb 型
钺　10、11. 璇玑（10、11 为 2000 年发掘品，余均为采集品，2、9、12 取自照片，比例尺不明）

　　山东省文物考古研究所等单位于 1995、1996 以及 2000 年春、秋开展了四次较大规模的田野工作[①]，清理面积超过 1400 平方米。发现了大汶口文化晚期和龙山文化早期、中期的濠沟和城墙（?）[*]。大汶口文化晚期濠沟平面略成椭圆形，东西长 400、南北宽

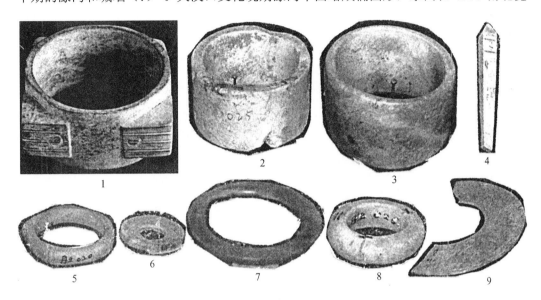

图九　丹土遗址出土的大汶口文化晚期玉器

1. 琮　2、3. 镯　4. 镞形饰　5. 五角形环　6. 小璧　7. 瑗　8. 指环　9. 大型璧（均取自照片）

300 米，濠沟宽 10 米，存深 2.5 米，濠沟环绕的面积约 9.5 万平方米。龙山早期环濠紧贴大汶口文化环濠向外扩修，东西长 450、南北宽 300 米，濠沟宽 20 米，深 3 米，濠沟环绕的面积约 11 万平方米，龙山中期濠沟（濠沟内堆满龙山中期的生活垃圾，其修挖时间和使用年代应早）向南部凸出，北、东、西部在早期濠沟外扩修，东西长 500、南北宽 400，濠沟宽 28 米，深约 3 米，濠沟环绕的面积约 18 万平方米。清理了 30 余座大汶口晚期和龙山早期的墓葬，还发现成片的房屋垫土和基槽、柱洞等。在大汶口晚

---

* 海岱地区的史前城墙非常复杂。丹土与其他所公布的龙山城墙一样，"夯土"多在濠沟内。不排除拓宽、疏浚时堆筑的坡壁。丹土濠沟内侧"城墙"上有成排的柱洞，如果是房址，当时的聚落布局规划就太没有计划，因而是栅栏的可能性最大。比较清楚的是连云港藤花落遗址，据报道城墙存高 1.2 米，城濠宽 7.5～8 米，深却仅 0.8 米。城内还有路面和居住面，说明原来的濠沟深度也仅如此，这与其他濠沟深若干米不同，但"城墙上"保存排列有序的、成千上万的木桩，间距60～70 厘米，说明该遗址环绕的是栅栏和浅的围沟（见林留根、李虎仁：《解剖龙山时代城址的布局结构——江苏连云港藤花落古城址》，《中国年度十大考古新发现·2000 年卷》，生活·读书·新知三联书店，2005 年）。丹土遗址与之不同的是濠沟较深，还经过了多次清淤、拓宽。寿光边线王龙山"城墙"的基槽深 3 米左右，局部深 4～5 米，如此深的基槽在史前和历史时期的城墙中是罕见的，我们认为是环濠的可能性最大。

期墓葬内和地层堆积内还出土了玉璇玑（图八，10、11）以及玉管、残玉片等。

此外，据介绍，国家博物馆曾征集和调拨了丹土遗址出土的大型玉璇玑、玉环和钺。但笔者未曾见到实物。

最近，山东大学等单位调查后，根据陶片等遗物的分布，把丹土聚落的面积定为130.7万平方米。濠沟外围是否还有同时期文化堆积，目前还不能肯定。

从调查和发掘的遗物主要是陶片、陶器以及聚落形态的演变分析，丹土遗址的鼎盛时期主要是大汶口文化晚期后段*和龙山文化早期，之后开始衰落。

据不完全统计，目前，丹土出土的史前玉器多达30件以上，这些玉器绝大多数应出土于墓葬内。

根据玉石钺等器类的演变轨迹及丹土玉器出土背景和特征分析，我们把丹土玉器分为两个年代组。

第1组　笔者已收集到22件，包括所有的弧刃、斜弧刃钺，1件与玉琮同出的大型平刃钺，大型璧、小璧、瑗、五角形环、指环、镰形饰、琮、筒形镯、璇玑等（图八、九）。2件小璇玑（图八，10、11；图版二，3、4）出土于大汶口文化晚期M3009和地层堆积中，年代应属于这个时期。笔者见到的11件钺，大体有A、Bd、Ca、Cb、Cc、Cd、D七型和亚型（型式示意图见图一～四），除1件（图八，6）刃部平直外，余均外弧或微弧。就刃部而言，A、B、C型钺有外弧刃明显者3件（图八，3、9、12；图版一，1），余3件为微弧刃或接近平刃（图八，1、2、4；图版一，3），这些均为大汶口文化晚期前后段特征，但不排除个别还要早。斜刃钺即D型4件，其中2件（图八，7、13；图版一，4）刃部外弧较大，但图八:7较厚重，另两件刃部微弧，时代可能有早晚。其中图八:5（图版一，2）钺两侧有扉牙。上节介绍海岱地区的斜刃钺只发现于大汶口文化时期，这4件钺也应属于该时期。但从玉器厚度及刃部特征看，似属于大汶口文化晚期。

截面呈细长方形的璧、环、瑗、镰形饰、筒形玉镯、球状指环、五角形环等（图九，2～9）都是大汶口文化晚期常见的玉器，这些器物基本不见于龙山时期。琮呈外方内圆，单节，孔径6.6、边宽7.3厘米（图九，1；图版二，1）。射平面为圆形，琮角为直角，纹样由较深的阴线槽和较浅的圆圈纹（单圈目）对称构成，与良渚文化玉琮非常相似。良渚文化已占据了江淮下游地区，在海安青墩、阜宁陆庄、涟水三里墩良渚文化遗存内发现了玉琮，大汶口文化墓地花厅也出土了琮。典型良渚文

---

* 丹土遗址的发掘面积虽大，田野发掘工作主要是解剖了城墙、濠沟、蓄水坑池，而生活区和垃圾倾倒区的清理材料并不多。目前只见大汶口晚期末段的材料，但从采集的陶器、玉石器而言，应存在稍早的遗存。

化的单节琮（图七，5），一般为重圈目，短线眼角，阴线刻饰鼻翼、孔。单眼圈、无鼻翼的琮在海安青墩良渚文化遗址内也有发现（图七，6），丹土出土的这见琮与青墩玉琮最相似。越来越多的证据表明，良渚文化年代大体相当于大汶口文化中晚期。晋南、陕北和甘青地区出土的庙底沟二期晚期和龙山文化的玉琮多为单节，但素面无纹，说明丹土出土的玉琮的时代要早于它们。与琮同出的还有 1 件筒形玉镯（图九，3；图版二，2），该器类在大汶口文化中晚期墓葬内常见，而目前在龙山文化墓葬中还未发现，其时代为大汶口文化晚期应无问题。同出的超大型 Bd 型玉钺（图八，6；图版一，6），长 30.8、宽 18 厘米，中部一孔镶嵌绿松石，该器与 Bd 型 Ⅳ 式接近。尽管刃部为平直，但平直刃玉石钺在大汶口晚期后段已出现，如大汶口 M10:18（图三，16）、董家营 M4:1（图一，22）。因此，琮、筒形镯、平直刃钺的时代应为大汶口文化晚期后段。

　　总之，第 1 组玉器的年代应属于大汶口文化晚期后段。

　　第 2 组　笔者已收集到 10 件，包括 1 件平刃钺、3 件刀、3 件大型玉璇玑、2 件大型带有扉牙的环形饰、1 件条形鸟首形饰（图一〇，1～10；图版一，5）。平刃钺（图一〇，1），弧顶，未开刃，较厚重，可能是 1 件未制作完毕的器物，但总体特征与第 1 组的钺有区别。

　　玉刀，形体较宽扁，其中 1 件未开刃（图一〇，2），另 1 件为残器（图一〇，8），从发表的线图看（笔者未见到实物）为弧刃。另外那件超大型刀，刃部斜直略内弧，顶部长 48.2、刃部长 51、宽 18.6～22.8 厘米，厚仅 0.1～0.3 厘米（图一〇，4；图版一，7），是目前海岱地区发现的最大玉刀。如果那件残器为弧刃的话，时代可能稍早。另两件形状与龙山中期朱封玉刀（图五，8）、尹家城那件改制的玉刀（图五，7）、两城镇出土的玉刀不一样，时代应早于它们。并且那件超大型玉刀如此之薄，与第 1 组的玉钺风格相似。但迄今为止，还未发现大汶口文化晚期的该类玉石刀。因而，我们认为这 3 件玉刀的时代属于龙山文化早期的可能较大。

　　海岱地区考古发现的玉璇玑主要发现于鲁东南、鲁北一带大汶口文化晚期遗址里，直径都在 8 厘米以下，能够确定为龙山文化时期的也只有三里河 M203:9 那件，该器制作粗糙，风格也偏早。调查品如朱封、老峒峪、司马台发现的璇玑直径在 10 厘米以上，但也未超过丹土的璇玑。有学者认为，大汶口文化的璇玑齿牙短，龙山时期的稍长、稍宽，而丹土、董家营等大汶口文化晚期墓葬出土的璇玑齿牙也较长、较宽（图六，3；图八，10；图版二，3；图版四，3）。丹土出土的这 3 件大型玉璇玑齿牙较长、较肥大，其中 1 件直径达 22.5 厘米，是目前所发现的器体最大者。其

图一〇　丹土遗址出土的龙山文化早期玉器

1. Ba型钺　2、4、8. 刀　3、7. 带扉牙环　5、9、10. 璇玑

6. 鸟形饰（9取自照片，比例尺不明）

中图一〇：5、9 这两件与朱封遗址出土两件相似（图一三，15、16）。尤其那件超大型璇玑，两个齿牙边缘上有扉牙，其中下部有两组，像足，左侧有一组，似喙，璇玑整体像一只鸟形（图版二，5）。该特征一方面说明了璇玑上的扉牙最初表达的是鸟足和喙，从而证明璇玑可能表达的是高度抽象的鸟。另一方面从类型学上还可以证明该器形态早于朱封那两件璇玑。平面呈方形，齿牙平直的那件璇玑（图一〇，10；图版二，6）与芮城清凉寺墓地[⑧]出土的庙底沟二期文化晚期玉璇玑非常类似（图版四，1），因而时代也不会相差太远。所以，丹土这 3 件璇玑的年代应在大汶口文化晚期至龙山初期之间。

　　海岱地区大汶口文化中晚期，还有一种小璧，其周缘外浮雕扉牙，呈花状，也有学者称为牙璧（璇玑），野店出土 2 件，平阴周家 1 件[⑨]，花厅 2 件，焦家 1 件。时代为大汶口中期或稍晚。这些璧尺寸较小，直径在 3 厘米左右。丹土发现的 2 件玉环，外缘也有扉牙，但形体大，直径约 8 厘米，又是环类，虽未发现同类器物（图一〇，3、7），但时代也不会太晚。

　　条形鸟首形饰（图一〇，6；图版一，5），长 7.2 厘米，尖喙，眼睛为浮雕的两层圆圈系良渚文化治玉技术，曲长颈，下钻两孔，似是安装或悬挂在某种东西上的饰物。该器在海岱地区非常罕见，据介绍它与那件超大型璇玑共出。

　　总之，第 2 组的玉器尽管大多缺乏对比材料，但时代应不晚于龙山早期，个别可能早至大汶口文化末期。

四、两城镇玉器及其年代

　　两城镇遗址位于日照市两城镇西北一条南北延伸的低岭之上，相当一部分压在现代村舍下，是海岱地区考古工作开展最多的遗址之一。20 世纪 30 年代初，由王献唐先生发现。1934 年，原中央研究院历史语言研究所考古组调查了两城镇遗址，1936 年在瓦屋村和大孤村进行了较大规模的发掘，汉在瓦屋村就开探沟 52 个，发掘面积 366 平方米，清理墓葬 50 座，并发现了大量与房屋建筑有关的柱洞、柱坑和红烧土，还有器物堆（有些可能为房屋内、有些为灰坑内）。出土了大量龙山文化的完整器物[⑩]，其中大孤堆 M2 还出土 1 件玉钺，最近已刊布这件玉器的图版[⑪]（图一一，4）。

　　1954 年，山东省文物管理处又对该遗址进行了勘察，收获一批陶器和石器[⑫]。1955 和 1957 年，山东大学刘敦愿先生对两城镇做了简单调查[⑬]，还从村民手中征集到玉刀（图一二，4）和钺各 1 件（图一一，5）。1958 年，山东省文物管理处等单位对遗址进行了钻探和试掘，大体了解了各区的堆积情况[⑭]，值得一提的是在龙山文化陶片上发现了兽面纹，这与采集到的玉锛上纹饰相同。

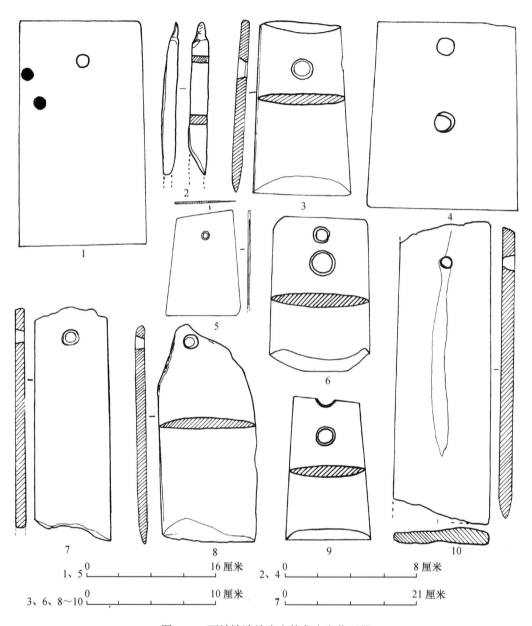

图一一　两城镇遗址出土的龙山文化玉器

1. Bd 型钺　2. 刻刀　3、9. Cg 型钺　4. Ca 型钺　5. Cb 型钺　6. Bd 型钺　7、10. Ch 型钺　8. Bc 型钺（4 出自大孤堆 M2，余为采集）

　　1972 年，刘敦愿先生公布了 1963 年在村民家看到的、后藏于山东省博物馆的两件玉器，1 件刻兽面纹的锛（圭）和 1 件超大型刀③（图一二，1、5）。1988 年发表了村民捐献给山东大学的 6 件玉器④（图一一，2、3、8、10；图一二，2、3）。刘先生在文中还介绍了20世纪30年代发现的"玉坑"情况。据村民回忆，坑内出土过原料、半成品、成品，如长达四五十厘米的冬瓜形玉料，有三角形、长方形和不规则四边形等厚薄不等的半成品，还见穿孔玉钺等成品。文中还提及王献唐先生收藏的、后又散失的那件玉钺，以及流散在社会上的1件镶嵌绿松石的三孔大型玉钺。这件钺（图一一，1）后被故宫博物院于1957年收藏入馆[15]。

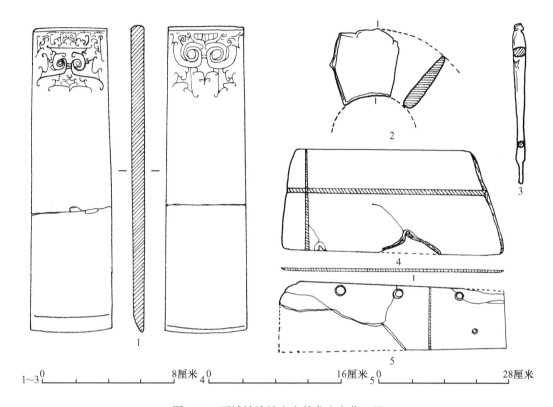

图一二　两城镇遗址出土的龙山文化玉器

1. 锛（圭）　2. 璇玑（？）　3. 刻刀　4、5. 刀（均为采集）

　　1986年，临沂、日照地区文物部门发表了20世纪80年代初在两城镇等遗址调查的陶器和石器资料，还发表了征集到的3件玉钺和带孔玉板（钺）[16]（图一一，6、7、9）。

　　1995年至今，山东大学考古系与美国学者在两城镇周围进行了10个季度的区域系统考古调查，摸清了两城镇遗址的面积以及周围龙山时期聚落的分布情况，并发掘了该遗址[17]，清理面积达1400平方米。清理了一批房址、灰坑、窖穴和50余座墓葬，其中一座较大型墓葬内还发现玉珠（该墓一椁一棺，随葬器物40余件）。此外还发现龙山不同时期（？）的三圈濠沟，其中内层濠沟环绕的聚落面积约20余万平方米，外层环濠围绕的面积达100万平方米。

　　两城镇遗址的面积最早公布的为 36 万平方米。1954 年山东省文物管理处勘察后，认为面积约 99 万平方米（南北长 1100、东西宽 900 米）。1958 年调查、钻探后公布的面积是 55 万平方米（南北 850、东西 650 米）。最近山东大学考古系等单位系统考古调查后，认为地面陶片等遗物分布的范围约 256（246）万平方米，有文化堆积的范围为 100 万平方米（南北 1000、东西 1050 米），即外濠沟环绕的面积。濠沟外是否有聚落还不敢肯定，也不排除濠沟外的陶片等遗物系后人搬运去的可能。

　　目前，笔者见到的两城镇玉器近 20 件，有钺、刻有兽面纹的锛、刀、刻刀（治玉工具）、璇玑等（图一一，一二），是海岱地区出土玉器最多的遗址之一。多数玉器应出土于被破坏的墓葬内。其中 1 件钺（图一一，4；图版三，2）出土于龙山文化墓葬 M2（1936 年发掘）。从历年来发掘和调查的资料（主要是陶器）分析，该遗址的堆积主要属于龙山文化中期，龙山早期遗存也较丰富，此外，还见龙山晚期遗物。龙山早期后段、中期应是该聚落的繁荣期。因而，所出史前玉器应属于龙山时期。

　　目前所见到的玉钺有 9 件（图一一，1、3～10；图版三，1、2、3），大体分 Bc、Bd、Ca、Cb、Cd、Cg、Ch 七型和亚型。由玉石钺演变轨迹分析，这批玉钺的时代属于龙山时期。其中 1 件 Cg 型（图一一，9），原发表的线图为弧刃，笔者观摩了实物，发现其实际为平直刃。Bd 型钺（图一一，6），原发表的线图为刃部外弧，笔者见的实物是刃部中部平直，两侧斜弧，似是 1 件改制的玉钺。除 1 件 Ch 型钺刃部、顶部残缺不清外，其他钺均为平直刃，因而可以说两城镇玉钺主体为平直刃，其总体特征与朱封龙山文化中期墓葬后段出土的玉钺（图一三，3、5、7）最为接近。因此，这批玉钺的主体部分，其年代多为龙山文化中期。

　　图一二：4 玉刀，未钻孔也未开刃，还不算件成品，其形态与朱封龙山中期后段 M202 出土那件极其相似，也应同时。超大型刀（图一二，5；图版三，6），长达 48.7、宽 12～15 厘米，是海岱地区同时期的最长玉刀之一，在全国也是罕见的。整体形态比较窄长，与丹土、朱封发现的刀不太相似，窄长型刀在西部龙山文化晚期和齐家文化常见，但两城镇这件又比西部发现的宽些。所发现玉刻刀（图一一，2；图一二，3；图版三，4）还见于辽东半岛文家屯，在该遗址与玉料、玉芯、成品、废品伴出，应是一种治玉工具。玉锛（圭）上兽面纹样（图一二，1；图版三，5、7、8）与龙山早中期陶片上纹样一致。"介"字冠形兽面纹样式也见于陶寺龙山中期 M22∶135[⑧]（图版四，2）和湖北钟祥六合石家河文化晚期遗址出土的透雕兽面形饰[⑨]，也与朱封 M202 出土的冠形饰图案相近（图一三，10；图版四，8）时代也相差不远。因此我们把这些玉器的时代定为龙山文化中期。

　　总之，两城镇玉器的多属于龙山中期，这与该聚落的鼎盛阶段也是吻合的。

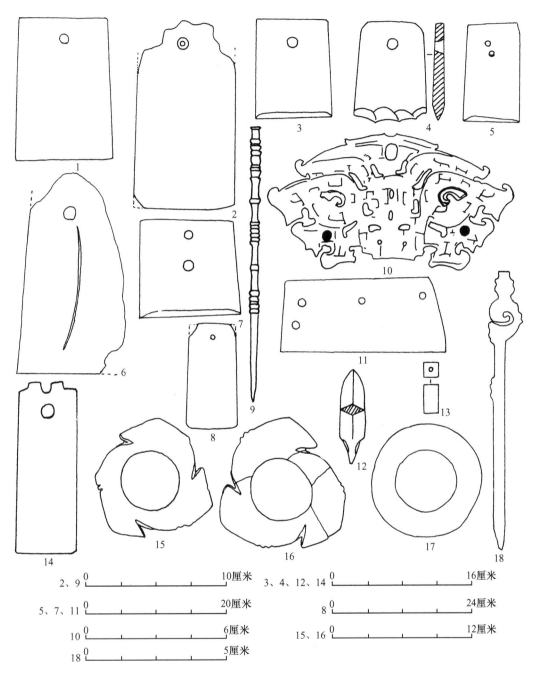

图一三　袁家、朱封遗址出土的玉器

1. 钺（袁家）　2～5. 钺（朱封 M202：7、8，采 10：201，M203：17）　6. 钺（袁家）　7、8. 钺
（朱封 M203：16、15）　9、18. 簪（朱封 M202：2、3）　10. 冠形饰（朱封 M202：1）　11. 刀（朱
封 M202：6）　12. 璇（朱封采 10：174）　13. 方形饰（袁家）　14. 钺（袁家 M1）　15、16. 璇玑
（朱封采、采 10：160）　17. 瑗（袁家）　（比例尺不明者均取自照片）

五、丹土与两城镇玉器之比较

　　丹土玉器中有相当部分属于大汶口文化晚期后段，因而就玉器种类、组合和形体特征上具有这个时代的区域特征，如种类上有各种玉钺、琮、镞形饰、截面呈扁长方形的璧、环、瑗、球状指环、筒形镯等。上文已提到该时期汶泗流域出土的良渚文化类型的玉器明显减少，而在鲁东南仍存在一定数量，像镞形饰的数量有些增加。在陵阳河发现的台形、长方形、菱形、亚腰形玉片饰（图版四，7），应属于良渚文化，杭头、湖台还出土了类似截取玉琮的方形玉璧。除有些玉器像璧、环、镞形饰质料为岫岩玉，属于辽东半岛的玉器场模仿的产品外，那些受沁的玉器、玉器质料斑杂的器物多数可能属于良渚文化类玉器。但这个时期良渚文化已快衰落，对海岱地区的影响减弱，这些玉器制品如何远距离贸易到达该地区，目前还不清楚。当然，也不排除本地仿制良渚文化玉器。丹土玉器种类中玉钺数量较多，也是该地区大汶口文化晚期后段的特征，如陵阳河、大朱村、杭头、湖台等都有一定数量，这种以玉钺再加上刀、璇玑为主体的组合一直延续到龙山时期。两城镇玉器也是以钺、刀为组合特征，除了两城镇那种长条状钺（图一一，7、10）不见于丹土等其他遗址外，二者钺类的形态非常相似，还都出土了一件镶嵌绿松石的玉钺。二者的玉器如钺、刀等都是同时期的同类器中制作最为精美者、个体最大者。此外，丹土玉器明显比两城镇扁薄，两城镇璇玑少些。两城镇、尧王城还发现了龙山时期玉锛（圭），前者上面雕刻兽面纹在海岱地区也是独一无二。这种形态和种类的区别应是时代差异，我们认为反映的是前后发展关系。

　　仔细对比材质，丹土玉器明显较两城镇复杂。表一、表二是丹土、两城镇玉器颜色、质地和尺寸登记表。丹土玉器 70%～80%受沁，而两城镇玉器仅个别受沁，丹土与两城镇遗址相隔很近，都属于粗砂质低矮丘陵地带，土壤环境是一样的，出现这种情况应是玉器质料的差异。丹土玉器的颜色非常庞杂，有赭褐色、青灰色、浅绿色、青绿色、灰黑色、黄绿色、黄褐色、灰绿色、绿色、浅黄绿色、黄白色、灰黄色等，其颜色、质料的庞杂说明玉料的来源也比较复杂。两城镇玉器主要是以黄绿色为主，还有墨绿色、淡绿色、青绿色和青褐色等。二者虽都见黄绿色、淡绿色、青绿色等玉器，但丹土数量少。丹土出土的黄绿色、黄白色、浅绿色等玉器种类有璇玑、小璧、小环、瑗等，与岫岩玉质色相同，上文已提及大汶口文化晚期后段该地区这些器类主要来自辽东半岛的玉器制作场。两城镇玉器颜色、质地基本属于典型的岫岩玉，说明其玉料来自辽东半岛，这也是海岱地区龙山文化玉器的特点之一，详细论述见下章。

表一　　　　　　　　　　　　　　丹土遗址出土玉器一览表

名　称	颜色（质地）	尺寸（厘米）	时　代	图版号
A 型钺	赭褐色	较薄	大汶口晚期	图八，2
Bd 型钺	青灰色，局部赭褐，受沁呈白色	30.8×18—0.3	大汶口晚期	图八，6
Ca 型钺	浅绿色，局部赭褐，受沁呈白色	11.2×10.4—0.2～0.3	大汶口晚期	图八，1
Cb 型钺	青绿色	较厚	大汶口晚期	图八，12
Cc 型钺	灰黑色	14.7×7—0.6	大汶口晚期	图八，3
Cc 型钺	黄绿色，局部受沁呈白色	11×8.4—0.2～0.4	大汶口晚期	图八，4
Ce 型钺	青灰色，受沁呈白色	较厚	大汶口晚期	图八，9
D 型钺	黄褐色，局部受沁呈白色	16.7×13.5—0.2～0.3	大汶口晚期	图八，5
D 型钺	灰绿色，布满绿色沁斑	30×13—0.8	大汶口晚期	图八，7
D 型钺	不清	16×12，较薄	大汶口晚期	图八，8
D 型钺	黄褐色，局部受沁呈白色	13.3×6.9—0.2～0.4	大汶口晚期	图八，13
璇玑	灰绿色，受沁呈白色	直径约 3.5，孔径 1.3	大汶口晚期	图八，10
璇玑	灰绿色，受沁呈白色	直径 3.6，孔径 1.2	大汶口晚期	图八，11
琮	灰绿色，受沁呈白色	边宽 7.3、孔径 6.6，高 3.5	大汶口晚期	图九，1
镯	受沁呈白色	不清	大汶口晚期	图九，2
镯	绿色，局部呈白色	直径 7、高 5，厚 0.5	大汶口晚期	图九，3
镞形饰	表面受沁呈白色	不清	大汶口晚期	图九，4
五角形环	灰白色	不清	大汶口晚期	图九，5
瑗	黄绿色	不清	大汶口晚期	图九，7
小璧	黄白色	直径小	大汶口晚期	图九，6
大型璧	青绿色，有沁斑	直径较大	大汶口晚期	图九，9
指环	受沁呈黄白色	不清	大汶口晚期	图九，8
Ba 型钺	灰黄色，局部受沁呈白色	5.3×3.9—0.4	龙山早期	图一〇，1
刀	浅绿色，受沁呈白色	12.9×7—0.2～0.4	龙山早期	图一〇，2
刀	灰褐色，受沁呈白色、黄白色	背部 48.2，刃部 51，宽 18.6～22.8，厚 0.1～0.3	龙山早期	图一〇，4
刀	不清	残	龙山早期	图一〇，8
璇玑	黄绿色，受沁呈白色	外径 22.5，孔径 17.2，厚 0.5	龙山早期	图一〇，5
璇玑	受沁呈灰白色，局部为黄白色	小于前者，孔径大	龙山早期	图一〇，9
璇玑	浅黄绿色，表面受沁呈白色	外径 16.3，孔径 13，厚 0.7	龙山早期	图一〇，10
鸟形饰	浅黄绿色，局部受沁呈白色	长 7.2	龙山早期	图一〇，6
扉牙环	不清	外径 8.1	龙山早期	图一〇，3
扉牙环	不清	外径 8	龙山早期	图一〇，7

表二　　　　　　　　　　　　两城镇遗址出土玉器一览表

名　称	颜色（质地）	尺寸（厘米）	图 版 号
Bc 型玉钺	深黄绿色，局部受沁呈白色	21.5×9.6—0.9	图一一，8
Bd 型玉钺	深绿色，局部有沁斑	15×10—1.3	图一一，6
Ca 型玉钺	黄绿色	11.3×8.5—0.7	图一一，4
Cb 型玉钺	不清	12.7×（7～8.5）—0.3	图一一，5
Cd 型玉钺	淡绿色	27×16—1	图一一，1
Cg 型玉钺	黄绿色，有黑色斑线	17.2×（10～9.5）—0.9	图一一，3
Cg 型玉钺	墨绿色	14×（8.3～6.7）—1	图一一，9
Ch 型玉钺	青褐色，局部有白色沁斑	残 22×7—0.9	图一一，7
Ch 型玉钺	青黑色	残 30×（10.2～9.5）—0.9	图一一，10
刻刀	黄绿色，局部有褐色斑	残 9.2×（0.95～0.35）—0.6	图一一，2
刻刀	黄绿色	9.4×1.4，直径 0.2～0.4	图一二，3
璇玑（?）	黄绿色	残 4×（3～4），复原孔径 5.2，外径 11.6～13	图一二，2
锛（圭）	黄绿色，大部受沁呈白色	18×（4.5～4.9）—0.6～0.85	图一二，1
玉刀	墨绿色，局部有赭斑	上长 21，下长 26，宽 12.4，厚 0.2～0.5	图一二，4
玉刀	青绿色，大部有褐沁	长 48.7，宽 12～15，厚 0.5	图一二，5

　　丹土玉器与该地区同时代玉器风格是一致的，包括部分玉器成品来自辽东半岛，部分玉器如琮、镞形饰、璧类、瑗类等来自南部的良渚文化。但主体部分如各类钺、刀、大型璇玑、鸟形饰、带扉牙的环等应是本地或者说在该聚落制作的。一是尽管有些玉料属于岫岩玉，如个别大型璇玑、环、璧以及其他遗址发现的（如大朱村出土的1件）钺，但这些器物不见于辽东半岛，似是外来的原料在本地加工的；二是如此扁薄的钺、刀以及带扉牙的钺（图八，5）和环（图一〇，3、7）风格、特征不见于其他遗址，超大型玉刀和璇玑也是该聚落所独有。因此，我们认为这些精品应是在本聚落加工制作的。

　　大汶口晚期后段，玉器出土比较集中的还有南部莒县一带遗址，如陵阳河、大朱村、杭头以及临沂湖台遗址，这里出土了蛇纹岩、辉绿色片麻岩（绿色斑块）、黄褐色玛瑙质钺以及齿刃钺，还有数量较多的白色（蛋白石?）大型璧，瑗、环（图版四，5、6）、方形玉璧、圆台形（上窄下宽）镯等，玉器总体厚重，器体较大，与丹土一带的玉器存在一定差别，说明那里也有一个玉石器制作中心。

　　总体而言，这两个玉石器制作中心利用本地美石制作的玉器，就数量而言已超过了外地来的成品。

六、以丹土—两城镇等为代表的龙山文化玉器特点

　　我们先介绍一下龙山时期各地玉石器工业和海岱地区玉器出土情况，再详细分析

丹土—两城镇玉器类原料来源、玉器制作、控制等情况。

龙山文化时期，以豫西、晋南、陕北为中心的中原地区延续了庙底沟二期文化时期的玉石器工业，并向前发展，成为史前末期中国玉器工业的中心，后又直接发展为夏商玉文化。江汉地区、甘青地区的玉器可以明显看到其影响，无论玉器种类、组合和形态都与中原地区玉器有趋同倾向，甚至可以说这两个地区的治玉业是中原玉器工业的分支。海岱地区的玉器也见到了中原文化玉器的影子，如圭（锛）、兽面纹样，可能还有璋（如果海岱地区发现的玉璋属于龙山文化的话）。

随着良渚文化玉石工业的消失，龙山时期海岱地区的石器工业发生了大变化，钺类工具逐渐退出，石锛、石凿小型化，新出现器类如石铲、长方形带孔石刀、石镰等数量极多。就形态、技术而言，海岱地区开始有自己独立的石器工业（当然也与中原石器工业趋同）。

与此同时，龙山文化墓葬内随葬玉石器的习俗发生了变化。据发表和笔者所掌握的资料，呈子清理了87座、尹家城65座、三里河98座、两城镇100座、胶州赵家庄60余座、日照尧王城39座、临淄董褚10余座、兖州西吴寺9座、董家营3座（包括1座大型墓）、枣庄二疏城近10座（也有1座大型墓），潍坊姚官庄12座，除如三里河、尹家城、二疏城和姚官庄龙山初期各有1座随葬石钺外，到了龙山中期一般墓葬内不再随葬石钺。而在大汶口中晚期各地区不同等级的聚落内，男性普遍随葬石钺，据统计，有近30%的男性随葬钺类工具，在整个墓地也占10%～20%。大汶口文化早期石钺曾是砍伐树木的一种工具，之后成为一种武器，一般随葬在男性墓葬内，大约在大汶口文化晚期，又变成军事指挥权的象征，钺的质料开始多为玉质，且出土于大型贵族墓葬内[⑧]。

龙山文化墓葬随葬玉器的数量更少，在清理的500座余墓葬内，除两城镇、朱封、袁家等高级别的墓葬随葬玉器数量较多外，其他墓地基本不见玉器，随葬玉器比例极低。其随葬玉器的情况与大汶口文化中晚期迥然有别。尤其是像尹家城发现的5座有带有棺椁的超大型墓葬都未随葬玉器，像董家营、赵家庄、二疏城发现的大型墓也如是。说明不仅一般聚落的普通人物不能拥有玉器，就是这些聚落的贵族也得不到玉制品。

这里有必要谈谈三里河3座、尹家城1座龙山时期的小型墓内出土玉器的情况。尹家城M139，在尹家城整个墓地中属于小型墓葬，所随葬玉刀像是改制的大汶口文化晚期玉钺（弧刃），也可能是墓主人收藏的大汶口文化玉器。三里河M118、M244属于龙山文化中期的小型墓，玉器放在墓主人口中，前者是1件残破的镞形器，它是大汶口文化中晚期的典型玉器；后者是1件残破的璜形器，这种器物只出现在大汶口文化早中期。三里河M208属于龙山文化中期后段的小型墓，随葬玉器有12件，分别是璇玑1、鸟形饰 3、玉珠 4、璜 1、钻芯 1、几何形饰件 2 件。璇玑，形体特征属于大汶口文化晚期、龙山初期特征，璜在海岱地区只发现于大汶口文化早中期，大汶口晚期和整个龙山时期并未发现，出土废料玉芯似是属于壁类或璇玑类的，2 件饰品像是改制的残玉器，这批玉器的钻孔为琢制，而不是龙山时期的管钻。这说明这批玉器时代庞杂，当然不能代表龙山时代的治玉水平，也不能把它们归入龙山文化的玉器。这 4 座墓随葬玉器可能反映的是墓主人收集"古物"的一种嗜好，而不能说明其社会地位或身份。

丹土、两城镇、大范庄的玉器还不能了解其出土背景，但昌乐袁家[®]，临朐朱封墓地[®]可帮我们了解这个时期大型墓葬随葬玉器情况。袁家位于昌乐西部，西距临朐朱封遗址约 20 公里左右，已清理墓葬 3 座，加之被破坏的墓葬有 10 座左右。墓葬属于超过长 3、宽 2 米的大型墓，有棺椁，随葬陶器数量少，但普遍随葬玉器。相当部分数量的钺、璇玑等已流失。山东省文物考古研究所和昌乐县文管所发掘和收集的玉器有钺 3、瑗 2、方形饰件 4 件（图一三，1、6、13、14、17）。从伴出的陶器而言，年代为龙山文化早期。

朱封清理的 3 座超大型墓葬，在海岱地区首屈一指，在全国也是罕见的。M1 长4.4、宽 2.5、深 1.8 米（可能只清理了二层台部分，而墓坑圹并未发现），葬具为双椁单棺，有边箱、脚箱，随葬精美陶容器 35 件，并有 1 件黄绿色玉管饰。M202 长 6.68、残宽 2.20～3.15（复原宽超过 4 米）、深 2～2.1 米，一棺一椁，随葬品近 50 件（陶器23 件），其中，玉器有冠形饰 1、簪 2、钺 2、刀 1 件（图一三，10、9、8、2、3、11），还有绿松石项链和供镶嵌用的近千片绿松石，以及 6 件石镞和若干鳄鱼骨板。M203长 6.30～6.44、宽 4.10～4.55、深 1.48～1.72 米，双椁单棺，随葬陶容器 50 件，石、骨镞 18 件，玉钺 3 件（图一三，5、7、8），瑗 1 件，绿松石 100 片。此外，采集到的玉器有大型璇玑 2、镞 1、钺 4（图一三，15、16、12、4；图一，9；图三，6）、环 1件，这些应出自被破坏的墓葬。

从出土的陶器分析，这 3 座墓的年代相当于龙山中期后段。出土的玉器，如兽面状冠形饰（图版四，8）、浮雕 3 个人面像的簪、竹节纹簪系首次发现。发现的玉钺基本平直刃。而 M202:7、M203:17（图一三，2、8），颜色为灰绿、黄绿，但呈斑块状结构，玉质差，顶部与刃部缺失，刃部略弧。从形体而言，不同于其他玉钺，质料与同出的玉器明显也有别。从类型学排比，时代也早些。不排除这 2 件玉器是大汶口晚期或龙山初期遗留的可能。

朱封、袁家超大型墓葬，与大汶口文化晚期后段的同类墓随葬上百件陶器相比，数量大幅度减少，陶容器尤其酒器的比例明显下降，玉器数量明显上升，袁家似乎已经以玉器为主，朱封两墓分别随葬了 3 件或 2 件玉钺（后者配 1 刀），这在之前也是不见的。可以说龙山中期，海岱地区埋葬习俗发生了大变化，墓葬内凸显棺椁制度（尹家城、二疏城等地的超大型墓内也是棺椁齐备），玉器在中心聚落的高等级墓随葬品中已变得非常重要。

　　袁家、朱封、丹土、两城镇，可能还有大范庄，在龙山时期，只有地域中心聚落的高等级贵族墓地内出土玉器，说明随葬玉器集中在有限的地区流通，只限于社会中高等级阶层享用，如果说这个时期玉器使用和制作受到了严格控制，也未尝不可。

　　表三是袁家和朱封墓地出土玉器颜色、质地、尺寸登记表。从表上看，朱封玉器颜色有黄绿、淡黄、黄白、墨绿、淡绿、乳白等，两城镇玉器颜色有黄绿、深黄绿、淡绿、墨绿、青绿、青黑等，除后者少见乳白色、黄白色外，余均为二者共有的。据研究，岫岩透闪石软玉的基本色调有白色、黄白色、黄绿色、绿色、青色和黑色，其中以黄绿、绿和黄白为主色调，而黑色、青色和白色较少[⑯]。袁家、朱封、两城镇玉器颜色正好与之吻合。矿物成分、化学成分、物理性质和结构学的分析也证明了这一点[⑰]。可以认为袁家、朱封、两城镇玉器绝大多数属于岫岩玉。

表三　　　　　　　　　　　　　袁家、朱封遗址出土玉器一览表

名称	颜色（质地）	尺寸（厘米）	出土单位	图版号
钺	黄白色，有褐斑	未测	袁家被盗墓葬	图一三，1
钺	墨绿色	未测	袁家被盗墓葬	图一三，6
钺	乳白色	19.7×7—1.1	袁家 M1	图一三，14
瑗	黄绿色	未测	袁家被盗墓葬	图一三，17
瑗	黄白色	未测	袁家被盗墓葬	
方形饰（4件）	受沁，呈白色	未测	袁家被盗墓葬	图一三，13
钺	黄绿色，有斑块	13.1×7.2—0.8	朱封 M202:7	图一三，2
钺	黄绿色	10.3×8—0.8	朱封 M202:8	图一三，3
钺	墨绿色，部分泛黄	（15～15.9）×（8.5～9）—0.8	朱封 M203:17	图一三，5
钺	黄白色	（12.3～12.9）×（12.2～12.9）—0.6	朱封 M203:16	图一三，7
钺	灰绿色，墨色斑块	（19.5～19.8）×（9～9.6）—0.5	朱封 M203:15	图一三，8
瑗	黄白色	外径9，内径6，厚0.5	朱封 M203:18	
环	淡黄色	外径12.8，内径10	朱封 10:178	
冠形饰	黄白色，褐斑	高4.5，宽9，厚0.4	朱封 M202:1	图一三，10
簪	墨绿色，褐斑	高19.5	朱封 M202:2	图一三，9
簪	乳白色	10.3	朱封 M203:3	图一三，18
刀	墨绿色	长21.7～23.7，宽10.6，厚0.7～0.8	朱封 M202:6	图一三，11
钺	墨绿色	14×10.4	朱封 10:201	图一三，4
钺	青灰色	15.2×9.2	朱封 10:149	
钺	墨绿色	14.8×10.2	朱封 10:150	
矛	墨绿色	10.4×2.8	朱封 10:174	图一三，12
璇玑	淡绿色	外径10.4，内径6	朱封 10:160	图一三，15
璇玑	不清	外径12，内径6	朱封	图一三，16
管饰	黄绿色	长2.2	朱封 M1:48	

　　在辽东半岛聚落和积石冢内普遍发现了大量龙山文化的早中期陶器等遗物（未见晚期遗存），与以前相比，辽东半岛与海岱地区关系更加密切，有学者甚至认为该地区已成为龙山文化的分布区了[⑥]。辽东半岛的龙山文化陶器质量明显较海岱地区差些，流行的积石冢墓葬也不见于海岱地区，但二者关系密切是可以肯定的，不排除那里存在着海岱地区的移民。但这个时期，积石冢墓葬内出土的小璇玑、小璧、小环之类玉器，遗址内的玉斧、锛类，仍属于本地玉器系统，而这些玉器品种和形态已经基本不见或罕见于海岱地区了。且海岱地区的主要玉器类也不见辽东半岛。虽然这时期海岱地区的玉料来自辽东半岛岫岩玉矿地带，但海岱地区发现的以丹土—两城镇、袁家—朱封类为代表的玉器，应是本地制作的。因而可以说，海岱地区从辽东半岛进口的是原料，这显然与前期海岱地区以进口玉器成品为主不一样。海岱地区文化在辽东半岛的发展甚至向北移民，可能就是为了获取（交换？）玉料。

　　就玉器种类、形体，我们还可以把丹土—两城镇龙山玉器与袁家—朱封玉器进行对比。同类器物中如璇玑、钺类、刀类，前者比后者尺寸明显大些（表一、表二、表三）。两城镇玉器中长条形钺（Ch 型）、圭（锛，尧王城也出土 1 件）及线刻兽面纹工艺，目前也只见于丹土—两城镇玉器类。而袁家—朱封玉器类中的有肩钺、齿刃钺、冠形饰、浮雕人面像和竹节纹的簪、绿松石管项饰、用上百件绿松石镶嵌（？）的物品也是其他地区不见的。两城镇一个坑（？）内还出土了治玉工具、玉坯料、半成品等，采集的玉器中还有刀的半成品。因而可以说两城镇存在玉器作坊。如果把临沂大范庄[⑧]、沂南罗圈峪[⑨]等地出土的玉璋看作龙山时代的话[*]，那里也应有自己的治玉场。目前看来，龙山时期至少已有 3 个玉器制作中心。袁家—朱封、丹土—两城镇、罗圈峪—大范庄龙山类不同风格玉器的存在，说明玉器的制作和控制是多中心的。而一般聚落都不出土玉器和仿制的石器产品表明这个时期玉器的控制是相当严格的。

　　如果说以丹土大汶口文化晚期后段玉器和两城镇、袁家—朱封为代表的龙山玉器标志着海岱地区开始有自己的玉器工业的话，那么，也应是之前玉器——南方良渚文化和东北玉器工业技术传统和样式的延续。玉料基本上是从北方进口的，玉器制作、享用则被牢牢控制在若干个区域中心的贵族手中，治玉业已成为贵族手工业经济的重

---

[*]　大范庄出土了若干件大型玉钺和璋，从形态和玉质分析，前者属于龙山文化没问题。海岱地区发现的被定为龙山时期的璋，其实没有一件属于发掘品。大范庄遗址包含大汶口文化晚期、龙山和岳石文化时期的遗存。罗圈峪玉器的时代也非常复杂，如筒形镯、镞形饰、钺等是典型的大汶口文化玉器，另外同出的小型锛、凿，既有大汶口文化时期的，可能又有龙山时期的。在五莲上万家沟、海阳司马台出土的璋，情况也如是。总之，海岱地区出土的 8 件璋，还不能完全肯定属于龙山文化时期。尽管有学者认为璋最早源于山东，但也有学者认为属于华西玉器的东传，且时代属于龙山末期和二里头时期，见邓淑苹：《由院藏三星堆文化牙璋谈起》，《故宫文物月刊》17 卷 2 期，1999 年。

要组成部分。

　　总之，海岱地区龙山时期玉器基本延续了以前的种类、样式，但又有一些变化，装饰品的种类和数量减少，象征军事特权的礼器如钺、刀、锛（圭）、镞、可能还有璋，得到了突出和强调（同时棺椁制度也如是），玉器也只集中出现在地域中心聚落遗址的高等级贵族墓葬内，其地位取代了海岱地区传统陶质酒器、盛食器和炊器。玉器原料来源也只有一个产地了——辽东半岛北部的岫岩玉矿。玉器原料、制品，包括制作过程，被中心聚落的贵族阶层牢牢控制，并成为贵族手工业的重要组成部分。但这种玉器制作的集中化致使中小型聚落的贵族也无法获取玉器和原料。海岱地区龙山时期（尤其龙山中期），丹土—两城镇、袁家—朱封、罗圈峪—大范庄玉器形态种类、形态、尺寸的差别，说明存在着多个玉器制作、控制中心。

七、丹土与两城镇中心聚落的关系

　　据最近的考古系统调查，研究者根据遗址的分布、面积大小把该地区龙山聚落分为 4 个等级，丹土遗址是与两城镇遗址同时，并隶属于两城镇这个一级中心聚落的二级聚落。两城镇遗址规模巨大，发现了海岱地区最长的濠沟和数量较多、制作精美、形制硕大的玉制品，应是该地区龙山时期的中心聚落。通过上文的分析，丹土玉器的年代大部分属于大汶口文化晚期后段，部分属于龙山文化初期，而两城镇玉器多属于龙山文化中期，丹土与两城镇的玉器不是同时代关系而是前后传承关系。由于丹土玉器在海岱地区大汶口晚期后段所占的独一无二的地位，加之在丹土遗址发现了大汶口文化晚期后段的环濠和带有刻画符号的大口尊（符号与莒县陵阳河一带有差别）、兽面纹蛋壳陶杯（纹样与两城镇遗址出土不同）等重要遗迹和遗物，我们可以肯定丹土是大汶口文化晚期后段至龙山初期该区域的中心聚落。因此，就玉器这个角度而言，结合已有的考古发现，我们认为，作为中心聚落功能的丹土遗址只是在大汶口文化晚期后段和龙山文化初期，而龙山早期偏晚到中期，两城镇在该区域才具有中心聚落的性质。

　　另外，该区域的系统考古调查，发现龙山文化遗址多达 199 处（不排除人口的迁移促使该地区龙山文化人口集中，社会发展，经济繁荣），发现的大汶口文化晚期后段遗址只有 4 处，这似乎与丹土这个中心聚落的地位极不相称。但是，中原地区、海岱地区的遗址不同时期文化埋藏往往高度重合，鲁东南沿海地区如原定为龙山时代的丹土、董家营、胶南河头[⑧]、尧王城、胶州赵家庄[⑨]、诸城薛家庄[⑩]等遗址，在最近的考古发掘后，都发现了大汶口文化中晚期的遗存。显然，陶片等遗物的出露是以遗址的破坏程度为前提的。因此，那些未发掘的龙山文化遗址下部也有存在大汶口文化遗存的可能。如此说来，以地面采集的陶片等遗物来断定一个遗址年代、性质和功能，以陶片等遗物的分布来确定一个遗址的面积大小，以遗址的规模大小划分聚落等级，这种田野作业方式，在中原、海岱地区应考虑其局限性。

笔者在 2001 年参观五莲县博物馆馆藏丹土玉器，观其数量之多、形体之大时受到震撼，遂萌发了撰写本文的念头。此后五年里，笔者利用各种机会观摩了新沂市博物馆、五莲县博物馆、莒县博物馆、日照市博物馆、临沂市博物馆、诸城市博物馆、寿光市博物馆、桓台县博物馆、昌乐县文管所、海阳县博物馆、徐州市博物馆、枣庄市博物馆、济宁市博物馆、邹城博物馆、兖州博物馆、济南市博物馆、山东省文物考古研究所、山东省博物馆、山东大学博物馆等单位馆藏的史前玉器。在此对这些单位的同行提供的方便表示感谢。也对刘延常、刘云涛、兰秋霞、曲彤丽先生提供的无私帮助表示敬意。在北大几年里，多次听了严文明、赵朝洪、赵辉、张弛等诸先生的相关玉石器课，迟迟没能交篇作业，这篇小文也算是还债吧。

注　释

① 　a．雍颖：《试探山东地区出土的新石器时代玉器分期与特征》，《辽海文物学刊》1996 年第 2 期；b．雍颖：《海岱地区出土新石器时代玉器研究》，《故宫学术季刊》17 卷第 4 期，2000 年；c．袁永明：《辽海、海岱地区新石器时代文化比较研究——以玉器为中心》，北京大学考古文博学院博士学位论文，2003 年；d．员雪梅：《燕辽、海岱、中原地区新石器时代玉器研究》，北京大学考古文博学院博士学位论文，2005 年；e．邵望平：《海岱系玉器略说》，《中国考古学论丛——中国社会科学院考古研究所建所 40 周年纪念》，科学出版社，1993 年；f．邵望平、高广仁：《从海岱系玉礼器的特征看三代礼制的多源一统性》，《浙江省文物考古研究所学刊（第二届中国古代玉器与传统文化学术讨论会专辑）》第六辑，杭州出版社，2004 年；g．邵望平、高广仁：《关于中国古代玉文化的几点思考》，《玉魂国魄——中国古代玉器与传统文化学术讨论会文集》，北京燕山出版社，2002 年。

② 　同注①a、b、c。

③ 　如黄翠梅：《中国新石器时代玉器文化谱系初探》，中国古代玉器与玉文化高级研讨会（北京），2000 年。

④ 　如注①e、f。

⑤ 　a．邓淑苹：《试论新石器时代至汉代古玉的发展与演变》，《古玉别藏续集》，台北故宫博物院，1999 年；b．邓淑苹：《20 世纪中国古代玉器考古研究的发展与成果》，《燕京学报》新十九期，北京大学出版社，2005 年。

⑥ 　杨伯达：《中国史前玉文化板块论》，《巫玉之光——中国史前玉文化论考》，上海古籍出版社，2005 年。

⑦ 　a．同注①d；b．王时麒等：《论古玉器原料产地探源的方法》，《中国玉文化玉学论丛三编》（上、下），紫禁城出版社，2005 年；c．赵朝洪等：《从玉器原料来源的考察看红山文化与大汶口文化的关系》，《红山文化研究——2004 年红山文化国际学术研讨会文集》，文物

出版社，2006 年。

⑧ a. 连云港市博物馆：《江苏灌云大伊山新石器时代遗址第一次发掘报告》，《东南文化》1988年第 2 期；b. 南京博物院等：《江苏灌云大伊山遗址 1986 年的发掘》，《文物》1991 年第7 期；c. 吴荣清：《中国最早的石棺墓——大伊山遗址及其出土文物》，《龙语·文物艺术》1993 年 19 期。

⑨ 张弛：《大溪、北阴阳营和薛家岗的玉、石器工业》，《考古学研究（四）》，科学出版社，2000 年。

⑩ 辽宁省文物考古研究所等：《大南沟——后红山文化墓地发掘报告》，科学出版社，1998年。该墓地出土的璧、环，周边扁薄、孔缘较厚，这种璧、环类也常见于鲁东南地区的大汶口文化晚期墓葬内。

⑪ 刘俊勇：《辽东半岛玉牙璧初步研究》，《中国玉文化玉学论丛三编》（上、下），紫禁城出版社，2005 年。

⑫ 南京博物院：《花厅——新石器时代墓地发掘报告》，文物出版社，2003 年。

⑬ 山东省博物馆等：《邹县野店》，文物出版社，1985 年。

⑭ 山东省文物管理处、济南市博物馆：《大汶口》，文物出版社，1974 年。

⑮ a. 王树明：《陵阳河墓地刍议》，《史前研究》1987 年第 3 期；b. 山东省考古所：《山东莒县陵阳河大汶口文化墓葬发掘简报》，《史前研究》1987 年第 3 期。

⑯ 安徽省萧县博物馆：《萧县金寨村发现一批新石器时代玉器》，《文物》1989 年第 4 期。

⑰ 程东辉、张浩林：《小徐庄遗址抢救发掘喜获成果》，《中国文物报》1999 年 8 月 22 日。

⑱ a. 南京博物院：《江苏邳县四户镇大墩子遗址探掘报告》，《考古学报》1964 年第 2 期；b. 南京博物院：《江苏邳县大墩子第二次发掘》，《考古学集刊·1》，中国社会科学出版社，1981 年；c. 南京博物院：《邳县大墩子第三次发掘简报》，《文物通讯》1976 年第 7 期。

⑲ a. 江苏省文物工作队：《江苏邳县刘林新石器时代遗址第一次发掘》，《考古学报》1962年第 1 期；b. 南京博物院：《江苏邳县刘林新石器时代遗址第二次发掘》，《考古学报》1965 年第 2 期。

⑳ a. 中国社会科学院考古研究所山东队等：《山东兖州王因新石器时代遗址发掘简报》，《考古》1979 年第 1 期；b. 中国社会科学院考古研究所：《山东王因》，科学出版社，2000 年。

㉑ 山东省文物考古研究所：《大汶口续集》，科学出版社，1998 年。

㉒ 学术界对花厅墓地的性质争论较大，笔者从分期和墓葬排列角度分析，认为墓主人属于"大汶口人"，只是接受了良渚文化的传统。参照燕生东、春夏：《花厅墓地的分期与文化性质》，《刘敦愿先生纪念文集》，山东大学出版社，1998 年。

㉓ 章丘市博物馆：《山东章丘市焦家遗址调查》，《考古》1998 年第 6 期。

㉔ 山东省文物考古研究所等：《枣庄建新》，科学出版社，1996 年。

㉕ 国家文物局考古领队培训班：《兖州六里井》，科学出版社，1999 年。

㉖ 中国社会科学院考古研究所：《蒙城尉迟寺——皖北新石器时代聚落遗存的发现与研究》，科学出版社，2001 年。

㉗ 山东省文物考古研究所：《茌平尚庄新石器时代遗址》，《考古学报》1985 年第 4 期。

㉘ 山东省文物考古研究所等：《山东潍坊前埠下遗址发掘报告》，《山东省高速公路考古报告集（1997）》，科学出版社，2000 年。

㉙ 张连利等编：《山东淄博文物精粹》，山东画报出版社，2002 年。笔者曾多次到桓台县博物馆观摩李寨墓地的发掘资料。

㉚　昌潍地区文物管理组等：《山东诸城呈子遗址发掘报告》，《考古学报》1980 年第 3 期。

㉛　山东省文物考古研究所等：《广饶县五村遗址发掘报告》，《海岱考古》第一辑，山东大学
　　出版社，1989 年。

㉜　同注①b。

㉝　同注⑩。

㉞　周晓晶：《辽东半岛地区新石器玉器的初步研究》，《北方文物》1999 年第 1 期。

㉟　a. 中国社会科学院考古研究所山西队等：《1978～1980 年山西襄汾陶寺墓地发掘简报》，
　　《考古》1983 年第 1 期；b. 中国社会科学院考古研究所山西队等：《陶寺城址发现陶寺文
　　化中期墓葬》，《考古》2003 年第 9 期；c.《山西襄汾陶寺文化城址》，《中国重要考古发现·2001》，
　　文物出版社，2002 年；d. 高炜：《龙山时代中原玉器上看到的二种文化现象》，《玉魂
　　国魄》，北京燕山出版社，2002 年；e. 高炜：《陶寺文化玉器及相关问题》，《东亚玉
　　器》，香港中文大学中国考古艺术研究中心，1998 年；f. 山西省考古研究所：《山西芮
　　城清凉寺墓地玉器》，《考古与文物》2002 年第 5 期；g. 山西省考古研究所：《山西芮城
　　清凉寺新石器时代墓地》，《文物》2006 年第 3 期；h. 李百勤、张惠祥：《坡头玉器》，《文
　　物世界》2003 年增刊；i. 山西省临汾行署文化局等：《山西临汾下靳村陶寺文化墓地发掘
　　报告》，《考古学报》1999 年第 4 期；j. 宋建忠：《山西临汾下靳墓地玉石器分析》，《古代
　　文明》第 2 卷、文物出版社，2003 年。

㊱　中国社会科学院考古研究所等：《胶县三里河》，文物出版社，1988 年。

㊲　a. 同注⑮a、b。原报告中把相当多的玉器归为石质，笔者在莒县博物馆和山东省文物考
　　古研究所对材料做了核对，莒县大朱村、杭头情况也如此。还可参考：b. 苏兆庆编：《古
　　莒遗珍》，人民美术出版社，2003 年；c. 古方总主编：《中国出土玉器全集·4·山东卷》，
　　科学出版社，2005 年。

㊳　a. 苏兆庆等：《山东莒县大朱村大汶口文化墓地复查清理简报》，《史前研究》1989 年辑刊；
　　b. 山东省文物考古研究所：《莒县大朱家村大汶口文化墓葬》，《考古学报》1991 年第 2 期。

㊴　山东省文物考古研究所：《山东莒县杭头遗址》，《考古》1988 年第 12 期。

㊵　临沂市博物馆：《山东临沂湖台遗址及墓葬》，《文物资料丛刊·10》，文物出版社，1987 年。

㊶　燕生东等：《论陵阳河大汶口文化墓葬所反映的社会分层——从文化人类学和民族学角度
　　说起》，《江汉考古》2001 年第 1 期。

㊷　同注㊲b、c。

㊸　浙江省文物考古研究所等：《好川墓地》，文物出版社，2001 年。

㊹　a. 冈村秀典：《辽东新石器时代的玉器》；b. 冈村秀典、伊藤淳史：《文家屯踏查报告》；
　　c. 宫本一夫、村野正景：《九州大学考古学研究室藏松永宪藏资料——文家屯遗址采集玉
　　器、石器资料》，均见《中国沿海岸龙山时代的地域间交流》（日文）研究成果报告书，
　　2002 年。

㊺　如佟伟华：《胶东半岛与辽东半岛原始文化的交流》，《考古学文化论集·2》，文物出
　　版社，1989 年。

㊻　山东大学历史系考古专业教研室：《泗水尹家城》，文物出版社，1990 年。

㊼　a. 山东省文物考古研究所等：《山东临朐史前遗址普查简报》，《海岱考古》第一辑，山东
　　大学出版社，1989 年；b. 中国社会科学院考古研究所山东工作队：《山东临朐朱封龙
　　山文化墓葬》，《考古》1990 年第 7 期。

㊽　燕生东等：《五莲县董家营新石器时代和战国、西汉遗址》，《中国考古学年鉴·2002》，文

物出版社，2003 年。本文引用的玉石器均为笔者发掘的资料。

㊾ 王洪明：《山东海阳县史前遗址调查》，《考古》1985 年第 12 期。2005 年春，笔者勘察了司马台遗址，发现该遗址也有大汶口文化时期遗存。

㊿ 郑岩、徐新华：《山东安丘老峒峪遗址再调查》，《考古》1992 年第 9 期。

51 a．同注㊼a；b．安志敏：《牙璧试析》，《东亚玉器》第 1 册，香港中文大学中国考古学艺术研究中心，1998 年。

52 a．见注⑪；b．栾丰实：《牙璧研究》，《文物》2005 年第 7 期。

53 a．澄田正一等：《1941 年四平山积石墓的调查》，《考古学文化论集·4》，文物出版社，1997 年；b．李权生：《论山东龙山文化陶器的分期与地域性》，《考古学集刊·9》，科学出版社，1995 年；c．见注㊹a。

54 牟永杭、云希正：《中国美术分类全集，中国玉器全集·1·原始文化卷》，河北美术出版社，1992 年。

55 山东省文物管理处：《日照县两城镇等七个遗址初步勘查》，《文物参考资料》1955 年第 12 期。

56 山东省文物管理处等：《山东文物选集普查部分》，文物出版社，1959 年。

57 杨波：《山东五莲县丹土遗址出土玉器》，《故宫文物月刊》14 卷 2 期，1996 年。

58 刘敦愿：《山东五莲、即墨县两处龙山文化遗址的调查》，《考古通讯》1958 年第 4 期。

59 a．吕常凌主编：《山东文物精粹》，山东美术出版社，1996 年；b．刘振清主编：《中国地域文化大系·齐鲁文化——东方思想的摇篮》，山东美术出版社，商务印书社（香港），1997 年。

60 杜在忠：《论潍、淄流域的原始文化》，《山东史前文化论文集》，齐鲁书社，1986 年。资料保存在县博物馆，玉琮和钺发表在各种图录上，参考注59a、57、㊲b。

61 这些玉器均藏于五莲县博物馆，大多未整理发表，本文引用的材料散见于：
a．赵洪新：《五莲艺术集锦》，山东省内部出版资料，2001 年；b．王家政主编：《日照文存·文物卷》，中国画报出版社，2004 年；c．另见注㊲b、c。据说，国家博物馆还从五莲调拨过丹土出土的璇玑和钺，笔者未能证实。

62 a．罗勋章：《五莲县丹土村新石器时代遗址》，《中国考古学年鉴·1996》，文物出版社，1998 年；b．刘延常：《五莲县丹土新石器时代遗址》，《中国考古学年鉴·1997》，文物出版社，1999 年；c．刘延常、王学良：《五莲县丹土大汶口文化、龙山文化城址和东周时期墓葬》，《中国考古学年鉴·2001》，文物出版社，2002 年；d．山东省文物考古研究所：《五莲丹土发现大汶口文化城址》，《中国文物报》2001 年 1 月 17 日；e．刘延常：《五莲县丹土大汶口文化、龙山文化城址》，《山东重大考古新发现 1990～2003 年》，山东文化音像出版社，2003 年。

63 a．南京博物院：《江苏海安青墩遗址》，《考古学报》1983 年第 2 期；b．燕生东：《海安青墩遗存再分析》，《东南文化》2004 年第 4 期。笔者把该遗址的良渚文化遗存分为早晚两期，采集的玉琮应属于晚期；c．图见南通博物馆：《海安县发现新石器时代遗址》，《南通历史文物参考资料》1976 年 2 号；d．邹厚本主编：《江苏考古五十年》江苏史前玉器章节，南京出版社，2000 年。

64 如栾丰实：《再论良渚文化的年代》，《故宫学术季刊》20 卷 4 期，2003 年。

65 同注㉟e、g、h。

66 同注㉟g。

67 山东大学考古系、山东大学博物馆：《山东大学文物精品选》，齐鲁出版社，2002 年。

⑱ a．尹达：《中国新石器时代》，生活·读书·新知三联书店，1955年；b．南京博物院：《日照两城镇陶器》，文物出版社，1985年。

⑲ 杜正胜主编：《来自碧落与黄泉——中央研究院历史语言研究所文物精选》，（台北）中央研究院历史语言研究所，1998年。该书公布了M2平面图和玉钺彩照图。

⑳ 同注55。

㉑ a．刘敦愿：《读“日照县两城镇等七个遗址初步勘察”后的一些补充意见》，《文物参考资料》1956年第6期；b．刘敦愿：《日照两城镇龙山文化遗址调查》，《考古学报》1958年第1期。

72 山东省文物管理处：《山东日照两城镇遗址勘察纪要》，《考古》1960年第9期。

73 a．刘敦愿：《记两城镇遗址发现的两件石器》，《考古》1972年第4期；b．介绍山东玉器的图录中几乎都有这两件玉器，如山东省博物馆编：《山东省博物馆藏品选》，山东友谊出版社，1991年；c．另见注54、59b。

74 刘敦愿：《有关日照两城镇玉坑玉器的资料》，《考古》1988年第2期。有关这些玉器的彩色图录见注67。

75 日本放送出版协会编：《故宫博物院13·玉器》，NHK出版，1999年。

76 日照市图书馆、临沂地区文管会：《山东日照龙山文化遗址调查》，《考古》1986年第4期。

77 相关材料见：a．中美两城地区联合考古队：《山东日照两城地区的考古调查》，《考古》1997年第4期；b．中美两城地区联合考古队：《山东日照地区系统区域调查的新收获》，《考古》2002年第5期；c．中美两城地区联合考古队：《山东日照市两城镇遗址1998～2001年发掘简报》，《考古》2004年第9期等。

78 同注35b。

79 荆州地区博物馆等：《钟祥六合遗址》，《江汉考古》1987年第2期。有些学者把这种兽面纹玉器看作山东龙山文化的代表，并研究了其传播路线，新的资料表明，这种样式可能由中原地区向四周传播。

80 燕生东：《海岱地区史前墓葬出土工具所反映的两性分工》，《齐鲁文博——山东省首届文物科学报告月文集》，齐鲁书社，2002年。

81 a．魏成敏：《昌乐县袁家龙山文化墓地》，《中国考古学年鉴·1999》，文物出版社，2001年；b．李学训、郑秀云：《昌乐县袁家庄龙山文化玉器墓》，《文博研究》第一辑，潍坊新闻出版局，2000年；c．同注37c。该书公布了1件长方形玉钺。

82 a．山东省文物考古研究所等：《山东临朐史前遗址普查简报》，《临朐县西朱封龙山文化重椁墓的清理》，《海岱考古》第一辑，山东大学出版社，1989年；b．中国社会科学院考古研究所山东工作队：《山东临朐朱封龙山文化墓葬》，《考古》1990年第7期，该文发表的玉器图较少；c．玉刀图见李曰训：《朱封龙山文化大墓》，《中华人民共和国重大考古发现》，文物出版社，1999年；d．所有的玉器照片见韩榕：《临朐朱封龙山文化墓葬出土玉器及相关问题》，《东亚玉器》第1、3卷，香港中文大学中国考古学艺术研究中心，1998年；e．采集的璇玑图见注51b。

83 同注⑦c。

84 a．同注①d；b．员雪梅等：《中国史前玉器原料产地研究的现状及相关问题的探讨》，《第五届中国玉文化玉学江阴研讨会——中国南方地区玉文化研究专题》（资料集），2005年；c．同注⑦c。

85 a．栾丰实：《辽东半岛南部地区的原始文化》，《海岱地区考古研究》，山东大学出版社，1997 年；b．王青：《试论山东龙山文化郭家村类型》，《考古》1995 年第 1 期。

㊏　冯沂：《山东临沂市大范庄遗址调查》，《华夏考古》2004 年第 1 期。

㊐　a．于秋伟等：《山东沂南县发现一组玉、石器》，《考古》1998 年第 3 期；b．于秋伟：《山东沂南新发现的牙璋和玉器》，《故宫文物月刊》15 卷 11 期，1998 年。

㊑　兰玉富等：《胶南市河头新石器时代至宋元遗址》，《中国考古学年鉴·2003》，文物出版社，2004 年。

㊒　燕生东等：《山东胶州赵家庄先秦聚落考古获重要收获》，《中国文物报》2006 年 4 月 28 日第 1 版。

㊓　兰玉富等：《诸城市薛家庄新石器时代和汉代遗址》，《中国考古学年鉴·2002》，文物出版社，2003 年。

（《东方考古（第 3 集）》，科学出版社，2006 年）

山东日照市两城镇遗址龙山文化
植物遗存的初步分析

凯利·克劳福德　赵志军　栾丰实　于海广　方　辉　蔡凤书
文德安　李炅娥　加里·费曼　琳达·尼古拉斯[*]

前　言

在中国，植物考古学相对来说还是一门较为新兴的学科，虽然这一学科在有关农业起源的研究上已经取得了很大进展，但还没有在经济结构、聚落形态等方面的研究中作出其应有的贡献[①]，以往的研究者常常只是关注对个别农作物如稻谷或粟等的研究。事实上，内容广泛的植物考古学如果结合其他考古调查资料，不仅有助于我们了解中国的农业起源问题，还会有助于了解农业的发展及其他相关问题。位于山东日照市的两城镇遗址是一处龙山文化的典型遗址，在龙山文化时期，这里的农业生产有了较大发展，本文所介绍的就是在这个遗址所进行的植物考古研究的初步结果，其中包括农作物和杂草类植物的鉴定，以及对野生植物的生存区域、遗址内不同区域的性质等内容的探讨。

一、龙山时代的农业概况

龙山文化的遗址在整个黄河流域及其邻近区域均有发现，很多资料表明这些遗址已进入复杂社会阶段。系统的区域调查资料揭示出龙山时代的聚落形态呈等级状分布，而根据我们对鲁东南日照地区的调查，两城镇就是一处地区性中心聚落遗址[②]。通过

* 凯利·克劳福德（Gary Crawford）、李炅娥（Gyoung-Ah Lee），加拿大多伦多大学人类学系（Department of Anthropology, University of Toronto, Mississauga, Ontario, Canada L5L 4L6）。
文德安（Anne Underhill）、加里·费曼（Gary Feinman）、琳达·尼古拉斯（Linda Nicholas），美国芝加哥费尔德博物馆人类学部（Department of Anthropology, The Field Museum, Chicago, Illinois 60605）。

对相关墓葬资料的研究，一些学者认为在龙山文化时期已经出现社会分化③。越来越多的带有城墙的聚落遗址的发现，表明当时的人们更加注重对经济资源的保护。但是，有关龙山时代的农业经济形态等问题目前尚不清楚，可以确定的只是这一时期的农业生产已达到相当高的水平。

在人类社会的发展进程中，农业的发展使得社会分化成为可能，同时农业生产方式的进步也得益于原先相互孤立的农业组织的联合。例如，在中东地区，灌溉农业与扎格拉斯（Zagros）高原式的畜牧业相结合，成为当时先进生产方式的典型代表④。再如，在美国的东北部地区（例如密西西比河流域），一种新的作物——玉米的出现，增加了原有的农作物种类，同样也意味着支持复杂社会的农业得到了进步⑤。这些新的生产方式带来的结果就是作物产量增加，品种增多，种植粮食的危险系数减少。但是，就本文讨论的两城镇遗址而言，农作物产量增加的程度如何，以及危险系数减少的程度如何，这些问题正是我们希望解决的。

华北地区龙山时代遗址中最常见的农作物是粟，其次是稻谷。粟和稻谷在山东及其邻近地区从大汶口文化晚期至龙山时代的遗址中多有发现，例如在安徽北部大汶口文化时期的尉迟寺遗址发现了稻谷的植硅石⑥，在鲁中南地区龙山文化时期的庄里西遗址出土了稻和粟⑦，在鲁中北地区的田旺遗址发现了稻的植硅石⑧，在江苏的滕花落遗址发现有稻谷遗存⑨，在杨家圈遗址的烧土里发现了粟和稻的种子印痕⑩。但是，由于这些遗址的发现大多没有通过系统的浮选，并且缺乏确切的测年，所以还没有对这一时期稻谷和粟的重要性形成一个明确的认识。

二、两城镇遗址的发掘与浮选

1999～2001 年，山东大学和美国芝加哥费尔德博物馆联合对两城镇遗址进行了发掘，工作的重点是对遗址居住区的揭露，以及对有关经济生活资料的收集。这一阶段的发掘面积达 1400 平方米，揭露出大批的灰坑、房址及墓葬遗迹（图一）。根据对陶器形制的研究，这些遗存的年代大部分属于龙山时代中期（公元前 2400～2200 年）。在发掘期间，我们对该遗址系统地进行了浮选土样的采集，从灰坑、房址、活动面和文化层中共采集了土样 634 份，每份土样的量为 5～20 升。浮选工作是在当地进行的，所用设备由长方形有机玻璃水箱和金属架两部分组成，使用时先慢慢将土样放入充满水的水箱里，浮在水面的物质随溢出的水通过一个孔径为 0.4 毫米的筛子，筛面上就留下了泥水中的漂浮物，这就是浮选结果。同时，一些个体较大的遗物也留在了水箱内的筛子里，如碎陶片、石器碎片、炭化植物和骨骼等。

目前已有 265 份土样的浮选结果经过了实验室分析。具体做法是，以四种不同规格的筛子将浮选结果分成五组，筛子的直径分别为 2 毫米、1 毫米、0.7 毫米、0.425毫米。然后将直径大于 2 毫米的遗物根据成份再分类，如炭化木、未炭化的有机物以及炭化种子，而直径小于 2 毫米的仅需要仔细观察种子及其他遗物。

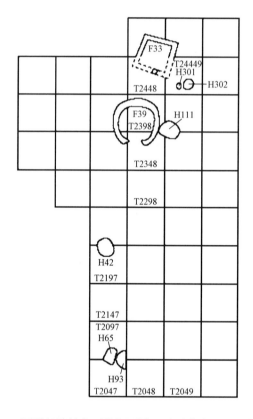

图一　两城镇遗址主要发掘区域及重要遗迹位置示意图

三、浮选结果

在已进行分析的 265 份样品中有 122 份发现了炭化植物种子，总计达 4000 余粒，目前已鉴定出 19 类不同植物的种子（附表一），其中主要是农作物（图二）和一年生杂草（图三）。需要指出的是，在尚未鉴定出种属的种子中有两类数量很多而且仅包含在个别浮选样品中，例如在编号为 1213 的样品中，每升土样中含这两类植物种子的数量高达 120 粒以上。总体上看，在发掘区域南半部的几处遗迹里，植物种子的含量最高，例如发掘单位 T2097、T2047、T2147 等。

附表一　　　　　　　　　　　**两城镇遗址浮选结果**

植 物 名 称	科 学 名 称	龙山文化早期	龙山文化中期前段	龙山文化中期后段	总计
农作物					
黍	*Panicum miliacium*		2	4	6
粟	*Seteria italica ssp.italica*	2	91	5	98
稻谷	*Oryza sativa*		448	6	454
小麦	*Triticum aestivum*		1	1	2
小计		2	552	16	570
杂草类					
苋属	*Amaranthus* sp.	1	4	2	7
菊科	Asteraceae		49	1	50
豆科	Fabaceae	2	37	1	40
藜属	*Chenopodium* sp.	1	13	5	19
蓼属	*Polygonum* sp.		55	15	70
芸苔属?	*Brassica* sp.?		34	4	38
马齿苋属	*Portulaca*		2	5	7
莎草科	Cyperaceae	1	18	7	26
小计		5	233	42	280
禾本科					
穇属	*Eleusine* sp.		21	2	23
黍亚科	Paniceae		175	138	313
其他禾本科		61	1276	16	1353
小计		61	1461	156	1678
其他					
黑弹朴	*Celtis bungeana*		2	1	3
茄科?	Solanaceae?		1	1	2
李属	*Prunus* sp.		1		1
大戟科?	Euphorbiaceae?		3	1	4
野葡萄	*Vitis* sp.		1		1
未知种类1			3	780	783
未知种类2			90	413	503
未鉴定种籽		4	297	63	364
总计		72	2644	1473	4189
含量（数量／升）		1.4	3.2	7	3.9

1毫米

图二　两城镇遗址出土的炭化谷物

1. 稻米　2. 稻壳　3. 小麦　4. 黍　5. 黍（带壳）　6. 粟

1毫米

图三　两城镇遗址出土的炭化杂草种子

1. 蓼科　2. 藜科　3. 野大豆　4. 狗尾草属　5. 狗尾草属（带壳）　6. 黍属

　　在发现植物种子的浮选样品中有 39 份样品包含有炭化稻谷，共计发现稻谷 454 粒。实际上，遗址中半数以上的稻谷（约 68.7%）集中出土于一个灰坑中（H93），密度为每升土含 59 粒。在加拿大多伦多大学对其中 1 粒炭化稻谷进行了加速器年代测定，结果为距今 3610±60 年，或公元前 2135～1860 年（准确率为 95%）。经测量发现，两城镇遗址出土稻粒的形态特征存在明显不同（图四）。我们知道，现代栽培稻可分为几个亚种类型，其中主要有籼稻和粳稻两类，但这两个亚种类型的尺寸在很大程度上是互相重叠的[11]。所以在本次研究中，我们尽量避免单纯地依靠稻谷的尺寸来分类，因为有时候只有通过基因分析法才能确定稻谷的亚种类别[12]。在样品中发现了一些莎草类植物种子，莎草通常生长在气候湿润的环境中，这种环境也适宜于稻类作物的生长。

　　在两城镇遗址的浮选样品中发现了 2 粒炭化小麦。与现代的普通小麦（*Triticum aestivum* ssp.compactum）相比，这两粒小麦的尺寸非常小，例如 H42 中发现的麦粒经测量为长 4.6、宽 2.6 毫米。目前在中国发现的最早的小麦出土于甘肃东灰山遗址，年代大约为公元前 2880 年[13]；另外，在河南洛阳市郊的皂角树遗址还发现了二里头文化时期的小麦[14]。这些小麦的重要性尚不明了，但可以明确的是它们属于一种矮小的植物，由此可以大大降低由于暴风雨袭击而造成的损害。

　　在一些浮选样品中还发现了野大豆。它们的尺寸为 6 毫米×4 毫米×3.6 毫米，与现在所知最早的人工栽培豆类相比体积非常小，似乎属于杂草类。

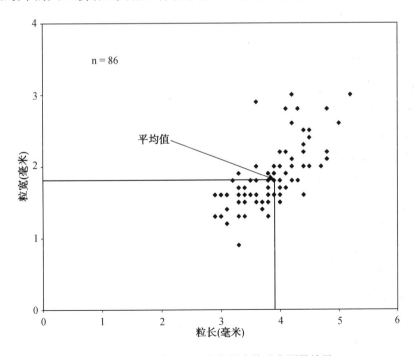

图四　两城镇遗址出土炭化稻米的形态测量结果

两城镇遗址中发现有粟和黍，其中粟的数量远远超过了黍。在韩国和日本的农耕文化遗址中，黍和粟在浮选土样中也常常共出，并且数量都很丰富[15]，但其中一种类型占有绝对优势的情况是不常见的。

两城镇遗址中最常见的一年生植物种子属于禾本科，其中黍亚科种子的数量最多，而杂草类中蓼属的比例很高。禾本科和蓼属的杂草通常共存在受到人工干扰的环境中，尤其是与农耕有关的环境。杂草与栽培植物互相杂合的群体往往包含有这些栽培植物的野生祖本，例如在墨西哥，野生玉米和栽培玉米常常生长在一起，容易发生相互杂交现象，当地农民也只有在它们开花以后才能进行分辨[16]。在中国的新石器时代晚期，粟和黍的多样性或许就是因为各种各样的黍亚科植物相互渗透加深了基因突变而导致的结果。

四、相关讨论

两城镇遗址的浮选结果为研究龙山文化的经济生活提供了第一手资料。越来越多的证据表明，稻作农业在山东地区龙山时代的经济生活中占有重要地位。通过对两城镇遗址浮选结果中稻和粟在数量和分布密度上的对比分析，我们认为，在当时的经济生活中稻可能比粟占有更重的地位。明确这一点是非常重要的，因为在这之前人们一直认为粟是华北绝大部分地区最主要的，也可能是唯一的农作物。稻可以在不同的环境下生长，包括旱田种植、季节性池塘种植、梯田和水田种植等，但是目前我们还无法了解两城镇遗址稻作产生的形式。稻和粟的组合在很大程度上促进了山东地区农业的发展，而小麦的出现也对这一发展进程起到重要作用，因此可以明确，龙山文化的农业是单一农作物的说法是缺乏说服力的。

两城镇遗址的植物遗存表现出不规则的空间分布状况，这可能是因为龙山文化时期在此大型聚落内部已经具有了功能上的不同分区。在发掘区南部，农作物和植物种子遗存的分布较为密集，尤其是在 T2047 和 T2097 分布最为密集。另外，在 H93 中存在丰富的含有植物种子微痕的灰土堆积，这意味着该灰坑可能长期用于窖藏；大量的灰土堆积则表明此灰坑在使用一段时间之后可能又被废弃而用作垃圾坑。而在发掘区北部，仅有少数几个遗迹单位出土了大量的植物遗存，并且其中大部分是野生的杂草，农作物种子很少。发掘区北部大部分是房址堆积，在这个相对较小的范围内发现很多建筑基址，说明这一区域在 200 多年的时间里曾经被连续使用，是主要居住区，而南区发现的房址较少。在北区出土有植物遗存的遗迹单位距南区大约有 25 米，这或许说明加工粮食和长期窖藏这些活动往往是在远离居住区的场所进行。当然，我们还需要进一步在南区做发掘工作，尽量揭露所有的文化层，以便验证这一结论。

　　总的说来，与杂草类植物种子遗存的数量相比，发现的农作物遗存数量相对较少，这可能是由于采样的区域不同所导致的结果，例如在日常家庭生活中储备或消耗粮食的场所与举行各种仪式活动的场所发现的遗物就会不同。炭化植物来源的不同也会影响到分析的结果，如用于蒸煮食物的陶炊器在两城镇遗址是很常见的器物，说明对食物进行加工处理已是普遍现象，而蒸煮等加工食物的方式可能不利于谷物遗存的保存，这在一定程度上会使农作物遗存的出土数量受到限制。谷物经过各种处理和加工程序后，总会剩下一些对当时的人们来说是没有任何用途的废弃物，如杂草的种子、谷壳等，先民们常常会把它们倒入垃圾坑，这样日久天长就会形成我们今天所见到的灰坑堆积，我们的样品有很多就采自这些灰坑中。另外，在一些遗迹单位中，我们发现很多带有植物遗存痕迹的红烧土，它们是如何形成的还不甚明了，但如果完全将其归结为建筑物或地面经过烧烤略显证据不足。在某些情况下，草籽与野生豆混合在一起有可能反映的是牲畜粪便或饲料的遗存[17]，而且在牲畜粪便中栽培植物种子的含量一般会相当低[18]。因此，我们推测这些带有植物遗存痕迹的红烧土也有可能是将牲畜粪便用作燃料后的遗存。

　　从经济生活的角度考虑，样品中所发现的野生植物不很重要，虽然其中有些如藜科和蓼属的植物种子也可食用，但我们还不能确定它们是否被用作食物或者其他一些用途。一些水果如葡萄和李子已经出现，但发现的只是少量种子。禾本科穇属中有一种植物是东非地区的作物（*Eleusine coracana*），在当地主要用来酿酒[19]，但在我们的浮选样品中所发现的穇属植物是否属于人工栽培还不得而知。前面提到的样品中那两类未能鉴别的植物种子似乎非常重要，但只有在鉴别出其种属的前提下，我们才能衡量它们的真正价值。

　　在河流纵横的鲁东南地区，龙山时代中期的气候环境温暖而湿润，适合大规模地开展稻作农业生产，由此带来了人口日益集中的现象。在两城镇遗址的边缘和中心区域，我们发现了几条环绕的壕沟，似乎是城壕的一部分，但这些壕沟直接与河流相通，也可能被用于控制水流灌溉稻田。

　　在龙山文化时期，人们对稻和粟这两类作物的依赖程度是一个值得进一步深入研究的课题。花粉分析结果表明，大约开始于距今3000年前，华北地区的气温不断下降，气候越来越干燥；具体到山东地区，气候也明显变冷和变干，这种干冷的气候制约了稻谷的生长。但是，在安阳殷墟，不论是文献记载还是实物资料都表明存在着适应温暖潮湿环境的植物和动物物种[20]，这又说明，当时在有些地方继续保持了温暖的气候条件，或者是在龙山文化晚期和商代晚期之间曾经有过比较大的气候波动。总之，在新石器时代的山东及其以北地区不适合稻类植物生存的说法是毫无根据的。现在，鲁东南地区与华北其他一些地区相比，气候要温暖湿润得多，夏季较湿热，冬季相对比较温暖，通常一年收两季作物。通过调查可以发现，在山东沿海的大部分地区，包括胶南地区、日照市北部和东港区南部，现在当地农民仍然采取灌溉稻田的方式。然而在现在的两城镇地区已经很少有人种植稻谷，原因是修建灌溉系统难度大、费用高。尽管如此。由于两城镇地区临近鲁东南一条较大的河流——潮河，我们认为以前这一地区是有利于种植稻谷的。

在社会经济发展过程中,地区之间的联系和交流为新作物的引进创造了有利条件；同时，气候环境的变好也降低了农业生产的危险系数，增加了农作物的产量。新石器时代晚期，稻作农业的广泛传播以及小麦种植的引进说明了地区之间人们联系的加强，而农作物的多样化增强了经济生活的安全系数。

我们需要深入思考的另一个问题是新石器时代遗址的形成过程，这包括遗址中居民的日常生活方式（例如食物加工方法和烹调技术），这些生活方式使得某些植物会通过炭化的方式得到保存，而某些植物则永远消失。两城镇遗址出土的炭化植物种子在空间分布上是不均匀的，这种现象使得我们确认在对史前遗址的发掘过程中，需要从不同区域系统地采集大量浮选土样。同时，在分析这些样品时，如果能够结合其他一些遗存来进行综合分析，将会有助于揭示遗址中经济生活的本质。根据遗迹的大小、土壤的类型以及其他一些遗物的性质（例如不同类型的陶器）等信息来判断灰坑和活动面的不同功能，也将有助于我们更好地了解植物遗存背后所隐含的有关人类行为的情况，例如如何处理垃圾，如何消费，以及如何储备粮食等等。

结　语

对两城镇遗址浮选土样的初步分析结果证明了系统分析龙山文化时期植物遗存的重要性，如果不了解农业生产及食物结构，就谈不上对复杂社会的全面认识。我们的工作揭示了在两城镇遗址中稻与粟都是非常重要的农作物，而且与大汶口文化时期相比，稻呈现出更加重要的作用，这很有可能成为龙山文化时期农业发展的一个主要因素。

野生的植物种子，尤其是杂草类和豆类的种子，在样品中发现的数量远远多于栽培植物种子。有几个原因可以用于解释这一情况：由于样品的分布与现在村落安排加工粮食场所的方式一致，即在远离居住区的空旷的场所，这些样品或许是作物加工后的废弃物以及当作燃料使用的牲畜粪便，烧过的燃料也可能在远离房址的区域进行处理。考虑到整个发掘区内农作物遗存发现的数量相对较少，可以推测，当时这个地区的农业劳动可能存在专门的分工，致使在村落中只有一小部分场所被指定用以加工粮食、盛放垃圾或者是储存食物。为了研究的深入，今后尚需对龙山文化时期的其他遗址以及时代更早些的遗址进行全面而细致的采样。

目前，我们没有足够的证据说明稻谷是如何种植的。事实上，并不是只有水田才能种植稻谷，在季节性湿润的环境中也可种植稻谷，两城镇地区在古代可能就属于这样的环境，至少从今天的环境状况来看是如此。文献记载的种植稻谷最早可以追溯到商周时期，假如我们认为那时存在灌溉系统，那么更早时期的人们很可能已经能够进行湿地的人工规划。

附记：中国国家文物局批准了此次联合发掘，美国鲁斯基金会（Henry Luce Foundation）和美国国家科学基金会（NSF）对两城镇遗址的发掘工作和本文研究给予了大力资助。另外，两城镇的张志波参与了浮选工作，芝加哥自然博物馆人类学系的 Jill Seagard 绘制了本文插图，在此一并致谢。

注　释

① 赵志军：《植物考古学的学科定位及研究内容》，《考古》2001 年第 7 期。

② a. Underhill A., G.Feinman, L.Nicholas, G.Bennett, Cai Fengshu, Yu Haiguang, Luan Fengshi., and Fang Hui, Systematic, regional survey in SE Shandong province, China., *Journal of Field Archaeology*, 25：453-474, 1998. b. Underhill A., G.Feinman, L.Nicholas.G.Bennett, Fang Hui, Luan Fengshi, Yu Haiguang, and Cai Fengshu, Regional survey and the development of complex societies in southeastern Shandong, China, *Antiquity*, 76：745-755, 2002.

③ a. Chang K.C., *The archaeology of ancient China*, Fourth edition, New Haven：Yale University Press, 1986. b. Liu Li, Mortuary ritual and social hierarchy in the Longshan culture, *Early China*, 21：146, 1996.

④ Smith B.D, *The emergence of agriculture*, New York：Scientific American Library.1998.

⑤ a. Fritz G., Newer, "better" maize and the Mississippian emergence: A critique of prime mover explanations, *Late prehistoric agriculture：observations from the Midwest*（Edited by William 1.Woods）, pp.19-43, Springfield：Studies in Illinois Archaeology No.8, Illinois Historic Preservation Agency, 1992. b. Kelly J.E., The impact of maize on the development of nucleated settlements：An American Bottom example, *Late prehistoric agriculture：Observations from the Midwest*（Edited by William I.Woods）, pp.167-197, Springfield：Studies in Illinois Archaeology No.8, Illinois Historic Preservation Agency, 1992.

⑥ 王增林：《植物硅酸体分析在安徽蒙城尉迟寺遗址中的应用》，《考古》1995 年第 1 期。

⑦ 孔昭宸、刘长江、何德亮：《山东滕州市庄里西遗址植物遗存及其在环境考古学上的意义》，《考古》1999 年第 7 期。

⑧ 靳桂云等：《山东日照市两城镇遗址土壤样品植硅体研究》，见本刊本期第 81 页。

⑨ 国家文物局主编：《2000 年中国重要考古发现》，文物出版社，2001 年。

⑩ 栾丰实：《东夷考古》，山东大学出版社，1997 年。

⑪ Crawford G.W.and Shen Chen, The origins of rice agriculture：recent progress in East Asia, *Antiquity*, 72：858-866, 1998.

⑫ Shikawa R., S.Yamamaka, K.Kanyavong, Y.Fukuta, Y.Sato, L.Tang, and T.Sato., Genetic resources of primitive upland rice in Laos, *Economic Botany*, 56: 192-197, 2002.

⑬ 甘肃省文物考古研究所、吉林大学北方考古研究室:《民乐东灰山考古》, 科学出版社, 1998 年。

⑭ 叶万松等:《皂角树遗址古环境与古文化初步研究》, 见《环境考古研究（第二辑）》, 科学出版社, 2000 年。

⑮ a. Crawford G.W.and Gyoung-Ah Lee, Sgricultural origins in the Korean Peninsula, *Antiquity*, 77, 2003. b. Crawford G.W.and M.Yoshizaki, Ainu ancestors and prehistoric Asian agriculture, *Journal of Archaeological Science*, 14: 201-13, 1987.

⑯ Mangelsdorf P., *Corn: Its origin, evolution, and development*, Cambridge: Harvard University Press, 1974..

⑰ Miller N., The use of dung as fuel: An ethnographic example and an archaeological application, *Paléorient*, 10: 71-79, 1984.

⑱ Rddy S.N., Fueling the hearths in India: the role of dung in paleoethnobotanical interpretation, *Paléorient*, 24: 61-69, 1999.

⑲ Harlan J.R., The tropical African cereals, *Foraging and farming: the evolution of plant exploitation* (Edited by D.R.Harris and G.C.Hillman), pp.335-343, London: Unwin Hyman., 1989.

⑳ 仇士华:《夏商周断代工程中的碳十四年代框架》,《考古》2001 年第 1 期。

（《考古》2004 年第 9 期）

山东日照市两城镇遗址土壤
样品植硅体研究

靳桂云　栾丰实　蔡凤书　于海广　方　辉　文德安[*]

前　言

"中美联合两城地区聚落考古研究"课题的初步成果表明,两城镇遗址是龙山时代两城地区的中心[①],而植物大化石分析结果则证明当时以水稻为主要作物的农业经济已经达到较高水平[②]。本文拟通过对两城镇遗址 1999 年发掘时采集的部分土壤样品进行植硅体分析,主要探讨该遗址稻的亚种属性以及当时农业发展的环境背景。

一、样品及研究方法

中美联合考古队在两城镇遗址 1999 年秋季的发掘工作中,从文化层和灰坑等遗迹中采集了植硅体样品 160 个。采样方法是选择文化分期明确或者层位关系清楚的遗迹或地层进行全面采样。由于是首次对两城镇遗址进行植硅体分析,这一分析的首要目的是了解该遗址土壤中植硅体化石的保存状况;在此基础上,分析农作物种类,并根据植硅体组合探讨不同遗迹的功能和生态环境的基本特点。本文在研究中选择了 20 个含有机质比较丰富的样品进行分析(表一)。

我们进行植硅体的提取和分析时采用了王永吉等的方法[③]。为了便于参考和检验,现将其主要步骤简述如下。

1. 把风干样品 10 克放入 500 毫升烧杯。

2. 加入 100 毫升 6% 的 H_2O_2,然后放在电热版上加热,使有机质分解,如果有机

---

* 文德安(Anne Underhill),美国芝加哥费尔德博物馆人类学部(Department of Anthropology, The Field Museum, Chicago, Illinois 60605)。

质过多，加入浓 H_2O_2（30%）继续分解。

　　3．用超声波处理，分散土块（150W，20KH，10 分钟）。

　　4．加稀盐酸加热（30 分钟至 1 小时），脱铁、去钙。

　　5．用 2.30 重液浮选。

　　6．制片观察。

表一　　　　　　　　　　　两城镇遗址采集的植硅体样品

样品号	野外编号	所属遗迹	样品号	野外编号	所属遗迹
1	1263E4T2097	第 6 层	11	666（C）E4T2047	第 6 层
2	1296E4T2097	第 6 层	12	666E4T2047	第 6 层
3	1260E4T2097	第 6 层	13	623E4T2047	第 6 层
4	1255E4T2097	H82	14	1245E4T2147（B）	H60
5	1270E4T2097	H121	15	1245E4T2147（A）	H100
6	4009E4T2343	H43	16	3209E4T2350	H31
7	4002E4T2343	H43	17	4308F4T2302	H54
8	642E4T2047	H93	18	4354F4T2303	第 6 层
9	641E4T2047	H93	19	4034E4T2342	第 6 层
10	1665E4T2047	H114	20	3811E4T2345	M17

　　根据现代植物的植硅体形态特征，可以鉴别土壤样品中各种植硅体的起源植物。首先，对所有样品进行显微镜下观察，以了解样品中植硅体化石的保存状况和基本组合。其次，根据现代水稻植硅体的形态研究结果[④]，从观察到的植硅体形态中鉴别出水稻遗存。已有的研究表明，水稻扇型植硅体形态参数 a 和 b 的比值是区分粳稻和籼稻的一个标准[⑤]，据此可对鉴别出来的水稻扇型植硅体样本进行形态分析。先将样本扩大 400 倍后测定其 a、b 两个参数的长度，a、b 分别表示植硅体的尖柄部分长度和圆弧部分的高度，两者的比值 a/b 为形状系数。栽培稻中籼稻与粳稻的差别在于籼稻的 a/b 值多数大于 1，呈α型；而粳稻的 a/b 值多数小于 1，为β型。同时，根据不同遗迹单位中农作物植硅体的组合特点，可以尝试分析遗迹的功能。最后，为探讨农业以及古文化发展的生态环境背景，我们参照王永吉等的研究结果[⑥]，对其他植硅体形态进行了鉴别和统计。

二、研究结果

（一）植硅体的保存状况和基本组合

　　在所选择的 20 个样品中，除了来自东周墓葬（M17）者，其余的样品中都发现了比较丰富的植硅体化石（表二）。多数植硅体化石保持了完整的形态特征，但在一些灰坑或地层中也发现有风化严重或者残为碎片的植硅体化石，一些灰坑样品中的植硅体化石有大量的吸附碳。植硅体的基本组合为扇型、哑铃型、双峰型、成组的方型和长方型、方型、长方型、平滑棒型、刺状棒型、短尖型、长尖型、长鞍型、短鞍型、导管型、带刺尖型、板状棒型、毛发型、帽型、弱齿型、蕨类植硅体和未定型者[⑦]，此外还有海绵骨针和硅藻等生物化石。在 20 个样品中，有 70% 的样品中含有水稻植硅体，40% 的样品中含有芦苇扇型植硅体，15% 的样品中含有带突起的竹子扇型植硅体。在 T2047 第 6 层中发现的竖排长柄哑铃型植硅体个体大，形态规整，发育良好。

表二　　　　　　　　　　两城镇遗址土壤样品的植硅体分析结果

野外编号	所属遗迹	植硅体基本组合	植硅体组合特征	遗迹用途的推测
1263E4T2097	第6层	中鞍型、哑铃型、扇型、短尖型、尖型、肉质细胞、十字型、成组方型、成组长方型、方型、长方型植硅体和硅藻	大量为碎片；多数植硅体个体小，形态不规整	
1296E4T2097	第6层	水稻特征扇型、水稻哑铃型特殊排列、稻壳双峰型、成组方型、成组长方型、刺状棒型、平滑棒型、气孔组织、十字型、尖型	化石含量低，主要是水稻植硅体，其他植硅体很少；多数有吸附碳	水稻遗存为主的堆积
1260E4T2097	第6层	水稻特征扇型、稻壳双峰型、水稻哑铃型特殊排列、扇型、哑铃型、成组方型、平滑棒型、中鞍型、短鞍型、尖型、竖排哑铃型、短鞍型、刺状棒型、三铃型、导管型、十字型、长方型、带突起扇型、毛发型	植硅体丰富，大量为碎片，部分形态不规整；有水稻植硅体；哑铃型数量多且形态多样，有的发育很好；扇型少	
1255E4T2097	H82	水稻哑铃型、水稻特征扇型、长方型、棒型、哑铃型、扇型、成组方型、中鞍型、短尖型、长尖型、导管型、芦苇扇型、短鞍型和阔叶类植硅体	化石含量高，植硅体类型丰富，多数有吸附碳	
1270E4T2097	H121	中鞍型、短鞍型、扇型、尖型、刺状棒型、芦苇扇型、方型、成组长方型和蕨类植硅体	植硅体破碎、风化明显，多数有吸附碳	
4009E4T2343	H43	水稻哑铃型、稻壳双峰型、竖排哑铃型、成组长方型、刺状棒型、哑铃型、导管型、短鞍型、毛发型、平滑棒型、长尖型、中鞍型、方型、弱齿型、十字型、芦苇扇型	少量植硅体风化，50%以上有吸附碳	
4002E4T2343	H43	芦苇扇型、短尖型、扇型、带突起扇型和阔叶树植硅体	带突起扇型与中鞍型多，有少量阔叶树植硅体	
642E4T2047	H93	水稻哑铃型特殊排列、平滑棒型、刺状棒型、长方型、方型、哑铃型、短尖型、长尖型、中鞍型、导管型、成组方型和长方型、扇型、毛发型	基本组合为水稻植硅体，90%以上的扇型为水稻特征扇型	水稻加工或储存场所
641E4T2047	H93	水稻特征扇型、水稻哑铃型、稻壳双峰型、长方型、方型、成组方型和长方型、平滑棒型、刺状棒型、导管型、短尖型、长尖型	水稻特征扇型、长方型、方型最多；90%以上的植硅体个体大、形态规整，少量有吸附碳	水稻加工或贮存场所

续表

野外编号	所属遗迹	植硅体基本组合	植硅体组合特征	遗迹用途的推测
1665E4T2047	H114	水稻特征扇型、水稻哑铃型、成组长方型、弱齿型、毛发型、方型、平滑棒型、刺状棒型、扇型、哑铃型、尖型	化石含量低，多数风化；多数植硅体个体较小，哑铃型最多，少量有吸附碳	
666（C）E4T2047	第6层	水稻特征扇型、扇型、哑铃型、中鞍型、平滑棒型、刺状棒型、方型、长方型、尖型、毛发型	化石含量低，碎片多，50%以上有吸附碳	
666E4T2047	第6层	水稻哑铃型、水稻特征扇型、哑铃型、长方型、方型、扇型、多铃型、短尖型、短鞍型、棒型、竖排哑铃型	化石含量低；哑铃型多，竖排长柄哑铃型个体大、形态规整，有大量的细胞组织	
623E4T2047	第6层	水稻特征扇型、长鞍型、中鞍型、哑铃型、棒型、扇型、成组长方型、三铃型、导管型、长尖型、弱齿型、竖排哑铃型、芦苇扇型	化石含量丰富，水稻哑铃型、扇型、中鞍型和短鞍型较常见	水稻加工或贮存场所
1245E4T2147（B）	H60	水稻特征扇型、稻壳双峰型、方型、长方型、扇型、平滑棒型、中鞍型、短鞍型、三铃型、竖排哑铃型、长尖型	多数植硅体个体大、形态规整，水稻特征扇型、平滑棒型、竖排哑铃型较多	水稻加工或贮存场所
1245E4T2147（A）	H100	水稻特征扇型、水稻哑铃型、平滑棒型、中鞍型、哑铃型、短鞍型、短尖型、方型、刺状棒型、帽型、海绵骨针、毛发型、扇型、长方型、导管型、十字型、成组扇型、长方型和蕨类植硅体	平滑棒型最多，水稻植硅体较少，哑铃型多于扇型；有少量植硅体碎片	
3209E4T2350	H31	带突起扇型、扇型、哑铃型、中鞍型、尖型、平滑棒型、刺状棒型、长鞍型、成组方型和硅藻化石	化石含量低，多碎片，多数个体小、形态不规整；有竹子植硅体	
4308F4T2302	H54	水稻特征扇型、芦苇扇型、平滑棒型、刺状棒型、蕨类植硅体、短尖型、中鞍型、导管型、长方型、方型、板状棒型、帽型、哑铃型、成组方型和长方型、弱齿型、十字型	多数植硅体发育好，部分风化，40%～50%有吸附碳	
4354F4T2303	第6层	稻壳双峰型、水稻特征扇型、平滑棒型、刺状棒型、方型、长方型、毛发型、哑铃型、中鞍型、导管型、短尖型、板状棒型、成组长方型、长尖型、带刺尖型、芦苇扇型、硅藻化石	水稻特征扇型、棒型、哑铃型最多	水稻加工或储存场所
4034E4T2342	第6层	水稻特征扇型、水稻哑铃型特殊排列、扇型、芦苇扇型、带突起扇型、哑铃型、长方型、方型、成组方型和长方型、尖型、刺状棒型、平滑棒型、短鞍型、长鞍型、导管型、毛发型	80%以上的植硅体个体大、形态规整，以水稻植硅体为主，也有竹子植硅体；多数有吸附碳	以水稻遗存为主的堆积
3811E4T2345	M17	极少有植硅体		

（二）水稻植硅体及其亚种属性的判别

参照已知的现代水稻植硅体形态特征，发现在两城镇遗址的样品中有丰富的水稻植硅体，其中包括来源于水稻茎叶短细胞的哑铃型及其特殊排列方式（图版陆，4）、来源于叶片机动细胞的特征扇型（图版陆，3）、来源于水稻颖壳的双峰型植硅体（图版陆，1）和大量的硅化骨架（图版陆，2）。在 14 个含有水稻植硅体的样品中，6 个样品中水稻植硅体的含量超过 50%，其中有两个样品中水稻植硅体含量超过了 85%（表三）。

表三　　　　　　　　两城镇遗址部分样品中水稻植硅体的含量统计

野外编号	所属遗迹	特征扇型（%）	哑铃型特殊排列（%）	稻壳双峰型（%）	水稻植硅体所占百分比
1296E4T2097	第 6 层	28	36	22	86
642E4T2047	H93	61	28		89
641E4T2047	H93	65			65
1245E4T2147	H60	58			58
4354F4T2303	第 6 层	37	28	13	78
4034E4T2342	第 6 层	39	28		67

之后，进一步对样品 T2147H60 中鉴别出的来源于水稻机动细胞的植硅体进行形态分析（表四）。

表四　　　　　样品 T2147H60 中 50 个水稻特征扇型植硅体的形态参数统计

a 值范围	b 值范围	a 平均值	b 平均值	a/b 平均值
9.96～34.26	7.88～23.92	16.7	13.7	0.83666

从表四可知，在样品 T2147H60 中，50 个水稻特征扇型植硅体的形状系数平均值是 0.83666，这处于粳稻区域内。这一结果表明，从植硅体形态上看，两城镇遗址这批土壤样品中包含的稻作遗存主要属于粳稻类型。

将两城镇遗址水稻植硅体形状系数与来自太湖地区的 26 个粳稻、籼稻地方品种和龙虬庄、草鞋山两个遗址土壤样品中的机动细胞植硅体的形状系数[8]进行比较，结果表明，两城镇遗址土壤样品中的水稻扇型植硅体形状系数值介于现代粳稻地方品种（形状系数值为 0.81）和龙虬庄遗址水稻遗存（形状系数值为 0.95）之间，而且更接近于现代粳稻地方品种。

（三）来源于其他植物的植硅体

在所分析的 20 个样品中，除鉴别出来源于水稻的植硅体外，还发现大量来源于禾本科其他植物和部分木本植物的植硅体，以及少量的蕨类植硅体和海绵骨针、硅藻等生物化石。禾本科植物的植硅体主要有竹亚科特有的突起扇型（图版柒，1、11）和长鞍型（图版柒，5）、芦苇特有的芦苇扇型（图版陆，9），以及芦竹亚科其他种属的较大扇型（图版陆，8；图版柒，9）等。此外，还有主要来源于黍亚科的哑铃型和多铃型（图版柒，7），其中一部分个体大，形态规整，发育良好（图版陆，7；图版柒，10）；主要来源于画眉草亚科和芦竹亚科的短鞍型和中鞍型（图版柒，6）；来源于禾本科的扇型、方型（图版柒，4）、长方型、肉质细胞、毛发型和来源于禾本科和莎草科的棒型（图版柒，2、3、8）、尖型（图版陆，5、6；图版柒，12）、导管型等。木本植物的植硅体主要是来源于阔叶树树叶中的"Y"字形植硅体，数量较少。

结　语

（一）两城镇遗址的稻作农业

对两城镇遗址土壤样品进行的首次植硅体分析结果，证明遗址区的土壤适合植硅体化石保存，为进一步的研究奠定了基础。样品中发现了大量水稻植硅体化石，表明当时的稻作农业具有相当的发展水平。在比例达70%的样品中含有水稻植硅体，对此有两种解释。一种可能是当时的水稻在农业经济中占有比较重要的地位；另一种可能是采样位置处于稻谷加工或储存场所。对植物大化石分析的结果表明，T2097、T2047和T2147所在的南部发掘区很可能是稻谷加工或储存场所[⑨]，这说明炭化植物种子和植硅体分析结果是一致的。总之，对两城镇遗址稻作农业的研究结果表明，龙山文化时期这里的稻作农业有一定的规模，这与制陶业及玉器等遗存所反映出的两城镇遗址古文化发展的高水平正相适应。

根据对部分水稻植硅体样本的形态测定，可证明两城镇遗址龙山文化时期居民以种植粳稻为主。这种粳稻品种的植硅体形状系数，介于现代太湖流域的粳稻地方品种和苏北龙虬庄遗址土壤样品中所出水稻植硅体之间，这可能反映了海岱地区史前稻作农业与太湖流域和苏北地区的史前稻作农业存在一定联系。对东亚地区稻作农业传播路线的相关研究表明，稻作农业可能是从长江下游的江苏开始，向北经过苏北、山东、辽东传入朝鲜半岛和日本，目前在苏北及其以北地区发现的稻作遗存主要是粳型稻[⑩]，两城镇遗址出土的粳型稻可能就是稻作北传路线的具体体现。当然，要获得对稻作北传路线科学而具体的认识，还需要对山东、河北、辽东乃至朝鲜和日本等地龙山时代及其以后时期的考古遗址进行系统的水稻植硅体分析，并对水稻扇型植硅体进行更多的形态参数测量[⑪]。

两城镇遗址的农业发展水平还表现在这里不仅有稻作农业，还种植其他作物。从植硅体分析结果看，在一些样品中发现的个体大、形态规整、发育良好的哑铃型及其整齐的排列方式，可能代表某种栽培作物遗存如粟等。但因为目前尚未建立粟的植硅体的判别标准，还无法进行科学的判断。值得注意的是，在对该遗址进行的植物大化石分析中发现了大量炭化稻米、粟和数量很少的小麦[12]，利用植硅体分析两城镇遗址中的粟和小麦将是今后工作的一个内容。

（二）两城镇遗址以稻作为主的农业社会发展的环境背景

从前述龙山文化时期稻作农业的发展规模来看，当时的环境有利于稻作农业的发展。两城镇遗址20个样品的植硅体统计结果也表明，当时的气候属于相对温暖湿润的类型。在部分样品中发现了芦苇和竹子的植硅体；除了水稻植硅体，在多数样品中都还含有反映温暖气候的长方型、方型、哑铃型、扇型、多铃型、平滑棒型植硅体；此外，在少量样品中还发现了海绵骨针和硅藻。植硅体分析结果表明，大多数类型来自与水稻具有相似性环境的草本植物，可以推测当时两城镇遗址附近应有充足的水域，具有适宜水稻生长的局域环境。

从现有的考古发现来看，龙山文化时期可能是海岱地区史前稻作农业发展的鼎盛阶段[13]，主要表现为这一时期的古文化遗址中开始出现栽培稻遗存，而且分布范围相当广。例如，在鲁东南、鲁南、鲁北和胶东地区广大范围内的龙山文化遗址中都发现了水稻遗存；特别是东部地区发现的数量较多，在日照地区除了两城镇以外，尧王城遗址也发现了水稻遗存[14]。日照以北的临淄田旺[15]、栖霞杨家圈[16]等遗址的龙山文化堆积中，也都发现了水稻遗存。

海岱地区史前稻作农业遗存分布范围最广的龙山文化阶段，正值华北北部中全新世降温的气候事件[17]发生，这可能说明当时的低温气候并没有达到抑制农业特别是稻作发展的程度。但是，由于环境变化具有全球性与区域性的差别，对局域性的区别以及两城镇遗址稻作农业与环境的关系加以认识，还需要做更多的工作；在全球环境变迁的大背景下，既要分析区域环境特点，更要认识局域环境状况。本文只是通过分析文化层和遗迹土壤样品中的植硅体，对两城镇遗址的植被特别是禾本科植物的环境特点进行了初步分析。很显然，我们不仅不能用这个结果来讨论区域环境特点，而且这个结果对于说明局域环境特点的意义也是相当有限的，因为所有的样品都来自考古遗址中，而遗址中土壤样品所包含的环境信息很复杂，需要进行具体分析。

附记：本次研究的样品分析是在中国科学院地质与地球物理研究所古生物实验室完成的，吴乃琴研究员和吕厚远研究员在样品分析的过程中给予了热情的帮助和指导，还对本文的写作提出了宝贵意见，在此表示感谢。

注 释

① 中美两城地区联合考古队：《山东日照市两城地区的考古调查》，《考古》1997 年第 4 期。

② 凯利·克劳福德等：《山东日照市两城镇遗址龙山文化植物遗存的初步分析》，见本刊本期第 73 页。

③ 王永吉、吕厚远：《植硅体研究及应用》，海洋出版社，1993 年。

④ a. 同③，第 76 页，图版 1, 6，图版 2, 11，图版 13, 1、5、11。图版 16, 18。b. 吕厚远、吴乃琴、王永吉：《水稻扇型硅酸体的鉴定及在考古学中的应用》，《考古》1996 年第 4 期。c. Fujiwara, H. R. Jones and S. Broekwell, Plant opal（phytoliths）in Kakadu Arehaeological sites: a preliminary report, R. Jones（ed）, *Archaeological Research in Kakadu National Park*, *National Parks and Wildlife Services Special Publication* 13，NPWS Canberra，1985.

⑤ 同③，第 75 页。

⑥ 同③，图版 1～19。

⑦ 在笔者所见参考书中没有找到相同的形态。

⑧ 王才林、张敏：《高邮龙虬庄遗址原始稻作遗存的再研究》，《农业考古》1998 年第 1 期。

⑨ 同②。

⑩ 严文明：《杨家圈农作物遗存发现的意义》，见《农业发生与文明起源》，科学出版社，2000 年。

⑪ 郑云飞等：《太湖地区部分新石器时代遗址水稻硅酸体形状特征初探》，《水稻科学》1999 年第 1 期。

⑫ 同②。

⑬ 靳桂云：《海岱地区史前稻作农业初步研究》，《农业考古》2001 年第 3 期。

⑭ 中国社会科学院考古研究所：《尧王城遗址第二次发掘有重要发现》，《中国文物报》1994 年 1 月 23 日第 1 版。

⑮ 靳桂云、吕厚远、魏成敏：《山东临淄田旺龙山文化遗址植物硅酸体分析》，《考古》1999 年第 2 期。

⑯ 北京大学考古实习队等：《栖霞杨家圈遗址发掘报告》，见《胶东考古》，文物出版社，2000 年。

⑰ a. 靳桂云、刘东生：《华北北部中全新世降温气候事件与古文化变迁》，《科学通报》46（20），第 1725～1730 页，2001 年。b. 吕厚远：《新石器以来的北温带草原文化与气候变迁》，《文物保护与考古科学》第 3 卷第 2 期。

（《考古》2004 年第 9 期）

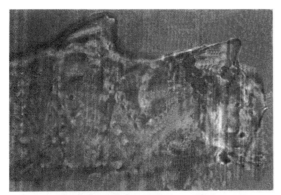

1. 水稻颖壳双峰型（1296E4T2097第6层）

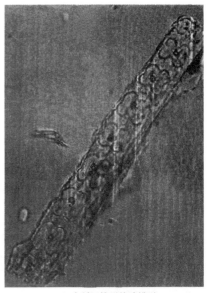

4. 水稻哑铃型特殊排列
（1296E4T2097第6层）

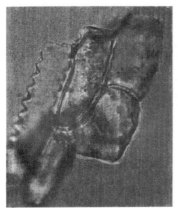

2. 水稻硅化骨架（642E4T2047H93）

3. 水稻特征扇型（1245E4
T2147H60）

5. 禾本科尖型（1296E4T2097第6层）

6. 禾本科尖型（642E4T2047H93）

7. 发育哑铃型
（644E4T2047 第6层）

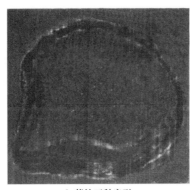

8. 芦竹亚科扇型
（4034E4T2342 第6层）

9. 芦苇扇型
（4034E4T2342 第6层）

图版陆　山东日照市两城镇遗址出土植硅体化石

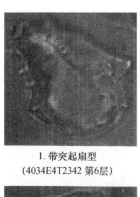

1. 带突起扇型
(4034E4T2342 第6层)

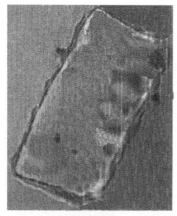

2. 禾本科棒型
(4034E4T2342 第6层)

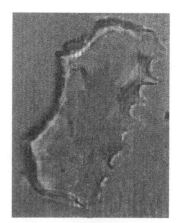

3. 禾本科棒型
(641E4T2047H93)

4. 禾本科方型
(666E4T2047 第6层)

5. 长鞍型
(4034E4T2342 第6层)

6. 禾本科中鞍型
(4308F4T2302H54)

7. 禾本科三铃型
(666E4T2047 第6层)

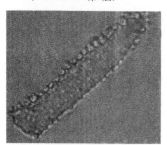

8. 禾本科棒型
(1296E4T2097 第6层)

9. 芦竹亚科扇型
(4002E4T2343H43)

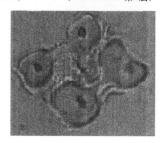

10. 发育哑铃型
(1260E4T2097 第6层)

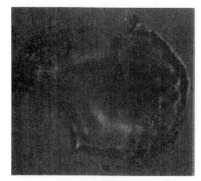

11. 带突起扇型
(4002E4T2343H43)

12. 禾本科尖型
(1296E4T2097 第6层)

图版柒　山东日照市两城镇遗址出土植硅体化石

两城镇与教场铺龙山时代农业
生产特点的对比分析

赵志军

一、问题的提出

在人类历史进程中，由自然条件所决定的生产经营方式的多样性和发展是导致文化多样性和阶段性的重要因素之一。一个特定的考古学文化与其他考古学文化之间的差异，不仅表现在出土遗迹遗物的外在特征上，如房址和灰坑的形状和建筑方法、陶器的形制和纹饰、石器的类别和组成等，同时也可能会体现在由各种考古现象尤其是动植物遗存所反映的具体生产经营方式上。为了证实这一假设，我们选择了位于山东地区的两处重要的龙山时代遗址即两城镇遗址和教场铺遗址作为试点，在考古发掘过程中系统地采用了浮选法获取植物遗存，然后根据出土植物遗存中农作物的种类和构成分析当时的农业生产经营方式，以期更加全面地了解这两处遗址各自的考古学文化特点，并探索它们之间所存在的文化异同的内在原因。

两城镇遗址位于山东省东南部的日照地区，首次发现于 1936 年，并由当时的中央研究院历史语言研究所进行了发掘，出土了丰富的文化遗迹和遗物[①]。1999~2001 年，由山东大学考古系和美国芝加哥自然历史博物馆组成的联合考古队对两城镇遗址进行了再次发掘，揭露了一批灰坑、房址、墓葬以及人工修筑的台地等遗迹现象，获得了大量的珍贵文物，由此对遗址的文化内涵有了新的认识。两城镇遗址的分布范围达到了一百万平方米以上，是目前所发现的最大的龙山时代遗址之一。两城镇遗址文化堆积的主体属于海岱龙山文化遗存，关于海岱龙山文化区域类型的划分目前仍存在着不同的看法，但一般都认为两城镇遗址是龙山时代鲁东南地区文化类型的典型遗址[②]，有些学者将这一文化类型命名为两城镇类型。

教场铺遗址位于山东省西部的聊城地区。2000~2002 年，中国社会科学院考古研究所山东队、山东省文物考古研究所和聊城市文物管理委员会联合对教场铺遗址进行了发掘，清理出了数量众多的房址、灰坑、窑址、祭祀坑、奠基坑等各种遗迹现象，出土了大量的陶器、石器、骨器、玉器和蚌制品等遗物[③]。教场铺遗址的分布范围近20万平方米，出土的遗迹遗物既有海岱龙山文化城子崖类型的特点，例如蛋壳黑陶、陶鼎的形制等，又表现出了很浓的中原龙山文化后岗类型的特点，例如房址的形制和建筑技术等，因此教场铺遗址龙山文化的归属问题仍在讨论中。

两城镇遗址与教场铺遗址出土的龙山时代文化遗存如果仅从遗迹遗物的特征上看，二者即有相同之处又存在着很多的差异，那么，它们各自的生产经营方式的情况又是如何呢？确切地讲，作为当时主要的物质生活资料生产部门的农业生产经营方式在两城镇和教场铺是否也存在着某些差异呢？如果是，这些差异主要体现在什么方面？究竟是什么原因造成了这些差异？这些差异说明了什么问题？这就是我们此次通过浮选法进行植物遗存研究的直接目的。

二、浮选及其结果

两城镇遗址和教场铺遗址的浮选工作均是伴随着发掘过程进行的，浮选土样的采取方法均选用了针对性采样法[④]，即对所发现的所有遗迹单位，如房址、灰坑、灰沟、灶坑、窑址、墓葬等，进行了浮选土样的采集，其中包括少数出土容器内的积土，除此之外，还有选择性地在一些探方的地层中采取了土样。在两处遗址所使用的浮选设备都是水波浮选仪[⑤]，收取炭化植物遗存的分样筛为80目，即筛网孔径的尺寸为0.2毫米。由此可见，这两处遗址的浮选结果具有很强的可比性。

具体到两城镇遗址，在连续三年的发掘过程中每次都开展了系统的浮选工作，关于1999年和2000年度浮选结果的报告业已完成，即将发表[⑥]，本文所讨论内容仅限于2001年度最新的浮选结果。在2001年的发掘工作中共采集了浮选土样约150份，平均每份样品的土量在25升左右，总计浮选土样近3500升。共浮选出了炭化植物种籽5000余粒，包括有稻谷（*Oryza sativa*）、粟（*Setaria italica*）、黍（*Panicum miliaceum*）和小麦（*Triticum aestivum*）四种农作物，其中以稻谷和粟的数量最多。非农作物有禾本科（Gramineae）、豆科（Leguminosae）、蓼科（Polygonaceae）、藜科（Chenopodiaceae）、苋科（Amaranthaceae）、野葡萄（*Vitis* sp）等植物种属的种籽，在豆科植物种籽中有许多被鉴定为大豆属（*Glycine* sp）。另外还有少量的特征不明显的、或者由于炭化过甚而失去了特征部位的未知种属的植物种籽。

至于教场铺遗址，本文所涉及的是2002年度的浮选结果。在2002年的发掘过程中共采集了浮选土样270余份，平均每份样品的土量为10升左右，总计浮选土样2500余升。教场铺遗址的浮选结果异常地丰富，室内的分类与植物种属鉴定工作仍在进行中。仅根据目前初步的统计，从这些样品中共浮选出了各种炭化植物种籽近七万粒，平均每升土样所包含炭化植物种籽约 30 粒，如此丰富的炭化植物种籽含量在一般的遗址中还是不常见的。教场铺遗址出土的植物种类与两城镇大同小异，农作物也是包含有粟、黍、稻谷和小麦四种，其中粟的数量占有绝对的优势。另外，在教场铺还发现了数量惊人的豆科植物种籽，其中以大豆属为主。其他可鉴定的植物科属有禾本科、蓼科、藜科、苋科、菊科（Compositae）等杂草类或野生植物的种籽，以及许多尚未鉴定的植物种籽。

需要补充说明的是，两城镇和教场铺出土的大豆属植物种籽在形态特征和尺寸上比较一致，豆粒呈长椭圆形，背部圆鼓，腹部微凹，豆脐呈窄长形，位于腹部的偏上部，根据随机抽样测量的结果，这些豆粒的长和宽的平均值分别是 3.38 和 2.60 毫米，略低于现生野大豆的尺寸[⑦]。关于栽培大豆的鉴定标准目前仍在探索中，如果仅根据豆粒尺寸判断，两城镇和教场铺出土的大豆似乎应该属于野生种，但如果考虑到出土的数量（例如在教场铺遗址出土的大豆属植物种籽多达近万粒），这些大豆又应该与当时的人类生活存在着很密切的关系，确切地说，这些大豆很有可能是被人有意识地收割回来的，甚至不能完全排除被种植的可能性，据此，对于这些尚且无法定种的大豆属植物种籽本文暂且按农耕产品进行统计。还需要说明的是，两城镇和教场铺出土的植物种籽中有许多品种应该属于杂草类。杂草是伴随着人类的出现而形成的、依附于人类的生产和生活而存在的一类特殊植物，杂草在进化过程中逐步地侵入并适应了人工生态环境，杂草的种类很多，仅《中国杂草志》收录的田间杂草就多达 1400 余种，其中以属于禾本科、莎草科、菊科、蓼科、藜科、苋科等植物科属的品种数量最多[⑧]。一般而言，考古遗址中出土的植物遗存大多与人类的活动有关，而杂草的生长环境又恰恰是人工生境，因此，考古遗址出土的禾本科、莎草科、菊科、蓼科、藜科、苋科等科的植物种籽如果数量较多，就很有可能属于杂草类植物。

三、分析与讨论

从以上的简单介绍不难看出，两城镇与教场铺的浮选结果存在着许多共同之处。例如，从两处遗址出土的炭化植物遗存的种类非常地相似，这些植物种类如按性质大体可分为三大类，即农作物、杂草类和其他类。农作物有稻谷、粟、黍和小麦，以及可能是农耕产品的大豆属，属于杂草类的有禾本科、莎草科、菊科、蓼科、藜科和苋科的植物种籽，剩下的归于其他类。我们对两城镇和教场铺出土的这三类植物种籽数量的比例分别进行了统计（图一），其结果显示，在两城镇遗址出土的炭化植物种籽总数中，农作物的绝对数量占 27%，杂草类的数量占 64%；而教场铺出土农作物的绝对数量占到了 60%，杂草类为 23%。需要解释的是，虽然两城镇的农作物在绝对数量的比例上比教场铺要低，但其内含却是以个体较大的稻谷遗存为主，而教场铺的农作物是以个体较小的粟为主，考虑到在堆积、埋藏和提取过程中可能会出现的各种误差，这种不同体积的植物种籽在绝对数量上的比较应该是相对的。然而，即便不考虑这一因素，在两个遗址的浮选结果中，农作物加杂草类的数量在出土植物种籽总数中所占的比例均超过了 80%。前面提到，杂草类植物与人类生活存在着密切的关系，如果这些杂草类植物主要是田间杂草的话，其进入遗址途径的最大可能性是伴随着被收获的农作物带入人类居住地的，那么，农作物加杂草的植物遗存组合就应该反映的是当时的农耕生产情况。据此，两城镇和教场铺的浮选结果说明这两个遗址当时都已经处在了比较发达的农耕生产阶段，这与我们一般认为的龙山时代的经济发展阶段是相吻合的。

　　但是，两城镇与教场铺的浮选结果也表现出许多不同之处，其中最为显著的是各种农作物品种尤其是稻谷与粟和黍这两种小米在浮选结果中所占的比重不同。前面我们已经提及，运用浮选法所能获得的植物遗存在绝对数量上是有误差的，这些误差是炭化植物遗存在堆积过程中、埋藏过程中以及被提取过程中存在的各种自然或人为因素造成的[⑧]，因此，在对浮选结果进行量化分析时，以绝对数量作为统计单位进行比较一定要谨慎，在可能的情况下，应该尽量采用误差较小的统计单位进行比较，例如植物遗存的出土概率。植物遗存的出土概率是指在遗址中发现某种植物种类的可能性，是根据出土有该植物种类的样品在采集的样品总数中所占的比例计算得出的，这种统计方法的特点是不考虑每份浮选样品中所出土的各种植物遗存的绝对数量，而是仅以"有"和"无"作为计量标准，因此在客观上减弱了误差对分析结果的影响。一般而言，考古遗址中所埋藏的植物遗存绝大多数应该属于文化堆积，即人类通过劳动主动地（如谷物）或被动地（如杂草）获得的、而后又被人类有意识地遗弃或无意识地遗漏在遗址中的植物的遗存，从逻辑上讲，与人类生活关系越为密切的植物种类被带回居住地的可能性越大、频率越高，因而被遗弃或遗漏在遗址中的几率就越高，散布在遗址中的范围就越广，由此出土的概率也就越高，因此，我们可以根据不同植物遗存的出土概率推断出它们在人类生活中的地位，从而分析出当时经济形态的特征。

　　根据统计（图二），两城镇遗址稻谷的出土概率为 49%，即在采集到的约 150 份浮选土样中将近有一半包含有炭化稻米遗存，而粟和黍的出土概率仅达到 36%。与之相反的是，在教场铺遗址粟和黍的出土概率高达 92%，即在所浮选的 270 余份土样中绝大多数都包含有这两种炭化小米，而稻谷的出土概率则低的可怜，仅有 3%。这一鲜明的对比清楚地说明，两城镇遗址和教场铺遗址龙山时代的农业生产虽然都很发达，但经营方式明显有所不同，具体地讲，两城镇先民所经营的是以稻作为主体的兼种其他旱地农作物的农业生产，而教场铺先民所经营的是以粟和黍为主体农作物的典型的中国北方早期旱作农业生产。

造成这种差异的因素很多，不同的生态环境应该是主要原因之一。农业生产是以动植物和土地作为主要劳动对象的，这就决定了农业生产过程必然要受到自然条件的制约和影响。两城镇遗址位于山东省东南沿海地区，植被地理属于南落叶阔叶林带，并具有明显的海洋性气候特征，温暖湿润，年平均气温在10～15℃之间，年降雨量接近1000毫米；教场铺遗址位于鲁西黄河下游的冲积平原上，在植被地理上属北落叶阔叶林带，气候相对比较干凉，年平均气温在6～10℃之间，年降雨量仅为600毫米左右，而且春季和初夏经常出现旱情⑩。虽然距今4000年前的气候特点与现今有所不同，但这种区域性的差异在当时还是应该存在的。粟和黍是耐逆性很强的谷物，抗旱、耐瘠，耐盐碱，其耐旱性特点尤为突出，春播季节只要地墒好，能出苗，即便整个春季不下雨也能坚持到夏季降雨的到来。而稻属植物（Oryza）是一种半水生的热带植物，现代野生稻的分布范围仅局限于热带地区和亚热带的南端，虽然栽培稻在人的帮助下可以在高纬度环境中生存，但毕竟是湿地作物，整个生长期内均离不开水。因此，鲁东南沿海地区与鲁西北内陆地区在气候条件上尤其是降雨量上的差别应该是造成两城镇遗址与教场铺遗址龙山时代的农业生产特点不同的主要原因。

除了环境因素，文化因素也有可能是造成两城镇和教场铺龙山时代农业生产特点不同的原因之一。一般而言，一种考古学文化之所以成立主要基于文化共同体所具备的传统性和认同性，这种文化的传统性和认同性不仅表现在遗迹遗物的特征上以及由此所反映出的生活习惯、思维方式、观念信仰等方面，同时也应该体现在生产经营方式的选择上。从理论上讲，人为地选择生产经营方式与自然环境的制约是不矛盾的，人类的生产不同于自然界的再生产，人类的生产是一种经济活动，其经营方式除了受到自然环境的制约外，还要受到各种非自然因素的影响，例如文化传统、社会群体结构、技术发展条件，等等。事实上，这种人为的选择也是可行的，例如对农作物品种的选择，虽然从本质上讲农作物的生长仍是植物的自然生长过程，但是，人类能够通过劳动有意识地干预和改变某些植物的特征和生长过程，或局部地调节和改造那些限制植物自然生长的外部环境条件，从而使植物即农作物能够按照人类的要求和目的在更加广阔的生态环境中再生产，因此，只要不违背基本的自然法则，人类在选择农作物品种以及耕作方式上是拥有一定主动权的。在某些情况下，人为的选择甚至有可能成为主导因素，例如在一个文化分布范围的边缘区域，自然条件也许与文化分布的中心区域略有不同，但是在文化传统性和认同性的影响下，人们有可能会习惯地选择适于中心区域环境条件的传统的生产经营方式。

从这个意义上讲，两城镇遗址和教场铺遗址龙山时代农业生产经营方式所表现出的显著差异有可能成为这两处遗址分别属于不同的文化群体的证据之一。明确地讲，如果教场铺遗址归属于海岱龙山文化，农业生产经营方式与考古学文化的对应关系就有可能表现在"类型"之间，而如果教场铺遗址被确定为中原龙山文化后岗类型，这种对应关系就有可能是以"文化"为基本单位。如果是后者，根据此次浮选结果的分析，我们是否可以得出这样一个推测，即海岱龙山文化的农业生产经营方式是以兼营稻作和旱作为特点，而中原龙山文化的则属于典型的北方旱作农业生产经营方式。

当然，目前这仅仅是一种推测，最后的结论还有待于大量的考古实物资料和认真细致的考证。必须承认，生产经营方式与考古学文化之间是否存在着某种必然的联系这本身就是一个十分复杂的问题，因为不论从时间上还是空间上看，考古学文化都不是静止不变的，以新石器时代为例，一个区域内的农业生产经营方式的发展与考古学文化的更替，或一个时期内的农业生产经营方式的多样性与考古学文化的区域类型，它们之间究竟存在着什么样的关系，这是一个值得我们认真讨论的大课题。仅就海岱龙山文化和中原龙山文化而言，在没有完整地认识这两个相邻文化各自的农业生产经营方式，特别是介于两城镇遗址与教场铺遗址之间的海岱龙山文化城子崖类型的农业生产经营方式之前，我们也无法就这一问题展开更为深入的讨论。

但是，通过对两城镇与教场铺浮选结果的分析，清楚地证实了这两处遗址龙山时代文化的差别不仅表现在遗迹遗物的特征上，而且也存在于农业生产经营方式上，由此我们可以获得这样一个提示，即生产经营方式的特点与文化类型的划分是有可能存在着某种内在联系的，因此在进行考古学文化区域类型的划分时，除了依据对出土遗迹遗物的对比分析外，还应该考虑到文化分布范围内的生态环境以及与此密切相关的生产经营方式的特点。

四、结 论

通过对两城镇和教场铺遗址龙山时代农业生产特点的对比和分析，我们得出了以下几点认识：（1）这两处遗址的龙山时代文化都已经处在了比较发达的农耕生产阶段；（2）但是其生产经营方式存在着显著的差异，两城镇是以兼营稻作和旱作的混合式农业生产为特点，而教场铺是以传统的中国北方早期旱作农业生产为特点；（3）两处遗址所处的生态环境的不同是造成这种差异的主要因素，而不同的文化传统也应该起到了一定的作用；（4）生态环境的条件、生产经营方式的特点与文化类型的划分这三者之间很有可能存在着某种密切的关系，值得我们在今后的研究中引起重视。

注　释

① 尹达：《中国新石器时代》，三联书店，1955 年。

② 栾丰实：《海岱龙山文化的分期和类型》，《海岱地区考古研究》，第 229～282 页，山东大学出版社，1997 年。

③ 贾笑冰、周海铎：《鲁西教场铺龙山文化遗址发掘获得重要收获》，《中国文物报》2001 年 9 月 2 日第一版。

④ 赵志军：《植物考古学的田野工作方法—浮选法》，《考古》2004 年第 3 期。

⑤ 同④。

⑥ 凯利·克劳福德、赵志军、栾丰实、于海广、方辉、蔡凤书、文德安、李炅娥、加里·费曼、琳达·尼古拉斯：《两城镇遗址出土龙山文化植物遗存的初步分析》，《考古》待刊。

⑦ 根据笔者对采集到的现生野大豆的测量结果，其豆粒的长和宽的平均值分别是 3.89 和 3.04 毫米。

⑧ 李扬汉（主编）：《中国杂草志》，中国农业出版社，1998 年。

⑨ 赵志军：《考古出土植物遗存中存在的误差》，《文物科技研究》第一辑，第 78～84 页，科学出版社，2003 年。

⑩ 侯学煜：《中国自然地理—植物地理》，科学出版社，1988 年。

（《东方考古（第 1 集）》，科学出版社，2004 年）

山东日照市两城镇遗址龙山
文化酒遗存的化学分析
——兼谈酒在史前时期的文化意义

麦戈文　方辉　栾丰实　于海广　文德安　王辰珊
蔡凤书　格里辛·霍尔　加里·费曼　赵志军*

前　言

考古发现和研究已经证明，人们从自然的或再生的资源中提取有效糖分，并通过发酵进而酿造成酒，是人类历史上不同时期、不同地区多次发生的行为。在现代社会之前，世界上只有极少数的民族（如爱斯基摩人和生活在南美洲南部火地岛上的印第安人以及澳洲大陆上的土著人）显然未曾发明和尝试过酒饮料之外，其他民族都曾享受过酒饮料所带给人们的精神慰藉和医疗上的恩惠。这是因为酿酒所赖以产生的条件比较容易得到满足。从全球范围来看，除了南北两极地区因缺乏单糖（monosaccharides）资源而不具备酿酒的条件外，盛产蜂蜜、富糖水果和其他类植物的温带和热带地区都有着丰富的酿酒资源。

越来越多的考古学、民族志和历史文献证实，酒在世界上许多地区的先民生活中都发挥着重要作用，这种作用尤其表现在融合了社会、宗教、经济和政治意义的各种宴饮活动中。虽然宴饮者的目的和行为各不相同，宴饮的规模大小不一，饮用的饮料也各有不同，但享用美酒佳肴则是世界各地酒文化所共有的现象[①]。在许多地区，宴饮活动不仅是个人，而且也是社区生活中的大事，并往往被赋予了公共礼仪方面的内涵[②]。

对酒的需求时常导致社会的变化。在秘鲁，酿酒业的发展曾极大地促进了玉米的生产[③]；在铁器时代的欧洲，为了满足上层贵族阶层对意大利葡萄酒的渴望，当时的运输和贸易系统得到了明显的加强[④]；而在中东，历史悠久的葡萄酒贸易及其特有的

---

* 麦戈文（Patrick E.McGovern）、格里辛·霍尔（Gretchen R.Hall）、王辰珊（Chen-shanWang），美国宾夕法尼亚大学博物馆（University of Pennsylvania Museum，Philadelphia, PA 19104）。文德安（Anne P.Underhill）、加里·费曼（Gary M·Feinman），美国芝加哥自然历史博物馆人类学部（Department of Anthropology，The Field Museum in Chicago，IL 60605）。

与饮酒礼仪相关的"酒文化",被认为是新石器时代文化传播的原动力,对当地文化的影响达数千年之久⑤。

中国是世界上最为重要的文明地区之一。可以肯定,宴饮活动同样是中国古代社会生活的重要内容。但是,对于中国古代的酿酒以及酒的消费问题的研究,无论是从理论上还是从方法上,长期以来却没有受到足够的重视,尤其是缺乏实证性的研究。实际上,大量的文献、文字学材料和丰富的考古学证据都表明,早期青铜时代的中国,人们已经掌握了以粮食、水果和蜂蜜为原料的酿酒技术。而且,酒在当时的社会、政治和礼仪活动中曾发挥过重要作用。

商代甲骨文至少提到三种不同类型的酒:鬯(加有草药的酒)、醴(用大米或小米制成的低酒精含量的米酒)和酒(一种以大米或小米为原料,且充分发酵的酒,酒精含量可能在 10～15%)⑥。而且,商王朝还专设行政官员,专门负责酒的生产。对酒的生产和供应,有时甚至需要商王亲自过问⑦。酒以及与之配套的酒器在商人祭祀活动中经常出现⑧,就像贵族宴饮活动中所见到的情况一样⑨。稍后的文献还提到,周代还酿造一种直接用大米或小米进行发酵而生产的醪⑩。

夏商周青铜器中,像爵、斝、觚、尊、壶、罍和卣等,都是酒器,或与酒的储存、服侍啜饮和酒祭行为有关⑪。而且,它们经常成组地出现于墓葬之中。这些酒器的存在说明,后人在为死者提供的、用于阴间享用的食物中,酒是非常重要的内容。此外,酒也可能是丧葬礼仪活动中的重要组成部分。凭借酒力,生人同他们的祖先和神灵保持着意识上的沟通⑫。

安阳郭家庄一座商墓中出土 1 件青铜卣,"卣内存有液体,……白色透明,内有杂质,似植物纤维状。液体估计是酒"⑬。罗山天湖商代墓葬中出土的铜卣,卣盖密封,以使酒的蒸发减少到最低程度。尤为令人惊异的是,卣内还残留有保存了 3000 多年的液体⑭。后经北京大学取样进行乙醇检测,认为乃商代古酒⑮。但其详细分析资料至今尚未发表。河北藁城台西遗址酿酒作坊中发现了确凿的酵母遗存。酵母残渣发现于陶瓮之内,重达8.5 公斤,这些残渣被推测为发酵酒的残留物。与之同出的还有用于酒生产的漏斗、罍、尊、壶和所谓"将军盔"等⑯。"将军盔"的底部内凹,被认为同制造果酒有关⑰。

那么,中国的酿酒产生于何时?酒在史前社会和礼仪生活方面是否也发挥过重要作用?学者们通过研究新石器时代的陶器器形,尤其是从大汶口文化和龙山文化的陶器中,发现有些器物在器形上与青铜酒器非常相似,因此推测这些陶器与饮酒有关⑱。还有学者认为新石器时代的一种陶缸与当时的酿酒业有关⑲,或认为新石器时代晚期日常生活和丧葬礼仪中日益增加的宴饮活动极大地刺激了酒、重要食品和陶器的需求⑳,但长期以来我们缺乏直接的证据来证明史前时期酒的生产和消费。通过对山东日照两城镇遗址出土陶器残留物的化学分析,本文第一次提供了中国史前时期生产和使用酒饮料的直接证据。

一、被检测的两城镇陶器标本与检测方法

区域系统调查证实，位于日照市的两城镇遗址在整个龙山时代是一处颇具规模的地区中心[21]。从 1999～2001 年，由山东大学考古系和芝加哥自然历史博物馆等单位组成的联合考古队对两城镇遗址进行了三个季度的发掘，揭露出一批属于龙山文化早中期的遗存。被用来作为酒残留物检测的陶器标本（表一）出自龙山文化的三个期段，即早期二段、中期三段和四段，绝对年代为公元前 2500～2200 年[22]。除了个别标本系采集品外，其他标本均为发掘品，出土层位明确（图一）。如果我们预先假设龙山时代可能存在酒的话，制作酒的原料最可能是稻米和粟，因为我们的浮选标本中包含有大量此类谷物的炭化种子。

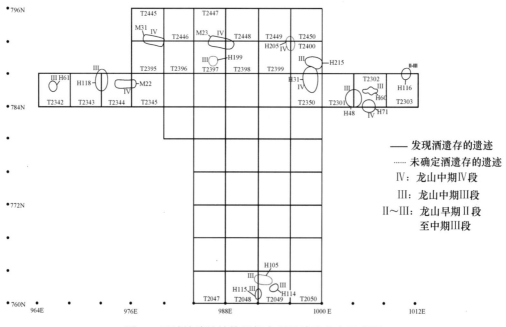

图一　两城镇遗址被检测标本所属遗迹分布示意图

研究中，我们有意选择了龙山文化不同的陶器器类。其中，壶和鬶与商周时期青铜质同类器造型一致，被认为是传统的酒器。陶杯和陶罐是两城镇遗址出土器物中最为常见的器物种类。陶杯的种类多种多样，既有形制的差异，也有大小的不同。这里我们选择了不同种类的陶杯（图二，1～4、8）。其中，造型典雅、陶胎极薄的蛋壳陶高柄杯一向被认为是龙山文化最为典型的酒器和礼器（见图二，4）。陶罐一般为敞口

或侈口，鼓腹，或许有着多种功能。有的器表有烟炱痕，或许作为炊煮器使用。一般认为袋足、有流的陶鬶（图二，7）是用来加热水或流质食物的炊煮器物。这种造型典雅的陶器在两城镇遗址中出土数量非常多，形制也是多种多样。实足的陶鼎一般认为是青铜鼎的祖形，也是一种传统的炊器。在被检测的标本中还包括了独特的底部带孔的箅底鼎（图二，5）和陶箅子（图二，6）。陶盆可能有多种不同的用途，包括制作或存储各类食物和饮料等。

表一　　　　　　　　　　　　　　检测陶器标本一览表

标本号	器形及特征	分段	出土环境	推测功能	分析方法	检测结果
1（图二，8）	筒形杯，泥质黑陶，近乎完整	IV	T2350H31：54，灰坑上部，#3207	饮器	DRIFTS、HPLC、GC-MS、+点测酒石酸盐	稻米、蜂蜜、水果和添加树脂和香草的混合型饮料
2（图二，4）	薄胎高柄杯，细泥黑陶，仅存杯部	IV	T2350H31：139，灰坑下部，#3223	饮器	DRIFTS、HPLC、GC-MS、-点测酒石酸盐、+点测草酸盐	稻米、蜂蜜、水果和添加树脂和香草的混合型饮料（可能添加有大麦）
3（图二，2）	觯形杯，泥质灰陶，完整	III	T2302H60：1，#4309	饮器	DRIFTS、HPLC、GC-MS、-点测酒石酸盐、+点测草酸盐	稻米、蜂蜜、水果和添加树脂和香草的混合型饮料（可能添加有大麦）
4	壶，夹砂黑陶	IV	T2350H31：37，灰坑上部，#3206	储藏或盛器	DRIFTS、HPLC、+点测酒石酸盐	稻米、蜂蜜、水果和添加树脂和香草的混合型饮料（可能添加有大麦）
5	鬶，夹砂橙红陶	IV	T2302H71：1，第2层，#4315	炊煮器	DRIFTS、HPLC、GC-MS	稻米、蜂蜜、水果和添加树脂和香草的混合型饮料
6（图二，3）	觯形杯，泥质黑陶	II	T2303H116：1，#4352	饮器	DRIFTS、HPLC	稻米、蜂蜜、水果和添加树脂和香草的混合型饮料（可能添加有大麦）
7	罐，夹砂灰黑陶	III	T2344H118：5，第1层，#3851	盛储或炊煮固体或液体食物	DRIFTS、HPLC、GC-MS	稻米、蜂蜜、水果和添加树脂和香草的混合型饮料（可能添加有大麦）
8	薄胎筒形杯，细泥黑陶	IV	T2350H31：36，灰坑上层，#3206	饮器	DRIFTS、HPLC、GC-MS	稻米、蜂蜜、水果和添加树脂和香草的混合型饮料（可能添加有大麦）
9	罐，夹砂深灰陶	III	T2049H115：15，第1层，#1666	盛储或炊煮固体	DRIFTS、HPLC、+点测草酸盐	稻米、蜂蜜、水果和添加树脂和香草的混合型饮料
10（图二，7）	鬶，夹砂橙红陶，近乎完整	III	T2302H48：10，第1层，#4305	饮器	DRIFTS、HPLC、GC-MS、+点测酒石酸盐	稻米、蜂蜜、水果和添加树脂和香草的混合型饮料

续表

标本号	器形及特征	分段	出土环境	推测功能	分析方法	检测结果
11（图二，5）	算底鼎，夹砂灰褐陶	?	遗址东部，地表采集	可能用于液体澄滤	DRIFTS、HPLC、+点测酒石酸盐	不能肯定
12（图二，1）	鼎形杯，夹砂黑陶	III	T2049H115:1，第1层，#1666	饮器	DRIFTS、HPLC、GC-MS、+点测酒石酸盐、+点测草酸盐	稻米、蜂蜜、水果和添加树脂和香草的混合型饮料（可能添加有大麦）
13	罐，夹砂灰陶	III	T2049H114:4，#1665	盛储或炊器	DRIFTS、HPLC、GC-MS、+点测酒石酸盐	稻米、蜂蜜、水果和添加树脂和香草的混合型饮料
14	壶，夹砂黑褐陶	III	T2344H118:6，第1层，#3851	盛器	DRIFTS、HPLC、+点测酒石酸盐	稻米、蜂蜜、水果和添加树脂和香草的混合型饮料
15	筒形杯，细泥黑陶	IV	T2350H30:6，上层，#3206	饮器	DRIFTS、HPLC	稻米、蜂蜜、水果和添加树脂和香草的混合型饮料
17	小壶，细泥磨光薄胎黑陶	IV	T2344M22:1，#3857	储藏或盛器	DRIFTS、HPLC	稻米、蜂蜜、水果和添加树脂和香草的混合型饮料
18	筒形杯，泥质黑陶	IV	T2344M22:3，#3857	饮器	DRIFTS、HPLC	稻米、蜂蜜、水果和添加树脂和香草的混合型饮料
19（图二，6）	箅子，夹砂灰陶	III	T2342H61:2，#4107	蒸煮器	DRIFTS、HPLC、+点测酒石酸盐	稻米、蜂蜜、水果和添加树脂和香草的混合型饮料
20	三足杯，夹砂黑陶	IV	T2447M23:2，#4511	饮器	DRIFTS、HPLC	稻米、蜂蜜、水果和添加树脂和香草的混合型饮料（可能添加有大麦）
22	罐形杯，泥质黑陶	IV	T24475M31:5，#1354	饮器	DRIFTS、HPLC	稻米、蜂蜜、水果和添加树脂和香草的混合型饮料
23	罐，夹砂灰陶	III	T2397H199:17，第2层，#4416	盛储或炊器	+点测酒石酸盐	不能肯定
24	鼎，夹砂红褐陶	IV	T2400H205:3，第1层，#3322	炊器	DRIFTS、HPLC	不能肯定
25	罐，泥质磨光黑陶	III	T2400H215:13，第1层，#3327	盛储或炊器	DRIFTS、HPLC、GC-MS	稻米、蜂蜜、水果和添加树脂和香草的混合型饮料
26	盆，泥质磨光黑陶	III	T2397H199:3，第2层，#4416	盛放食物或饮料	DRIFTS、HPLC	稻米、蜂蜜、水果和添加树脂和香草的混合型饮料
28	盆，夹砂灰陶	III	T2049H105，#1654	盛放食物或饮料	DRIFTS、HPLC、+点测酒石酸盐	不能肯定
29	鬶，泥质磨光黑陶	IV	T2350H31，灰坑上层，#3204	盛酒器	DRIFTS、HPLC、+点测酒石酸盐	稻米、蜂蜜、水果和添加树脂和香草的混合型饮料
30	鬶足，夹滑石，橙红色	IV	T2350H31，灰坑上层，#3204	炊煮	DRIFTS、HPLC、+点测酒石酸盐	稻米、蜂蜜、水果和添加树脂和香草的混合型饮料

　　说明：除非特别注明者外，检测标本均取自器底或器物下腹内壁。#之后的数字是发掘期间所给的目录号或称临时号。标本16、21和27因出土环境不明确而予以略去；标本11是采集品，因为器形罕见而入选。关于化学检测方法的说明请见正文。

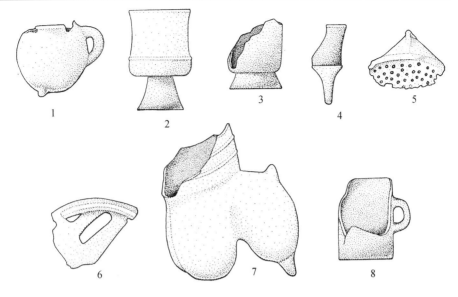

图二　部分被检测的陶器标本

1. 鼎形杯（H115:1）　　2、3. 觯形杯（H60:1、H116:1）　　4. 高柄杯（H31:139）

5. 箅底鼎（采集）　　6. 箅子（H61:2）　　7. 鬶（H48:40）　　8. 筒形杯（H31:54）

　　承担两城镇 27 个有机样本化学分析的是美国宾州大学博物馆考古应用科学中心（MASCA）的分子考古实验室。分析中我们使用了四种不同的化学技术，对这些古沉淀物的成分进行了检测。现说明如下。

　　1. 使用扩散-反射傅立叶变换红外线光谱仪（DRIFTS）检测标本的化学键吸收红外线时出现的增强和扭曲的特性。每种化合物在特定的频率下都会吸收红外线，因此能被精确地测出并显现在光度计上。

　　这种微化技术只需要几毫克的样本。将其与古代样本的大量资料库和现代的化合物与天然产品进行对比，找出与之最为接近的结果。由于整个样本能被自动地加以分析，个别化合物的吸收峰值的尖峰往往有重叠，因此有时会给确切的检定带来一定难度。

　　2. 高效液相层析仪（HPLC）被用来更精确地检定混合物。将样本溶解后，在高压下通过充满微粒的管柱，将数毫克的各种化合物分离。由于组成、动态溶剂和固定相之间极性和非极性的强弱，化合物会在不同时间通过管柱（称保留时间）。一旦分离后，各个化合物会被导进一个二极管阵列的紫外线——可见光分光光度计，同样地让各种化合物在其不同的频率被吸收。一个包括了数千个相关的考古标本和现代标准化合物标本的数据库，可被用来进行比较研究，以确定与之最接近的成分。

　　3. 气相色谱-质谱仪（GC-MS）与高效液相层析仪一样，也仅需微量的各种化合物，即可在管柱中进行分离，不过样本必须被汽化成气体。微粒从可由沸点分离出各成分的管柱出来，再进入 4 倍的质量光度计。该光度计可快速地扫描分子量从 0～500 的物质。选择性离子检查能更精确地寻找出指标性化合物。在国家标准与技术研究所（NIST）的质量光谱资料库所进行的研究，可用来对这些化合物进行再确定。

4. 费格尔化学点试验（Feigl spot test）能够利用其特殊的反应，在敏感度几毫克的条件下，测定出酒石酸或酒石酸盐和草酸成分。不过，酒石酸盐试验所观察到的可见荧光，可能因其他化合物（例如苹果酸），也可以产生类似的绿光，而使测定结果有所争议。

如果采用这四种方法测得的结果相一致，那么便可以得出结论，该化合物中"被检测出含有酒的成分"。测定天然物的指标性化合物尤为重要，本实验室设计出了对这些化合物进行追踪的方案。这些被检测的标本一般都是曾经吸收过较多液体、因而沉淀物累积较多的陶器底部。将其以沸腾的甲醇或三氯甲烷萃取 20 分钟，然后蒸发成为固体。

在此必须强调，对于古代有机物化合物的鉴定并没有什么灵丹妙药，现有的微化技术只能适用于特定问题的研究。对于特定标本而言，既受到考古学上保存条件的制约，同时其化学与微生物成分又会随时间的变化而不断发生改变。因此，判定一个既有标本的天然成分的化合物及其特殊性，并非一件简单的事，这正如作为历史科学的考古学无法对过去的事件进行重复实验一样。因此，每一项此类问题的研究都必须强调考古学和化学相关证据的契合，并从可获得的证据中所作的假说来进行判断。对这个问题的说明，可参考表一引用的基于文献、民族志类比和器物的现代用法所得出的对于古代器物的一般功能的推断。有时化学分析结果会与某些通常的解释存在歧义，例如 19 号陶算子和 26 号陶盆。在这种情况下，就需要考虑其他的假说（详见下文）。

被检测的两城镇出土的陶器中，有 23 件标本有着颇为相似的化学分析结果，涉及的器物种类比较多（见图二）。这 23 件标本中包括 10 件陶杯其五种不同形式（第 1、2、3、6、8、14、15、18、20 和 22 号），3 件袋足鬶（第 5、10 和 30 号）、3 件壶（第 4、14 和 17 号）、4 件罐（第 7、9、13 和 25 号）、1 件罍（第 29 号）、1 件陶算子（第 19 号）和 1 件盆（第 26 号）。另外有 4 件器物的检测结果不能确定，即第 11 号和 24 号鼎、23 号罐和 28 号盆。

23 个标本的大量化学组成对主要红外线的吸收可用图表示（图三）。图的左侧，由于氢氧基或水合作用的水，宽频集中在 3400cm^{-1}。与 730～720cm^{-1} 的吸收度一样，明显的密度峰值在 2900 和 2850cm^{-1}，这是长直链碳水化合物的结果。根据气相层析，$C_{23}H_{48}$、$C_{25}H_{52}$、$C_{27}H_{56}$ 和 $C_{29}H_{60}$ 为蜂蜡中的特殊碳水化合物，因而判定其原料为蜂蜜[②]。这些成分是部分频率出现的原因。基数的碳水化合物在表层蜡中甚为常见，通常存于于多种植物的叶表和果皮中。有些碳水化合物吸收了 1790cm^{-1} 的小峰与在 1690～1670cm^{-1} 之间的碳吸收度，可能缘于未定的植物树脂或香草，一如以往对古代近东酒饮料研究的结果[②]。

多种有机酸和脂类或许可以解释 1740～1720cm^{-1} 的吸收频率（往往以双峰的形式

出现），但最可能的解释是主要存在葡萄中的酒石酸。尤其是在样本中的酒石酸盐（盐类）与羟基盐一样，最大的吸收度在 $1610\sim1580cm^{-1}$ 之间，其次在 1540、1460、1420、1370、1270、600、560 和 $480cm^{-1}$。费格尔的点试验更进一步证实了 11 个标本中酒石酸盐的存在。有 3 个标本（第 2、3 和 10 号）因为计量小而得出的结论不太明确；另外 9 个样本则由于计量太少而无法进行检测。

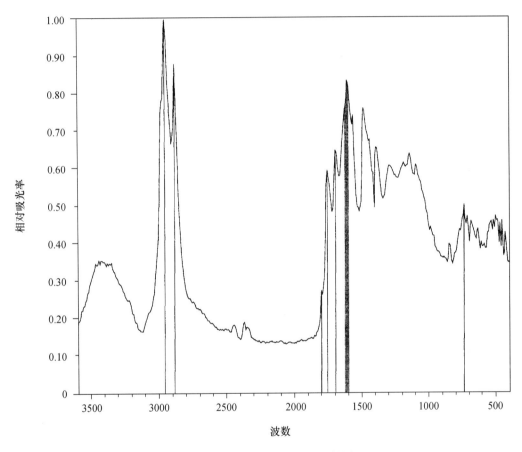

图三　两城镇混合酒的化学分析图

根据红外线研究，对 23 个标本的最佳统计结果可预测其他的标本。现代稻米和米酒显示出最接近的红外线结果。现代大麦和草酸或作为大麦酒发酵的指标成分的啤酒石⑥，也提供了 6 个样本最接近的高效液相层析结果，这些标本号码是第 2、3、4、6、7 和 12 号，包括 2 件觯形杯、1 件高柄杯、1 件壶、1 件罐和 1 件鼎形杯。这些样本显示，有机酸在盐类频率较高时的吸收度介于 $1670\sim1610cm^{-1}$ 之间，以及 1505 和 $1320cm^{-1}$ 时的峰为草酸钙的特征。相对较大而能够进行检测的标本如 2、3 和 12 号则显示出草酸的正反应。

河南舞阳贾湖新石器时代早期的陶器萃取出的有机样本也显示非常接近的红外线

结果[㉖]，其碳十四年代在公元前 6600～6200 年[㉗]。此外，大多数的两城镇标本在化学性上与古代近东地区的酒比较近似。所谓近东的酒指的是沉淀酒和一种混合了产自地中海的葡萄酒、大麦啤酒和蜂蜜酒的饮料[㉘]。在几个例子中皆检测到了古代近东酒经常使用的添加物——葡萄和松节树脂。

在高效液相层析最有价值的高峰都是在 1.55 和 1.65 分钟时所得。这群中的 23 个样本的紫外线光度计在这些时间内彼此互相吻合（图四）。稻米和米酒、葡萄糖酸钾（蜂

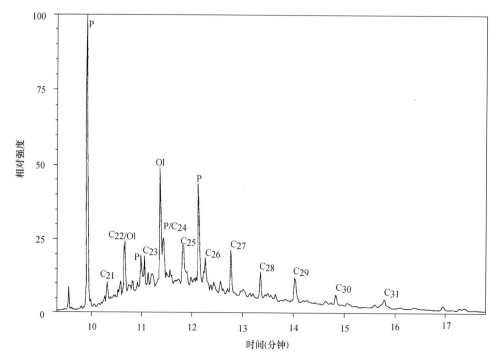

图四　两城镇混合酒的化学分析图

蜜的主要酸）、蜂蜡、松节树脂、草酸钙和大麦与最常测到的现代化合物及天然产品在统计上有相当高的吻合度。舞阳贾湖的两个标本、古代近东沉淀酒和地中海混合饮料则提供了在高效液相层析时相似的古代样本的证据。

二、检测结果：混合型酒

对两城镇遗址 23 个龙山文化陶器标本所做的多项化学分析结果显示，当时人们饮用的酒是一种包含有稻米、蜂蜜和水果并可能添加了大麦和植物树脂（或药草）等成分之后而形成的混合型发酵饮料（见表一）。酒中的主要成分是稻米。这与两城镇遗址植物考古所表明的稻米是当时最为普通的谷物这一发现正相吻合。两城镇遗址也发现

了一定数量的粟，但分析显示，当时人们还没有用粟作为酿酒原料。微化分析虽然发现了大麦的成分，但植物考古却没有发现大麦的踪迹。迄今为止，我们对于大麦在中国的栽培历史还不清楚。

陶器标本中检测出了蜂蜡碳氢化合物，表明龙山时代的人们使用了蜂蜜。在蜂蜜的处理过程中，蜂蜡事实上不可能完全被过滤掉，而且它的混合物一般能够得到非常好的保存。因此，蜂蜡碳氢化合物的发现可以作为人们使用蜂蜜的证据。而蜂蜜中的糖分，主要是果糖和葡萄糖，则会快速降解并挥发掉，从而不能保存并被检测出来。蜂蜜是全球温带环境下惟一的纯糖浓缩物，其糖分的含量高达60%至80%。人类发现和开发蜂蜜的历史非常悠久。在中国，关于蜂蜜饮料的最早记录是在战国时期[29]。而稻米和蜂蜜共同作为饮料的发酵物则是在唐代[30]。中国现在是世界上第三大蜂蜜生产国，而且有的地区（如陕西省）还盛产以山中所产蜂蜜为原料的蜜酒[31]。

唐代苏敬《新修本草》一书中记载着一条有价值的线索，有助于理解蜂蜜是理想的发酵材料。书中记载葡萄作酒之法，"取子汁酿之，自成酒"，"蒲桃（葡萄）、蜜等独不用曲"[32]。这说明，至迟在唐代，我国人民已经了解到在蜜酒和葡萄酒发酵过程中表面发泡的实际作用。这是我国最早的关于酵母真菌及其作用的记录，比欧洲人路易斯·巴斯德早了1000多年。蜂蜜包含天然的嗜渗酵母，当被淡化到70%的含水量时，这些生物便会活跃起来，产生出蜜酒。因为一种主要的可以被称作甾醇的酵母种不是耐氧性的，因而发酵的成功是由充当添加剂的蜂蜜来实现的。

两城镇饮料标本中发现了酒石酸或酒石酸盐成分，预示着龙山时代的制酒者也使用了葡萄作为酵母和糖的来源。发酵过程是伴随着果汁的流出而开始的。据研究，中国各地的野葡萄种类多达40～50种[33]，占世界野葡萄种类的一半以上。野葡萄的含糖量可达19%，而且还可以通过干化处理使之进一步浓缩。因此，直到今天它仍然是制造葡萄酒的原料。山东省至今仍有10余种葡萄野生种。据此，我们可以推测，两城镇龙山先民使用的是当地生长的野生葡萄。然而，有关中国史前时期葡萄种类的发现还十分有限，两城镇出土的这粒葡萄籽是迄今为止为数不多的证据之一。出土这粒种子的遗迹（H31）中发现的陶器中，有7件器物包含有酒的残留物。据参与两城镇遗址植物考古的赵志军博士相告，在河南舞阳贾湖新石器时代早期的遗存中，也识别出了形态类似的野生葡萄种类。

近东地区发现的大量的含有酒石酸或酒石酸盐的标本，强烈地显示出该地是古代主要的葡萄产地。但有些证据则显示出中国也是一个应该注意的地区。学术界一般认为，葡萄酒是在中亚起源的，所用原料是一种人工栽培的欧亚葡萄种类（*Vitis uinifera vinfera*），后来于公元前2世纪由中亚传入中国[34]。这个年代比两城镇标本检测出的混合型酒晚了约 2000 年。成书于西周时期的文献《诗经·豳风·七月》提到"六月食欝及薁"，其中的"薁"，注释者均解释为野葡萄。这条记载至少说明，野葡萄以其甘美的味道早就为中国古人所熟知，用作果酒的原料自然是完全可能的。

然而，两城镇样品中酒石酸或酒石酸盐也不排除来源于中国山楂的可能。山楂所含酒石酸的成分是葡萄的 4 倍[35]，而且山楂的分布不仅在现在的山东省，而且广及整个华北地区[36]。山楂含有很高的糖分，说明它可以像葡萄一样产出酵母。虽然文献中没有提及用山楂作为酿酒原料，但山楂的营养和医学价值在中国古代早就被认识。然而，两城镇遗址出土的植物遗存中至今还没有发现山楂的踪迹。

酒石酸在其他三四种水果中也有存在，虽然其含量与葡萄相比要低一些。这几种水果是龙眼[37]、樱桃和桃子。龙眼现在大都生长在华南地区，但在气温高于现在的新石器时代，其产地完全可能推移到华北地区。

酒石酸或酒石酸盐其他可能的植物来源也不能够被排除，但是这些植物的酒石酸或酒石酸盐的含量要低得多。一些植物的树叶（如天竺葵）含有酒石酸和钙草酸盐，通过浸泡，液体中会产生酒石酸成分[38]。中国传统的米酒生产至少可以上溯至汉代，制作过程中通过稻米的糖化和发酵也能够产生酒石酸[39]。

学者们有理由把历史时期酿酒过程中惟一的发酵系统集中在稻米和其他粮食作物的糖化过程上，这就排除了由蜂蜜和水果提供糖分和酵母的需要。简而言之，在糖化和淀粉分解的发酵过程中产生的真菌，如曲霉菌、根霉菌和红曲霉菌等，在适当的环境下，能够阻止稻米和其他谷物中碳水化合物生成单一的可发酵糖[40]。根据历史文献记载，谷物通过蒸发、沸腾产生菌丝体，形成了发酵的媒介——曲。稻米是中国史前时期栽培最早的谷物之一，有理由认为也是造酒的原料。酵母通过昆虫，或者通过附着在房屋梁椽上的大大小小的曲片进入到发酵程序中。现在，用于生成曲的药草多达百余种，其中的一些种类显示出在增加酵母的活力方面具有明显作用[41]。

由淀粉分解而发酵是一项复杂技术，在这种方法被改进并被广泛地应用之前，中国古代的酿酒者采用其他的办法生产酵母。野生葡萄在中国分布广，品种多，而且含糖量高，有些种类还是天然的发酵佳品。两城镇遗址分析标本中含量较高的酒石酸或酒石盐酸强烈地显示出野葡萄曾在酒的生产过程中用作发酵物。山楂因富含酒石酸或酒石盐酸也可以用来解释两城镇的化学分析证据，尽管现在两城镇遗址还没有发现山楂的种子遗存。

最后，我们的分析要提到植物树脂或药草，因为商代铭文中的"鬯"，被认为是一种"加了香草的酒"。在周代和汉代，鬯一般被解释为将含有树脂的树叶或药草（郁）加入酒中后形成的饮料[42]。

三、酒的社会及礼仪含义

相当数量的经过检测的两城镇陶器中含有酒的成分，为我们提出了有关史前时期社会礼仪行为的问题。特别是作为地区中心的两城镇聚落的丧葬礼仪如何?那些出土有含酒容器的"灰坑"有着什么样的功能?经分析，含有酒的随葬陶器均出自中型墓（M22、M23 和 M31）中。总的说来，杯是随葬器物中最为常见的器类，包括 4 件泥质陶杯和14 件夹砂陶杯。因为时代更早的墓葬中通常包含了更多的陶器，并且发现了食物残余，因而可以推测，两城镇墓葬中发现的酒是对于已故者的供品，而并非用于葬礼上哀悼者的饮品。

两城镇居住区内的灰坑中出土的多种形制的器物被检测出包含有酒的成分。正如其他学者所指出的那样，龙山文化的此类灰坑中，有一些可能是用于向祖先献祭的祭祀坑[⑩]。两城镇 H31 就可能是具有这种性质的灰坑。该灰坑出土了 200 余件完整或近乎完整的陶器，而且被检测的 7 件器物均含有酒的成分，其中既有泥质陶，也有夹砂陶，器形包括杯、壶、鬶和鬹等。器物的数量和种类表明，它们应该是礼仪宴享活动的遗存，而且这类仪式也可能伴随着祭祀活动。而两城镇居住区内发现的其他灰坑则应该是依附于住宅的窖穴或垃圾坑。例如 H205，坑内填满了陶片，但缺少完整器物。对该灰坑出土的 1 件陶鼎进行检测，没有发现酒的迹象。对其他灰坑器物所进行的分析表明，最为常见的酒器是陶杯、鬶、壶、鬹和罐等。

令人感到意外的是，化学分析明确显示出两城镇标本中的陶箅子和陶盆这两种龙山文化中常见的器形中也有酒的遗留。这两种器物通常被认为是作为蒸煮、盛放非流质类食物使用。那么，如何来解释这一现象？一个可能的解释是，它们在酒的预制、过滤或饮食过程中被作为辅助器具来使用；另外的一种可能性是，酒在当时可能被用于烹制和炊煮某些食物。

对两城镇遗址龙山文化早中期陶器所进行的化学分析，为我们提供了山东地区史前时代晚期确实存在着酒的证据，而且，当时的礼仪活动中使用了酒。化学分析还表明，酒的制作和使用过程中采用了成组的陶器，稻米、蜂蜜和水果是三种主要的发酵物。这为后来的酿酒技术的发展铺平了道路。同时，酒的遗存发现于两城镇这一重要的沿海地区遗址，由此可以推测，在黄河流域的内陆地区也应该存在着类似的技术。

两城镇遗址中属于新石器时代晚期的酿造者使用富含糖分的自然原料包括蜂蜜和水果（很可能是野葡萄或山楂）来获取天然酵母，使稻米发酵以得到米酒。有些学者认为，中国最早的酒是以水果为原料所生产的酒——醴[⑭]。我们的分析与此有出入。河北藁城台西中商阶段的陶瓮中发现的水果残余物，代表了自新石器时代以来便已形成的技术传统的延续。

日益复杂的城市生活的需求最终导致了饮料的多样化，并使得以稻米和粟类作物为原料生产米酒的淀粉分解发酵系统的技术趋于标准化。混合型酒酿酒技术就像我们在两城镇遗址所见到的那样，最终被摈弃，尽管向米酒内添加草药的技术传统从未完全失传，甚至直到现在，中国许多地方，其中包括山东及其邻近省份，人们仍然在饮用一种添加有少量果汁的米酒（如寿州米酒）。

尽管与历史时期的酿酒存在某些差别，但有一点可以肯定，龙山时期两城镇聚落的人们曾经将多种陶器用于酒的储存、盛放、啜饮和礼仪活动。其中有些器形为商周时期的青铜酒器所沿用，而有些器形还有着更早的来源。这些酒器无论是被称作礼器还是日常生活用器，看来都有着更早的史前传统。

结　语

本文对华北地区史前时代晚期（龙山时代）酒的生产与使用进行了研究，第一次提供了当时酿酒业存在的科学证据。在过去的 40 多年中，探讨中国酿酒起源的学者们大都根据陶器造型及其在墓葬中的随葬情况来推论酒的存在。通过对两城镇这一区域中心遗址出土陶器中残留物所进行的化学分析，以及对酒器出土位置的分析，我们知道，两城镇遗址的居住区是人们的宴饮场所，同时，当时的葬仪活动中也使用了酒和酒器。这同青铜时代的情况颇为类似，即无论是世俗生活中的宴享，还是与祖先崇拜有关的祭祀活动中，都使用了酒。可以推测，那些靠近两城镇遗址周围而又规模较小的遗址中，在酒的生产和消费上应该存在着不同的模式。

近年来，宴饮在社会和礼仪方面所起的作用广为世界各地的考古学家们所关注，但相对来说，对宴饮活动中几乎是不可或缺的酒的研究却没能引起足够的重视。对龙山时代陶器所进行的化学和考古学的检测与分析，从科技史的角度为我们提供了我国酿酒业发生、发展的第一手资料，也为我们研究史前时期酒的生产和消费在维系不同阶层的社会关系，进而在促进经济和技术发展方面所起的作用，以及在世界范围内开展跨地域、跨文化的比较考古学研究方面，积累了新的资料，开拓了新的研究领域。

附记：唐纳德·格鲁斯克（Donald Glusker）博士与麦戈文教授密切合作，共同承担了两城镇陶器标本的检测与分析工作。遗憾的是，他于 2000 年 5 月 11 日在英国意外去世，没能看到这一成果问世。他的睿智和对考古工作的敬业精神将永远受到我们的尊敬。亨利·鲁斯基金会（Henry Luce Foundation）和美国国家科学基金会（NSF）对两城镇遗址 2000～2001 年发掘项目提供了资助。中国国家文物局对日照两城镇中美合作项目给予了大力支持。两城镇的两所中学为麦戈文教授提供了工作所需的实验室。通过赫诺维奇（J.P.Honovich）的热心相助，德里克西大学（Drexel University）化学系提供了用来进行气相色谱-质谱（GC-MS）分析的实验室。北京大学微生物系程广生教授不厌其烦地向我们解释中国古今酿酒技术中的发酵过程。Carl Crook、Qin Ma Hui、Wuxiao Hong、Hsing-Tsung Huang、唐际根、李水城、罗国光、Victor Mair、Harold Olmo、Vernon Singleton、陈铁梅、王昌隧、Tyana Wachter 等学者也为本文的写作提供了帮助。图二是芝加哥自然历史博物馆人类学部的 Jill Seagard 绘制的。对于上述单位和个人的支持与帮助，我们在此表示由衷的感谢!有关中国新石器时代早期和商周时期酿酒业的最新研究请参考麦戈文等：Fermented Beverage of Preand Proto-historic China，*Proceedings of the National Academy of Sciences*，USA101：17593-17598，2004.

注　释

① Dietler，M，and B. Hayden （editors），*Feasts*：*Archaeological and Ethnographic Perspectises on Food*，*Politics*，*and Power*，Smithsonian Institution Press，Washington，D. C.，2001. Potter，J. M.，Pots，Parties，and Politics：Communal Feasting in the American Southwest，*American Antiquity*，65：471～492．2000.

② Pauketat，T.，L. S. Kelly，G. J. Fritz，N. H. Lopinot，S. Elias，and E. Hargrave，The Residues of Feasting and Public Ritual at Early Cahokia，*American Antiquity* 67：257～279，2002.

③ Hastorf，C.，and S. Johannessen，Pre-Hispanic Political Change and the Role of Maize in the Central Andes of Peru，*American Anthropologist* 95(1)：115～138，1993.

④ Dietler，M.，Driven by Drink，The Role of Drinking in the Political Economy and the Case of Early Iron Age France，*Journal of Anthropological Archaeology* 9：352~406，1990.

⑤ McGovern，P. E.，U. Hartung，V. R Badler，D. L. Glusker，and L. J. Exner，The Beginnings of Winemaking and Viniculture in the Ancient Near East and Egypt，*Expedition* 39(1)：3～21，1997.

⑥ a. 方心芳：《再论我国曲蘖酿酒的起源与发展》，见《中国酒文化和中国名酒》，中国食品出版社，1989 年。b. Huang，H. -T.，Biology and Biological Technology，Part V：Fermentations and Food Science，*Science and Civilisation in China*，vol．6，by J. Needham. Cambridge University，2000．c. Underhill，A.，Archaeological and Textual Evidence for the Production and Use of Alcohol in China，*Proceedings from the Ninth Yale-Smithsonian Seminar on Material Culture*：*Fermented and Distilled*，edited by D. Kops，2003．d. 杨升南：《商代经济史》第 570～575 页，贵州人民出版社，1992 年。e. 张得水：《殷商酒文化初论》，《中原文物》1994 年第 3 期。

⑦ 温少峰、袁庭栋：《殷墟卜辞研究：科学技术篇》，四川社会科学出版社，1983 年。

⑧ 郭胜强：《略论殷代的制酒业》，《中原文物》1986 年第 3 期。

⑨ a. Keightley，D.，The Shang：China's First Historical Dynasty，*The Cambridge History of Ancient China*，edited by M. Loewe and E. Shaughnessy，PP．232～291. Cambridge University，Cambridge，1999．b. 同⑥c。

⑩　袁翰青：《酿酒在我国的起源和发展》，见《中国酒文化和中国名酒》，中国食品出版社，1989 年。

⑪　a. Chang, K. C., *Art, Myth, and Ritual*, Harvard University, Cambridge, 1983. b. Rawson, J., Ancient Chinese Ritual Bronzes：The Evidence from Tombs and Hoards of the Shang(c. 1500～1050 B.C.)and Western Zhou(c. 1050~771 B. C.)Periods, *Antiquity* 67：805～823, 1993. c. Thorp, R., The Growth of Early Shang Civilization：New Data from Ritual Vessels, *Harvard Journal of Asiatic Studies* 45(1):5～75，1985.

⑫　Paper，J.，*The Spirits Are Drunk*，State University of New York，Albany，1995.

⑬　安阳市博物馆：《安阳郭家庄的一座殷墓》，《考古》1986 年第 8 期。

⑭　河南省信阳地区文管会等：《罗山天湖商周基地》，《考古学报》1986 年第 2 期。

⑮　欧潭生：《三千年古酒出土记》，见《中国酒文化研究文集》，广东人民出版社，1987 年。

⑯　河北省文物研究所：《藁城台西商代遗址》第 175～176 页，文物出版社，1985 年。

⑰　同⑥b。

⑱　a. 方扬：《我国酿酒当始于龙山文化》，《考古》1964 年第 2 期。b. 李建民：《大汶口墓葬出土的酒器》，《考古与文物》1984 年第 6 期。c. 李仰松：《我国谷物酿酒起源新论》，《考古》1993 年第 6 期。d. 同⑩。

⑲　王树明：《考古发现中的陶缸与我国古代的酿酒》，见《海岱考古》第一辑，山东大学出版社，1989 年。

⑳　Underhill，A.，*Craft Production and Social Change in Northern China*，Kluwer Academic，New York，2002.

㉑　a. 中美两城地区联合考古队：《山东日照市两城地区的考古调查》，《考古》1997 年第 4 期。b. 中美两城地区联合考古队：《山东日照地区系统区域调查的新收获》，《考古》2002 年第 5 期。

㉒　栾丰实：《东夷考古》第 37~254 页，山东大学出版社，1996 年。

㉓　a. 徐景耀等：《中华蜜蜂与意大利蜜蜂蜂蜡成分研究》，《色谱》1989 年第 7 期。b. Evershed, R. P, S. J Vaughan, S. N. Dudd. and J. S Soles, Fuel for Thought? Beeswax in Lamps and Conical Cups from Late Minoan Crete, *Antiquity* 71：979～985, 1997.

㉔　a. McGovern, P. E., M. M. Voigt, D. L Glusker, and L. J. Exner, Neolithic Resinated Wine, *Nature* 381：480～481, 1996. b. 同⑤。

㉕　Michel, R. H., P. E. McGovern, and V. R. Badler, Chemical Evidence for Ancient Beer, *Nature* 360：24, 1992.

㉖　McGovern, P. E., The Funerary Banquet of "King Midas". *Expedition* 42：21～29, 2000.

㉗　河南省文物考古研究所：《舞阳贾湖》，科学出版社，1999 年。

㉘　a. McGovern, P. E., D. L. Glusker, R. A. Moreau, A. Nuñez, C. W. Beck, E. Simoson E. D. Butrym, L. J. Exner, and E. C. Stout, A Funerary Feast Fit for King Midas, *Nature* 402：863～864, 1999. b. 同㉖。

㉙　Morohashi，T.：《大汉和字典》第 13 卷第 29 页，台湾恒生印书馆，1987 年。

㉚　同⑥b。

㉛　Shusen，D., A Black Horse Galloping Through Western China, *China Today* 50(11)：65～69，2001.

㉜　（唐）苏敬等：《新修本草》第 15 卷第 225 页、第 19 卷第 287 页，上海古籍出版社，1985 年。

㉝　Zhang, F., Fangmei L. ,and Dabin G., Studies on Germplasm Resources of Wild Grape Species(*Vitis Spp.*)in China, *Proceedings of the 5ᵗʰ International Symposium on Grape Breeding*, pp. 50～57, Special Issue of Vitis,1990.

㉞　同⑥b。

㉟　高光跃等：《山楂类果实的化学分析及其质量评价》，《药学学报》1995 年第 30 卷第 2 期。

㊱　中国科学院植物研究所：《中国高等植物图鉴》第 5 卷，科学出版社，1972 年。

㊲　Huang, Y. W., and C. -Y. Huang, Traditional Chinese Functional Foods, *Asian Foods： Science and Technology*, edited by C. Y. W. Ang, K. S, Liu, and Y. -W. Huang, pp. 409～452, Technomic, Lancaster, Pennsylva-nia, 1999.

㊳　Stafford, H. A., Distribution of Tartaric Acid in the Geraniaceae, *American Journal of Botany* 48(8): 699～701, 1961.

㊴　a. 刘峰：《黄酒中不挥发酸组分的分析研究》，《食品与发酵工业》1989 年第 3 期。b. 王玉君等：《高效液相色谱法分析色酒中有机酸的研究》，《色谱》1991 年第 9 期。c. Maeda, M., Chugokusan Aka Miso Ni Tsuite(Study of Production of Chinese Red Miso), *Nagasaki-ken Kogyo Gijutsu Senta Kenkyu Hokoku* (*Reports of Nagasaki Industrial Technology Research Center*)8: 112～114. 1991.

㊵　a. Chen, T. C., M. Tao, and G. Cheng, Perspectives on Alcoholic Beverages in China, *Asian Foods：Science and Technology*, edited by C. Y. W. Ang, K. S. Liu, and Y. -W. Huang, pp. 383～408, Technomic, Lancaster, Pennsylvania, 1999. b. 同⑥a。

㊶　方心芳：《黄海发酵与菌学》，《黄海》1942 年第 4 卷第 2 期。

㊷　a. 同⑥b。b. 同⑦。

㊸　Liu, L., Mortuary Ritual and Social Hierarchy in the Longshan Culture, *Early China* 21: 1～46, 1996.

㊹　同⑩。

山东日照市两城镇龙山文化
陶器的初步研究

范黛华　栾丰实　方辉　于海广　蔡凤书　文德安[*]

前　言

两城镇遗址位于山东省日照市两城镇一个缓坡和冲积平原的自然台地上，在两城河的西南，遗址距离两城河流入潮河的汇合处约数百米。1936年，历史语言研究所对遗址进行了发掘[①]。20世纪50年代至80年代，在这一地区开展了多次调查工作。最近几年，山东大学和美国芝加哥自然历史博物馆组成中美联合考古队在日照地区进行了区域系统调查[②]。在此基础上，对两城镇遗址进行了新一轮发掘[③]。

龙山陶器素以黑陶闻名于世，龙山黑陶有多种器形，采用了多种制作方法，其最主要特色是表面打磨光滑、表里漆黑、器壁很薄、器形精美。许多黑陶是轮制而成，最后用不同的工具进行精加工。20世纪30年代，吴金鼎等就对两城镇和其他龙山时期遗址出土陶器的制作技术和工艺进行了研究，初步建立起一套研究龙山陶器的科学方法[④]。

本文将根据两城镇遗址不同层位及其所属遗迹单位出土的陶器，重建不同陶器器形或器类的生产工序（或生产流程），并研究利用不同方法制作出来的陶器在使用时所表现出来的性能特点，如透水性、坚固性等。本文所用的大多数陶器标本来自T2345的H59，时代为龙山文化中期，是两城镇遗址龙山文化的典型单位。

一、龙山文化陶器的基本特征

1999年两城镇发掘的陶片，经过融凝后进行电子束微探针分析，结果表明，陶

---

* 范黛华，美国华盛顿斯密森研究院。文德安，美国芝加哥自然历史博物馆人类学部。

土中以二氧化硅（SiO₂）所占比例最大，约为 62～65%；其次为三氧化二铝（Al₂O₃），约占 28～30%；另外还包含 1.3～1.7%的三氧化二铁（Fe_2O_3）、二氧化钛（TlO_2）和氧化二钾（K_2O），以及更少量的氧化钙（CaO）和氧化镁（MgO），约占 0.7～0.8%。原料的来源地属于花岗岩沉积地区，因而陶土中的主要包含物为石英、长石和云母。遗址的东部和东南部为近海区域，推测曾经是洼地或沼泽地，由于水的作用，使得包含有大量混合物的粘土得以自然形成，并以其可塑性和其他特殊性能而被人们开发，用来制作陶器；同时也形成了大小不等的颗粒状泥土。今天的陶匠在仿制两城镇的龙山黑陶时，就选用并混合了这些不同的粘土堆积。我们的研究标本中便选用了这样一件仿制品。

两城镇龙山陶器的烧制温度在 700～1050 摄氏度之间，而不同类型的陶器烧制温度也不相同。为了检测陶器的烧制火候，我们选择了 H59 出土的 20 件代表不同硬度的陶片标本，采用电子扫描显微镜进行观察，并进行了重新烧制的模拟试验。陶胎中掺和料的颗粒大小颇不一致，以适用于不同的器类。炊器和储藏用器都是夹砂陶，烧制火候也较高；盛器和饮食器则为泥质陶，烧制火候低，陶胎中多气孔，渗水性较强。关于两城镇龙山陶器的陶胎构成和烧制火候及其反映的生产专门化方面的细节，我们将另为专文讨论，这里介绍的是两城镇龙山陶器生产过程中具有代表性的技术细节。

二、薄胎杯和其他泥质陶器微观结构的稳定性

陶杯（有筒形和鼓腹罐形等多种形状）系轮制而成，这就使得陶胎的气孔（黑色水平状空隙）与器表平行排列，如交叉断面图所示（图版陆，1）。

陶杯和其他罐、把手内部结构的 X 光照片使我们可以从表面看到气孔（白色空间）的排列（图一）。这些气孔与容器底部或容器内壁水平的轮旋痕迹呈对角线，它们的长度是宽度的 10～40 倍，比现代陶器的气孔长。气孔沿水平线 30～45 度排列，反映出陶轮作圆周旋转时力的向量和陶匠用手提升泥筒时力的向量。X 光照片显示，制作小容器、器盖和把手时都使用了快轮。

陶土微粒的尺寸在 1～10 微米之间（图版陆，2），很多微粒的轮廓呈六角形（见图版陆，2 的左下方）。陶土微粒尺寸在这个大的范围内波动，可以使陶胎的缩减度大大降低，这对于中国通常的矿石和高岭土来说是不寻常的。我们观察和测量了这一波动范围，并根据其物理性能得知这一波动范围的实际效果。但这一效果的获得是否出自古人有意识地混合陶土，目前还不能肯定。器身陶片的包含物有石英、长石（图版陆，3，

一种钾长石在 90℃时破碎）和富含铁的风化泥岩（图版陆，4）。如图一所示，根据陶土微粒的尺寸及其分布密度的不同，可以将陶器分作泥质陶和夹砂陶两类。根据陶土包含物的尺寸及其分布密度的不同，还可以将夹砂陶进一步分为夹细砂和夹粗砂两类。细砂陶的包含物最大直径为 2 毫米，而粗砂陶（图一，4）的包含物最小直径大于 2 毫米，最大直径达 8 毫米。仅通过肉眼观察是不可能区分出这两类夹砂结构的，之所以能够将二者区分开来，是因为我们在研究中有对这一组陶片进行静电拍摄结果作依据。

图版陆的 5 和 6 提供了 1 件薄胎陶杯内壁的两张图像。图像显示，水平平行的凹

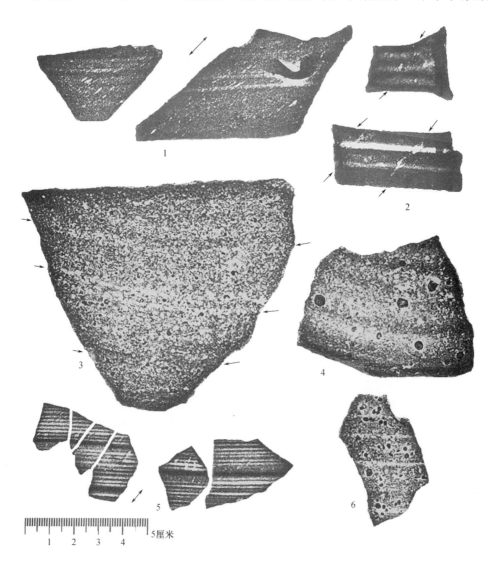

图一　两城镇龙山文化陶片的内部结构

1、5. 杯　2. 杯把手　3. 罐　4. 甗　6. 器盖

槽每隔70～80微米成组均匀分布。这表明，为使快轮制作的器壁达到最薄，薄胎陶杯在晾干之后，器壁又被进一步刮磨。这样出人意料的规整性使我们有理由做出推测：制作陶器时，陶轮是被固定在一个起支撑作用的车床上。而且，为了控制陶胎的厚度，车床上还安装有刮尺。陶杯内壁每隔1～1.1毫米就有一道较深的凹槽，这些凹槽说明制作过程中使用的刮尺是一种多齿的修整工具，刮尺自下而上作水平圆周旋转以使器壁变薄。每一道凹槽与在车床上加工过程中留下的木质或石质器具的修整痕迹相似，但后者不是螺旋形的。在很多杯子上面还有另一种圆周痕迹（图二），即凸弦纹，一般

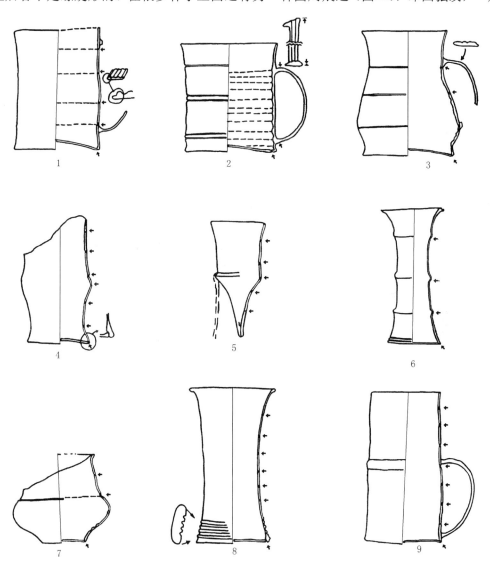

图二　两城镇龙山文化陶杯制作示意图

1、2、6、8、9. 筒形杯　3、4、7. 鼓腹杯　5. 高柄杯

作水平环绕，凸起高度约 1 毫米。要在如此易碎的未烧干的陶器上制作任何一种圆周痕迹，都要把容器放在一个与轮制时使用的相似的立轴装置上进行旋转，因为这样薄的轮制坯体无法支撑其自身的重量。

同样的修整痕迹在 1999 年和 2000 年发掘出土的数千件陶片上也有发现。这些陶片表面和内壁上部保存良好。我们在几百件陶片和许多不同种类的盛器（豆、杯、鬶和各种器盖）表面都发现相似的修整痕迹。这说明当时已经形成稳定的生产模式，有全职或定时的专门手工业者生产大量不同种类的、造型复杂的、技术含量高因而价值不菲的陶器。直到今天，当我们面对这些精美的陶器时，仍不由对这些陶匠们所具有的精湛技艺叹为观止。

从陶器制作和修整痕迹以及陶胎内部结构可以看出，制作薄胎的陶杯、器盖及高柄杯时要经过提拉成型和晾干后磨光两道工序，而且这两道工序可能已经出现了专业分工。晾干后的抛光工序可能与美石（如玉器）、骨器、木器的磨光程序相似。在玉璧和玉琮的加工过程中，为了在璧或琮上钻孔。工匠要在钻孔的位置使用一个立轴进行旋转，并且向轴内添加磨光所需要的粗砂，如石榴石（在山东东南部的河流中比较常见）。就是说，无论是加工玉石器，还是生产陶器或其他质料的手工产品，很可能都使用了这种立轴式旋转装置。

三、制作工序和成型方法

正如此前我们所认为的，龙山文化与仰韶文化的陶器在制作方法上存在很多不同之处。后者使用断面为圆形的泥条，采用分段盘绕、逐层垒筑的方法，将器坯分作几个部分分别制作，然后粘接在一起[⑤]。器物成型后，再用陶拍和砧进行精加工，并在内壁刮擦以使器壁变薄，而把手则是用多个泥条制成。如何辨别不同陶器的成型工艺和生产程序的标准已经有过研究[⑥]，但对于两城镇陶器生产所采用的特殊工序，以前还没有见诸报道。

如图二所示，制作陶杯时，要预先制作出圆形的杯底。器身的下部是先用数条泥条重叠堆筑，然后提拉成型。有时陶匠会先将泥料加工成断面呈环形的泥条，然后再通过拉坯工艺使之变薄，不过这种方法并不常见。有的器物上的泥条保留了原有的厚度，有的则经过加工变薄，但泥条的高度一般是其厚度的 10～35 倍。而仰韶文化中，泥条的高度和厚度一般相同，也有一些泥条的高度可以达到厚度的 2 倍。因此，龙山文化陶器与仰韶文化陶器相比，器身的接合点大大减少，因而也就减少了从接合点破裂的机率。龙山文化陶器的接合点通常是斜切的，这就进一步增强了防止破裂的强度。两城镇许多遗迹单位中出土的大型陶器（图三）使用了相同的制作方法：器身使用圆形的泥条层层盘筑，器物下部与圆形底部系用泥条连接而成，这与现代宜兴陶器的制作方法相似。有时还会在器底中心再加一层圆形泥饼，以使器物更加坚固耐用，特别是在较大的圈足盘的底部。

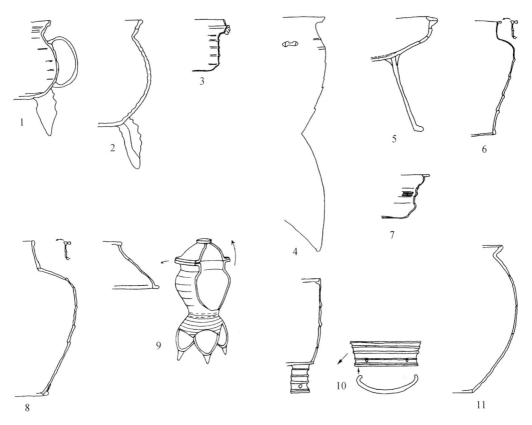

图三 两城镇龙山文化大型陶器制作过程示意图

1~3、7. 鼎 4. 甗 5. 豆 6、8、11. 罐 9. 鬶和器盖 10. 瓦足罐

陶器把手的制作是首先轮制一个圆筒，然后使用一种尖锥形切割工具（由竹子、骨或者其他材料制成的带尖器物），在旋转的轮子上将圆筒切割成一个个矮圆筒，每个矮圆筒又可作二或三等分，每一部分都可以用来制作一个把手（图四，1）。这些把手的形状及其所留下的痕迹，可以清楚地反映出它们的制作程序。同样，泥质陶鼎的足也采用了相同的制作方法，即将圆筒等分成不同的三角形，用手稍加加工，即可做成这种鼎足（图四，2）。圆筒也可以被两等分，去除底部，做成内弯的"C"字形，作为瓦足罐的所谓"瓦足"（图三，10）。鬶的三个袋足则是分别模制后接合而成，足尖内部往往有一个附加的小泥条以起加固作用。器身上部有时也有附加泥条，腰部和袋足接合处有附加堆纹，位于腰部表面和袋足内部，同样是起加固作用。所有这些生产

方法都是为了提高生产效率，即在单位时间内生产出更多的器物。因为采用这些生产方法，可以一次生产出一组容器或其部件，而不是单个器物。最后，所有附加或缺失性装饰都是为了使容器的形状更接近于人或动物的造型，如表示眼睛的穿孔以及泥饼、盲鼻和耳鼻等。

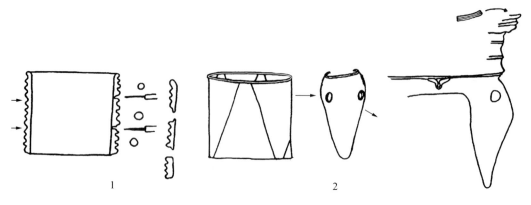

图四　两城镇龙山文化陶器专业化生产示意图

1．陶杯把手的制作　2．鼎足的制作

　　由于生产工序复杂，加工操作要求严格，所以龙山陶器的制作技术要由专门的人学习继承。陶匠可能来自稳定的手工专业化家庭，有些生产任务无疑是有计划的，而且是有专门分工的。研究陶器生产的标准化，可以通过测量不同器类在口径、腹径和高度等方面的差异来进行判断[⑦]。目前，我们正在对两城镇出土的属于不同阶段、不同器类的陶器进行多维标准化测量。本文勾勒的技术类型与方法在侧重点上有所不同，但对于两城镇遗址龙山中期陶器的生产已经实现专门化这一假说，提供了更多的证据。我们的目的在于给关注这一问题的中外学者增加一些反映史前时期晚期手工业生产专门化方面的资料。

四、硬度和渗水性——火候的指标

　　陶器的烧制火候一般在摩氏2～4度之间。我们所观察的两城镇陶器中，白陶通堂为夹砂陶，三袋足为模制，然后粘接在泥条水平盘筑的器身上，表面经过打磨。红陶有两种类型：一种烧制火候很低，易碎，多见碎片；另一种是鼎和甗的足，它们最初呈黑色，在用于煮食过程中再次氧化成为红色，这种足最坚硬，火候最高。黑陶、灰陶器身的硬度、火候介于白陶和红陶之间，烧制时采用了还原法，但目前还不清楚是否使用了水熏法，尽管通过氢凝聚的耐火测试（FRES）。现在可以很清楚地知道水熏法在商周时期的陶器生产中已经被使用。

在被测试的 298 件陶片标本中，有 158 件可以辨别器形，涵盖了龙山文化的大部分器类。结果如表一和表二所示。

硬度测试结果表明，轮制泥质陶的烧制火候变化幅度最小，因而也最难控制。手制夹砂陶烧制火候波幅比轮制泥质陶大，波幅最大的是手制泥质陶和包含大量微粒的手制夹砂陶。泥质陶波幅较小的火候参数以及准确的火候控制表明当时的制陶活动有较好的组织，已经实现专门化，生产实践中的技术传承能力很强。

表一　　　　　与生产方法和掺和料相关的硬度测试表

类别		摩氏 2 度	摩氏 3 度	摩氏 4 度	陶片数量
轮制泥质陶		11（15.7%）	53（75.7%）	6（8.6%）	70
手制泥质陶		30（38.0%）	47（59.5%）	2（2.5%）	79
手制夹砂陶	粒度 0～2 毫米	26（21.6%）	78（65.0%）	16（13.3%）	120
	粒度 0～8 毫米	4（23.8%）	16（55.2%）	9（31.0%）	29

表二　　　　　　　　　测试样品分类统计表

	口沿	器身	器底	把手	器盖	总计
鬶	0	8	6	0	4	18
鼎	5	5	7	0	0	17
盆	6	2	3	0	0	11
甗	1	1	4	0	0	6
盒	0	1	2	0	0	3
杯	8	10	9	4	0	31
罐	12	6	7	1	0	26
豆	3	2	0	4	0	9
器盖	12	11	1	13	0	37

麦戈文（Patrick McGovern）教授等从两城镇龙山文化的陶器中提取到酒的残余物，并且有化学证据显示某些陶器是用于盛放这类饮料的⑧。然而，对没有裂缝和其他瑕疵的陶片渗水率的测试结果表明，被测试的 24 件陶片标本中，只有 5 件陶片可以满足基本不渗水的标准（表三）。陶器具有渗水性，器表经过磨光处理的轮制泥质陶的渗水率可以达到 14 分/毫米，手制泥质陶的渗水率则为 24 分/毫米。在淄博附近使用相同陶土成分制成的现代盛水陶器，烧制火候只有高于 1100 度，摩氏硬度达到 5 度时，才可以获得不渗水的效果。这就意味着，龙山时期的陶器生产要获得使陶器不渗水的烧制火候是十分困难的。因此，当时的匠人们使用其他的方法以降低陶器的渗水率。例如，他们可能在陶器表面涂抹油类或其他有机物质，如猪的脂肪。在一些保存较好的泥质和夹砂

陶片上还发现了陶衣的痕迹。我们使用傅氏微红外光谱仪（micro-FTIR）对一些质量较好的陶器表面进行检验，并试图对有完整陶衣的陶片进行成分提取，遗憾的是没有能够获得足够的有机残余物加以检测。

表三　　　　　　　　　　与硬度和器形有关的渗水率测试表

器　形			硬　度	厚度（毫米）	渗水时间	渗水率（分/毫米）
轮制泥质陶	包含物<0.1毫米	器盖	2	2	54秒	0.45
		器盖	2	4	10分钟	2.5
		器盖	3	1.5	1分40秒	1.1
		器身	3	2	4分钟	2
		器盖	3	2	2分钟	1
		器身	3	3	8分25秒	2.8
		器底	3	2	10分钟	5
		器身	3	2.5	12分钟	4.8
	注：内壁良好	器盖	3	3	42分钟	14
	包含物0.1~2毫米	把手	3	4	21分30秒	5.4
		把手	4	4.5	38分10秒	8.5
手制泥质陶		器身	3	3	23分钟	7.7
		碗	4	3	4分15秒	1.4
		器身	4	3	1小时12分	24
手制夹砂陶	包含物0~2毫米	口沿	2	3	7分钟	3.5
		罐	2	4	35分钟	8.8
		口沿	3	4	34分钟	8.5
		口沿	3	4	9分15秒	2.3
		碗	4	5	1小时6分43秒	13.3
	包含物0~8毫米	碗	3	4	16分钟	4
		罐	3	5	1分48秒	0.36
		鼎足	2	6	5分钟	0.8
		器身	3	4.5	35分5秒	7.8
		器身	3	4.5	48分钟	10.7
现代陶器	泥质黑陶高柄杯复制品		3	1	10秒	0.17
	夹砂白陶鬶复制品		2	4	1分38秒	0.4
山东淄博龙泉镇现代夹砂陶盛水器						
表面灰色，内壁黑色			5	4~5	3日未湿	0
表面红色，内壁黑色			4	4~5	红色透气孔，但未湿透	0

精加工应包括以下几个步骤：1. 对器壁（不包括器底）进行修整使之变薄；2. 打磨去除修整痕迹；3. 雕刻纹饰；4. 磨压器表，抛光并使器表平整，有时使用少量猪的脂肪或粘土陶衣。现代美国西南部的陶匠在对陶器进行磨光时常常使用黄油或植物油。使用猪的脂肪可以提高陶器表面的亮度。范黛华（Palema Vandiver）教授曾用两城镇当地的陶土对以上步骤进行过试验。

在不能达到足够火候的情况下，为解决减少陶胎气孔和降低陶器渗水率的问题，陶匠采用了加厚器壁、加固接合点、磨压器表、抛光、加施陶衣和动物脂肪等方法。陶匠们还通过以下方式来减少气孔：拉坯时挤压器壁；在对夹砂陶进行后期精加工时使用拍子和砧，拍打磨压器壁。即使是泥条盘筑的泥质陶的接合点也被加厚以达到加固的目的。上述方法在两城镇龙山陶器制作中都是常用技术。

龙山时期的陶匠们运用上述技术制作出视觉效果惊人的薄胎陶器，并保证它们可以盛放各种各样的液体。要知道，陶胎多气孔的现象在当时几乎是不可避免的，因此，制作出渗水率如此低的陶器从技术上来说简直是个神话。为了获得这种视觉和使用效果俱佳的陶器，陶匠们需要在设计和生产工具的改进上付出相当多的努力。我们推测，作为文化意义上的陶器曾随着生产技术的传播而广为流传，因而这种薄胎且渗水率极低的陶器所装载的不仅仅是普通液体，更包含了威望和尊崇。也正是因为如此，这类薄胎陶器的使用是被严格控制的。也许正如范黛华教授在西伯利亚图万（Tuvan Siberia）所观察到的那样，那些名贵的陶器在大型宴会上使用之后，作为一种礼仪的需要而被打碎。至少，薄胎陶器比普通厚胎陶器的生产要求投入多得多的掌握了高技术的劳动力。众所周知，从龙山时代晚期开始，制陶技术开始趋于简单化。因而，作为具有特殊的社会和文化意义的器物，两城镇遗址龙山中期的陶器便显得格外引人注目。既然这种陶器的生产要求大量掌握有复杂技术的专业工匠，这就意味着它们包含了更多的资源、时间和精力的投入。

结　论

1. 本文的目的在于通过显微镜和 X 光摄影观察两种方法，建立起不同陶器种类的生产模式。一方面，通过对器物表面进行显微镜观察，研究陶器生产和加工过程中留下来的痕迹。另一方面，通过对陶胎断面进行显微镜观察，可以看出陶胎中包含物排列的差异，并发现了器物接合点的包含物呈不规则形折线分布。我们对 3 件不同器形的夹砂陶标本和 1 件泥质陶标本采用了 X 光摄影技术观察，重在分析其陶土微粒尺寸的变化范围和气孔的排列等内部结构的差异。气孔的排列与轮旋的近水平痕迹成30～45 度角。这表明，器身成型是陶轮旋转时产生的离心力与手及工具拉坯时产生的挤压力共同作用的结果。换句话说，整个过程就是我们所说的轮制过程。另外，我们还在陶片标本的内壁滴注适量的水，根据水渗透到器物外壁表面陶色发生变化所用的时间，测定出被测标本的渗水率。

2．轮制技术包括两个步骤：准备泥料、湿陶土在陶轮上提拉成型的过程；广义的晾干工作，包括修整磨光以使器壁光滑轻薄、改善陶土微粒的排列以减少气孔并降低陶器渗水率的过程。后者用于制作小型泥质陶器、把手、器盖上的泥饼、小型的"C"字形足和一些背面中空的鼎足。

3．泥质陶也使用泥条盘筑法制作，利用泥条盘筑圆的器壁，而器底则是分开单独制作。水平泥条的接合处以及罐类的折肩部位常用较厚的泥条环绕，以期达到加固的目的。但事实上这种加固措施效果并非完美，因为陶罐的破裂处常常出现在折肩部位。陶匠们在制作形状相同而大小不一的夹砂陶器和泥质陶器时采用了相同的技术和工序，这表明，陶匠们已经有了固定的标准和习惯，陶器制作采用的是专门化生产。

4．陶器生产中相当大的精力集中在那些薄而轻的器物上。这些陶器胎薄而轻巧，微观结构致密，接合点的气孔少，陶器的视觉效果和物理性能得到优化。这都表明，制陶技术出现了质的飞跃。因为烧制火候尚低于1050度，因此，陶匠们只能在陶器性能的改进方面精益求精，进行了种种尝试，并且取得了理想的效果。

5．渗水率测试和摩氏硬度测试反映出泥质陶和夹砂陶具有不同的物理性能。根据测试结果我们推测，为了降低陶器渗水率，陶匠们采用了在陶器表面涂抹光滑的有机物（如猪的脂肪）的方法。

附记：我们所在的大学和博物馆为这项研究提供了大力帮助，美国国家科学基金会、鲁斯基金会对该项目给予了资助，我们在此表示感谢！同时我们要特别感谢中国国家文物局、山东省文化厅、日照市文化局和日照市博物馆的大力支持。

注　释

① 南京博物院：《日照两城镇陶器》，文物出版社，1985年。
② 中美两城地区联合考古队：《山东日照市两城地区的考古调查》，《考古》1997年第4期；《山东日照地区系统区域调查的新收获》，《考古》2002年第5期。
③ 中美两城地区联合考古队：《山东日照市两城镇遗址1998～2001年发掘简报》，《考古》2004年第9期。
④ a. G.D.Wu, *Prehistoric Porttery in China*,Kegan Paul and Co.，London，1938. b. 刘敦愿：《论山东龙山文化陶器的技术与艺术》，《山东大学学报》（历史版）1959年第3期。c. 钟华南：《大汶口—龙山文化黑陶高柄杯的模拟试验》，见《考古学文化论集》（2），文物出

版社，1989 年。

⑤ P.B. Vandiver，The Forming of Neolithic Ceramics in West. Asia and Northern China，*ISAC Proceedings*，Shanghai，China，1984，pp.8-14.

⑥ P.B.Vandiver，Sequential Slab Construction：A Conservative Southwest Asiatic Ceramic Tradition.ca.7000-3000B. C.，Paleorient13（2）1987，pp.9-29.

⑦ CathyCostin，Craft. Production Systems，inG. Feinman andD. Price，eds.，*Archaeology at the Millennium*: A Sourcebook，2001，pp.273-327. Kluwer Academic Press，New York.

⑧ 麦戈文、方辉、栾丰实、于海广、文德安、王辰珊、蔡凤书、格里辛·霍尔、加里·费曼、赵志军：《山东日照两城镇遗址龙山文化酒遗存的化学分析——兼谈酒在史前时期的文化意义》，《考古》2005 年第 3 期。

（《考古》2005 年第 8 期）

山东丹土和两城镇龙山文化遗址
水稻植硅体定量研究

靳桂云　刘延常　栾丰实　宇田津彻朗　王春燕[*]

一、引　言

　　海岱地区龙山文化遗址中水稻遗存的发现，不仅为认识该地区农业经济状况和稻作农业的历史提供了新资料[①]，对于中国稻作农业的发展乃至东亚地区稻作农业和人类文化历史的研究也都具有重要意义[②]。随着考古发掘和综合研究的深入开展，海岱地区发现的稻作农业遗存越来越多，目前已经在11处遗址中发现有水稻遗存[③]，其中8个遗址中出土了炭化稻遗存，还有的出土稻壳的印痕等，在位于海岱地区南缘的藤花落遗址还发现了水稻田。然而，上述考古遗址中（藤花落除外）出土的水稻遗存是否说明水稻都是当地种植的？如果是的话，水稻的种植、收割和加工方式如何？水稻在当时的粮食生产中占什么样的地位？我们能否从当时的稻作农业活动中得到一些社会组织结构方面的信息？这些都是海岱地区乃至东亚地区稻作农业研究和社会历史研究中必须回答的问题。

　　对现代禾本科植物的研究表明，水稻具有可以与其他植物区分开的植硅体形态及组合，其中扇型和横排哑铃型来自水稻的叶部[④]，乳突型（包括双峰型和多细胞的乳突型，下同）来自稻壳[⑤]。这个研究结果在识别考古遗址中稻作遗存方面具有重要意义[⑥]。由于水稻的叶秆和稻壳产生的植硅体形态完全不同，所以，根据考古遗存中保存的水稻植硅体组合，分析古代水稻的收割和加工方式及其反映的社会组织结构问题也已经受到研究人员的关注[⑦]。在寻找古稻田的研究中，定量分析植硅体的方法能够根据1克土壤中植硅体的含量来确定是否曾经种植水稻[⑧]。我们尝试采用上述方法，对山东五莲丹土和日照两城镇遗址中的部分土壤样品进行分析，揭示考古遗址中水稻

叶秆和稻壳等不同部位微植硅体在考古遗址不同类型遗迹中的分布特点，进而探讨其所反映的水稻收割、加工和储存方式及与之相关的社会组结构问题。

二、材料与方法

用于分析的土壤样品来自山东五莲丹土和日照两城镇两个遗址（图一；表一）。

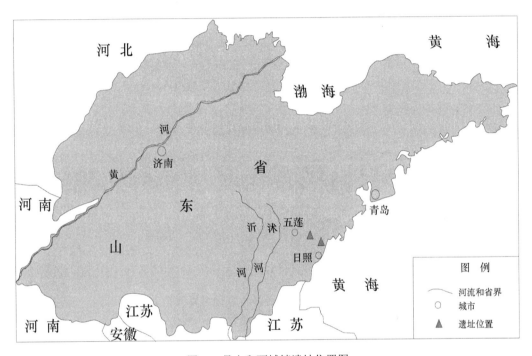

图一　丹土和两城镇遗址位置图

表一　　　　　　　　　　植硅体样品所属遗迹单位登记

遗址	单位	分期	位置	其下层位	形状	尺寸	浮选结果
两城镇	H100	龙山	T2147		不规则，直壁平底	1.08 / 1−0.8	
	H93	龙山	T2047	台基	露出部分为半圆形，底不平	1.4 / −1	有
	H114	龙山	T2049		椭圆形圜底	0.8 / 0.66 / −0.12	有
	H54	龙山	T2302		椭圆形	1.4 / 1.12	
	H43	龙山	T2343		近圆形，底不平	2.12 / −0.64	有
	T2097⑥	龙山	T2097				无
丹土	H1408	龙山	T4266	房基垫土	不规则圆形，底不平，斜直壁	2.5 / 1.2−0.7	无
	G3	龙山	T1333	沟内夯土	敞口、斜壁、圜底	宽29 / −3.3	无

注：由于两个遗址的考古学资料正在整理过程中，表格中有些项目暂缺。

植硅体的提取和分析方法来自藤原宏志[9]。基本操作如下：

① 取一定体积的土壤样本烘干并称重，并计算土壤容量；

② 将土壤敲碎成粉末状，然后称取 1g 土样放入 15ml 的玻璃瓶中；

③ 加入一定量（以重量计）的精制玻璃砂，作为定量分析时的参照物；

④ 加水并注入数滴分散剂后，用 250W，38KHz 的超声波处理 20 分钟，以清除植硅体表面所吸附的土壤黏粒；

⑤ 甩 Stokes 的水中沉底法剔除粒径小于 10μm 的微小粒子和其他杂质；

⑥ 烘干、制片后在光学显微镜下镜检观察。

为了获得水稻植硅体在考古遗迹土壤中的分布浓度，不仅统计水稻起源的植硅体，还对与水稻具有大致相同生态环境的植物如芦苇、竹子、芒属以及黍族的植硅体进行统计，用于分析时的参考。为了获得在收割和加工过程中留下的稻谷遗存所反映的人类活动情况，根据水稻植株的茎叶、颖壳部分植硅体的形态特征，对样品中的扇型、横排哑铃型和乳突型植硅体进行统计。然后分别计数同一视野中玻璃砂和水稻（包括不同部位）、芦苇、竹亚科、芒属和黍亚科等植硅体的数目。由下式分别计算出 1g 土壤中所含各种植硅体的数量（N）：

$$N=a*GW / SW*NP / NG$$

式中：

a=1g 玻璃砂中所含玻璃砂的数量。例如，若 30 万个玻璃砂重 0.023g，则 a=1 / $0.023*3*10^5$

GW=在上述第③步所加入玻璃砂的重量（g）

SW=在上述第②步实际所称取的土样重量（g）

NP=视野中植硅体的数目

NG=视野中玻璃砂的数目

在进行上述定量分析时，每个样品均调查与 500 个左右玻璃砂相当的植硅体的量。在此基础上，根据已有的关于每个水稻（*Oryza sativa*）扇型植硅体代表叶部重量为 $2.65*10^{-6}$ 克的结果[10]，对两城镇和丹土遗址部分考古单位中曾经存放的水稻叶的重量进行大致估算。

三、分析结果

（1）水稻植硅体浓度

在所分析的样品中，均检测到水稻植硅体化石（图二）[11]。从图二中可以看出，水稻植硅体浓度最高的是丹土 G3，每克土壤中水稻植硅体数量是 86 万多个，最低的是两城镇 T2097⑥，每克土壤中植硅体数量是 1 万个。在两城镇遗址 H93、H54、T2047⑥、丹土遗址 H4018 和 G3 中，每克土壤中水稻植硅体浓度都在 50000 粒以上。统计到的与水稻具有类似生态环境的其他植物类型主要有芦苇属、竹亚科、芒属和黍亚科植物，从图中可以看出，每个样品中都有浓度不同的芦苇属和芒属植物植硅体，而竹亚科和黍亚科植硅体则只在少数样品中存在，而且浓度低。所有的样品中，上述四种植物的植硅体浓度都低于水稻，特别是在两城镇 H93、H54、T2047⑥、丹土 H4018、G3 底部五个样品中浓度显著低于水稻。

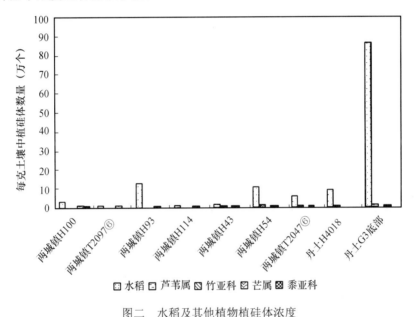

图二　水稻及其他植物植硅体浓度

（2）水稻不同部位植硅体浓度及扇型植硅体所代表的叶部重量

图三是样品中水稻不同部位植硅体浓度分析结果。从中我们可以看出，在上述水稻植硅体浓度大于 50000 粒/克土壤的 5 个样品中，只有丹土遗址中的 G3 中水稻扇型、哑铃型和乳突型植硅体浓度相对接近，其余的样品中均扇型植硅体的浓度明显高于其他两种植硅体，两城镇 H93、H54、T2047⑥、丹土 H4018、G3 底部五个样品每克土壤中有 4000 个以上的水稻扇型植硅体。

根据藤原宏志的研究，对样品中扇型植硅体所代表的水稻叶部重量计算（图四）。从图四中可以看出，两城镇 H93、H54、T2047⑥、丹土 H4018、G3 底部五个样品中每克土壤中含有水稻叶部重量大于 0.1 克，其中，丹土 G3 底部样品的土壤中每克含有水稻叶部重量为 0.43 克，相当于样品重量的二分之一稍弱，而两城镇 H93 和丹土 H4018 样品土壤中每克含有水稻叶部重量分别为 0.26 和 0.2 克，相当于样品重量的五分之一以上。

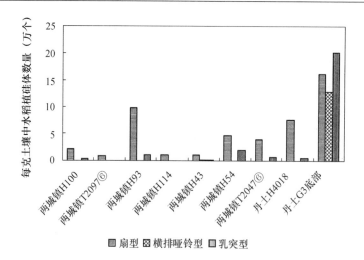

图三　样品中水稻不同部位植硅体浓度图

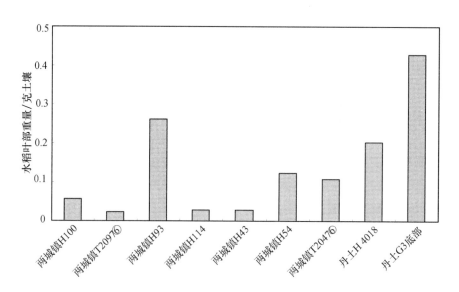

图四　每克土壤样品中水稻叶部重量图示

四、讨　论

（1）水稻植硅体的浓度与稻作农业

在两城镇和丹土遗址中发现的水稻植硅体浓度，可能表明水稻是当地种植的。在对两城镇遗址进行了初步的植物考古研究后，研究人员在遗址中发现了一定数量的炭化稻和比较丰富的水稻植硅体[12]，但水稻是否为当地种植，仍是一个疑问。本文的定量分析表明，在两城镇和丹土遗址的样品中，都含有数量不等的水稻植硅体，而且有些样品中水稻植硅体的浓度达到每克土壤中 50000 粒以上，换算成稻叶重量则是每克土壤中有将近一半的重量，这说明水稻在聚落中不仅普遍存在，而且数量不菲，而这最可能是由于当地种植水稻造成的。后面讨论的存在加工过程中第一个加工步骤的问题，也是当地种植水稻的一个有利证据。

此前对两城镇遗址土壤样品进行的植硅体分析发现，在随机选取的 20 个样品中有 70% 的样品中有水稻植硅体[13]，这些样品分布在两城镇遗址已经发掘区域的大部分范围内，其分布范围之广可见一斑。这次定量分析的结果则显示，样品中水稻植硅体的含量很高。在水稻植硅体浓度最低的样品（H114）中，每克土壤中水稻植硅体的含量也在 11569 个，折合成稻叶的重量是 0.027 克。在水稻植硅体浓度最大的样品（H93）中，每克土壤样品中含有水稻植硅体 129276 个，折合成稻叶的重量是 0.261 克，占样品重量的四分之一强。在 7 个样品中，样品中水稻植硅体超过 50000 粒、稻叶重量超过 0.1 克的样品有 3 个。丹土遗址由于采样数量少，我们对水稻植硅体在遗址中的分布范围不清楚，但仅有的两个样品中水稻植硅体的浓度已经说明这里有种植水稻的可能性。

样品中还发现含量不等的芦苇属、竹亚科、芒属以及黍亚科植物的植硅体，这些植物或者是生长在稻田周围（如芒属）或者是与水稻具有类似生态环境（如芦苇和竹亚科），也有的可能是粮食作物或者采集植物被收获到聚落内（黍亚科），在水稻收割过程中，前三者很容易被一起带入聚落内，它们的存在可以被看成是当地种植水稻的又一个证据。在水稻收割过程中，收割不同高度的植株（连根部以上的植株一起收割或者只收割穗部），决定了其后的加工过程，也影响到所携带的水稻以外的杂草的多少。但不论以哪种方式收割，上述的几种植物都有可能在收割或加工的过程中混入水稻中，样品中生长在稻田周围的芒属植物的植硅体含量最高可能也说明了这个问题。竹子和黍亚科植物的植硅体浓度低，事实上是反映了他们与水稻一同被收割的可能性比较小。

根据中亚地区植物考古研究的结果，考古遗址中保存的硅化骨架也是农耕活动的一个证据[14]。硅化骨架是植物表皮组织化石化的部分，包括了各种形态的细胞，将这些硅化骨架与它们在植物表皮中的解剖学对应部分相联系可能会提供更多的信息。硅化骨架的形成与植物生长时的环境密切相关，灌溉农业或者排水不通畅的微环境能加速硅的沉积。对山东临淄田旺和日照两城镇等遗址进行植硅体分析发现，在样品中有大量的完整的硅化表皮组织，它们的形态特点是多个植硅体化石联结在一起，形成一个个体较大的硅化物，这可以被看成是当地种植水稻的又一个证据。

与长江流域发现的史前时代稻田相比，目前在海岱地区发现的稻田遗迹还很少，明确的只有连云港藤花落⑮。根据聚落中的水稻遗存对水稻是否为当地种植进行推测，不失为古稻作研究的有效方法之一，但全面的研究还需要我们获得关于稻田遗迹和稻作农具等方面的证据。

（2）水稻植硅体浓度的空间分异及相关问题

考察两城镇和丹土遗址土壤样品中水稻不同部位植硅体浓度的空间分异特点，能够为我们认识当时的水稻收割和加工方式以及聚落内社会组织结构提供重要信息。

① 水稻收割和加工方式

这次分析的样品中，多数都是水稻扇型植硅体浓度明显高于哑铃型和乳突型植硅体，因为扇型植硅体来自水稻的茎叶机动细胞，这种结果可能说明这些主要是水稻的脱穗过程中的副产品，如果我们将水稻从成熟到被食用的过程分为收割、脱穗、脱粒、淘洗四个阶段，那这些属于稻叶和稻秆上的植硅体就是第二阶段的副产品。进一步说，就是两城镇 H93、H54、T2047⑯、丹土 H4018、G3 可能曾经是水稻加工场所（灰坑最有可能是加工场所）或者在这种加工场所附近（地层或者沟的周围可能有加工场所）。这 5 个样品每克土壤中有 4000 个以上的水稻扇型植硅体。根据藤原宏志的研究⑯，对样品中扇型植硅体所代表的水稻叶部重量计算，上述样品每克土壤中含有水稻叶部重量大于 0.1 克，其中，丹土 G3 底部样品的土壤中每克含有水稻叶部重量为 0.43 克，相当于样品重量的二分之一稍弱，而两城镇 H93 和丹土 H4018 样品土壤中每克含有水稻叶部重量分别为 0.26 和 0.2 克，相当于样品重量的五分之一以上。上述样品中水稻扇型植硅体浓度和每克土壤样品中含有的稻叶部的重量，可能表明第二阶段的加工内容是：打谷脱穗和扬簸，将稻谷从茎秆、叶子以及杂草中分离出来。这就意味着从田野里是连秆叶带穗一起收割的，可能是收割了根部以上的整个植株，也可能是从稻秆的中间部位收割，目前无法判断是哪种方法，但这也是很有意思的问题，因为收割的部位不同，可能也决定了使用的工具不同。

无论如何，两城镇和丹土聚落的龙山文化居民，在收割水稻时不是仅仅收割穗部，而是连带一部分秆和叶，这可能与他们需要将收割来的稻谷挂起来保存的储存方式或者对秸秆的利用有关。

俞为洁对河姆渡遗址水稻收割和加工方式的分析表明，河姆渡居民可能是将稻谷连带一部分秆叶一起收割，然后挂在房前屋后保存起来⑰。河姆渡遗址出土的稻谷堆积大多是稻谷、谷壳、稻秆和稻叶混堆而成，而且稻秆比收穗法所收的稻秆要长，但比现代用镰刀收割的稻秆要短，推测是在水稻植株的中部用镰或刀割下，连穗带茎叶一起收进，而谷物堆积和建筑遗址混为一体可能说明他们是将捆绑好的谷物挂在房屋等建筑上晾干保存。我国西南的怒族人不久以前还采用这种谷物收割和保存方式。通过对比民俗学资料，研究者还指出，从穗收法到秆收法还反映了原始农业发展过程中农具制作技术、副产品加工等方面的进步。费孝通先生对岭南民族的调查发现，瑶人收谷时用特制的小刀把稻穗连谷秆儿一同割下来，扎成把，在晒台上晾干了，一起放在仓库内保存，每天早上煮饭时，临时打谷舂米[8]。唐宋时期文献也记载了岭南地区居民类似的收割、储存稻谷的方式，而脱穗、脱粒加工是断断续续进行的，即食即舂[9]。

　　这次进行定量分析的两城镇遗址样品主要分布在发掘区的南部，就是说，水稻植硅体含量高的样品主要分布在发掘区的南部，这可能表明两城镇聚落内部功能在空间上的分异，就是南部曾经在一定时期内主要作为水稻加工场所。

　　在两城镇遗址 H93、H114、H100、T2097⑥、T2047⑥ 中，水稻扇型植硅体的浓度明显高于其他样品，可能暗示这几个样品的出土位置是或者靠近水稻脱穗加工的场所，特别是 H93，水稻植硅体浓度最大，也最有可能是水稻加工场所，至少是靠近水稻加工场所。对炭化植物种子的分析也反映了同样的情况，在水稻扇型植硅体浓度最高的 H93 中，出土了数量较多的炭化稻米，这可能说明这里曾经是水稻脱穗的加工场所，在加工过程中小的稻粒被当场丢弃。在 H93 所在的区域，农作物和植物的种子分布也比较密集。丹土遗址的 H4018 内堆积物也说明这个灰坑曾经作为盛放垃圾或者稻谷加工副产品的地方，因为坑内三层堆积中，第一、二层堆积出土大量陶片，可能是灰坑废弃后形成的，而第三层比较纯净的草木灰可能就是稻谷加工过程中副产品的遗留，灰坑记录中明确记录了该土壤样品是采自这个草木灰层。从表一中我们可以看出，这次分析土壤样品的几个灰坑都属于垃圾坑的性质，没有那种窖穴式的灰坑，这也说明，它们是靠近水稻加工场所、用来堆放加工后的副产品的地点。

　　考古发掘显示，两城镇遗址的整个发掘区域都曾经作为居住区或者非居住区，就是在一定的时期内具有相对固定的功能，由于发掘资料正在整理过程中，目前无法提供与南部的 H93、H114、H100、T2097⑥、T2047⑥ 等遗迹同时的北部地区遗迹的性质，所以，我们无法对聚落功能的空间分异进行详细的讨论。在两城镇遗址的样品中，都含有数量不等的稻壳乳突型植硅体，可能说明这里还某种程度上作为谷物储存场所。上述分析表明，可能是两城镇聚落的居民在集中进行脱穗加工后，稻谷的保存也是集中进行的。

　　据此，我们可以推测，当时的居民可能是在田野里将稻穗和茎秆（根以上的全部或者一部分）一并收割，搬运到聚落内部特设的场所，进行脱穗和扬场，将稻谷从秆叶及其他杂草中分离出来，然后对稻谷集中储存。在聚落内或者附近设有专门用于谷物脱穗的加工场所，脱粒分散进行，这种做法在现代农村还相当普遍。在辽西的一些山村，村民居住在一个比较高起的台地上，在台地下面有一块面积在 500 平方米左右的场院，每到秋收季节，农民就将收割来的庄稼集中到场院进行脱穗加工，而到了春天这里则成为农田。这种现象在山东的农村也是很常见的。

从上引文献中，我们可以发现，唐宋时期和近现代的岭南人，稻谷的第二步和第三部加工是分散地、一次性完成的[⑩]，就是每家每户在食用稻米之前进行打谷脱穗和脱粒加工。两城镇遗址植硅体分析结果反映的是另外一种加工方式，就是在场院集中进行谷物的脱穗加工、储存，然后脱粒加工可能是分散进行的，也可能是脱粒加工的位置固定，而加工的时间则是灵活掌握。两城镇样品分析结果显示，脱穗后的进一步脱粒可能是分散进行的，因为在我们分析的样品中没有一例是来自稻壳的乳突型植硅体浓度高于来自稻叶的扇型植硅体，且不说现代过程的研究表明来自稻壳的植硅体含量明显高于来自稻叶的植硅体含量。在这次分析的样品中，即使是水稻扇型植硅体浓度偏低的 4 个样品（两城镇 H100、H114、H43、、T2097⑥）中，来自稻壳的乳突型植硅体的数量也很少。这种情况可能说明，在对水稻进行集中脱穗处理后，稻谷被以分配或者交换的方式存放到个体的家庭，在需要的时候就进行小规模的、分散的脱壳加工。在对泰国的传统、非机械稻作农业进行民俗调查时，也发现了类似的加工模式[㉑]。丹土遗址 H1048 的情况与两城镇遗址 7 个样品大致相同，也反映了类似的水稻加工方式。

两城镇居民在食用稻米前可能要对其进行必要的淘洗。在两城镇遗址的居住区，发现了浓度相对高的杂草的种子[㉒]，这些杂草的种子主要出土在房屋的居住面上，由于已经发掘的房屋遗迹多被后期破坏，我们已经无法得到这些种子与房屋的灶之间的空间分布关系，但这也不妨碍我们推测这些杂草的种子是在居民淘洗稻米时挑出来的。

据此，我们可以对两城镇龙山文化居民的稻谷收割和加工过程进行如下复原：从田野里收割可能是集体进行的，而且是采用镰或刀将谷穗与茎秆（全部或部分）一起收割，运到特定的加工场所，这是第一步；第二步是集中对水稻进行脱粒和扬场，将稻谷从茎秆、杂草中分离出来，然后以分配或者交换的方式稻谷到达个体家庭；第三步可能是个体家庭在需要的时候进行分散的脱粒加工，果若是，在居住区范围内应该能找到一些加工过程中散落的稻谷和数量较多的稻壳的植硅体（当然，我们也要考虑到稻壳被利用的可能性），所以，关于这一点，我们还需要找到更直接的证据；最后一步就是在食用之前对稻米进行淘洗。

② 谷物收割加工方式与社会组织结构

从上面的分析可以看出，两城镇聚落稻谷收割和加工乃至储存是遵循了一定的规定的，这从另外一个侧面反映了当时比较复杂的社会组织结构，对这个过程进行了统一的组织和领导。然而，现有资料还无法使我们对这种组织结构有明确的认识，虽然龙山文化时期聚落形态显示当时家族和家庭（主要是大家庭）在聚落内部的地位持续加强，但我们并不清楚当时社会基本生产单位的规模和组织形式，因为核心家庭作为社会基本生产单位得到普及是很久以后的事情[㉓]。但日照地区龙山文化时期聚落等级的研究表明，两城镇是这个区域聚落中心[24]，水稻收割和加工等活动也都是置于一个大的社会框架下进行的。

可能存在的粮食储存区与居住区的空间分野，是聚落内部功能分化的体现。在两城镇遗址，考古发掘揭示的居住区，在整个龙山文化时期基本是房屋建筑区域，地层学揭示出来的多层叠压的房屋居住面可以为证[25]。炭化植物遗存的分析表明，采自北区居住面及其周围的土壤样品中，炭化稻（包括炭化小米）的数量很低，但有一定数量的杂草的种子[26]，这可能正说明了在居住区，人们基本不进行稻谷脱穗或脱粒的工作，但在食品加工之前，确实需要将稻米中残留的少量谷壳（糠）以及混杂其中的杂草种子挑选出来，这在现代人类生活中也是很常见的现象。上述分析表明，在两城镇聚落中，以房屋居住面为主要遗迹的居住区和以灰坑、窖穴等遗迹为主的非居住区，不仅在空间上是分隔的，在当时的社会生活中也曾经扮演了不同的角色，发挥不同的作用。

聚落范围内空间功能的划分，不仅是社会复杂化的体现，还能为我们认识社会组织中人力资源的分配和管理提供一些线索。考古发掘出土的精致的玉器、围壕建筑等都说明两城镇至少是一个较大区域的中心[27]，显然具备这种安排组织的能力。

（3）丹土遗址 G3 附近稻谷加工方式的分析

在上述水稻植硅体浓度大于 50000 粒/克土壤的 5 个样品中，只有丹土遗址中的 G3 中水稻扇型、哑铃型和乳突型植硅体浓度相接近，相对于其他样品，该样品中成排的水稻哑铃型植硅体含量较高，这在这次分析的 9 个样品中是十分突出的，可能暗示了这里水稻遗存保存方式的不同，甚至是暗示了加工和处理方法上的特殊性。从实验室分析方法上看，由于水稻亚科的哑铃型大小在 10μm 左右，我们这次用的沉降法，小于 10μm 的植硅体可能大部分被丢失，其中自然会有相当一部分是哑铃型，而我们统计时所见到的成排的哑铃型，其之所以被保留下来，正是因为其成组出现，在使用沉降法时得以保留。从水稻哑铃型所在的部位看，这种并列成一排或几排，每排的延伸方向与叶脉平行，显然说明其起源于稻叶。从植硅体组合看，这个遗迹中扇型、哑铃型和乳突型植硅体含量大致相当，而以乳突型植硅体含量偏高，考虑到水稻的穗部二氧化硅含量（20%以上）高于叶部的含量（10.10%左右）[28]，我们假定这个遗迹中的植硅体浓度反映了当时储存的水稻的叶和穗部是成比例的，就是可能整个水稻的植株被存放在这里。据此，我们似乎可以对这个遗迹的功能作如下解释：在 G3 的附近，曾经有一个水稻加工场所，这里加工的是从稻田里收割来的整个水稻植株（根据一般常识，推测可能没有根须部分），人们在这里一次性地（也可能分阶段进行）将稻谷加工成稻米，完成了去掉茎、叶和脱壳的工作，可能是由于加工的量较大，就选择了容量比较大的沟（G3）作为堆放副产品的地点，也可能是长时间连续使用这个地点；由于加工后直接将副产品堆放在沟里，很多叶子得以完整保留，这就是成排的哑铃型植硅体能够被发现的主要原因。在丹土聚落中，G3 是三条壕沟中最外面的一条，就是说，在 G3 被使用的过程中，它是位于聚落的边缘，这种位置的特点之一应该是与居住区有一定的距离、空间上比较开阔，从而使得在这里进行规模较大的水稻加工成为可能，这可能就是居民在这里进行大量水稻加工的一个原因。

致谢：感谢 Dorian　Q.　FULLER 博士和秦岭博士的有益讨论。

注　释

① 　a. 栾丰实：《海岱地区史前时期稻作农业的产生、发展和扩散》，国际学术讨论会提交论文；b. 靳桂云：《海岱地区史前稻作农业初步研究》，《农业考古》2001 年第 3 期。

② 严文明：《杨家圈农作物遗存发现的意义》，《农业发生与文明起源》，科学出版社，2000 年。

③ 同①a。

④ 　a．Fujiwara，H.Research into the history of rice cultivation using plant opalan alysis.*In* D.M.Pearsall and D.R.Piperno，eds.，*Current research in phytolith analysis：applications in archaeology and paleoecology*，MASCA.University of Pennsylvania Museum.Phiadelphis. PA. 1993；b. 吕厚远、吴乃琴、王永吉：《水稻扇型硅酸体及其在考古学中的应用》，《考古》1996 年第 6 期。

⑤ 　a. PearsallD.M.，D.R.Piperno，E.H.Dinan，M.Umlauf，Z.Zhao，andR.A.Benfer，Jr.Distinguishing rice（*Oryza sativa* Poaceae）from wild Oryza species through phytolith analysis：results of preliminary research. *Economic Botany*，Volume 49，1995；b. Zhijun Zhao，Deborah M.Pearsall，Robert A. Benfer，JR.，and Dolores R.Piperno.Distinguishing rice（*Oryza sativa* Poaceae）from wild Oryza　Species through phytolith analsis，Ⅱ：finalized method.*Economic Botany*，Volume52，1998.

⑥ 靳桂云：《中国北方史前遗址稻作遗存的植物硅酸体判别标准》，《文物保护与考古科学》2001 年 14 卷 1 期。

⑦ Harvey，E.L.andFuller，D.Q.Investigating crop processing using phytolith analysis：the example of rice and millets，*Journal of Archaeological Science*32（2005）：739-752.

⑧ 藤原宏志：《プラント・オペル分析法の基礎研究（3）福冈・板付遗迹（夜臼期）水田および群马・日高遗跡（弥生时代）水田にけるイネ（Oryza sativa L.）生产总量の推定》，《考古学と自然科学》1979 年 12 卷。

⑨ 同⑧。

⑩ 同⑧。

⑪ 两城镇遗址的样品是从以前分析过的样品中含有水稻植硅体的样品中挑选出来的，丹土遗址的样品是发掘过程中只采集了这两个，有一定的随机性。

⑫ 　a. 凯利·克劳福德、赵志军、栾丰实、于海广、方辉、蔡凤书、文德安、李炅娥、加里·费

曼、琳达·尼古拉斯：《山东日照两城镇遗址龙山文化植物遗存分析》，《考古》2004 年第 9 期；b. 靳桂云、栾丰实、蔡凤书、于海广、方辉、文德安：《山东日照市两城镇遗址土壤样品的植硅体研究》，《考古》2004 年第 9 期。

⑬ 同⑫ b。

⑭ Miller，A.Preliminary identification of silica skeletons form Near Eastern archaeological sites：an anatomical approach, In：George Rapp, Jr.and Susan C.Mulholland ed., Phytolith systemafics emerging issues，Plenum Press，New York and London，1992.129-147.

⑮ 林留根：《江苏省连云港市藤花落遗址首次发现了龙山文化稻田遗迹》，《中国文物报》2000 年 7 月 19 日。

⑯ 同⑧。

⑰ 俞为洁：《河姆渡的谷物收割与加工》，《农业考古》1992 年第 3 期。

⑱ 费孝通：《芳草茵茵——田野笔记选录》，山东画报出版社，1999 年。

⑲ 陈星灿：《古代水稻的收割、储藏与加工》，《中国文物报》2000 年 9 月 20 日。

⑳ 同⑱ ⑲。

㉑ Thompson，G.B.The excavations ot Khok Phanom Di：A prehistoric site in central Thailand，VolumeⅣ：Subsistence and Environment：the Botanical Evidence，The Biological Remains（PartⅡ），Oxbow Books，Oxford，1996.

㉒ 同⑫ a。

㉓ 栾丰实：《中国古代社会的文明化进程和相关问题》，《东方考古（第 1 集）》，科学出版社，2004 年。

㉔ 栾丰实：《日照地区大汶口、龙山文化聚落形态之研究》，《中国考古学跨世纪的回顾与前瞻》（1999 年西陵国际学术研讨会文集），科学出版社，2000 年。

㉕ 中美两城地区联合考古队：《山东日照市两城镇遗址 1998～2001 年发掘简报》，《考古》2004 年第 9 期。

㉖ 同⑫ a。

㉗ 中美两城地区联合考古队：《山东日照市两城地区的考古调查》，《考古》1997 年第 4 期。

㉘ 王永吉、吕厚远：《植物硅酸体研究及应用》，海洋出版社，1993 年。

（《东方考古（第 2 集）》，科学出版社，2005 年）

山东日照两城镇龙山文化（4600~4000 aB.P.）遗址出土木材的古气候意义

靳桂云　于海广　栾丰实　王春燕　A.P.Underhill　腰希申[*]

1　引　言

通过对考古遗址中出土的木材（包括浸水或者干燥保存的木材和木炭）进行树种鉴定，不仅能够获得遗址使用时期的气候和植被信息，而且能够获得人类文化与环境关系的直接证据。所以，对考古遗址中出土木材的研究，一直受到古环境和考古学研究的重视[①]。在中国古代环境与人类关系的研究中，文明起源与初期发展阶段环境特点的研究是倍受关注的问题。山东地区龙山文化在中国古代文明产生与发展过程中具有重要的地位[②]，关于龙山文化时期环境背景的研究也是学术界关注的热点[③~⑥]。目前对龙山文化的综合研究表明，龙山文化在经历了繁荣发展之后，表现为突然的衰落[③④]，而这种特点在日照地区表现尤为突出[⑦⑧]。

日照地区聚落考古研究结果显示，两城镇遗址所在的日照地区，龙山文化早、中期阶段已经有了分层的社会组织，精美玉器、大型建筑、大量精美陶器等暗示社会发展达到较高水平。但是，龙山文化晚期阶段发生了突然的变化，即人口数量锐减，文化发展处于明显的低谷，这种状况持续了大约 500 年[⑦⑧]。古文化发生如此剧烈的变迁，迫使人们探索：龙山文化繁荣发展和衰落阶段的环境背景如何？龙山文化的发展过程与环境有着什么样的联系？

对黄河中游地区古代文明起源与环境关系的研究表明，中全新世时期的气候变化及由此引发的环境变迁，可能在中国文明起源过程中起了重要作用[③~⑤]。现有的关于日照地区全新世时期区域古气候演化过程的研究，不仅研究结果少，而且时间分辨率不能满足对古代文化发展与变迁背景研究的需要[⑨]。在日照两城镇龙山文化遗址中出

---

* A.P.Underhill, Department of Anthropology, the Field Museum, Chicago, Illinois 60605.

土的相当于龙山文化早、中期的浸水木材，为分析龙山文化繁荣发展阶段的植被和气候背景提供了重要的资料。

2　研究区概况

两城镇地属山东省日照市东港区，西南距日照市约20km，东北距青岛市约80km，东距黄海约 6km。从地理区划上，两城镇位于鲁东南丘陵区的五莲山低山丘陵区[⑩]（图1）。

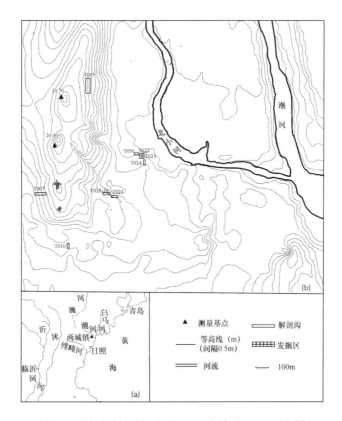

图1　两城镇遗址地理位置（a）和地形（b）示意图

Fig.1　The location(a) and topographic map(b) of the Liangchengzhen Site

本区位于暖温带南部，属于暖温带湿润气候区，具有温带和亚热带的过渡性质。由于面临黄海（见图1a），在气候上具有冬暖夏凉的海洋性特点。年平均温度在 11～12℃之间，日照市为 12.5℃；最热月稍迟，在 8 月份。年平均降水量为 650～800mm，日照市为 946.4mm；降水多集中在 7 月和 8 月，但受台风活动的影响，夏秋之间常有暴雨，故春旱与秋涝现象较为严重。

区内水资源主要来自河流入海过境部分，有较充足的淡水资源，土壤类型主要是潮土。山地丘陵部分的土壤以砂壤质的棕壤为主，通气透水性良好，土壤含水充足。在海滩上有滨海盐土及沙土。大部分地区都适宜于植物生长。

本区现代地带性植被为暖温带落叶阔叶林⑪。除了受土壤盐渍化影响的海滨盐土、海滨沙滩、间歇性浸水的沙滩外，其顶极植被是落叶阔叶林。但是，由于长期人类活动的结果⑦，目前该区只在海拔500m以上的山区尚有少量以栎林为主的森林，平原和丘陵地区的森林被砍伐殆尽。栎林主要分布在泰山、鲁山、沂山、蒙山和徂徕山以及胶东丘陵⑫，日照地区的五莲山也有小面积的栎林。在自然植被受到严重影响的同时，人工植被发达，沟谷和河岸都是人工林；在丘陵地带种植果树较多，如苹果、梨、桃、李、樱桃和柿等，干果有板栗、核桃、枣、银杏等；低矮的丘陵和较少的平原，多开垦为农田，粮食作物以小麦、玉米、甘薯为主，经济作物主要有花生和蔬菜，水源充足的地方少量栽种水稻。

两城镇遗址位于现代两城镇村落西北方向，一部分压在村落下面。在村落西北有一个南北延伸、海拔12~17m的低岭，遗址的范围就在低岭周围，主体部分位于岭东侧（见图1b）。遗址现存地表的海拔高度为6~17m。遗址东部逐渐过渡为低地，有一串南北向的水塘，当地居民称之为"北湖"，据说是古河道，再外面就紧邻北小河。再向东是北小河汇入潮河的位置。遗址西部有一条季节性的南北向河道，是近年来人类活动形成的，原来的自然河道在遗址西约300m以外。

3　考古发现与研究

根据地面调查和考古发掘，已经获得关于两城镇遗址龙山文化时期考古学文化发展的一些基本认识⑦⑧⑬~⑮：遗址的面积大约为 $100 \times 10^4 m^2$；现在保存较好的部位文化堆积厚为4m左右；整个遗址包含了龙山文化、周代和汉代时期的文化遗存，其中，龙山文化时期的地层堆积分布的最普遍、最厚，有些部位保存了2m以上的龙山文化时期地层堆积；龙山文化时期的居民在这里生活了大约600年（4600~4000aB.P.，从龙山文化早期到晚期），即前期阶段（4600~4200aB.P.）⑯，龙山文化经历了从起步到繁荣发展的过程，但是，后期（约4200aB.P.后）文化开始呈现衰落的趋势。在龙山文化繁荣发展阶段，居住区的面积迅速扩大，标志着人口迅速增加。对居住区内古植物遗存的研究发现，当时的农作物主要有水稻、谷子、黍子和小麦等；目前已经出土的精美玉器和大量同样精美的陶器，分别出自墓葬区和生活区。中、美（美国芝加哥自然历史博物馆和耶鲁大学）考古学家开展的区域系统调查证明，龙山文化时期，两城镇是区域中心⑦。由于考古发掘和研究工作正在进行中，目前还不清楚周代和汉代时期人类在该遗址活动的具体情况。

通过钻探，发现在两城镇遗址存在龙山文化时期的内、中、外三圈壕沟（图2a），它们是随着遗址范围不断扩大而由早到晚逐渐开挖的，内壕和中壕的使用年代是龙山文化早、中期（4600～4200aB.P.），外壕的使用年代是龙山文化晚期（4200～4000aB.P.）。外壕有2个出入口，中壕有1个出入口；同时还在中壕内侧发现了夯土遗存。

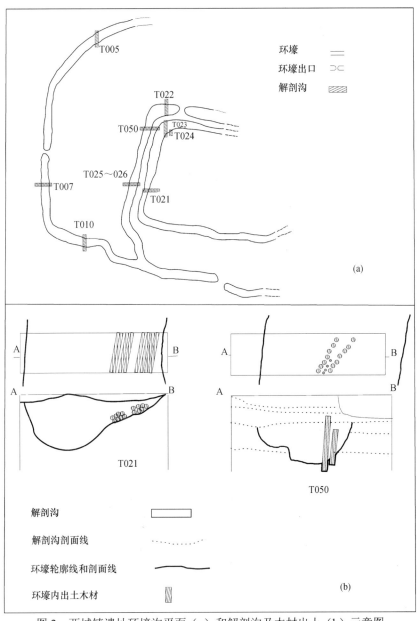

图2　两城镇遗址环壕沟平面（a）和解剖沟及木材出土（b）示意图

Fig.2　Sketch map of the moat (a) and situation of the unearthed waterlogged wood (b)

为了了解壕沟的结构和堆积情况，选择 9 个部位与壕沟的垂直方向（见图 2a）开挖解剖沟，对遗存的 3 圈壕沟进行解剖。其中的解剖沟 T021（属于内圈壕沟）和 T050（属于中圈壕沟）中分别出土了浸水的木材遗存（图 2b）。

解剖沟 T021 长度为 30m，宽 2m，深度 2m 以下部位宽 1m。解剖部分壕沟剖面呈口大底小的形状，口宽 22m，壕沟壁逐渐向内收，逐渐过渡为缓平底，深 2.22m。木材被发现时以每束 7～9 根的形式平放在壕沟内侧壁（靠近聚落的一侧）上（见图 2b和图 3）；木材直径 4～8cm；由于没有将壕沟发掘到底部，所以，壕沟内侧壁上是否放置多层木材无法知晓，我们也只能知道在被解剖的这个范围内有木材，其余部位是否还有木材，以什么方式摆放，都无法知道，但是，有一点是肯定的，壕沟并不是每个部位都有木材，因为同属于内壕沟的解剖沟 T023～T024 就没有发现木材。

解剖沟 T050 长度为 18m，宽 2m，解剖部分壕沟剖面呈口大底小的形状。木材被发现时竖立在壕沟内侧一个打破壕沟的沟槽内（见图 2b），沟槽口宽 1.17m，底宽 0.60～0.82m，深 0.64～0.92m；木材直径一般在 20～30cm。由于壕沟没有发掘到底，木材的长度无法知晓。与 T021 的情况相同，由于解剖沟的宽度只有 2m，我们也只知道在这个范围内有 18 根木材出土，其余部位是否还有木材，不得而知，同样的事实还包括，并不是整个中圈壕沟中都有木材，同属于中圈壕沟的解剖沟 T022 和 T025～T026 中就没有发现木材遗存。

从现场发掘情况分析，这些木材出土时的状况就是被使用时期的状况，这些木材停止被使用后，其摆放的位置没有变化，考古发掘时发现的木材状况就反映了被使用时的状况。

图 3　探沟 T021 浸水木材出土情况

Fig.3　Photo of the unearthed waterlogged wood from T021

4　研究方法

为了分析这些木材的树种所反映的植被环境和气候特点，从中采集了一部分样品进行树种鉴定。由于当时不具备保存这些浸水木材样品的条件，为了保护好这些木材以用于今后的详细研究，只在发掘过程中采集了 21 块已经折断或者有些腐烂的木材，其余保存比较好的木材全部原地保存。因此，本次鉴定树种的结果，并未包括壕沟中所有木材的树种。另外，笔者还选择了壕沟填土中出土的 3 块木炭样品进行树种鉴定，这些木炭一般长 6~8cm、宽或者厚 5~6cm 左右。

木材鉴定是在中国林业科学院木材工业研究所完成的。木材样品的鉴定方法是：将样品切成 4~5cm 的长方形块，将样品的横、径、弦方向分别切片放在载玻片上制成薄片，在 Zeis 显微镜下记录木材特征，进行树种鉴定。然后将样品粘在铝质样品台上，样品表面镀金，在扫描电子显微镜下拍照。

5　结　果

21 块木材和 3 块木炭样品，经鉴定有 4 个树种，分别是麻栎（*Quercus acutissima*）（山毛榉科栎属）、杜梨（*Pyrus betulaefolia*）（蔷薇科梨属）、辽东桤木（*Alnus sibirica*）（桦木科桤木属）、刚竹（*Phyllostachys* sp.）（禾本科刚竹属）（表 1）。

表 1　　　　　　　　　两城镇遗址外壕沟木材样品鉴定结果
Table1　The identification results of the wood and charcoal samples from the Liangchengzhen Site

样品种类和编号	20 块浸水木材（1~18，20，21）和 1 块木炭（24）	1 块浸水木材（22）	1 块木炭（19）	1 块木炭（23）
鉴定结果	麻栎	辽东桤木	杜梨	刚竹

20 块木材样品和 1 块木炭样品属于麻栎（图 4a~4c）。主要解剖特征是：生长轮明显，环孔材。导管在早材带横切面为圆形及卵圆形，通常宽 1 列细胞，壁薄，部分具侵填体；在晚材带横切面上为圆形及卵圆形，单管孔、径列、无螺纹加厚。单穿孔，管间纹孔式互列，圆形至卵圆形。轴向薄壁组织量多，主为星散-聚合及离管带状，宽 1~3 细胞，排列不规则。木纤维壁厚，具缘纹孔，形小，数多。木射线非叠生，窄木射线通常单列，稀 2 列；宽木射线宽至许多细胞。射线组织同形单列及多列，直立或长方形射线细胞偶见，射线-导管间纹孔式通常为刻痕状，少数肾形或类似管间纹孔式。无胞间道。

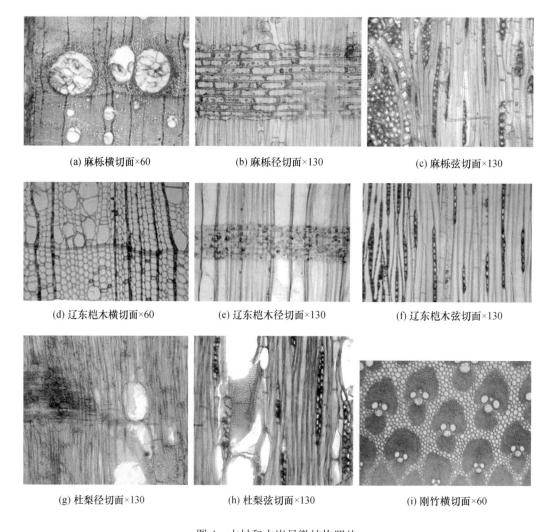

(a) 麻栎横切面×60　　　　　(b) 麻栎径切面×130　　　　　(c) 麻栎弦切面×130

(d) 辽东桤木横切面×60　　　(e) 辽东桤木径切面×130　　　(f) 辽东桤木弦切面×130

(g) 杜梨径切面×130　　　　(h) 杜梨弦切面×130　　　　　(i) 刚竹横切面×60

图 4　木材和木炭显微结构照片

Fig.4　Photos of anatomic microstructure of wood and charcoal samples

　　1 块木材样品属于辽东桤木（图 4d～4f）。主要解剖特征是：生长轮略明显，散孔材。导管横切面通常为多角形，单管孔及径列复管孔 2～6 个，少数呈管孔团。侵填体偶见，复穿孔，梯状，穿孔板甚倾斜；管间纹孔式通常对列。轴向薄壁组织甚少，星散状。木纤维壁薄。木射线单列者数多，宽木射线（聚合射线）宽至许多细胞。射线组织同形单列及多列。射线与导管间纹孔式类似管间纹孔式。无胞间道。

　　1 块木炭样品属于杜梨（图 4g～4h）。主要解剖特征是：散孔材，导管横切面为卵圆形，单管孔很少呈列，复管孔 2 个，螺纹加厚不明显，主为单穿孔，纤维管胞壁厚。轴向薄壁组织星散状。木射线单列着数少，多列射线宽 2～3 细胞，同一射线内出现 2

次多列部分，射线组织同形单列及多列。射线与导管间纹孔式互列、形小。无胞间道。

1 块炭化材料属于刚竹（图 4i）。主要解剖特征是：竹秆皮下层 1 层，呈长方柱状；皮层细胞较皮下层的大，约有 5～6 层，多为圆柱状，纵向排列成行。横断面外部维管束为菱形半分化型，垂轴向大于横轴向，逐渐向内变化为半开放型至开放型。

6　两城镇聚落龙山时代的气候与植被环境

根据两城镇遗址出土木材和木炭样品的分析结果，推测龙山文化时期日照地区的植被具有明显的东部北亚热带落叶常绿阔叶混交林成分，气候比现在温暖湿润。

两城镇遗址出土数量较多的麻栎树遗存，可能说明龙山文化时期的植被中，麻栎树占的比例较高，而且在聚落附近就有分布，这种情况与现代该地区麻栎林的状况有明显的不同。现代整个山东省的栎林只有 144km²[12]，而且主要分布在泰山、鲁山、沂山、蒙山、徂徕山和胶东丘陵地区，日照及其周围地区栎林的面积最多不超过总数的六分之一（如果将上述有栎林地区的栎林面积平均分配的话），大约 24km²，只相当于现今日照市面积的百分之一稍强（日照市面积 1878.48km²[17]）。另外，与麻栎林数量古今变化密切相关的是分布位置的变化。现代该地区的麻栎林主要分布在海拔 500m 以上的山区（这里固然有人类活动的影响，但也不完全是人类活动的作用）[13]，而龙山文化时期，麻栎林可能就分布在两城镇聚落周围，至少 5km 范围内可能有分布（关于两城镇遗址龙山文化居民获取木材资源的距离，后文将详细讨论）。日照地区麻栎林的这种古今巨大变化，从逻辑上讲，包括人类活动和气候变化两个方面。这里根据现代麻栎林的生态习性，分析气候因素的影响。

从我国森林气候分带的角度讲，日照所在的鲁（东）南地区属于暖温带落叶阔叶林带，从该区向南则属于东部北亚热带落叶常绿阔叶混交林带⑧。后者气候温暖湿润，阔叶树中，壳斗科是建群树种，其中落叶树以麻栎、栓皮栎为优势；落叶常绿阔叶树林一般分布在海拔 400～500m 以下的低山和丘陵地区⑧。如前所述，在日照两城镇一带，龙山文化时期麻栎林在聚落周围的低山丘陵都有分布，这说明龙山文化时期两城镇周围的麻栎林可能是亚热带森林植被的一部分。两城镇遗址出土的刚竹属遗存则进一步说明，龙山文化时期日照地区的植被甚至具有东部中亚热带的某些成分。

刚竹属于散生竹类，是我国东部中亚热带常绿阔叶林带的竹林成员之一⑧，该林带的地理范围是北亚热带以南、北回归线附近一线以北。刚竹林性喜温暖，主要分布在亚热带常绿阔叶林区域，在秦岭、淮河以南的长江流域到南岭山地之间，从平原到山地都有分布。刚竹林分布区的生境特点是温暖湿润，年平均气温在 15～20℃，最冷月温度为 4～10℃，年降水量一般为 1000～2000mm⑧。这样的气候条件，比现代的日照地区气候温暖湿润得多，这可能就是现代日照地区，只有少量人工栽培的刚竹而没有自然生长的刚竹[12]的主要原因。

由此可见，日照两城镇一带古今森林植被的变化与气候变化有一定的关系。龙山文化时期日照地区的植被相当于现代的东部北、中亚热带林带，气候与植被相当于现代的江淮流域。

两城镇遗址出土的水稻遗存也反映了当时气温和降水适合发展稻作农业。根据对遗址中出土炭化植物遗存和土壤中植硅体的分析，认为龙山文化时期，稻作农业比较发达，这不仅因为在炭化粮食作物中炭化稻米的数量最多[15]，还因为在采用随机采样法分析的 20 个土壤样品中，水稻植硅体的含量远远高于其他植物类型[15]，而且当时在村落中可能有专门用于稻谷加工的场院[10]。稻作农业的发展，充分说明龙山文化时期的降水远高于现代。现代的日照地区，只有少数水源条件好的地方有小规模的水稻种植，在两城镇，农民已经放弃种植水稻，我们访问当地农民其中的原因，他们回答主要是因为水源缺乏。对两城镇等大型考古遗址地理位置和龙山文化时期我国东部沿海地区地貌演化与海平面变迁过程的分析，也证明在日照地区龙山时代降水量远大于现代，两城镇等遗址的环境特点是周围有大范围水域[20]。

本文的分析还表明，在龙山文化前期阶段两城镇聚落周围有丰富的森林资源。

这次木材鉴定发现最多的是麻栎树。现代森林生态研究表明，天然麻栎林很少为纯林，大多数情况下林中常混生栓皮栎（*Quercus variabilis*）、槲栎（*Q.aliena*）、槲树（*Q.dentata*）、短柄枹树（*Q.serrata*）等栎树和其他针阔叶种类，如赤松（*Pinus densiflora*）、油松（*P.tabulaeformis*）、黑松（*P.thunbergii*）、刺楸（*Kalopanax septemlobus*）、糠椴（*Tilia mandshurica*）、紫椴（*T.arnurensis*）、野樱（*Prunus plurinervis*）、水榆花楸（*Sorbus alnifolia*）、君迁子（*Diospyros lotus*）、臭椿（*Ailanthus altisima*）等。林下灌木因土壤条件不同而异，土层深厚肥沃湿润的地方以二色胡枝子（*Lespedeza bicolor*）、照山白（*Rhododendron micrathum*）等为主，土壤较干燥的地方常见种类是荆条（*Vitex negundo var. heterophylla*）、酸枣（*Zizy-phus jujube yar.spinosa*）、多花胡枝子（*Lespedeza floribunda*）等[12]。距离两城镇东北大约 60km 的胶州湾全新世沉积物孢粉分析结果也显示，在 5000aB.P.前后（[14]C 年龄），阔叶树花粉组合中栎属花粉含量较高[8]。这说明包括青岛等地区在内的鲁东南丘陵地区，中全新世时期普遍发育栎林及伴生植物。

这样丰富的植物资源，距离两城镇聚落会有多远？根据两城镇遗址内壕沟中出土成束的木材来分析，聚落内部木材使用量可能比较大，而大量使用的木材，从远距离运输到两城镇的可能性比较小。对古代聚落生产区域的分析发现，史前时代农耕群体的开发领域通常是在 5km 或者 1 小时步行的半径范围内[21]。这说明，两城镇聚落中出土的木材主要是来自聚落周围，也就是进一步说，在龙山文化前期阶段两城镇聚落周围大约 5km 的范围内有着丰富的森林资源。当时的植被状况可能是：聚落周围的低山丘陵和平原上，生长着以麻栎林为主的阔叶林，在河岸和池塘周围则生长着刚竹林。

由此可见，龙山文化前期两城镇聚落所在区域的气候远比现在温暖湿润，由此导致聚落周围有丰富的植物资源。这种适宜的环境正是龙山文化前期繁荣发展的背景。而从现在研究的结果看，龙山文化前期两城镇聚落房屋建筑的增多、稻作农业的发展可能直接得益于聚落周围丰富的森林资源和温暖湿润的气候，舒适的居住条件和充足的粮食供应，可能成为陶器、玉器等手工业发展的基础，进而促进了社会组织结构的复杂化和文明化进程的发展。

对比两城镇聚落现代和龙山文化时期的植被环境，可以发现两个方面存在明显差别：一是植物群落的变化，龙山文化时期聚落周围的刚竹，现在已经不复存在，现代山东半岛人工栽培刚竹林也主要集中在南部的临沂等地[12]；二是植被的分布有显著变化，龙山文化时期，聚落周围方圆 5km 范围内可能有丰富的森林资源可以利用，而现代该地区的麻栎林已经分布到了海拔 500m 以上的山区[12]。

导致植被发生如此巨大变化的原因，首先可能是气候变化。上述关于日照地区龙山文化时期植被特点的研究中已经进行了说明。然而，还不能忽视人类活动对聚落周围植被的影响。这次分析的浸水木材无疑是人类对植被影响的直接证据，这些木材整齐地摆放在壕沟内，显然是出于某种目的。对两城镇遗址的发掘和初步研究还表明，龙山文化时期居民的各类建筑和薪柴，需要消耗大量的木材。在建筑方面，除上面提到的壕沟建筑外，私人和公共的房屋建筑，由于采用木骨泥墙技术[13]，就需要大量的木材；在燃料方面，居民的日常炊煮、取暖、照明、烧制陶器等活动都无法离开对燃料的需求，而其中可能多数是木材类燃料，考古发掘中发现数量巨大的木炭就可以证明。

由于对日照地区龙山文化时期植被与气候的研究刚刚开始，还无法对植被变迁的不同影响因素作定量分析。随着对两城镇等龙山文化遗址出土植物遗存的综合研究，同时结合自然沉积物中植被指标的研究结果，我们将逐步接近对该地区龙山文化时期的植被与气候进行定量分析的目标，从而为全面重建该地区环境与人类文化关系发展过程奠定基础。

本文研究表明，考古遗址中出土的木材遗存，不仅是全新世气候变化研究的理想资料，也是研究人类文化与环境关系重要资料，这类研究在中国的全新世环境研究、高分辨率的气候演化过程及其与人类关系研究中，具有很好的学术前景。

致谢　感谢审稿专家和编辑对本文提出的修改意见。

参考文献（References）

1　Figueiral I，Mosbrugger V.A review of charcoal analysis as a tool for assessing Quaternary and Tertiary environments：Achievements and limits.*Palaeogeography,Palaeoclimatology，Palaeoecology*，2000，**164**：397~407

2　严文明.夏代的东方.见：中国先秦史学会编.夏史论丛.济南：齐鲁书社，1985.159~180
Yan Wenming.The Eastern China during the Xia Dynasty.In：Association of Chinese Pre-Qin History ed.Papers on the History of the Xia Dynasty.Jinan：Qilu Press，1985.159~180

3　吴文祥，刘东生.4000aB.P.前后降温事件与中华文明的诞生.第四纪研究,2001，21（5）：443~451
Wu Wenxiang,Liu Tungsheng. 4000aB.P.event and its implications for the origin of ancient Chinese civilization.Quaternary Sciences，2001,**21**（5）：443~451

4　吴文祥，刘东生.4000aB.P.前后东亚季风变迁与中原周围地区新时期文化的衰落.第四纪研究，2004，**24**（3）：278~284
Wu Wenxiang，Liu Tungsheng.Variations in the East Asia Monsoon around 4000aB.P.and the collapse of Neolithic cround Central Plain.*Quaternary Sciences*，2004，**24**（3）：278~284

5　夏正楷.杨晓燕.我国北方 4kaB.P.前后异常洪水事件的初步研究.第四纪研究，2003，**23**（6）：667~674
Xia Zhengkai，Yang Xiaoyan.Preliminary study on the flood events about 4kaB.P. in North China.*Quaternary Sciences*，2003，23（6）：667~674

6　莫多闻，王辉，李水城.华北不同地区全新世环境演变对古文化发展的影响.第四纪研究，2003，**23**（2）：200~210Mo Duowen，WangHui，Li Shuicheng.Effects of Holocene environmental changes on the development of archaeological cultures in different regions of North China.*Quaternary Sciences*，2003，**23**（2）：200~210

7　中美两城地区联合考古队.山东日照市两城地区的考古调查.考古，1997，（4）：1~15
Sino-American Joint Archaeological Team in the Liangcheng Area.Archaeological survey in Liangcheng area，Rizhao City，Shandong.*Archaeology*，1997，（4）：1~15

8　中美两城地区联合考古队.山东日照地区系统区域调查的新收获.考古，2002，（5）：10~18
Sino-American Joint Archaeological Team in the Liangcheng Area.New achievements in a systematic regional survey of the Rizhao area in Shandong.*Archaeology*，2002，（5）：10~18

9　王永吉.李善为. 青岛胶州湾地区 20000 年以来的古植被与古气候. 植物学报，1983，**25**（4）：385~392
Wang Yongji，Li Shanwei.Paleovegetation and paleoclimate in the past 20，000 years in Jiaozhou Bay，Qingdao district.Acta,*Botanic Sinica*，1983，25（4）：385~392

10　山东省地方史志编纂委员会编. 山东省志——自然地理志. 济南：山东人民出版社，1996.118~126
Shandong Provincial Annals Compiling Committee ed.Shandong Provincial Annals—Natural Geography. Jinan:Shandong People's Publishing House，1996.118~126

11　周光裕. 山东植被分类及分区. 山东大学学报，1963，（1）：73~85
Zhou Guangyu.The classification and division of Shandong vegetation.*Journal of Shandong University*，1963，（1）：73~85

12 王仁卿，周光裕主编. 山东植被. 济南：山东科学技术出版社，2000.15，131，162~167
    WangRenqing，ZhouGuangyu eds.Vegetation in Shandong.Jinan：Shandong Science & Technology Press，2000.15,131,162~167

13 中美两城地区联合考古队. 山东日照市两城镇遗址 1998~2001 年发掘简报. 考古，2004，（9）：7~18
    Sino-American Collaborative Archaeological Team in the LiangchengArea.1998 ~ 2001excavation on the Liangchengzhen site in Rizhao City,Shandong.*Archaeology*，2004，（9）：7~18

14 靳桂云，栾丰实，蔡风书等.山东日照市两城镇遗址土壤样品的植硅体研究. 考古，2004，（9）：81~86
    Jin Guiyun，Luan Fengshi，Cai Fengshu et al.A phytolith analysis of soil specimens from the Liangchengzhen site in Rizhao City，Shandong.*Archaeology*，2004，（9）：81~86

15 凯利·克劳福德，赵志军，栾丰实等. 山东日照市两城镇遗址龙山文化植物遗存的初步分析. 考古，2004，（9）：72~80
    Gary Crawford，Zhao Zhijun，Luan Fengshi et al.A preliminary analysis of the Longshan Culture plant remains from the Liangchengzhen site in Rizhao City，Shandong.*Archaeology*，2004，（9）：72~80

16 栾丰实著. 海岱地区考古研究.济南：山东大学出版社，1997.229~282
    Luan Fengshi.Archaeologica Research of Haidai Region.Jinan：Shandong University Publishing House，1997.229~282

17 山东省测绘局编制. 山东省地图册. 济南：山东省地图出版社，1988.57
    Shandong Provincial Measuring Bureau ed.Map of Shandong Province.Jinan：The Topographical Publishing House of Shandong Province.1988.57

18 《中国森林》编辑委员会编. 中国森林 —— 第 1 卷（总论）. 北京：中国林业出版社，1997.194~196，560
    The Editorial Board of "Forest in China" ed.Forest in China（1）. Beijing：China Forestry Publishing House，1997.194~196，560

19 靳桂云，刘延常，栾丰实等. 山东丹土和两城镇龙山文化遗址水稻植硅体定量研究. 见：山东大学东方考古研究中心编. 东方考古（第 2 集）. 北京：科学出版社，2005.280~291
    Jin Guiyun，Liu Yanchang，Luan Fengshi et al.Quantitative phytolith analysis of the samples from Longshan Culture sites：Dantu and Liangchengzhen，Shandong，China.In：Oriental Archaeology Research Center of Shandong University ed.Oriental Archaeology（2）. Beijing：Science Press，2005.280~291

20 Gwen B.Haidai region landscape archaeology.见：山东大学东方考古研究中心编.东方考古（第 1 集）. 北京：科学出版社，2004.217~225
    Gwen B.Haidai region landscape archaeology.In：Oriental Archaeology Research Centerof Shandong University ed.Oriental Archaeology（1）. Beijing：Science Press，2004.217~225

21 Renfrew C，Bahn P.Archaeology Theories，Methods and Practice.London：Thames and Hudson Ltd.，1991.224~225

山东日照市两城镇遗址龙山文化先民食谱的稳定同位素分析

Lanehart　Rheta E.　Tykot　Robert　H.　方辉　栾丰实　于海广
蔡凤书　文德安　加里·费曼　琳达·尼古拉斯[*]

前　言

　　新石器时代晚期，华北地区史前先民的食物结构是以农作物和家畜为主，但我们对于每一个地区食物结构的变化情况并不完全了解。大多数学者认为，稻米首先在华南地区被栽培并成为南方的重要农作物，粟米则首先在北方被栽培并成为华北地区的主要农作物。然而，这两种农作物是何时、通过何种途径传播到其他区域的？学术界对此尚有不同认识。通过对山东日照两城镇遗址炭化植物遗存的分析我们获知，龙山时代稻米和粟都是这一地区的主要农作物[①]。针对这一情况，我们采用碳氮稳定同位素分析方法，对该遗址出土的人骨进行定量分析，以研究各种农作物在当地居民食谱中所占的比重。碳氮稳定同位素法是一种成熟的技术，通过分析人骨标本中的同位素含量，可以有效地研究陆相食物和海洋食物在先民食谱中所占的比重，以及 C_3（碳3）类和 C_4（碳4）类植物的摄入情况。在对陶器上残留物初步分析的基础上，我们的同位素研究对各种同位素含量不同的食物在人类食谱中的相对重要性提供了补充定量的数据。

一、中国古人类的食物结构

　　在过去的10余年中，我们对中国新石器时代不同地区的农业耕作与饮食习惯有了更多的了解[②]。尤其是越来越多地使用浮选法来系统地采集炭化植物遗存之后（图一），我们发现各地区之间饮食习惯的差别比预计的要大得多，即使是在华北地区也有显著

* 　Lanehart，Rheta　E.，Tykot，Robert　H.，美国南佛罗里达大学人类学系。文德安、加里·费曼、琳达·尼古拉斯，美国芝加哥自然历史博物馆人类学部。

的地区差别。在山东出土的多个新石器时代遗址中都发现了炭化稻米和粟的遗存。同时，已知当时山东省和华北地区其他各省区驯养的家畜包括猪、狗和牛等。

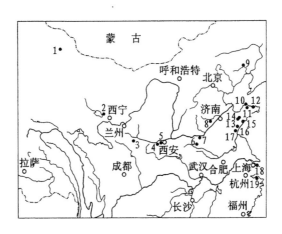

图一　已获得同位素数据的遗址分布图

1．焉不拉克　2．上孙家　3．南寨　4．姜寨　5．史家村　6．贾湖　7．偃师　8．安阳　9．兴隆洼　10．北庄　11．栖霞古镇都　12．烟台　13．朱家村　14．陵阳河　15．青岛　16．两城镇　17．尧王城　18．青浦崧泽　19．河姆渡

二、两城镇遗址概况

位于鲁东南地区的两城镇是一处龙山文化遗址。从 1999 年到 2001 年，山东大学东方考古研究中心与美国芝加哥自然历史博物馆（The Field Museum，Chicago）的考古人员组成的中美联合考古队在此遗址进行了三次考古发掘。同时考古学家进行了系统的区域调查，确定两城镇为当地的区域中心，周围散布着多个小型聚落群③。

大概由于当地的土壤粘土层含水量较高，两城镇遗址出土的人类和动物骨骼均保存较差。我们浮选出了其中一些保存较好的炭化植物遗存，包括稻米和粟。综合考虑山东省其他龙山文化遗址的考古发现、两城镇遗址的地理位置和现代当地居民的饮食结构，我们推测两城镇龙山时代居民的食物应包括家畜（如猪）和河生及海生的生物。

三、稳定同位素法

稳定同位素法能区分人与动物体内 C_3、C_4 类植物的含量。C_3 类植物（如稻米）的 $\delta^{13}C$ 平均值为 $-26‰$，C_4 类植物（如粟米）的 $\delta^{13}C$ 平均值为 $-12‰$。各种植物的 $\delta^{15}N$

值大致相同，但其随着食物链级别的升高而显著增大。一般说来，海洋生物的$\delta^{15}N$值比陆相生物要高。动植物碳氮同位素的天然差异会传递到食用它们的人类身上。因此，通过研究考古样品中的骨骼和牙齿，我们可以推知不同的食物组合在食谱中所占的比重。

碳同位素含量可以从两种不同的骨骼组织中测量取得，一种是骨胶原（一种蛋白质），另一种是羟磷灰石（骨骼和牙齿中的矿物质）。氮只分布于骨胶原中。控制性食物研究发现，骨胶原中的$\delta^{13}C$值主要反映食物蛋白的贡献，而骨骼的磷灰石和牙釉质则能反映出完整的食物结构[④]。另外，由于骨胶原与骨骼中的羟磷灰石存在不断的吸收和再造过程，因此能反映个体死前若干年内食物摄入的状况。而牙釉质中的羟磷灰石只能反映儿童期牙冠形成时的进食情况。这些组织形成过程中的新陈代谢造成了同位素分馏，使得骨胶原中$\delta^{13}C$值富集5‰，$\delta^{15}N$值富集2～3‰，骨骼和牙釉质中羟磷灰石的$\delta^{13}C$则富集12‰。

氧同位素分析是一种成熟的指示地理来源的方法[⑤]。水中的氧同位素携带了一种生态信息，并反映在饮用该地区水资源的个体骨骼和牙齿上。水中的同位素组成主要受该地区大气降水的影响，而降水又由气候和地理环境决定[⑥]。氧同位素在童年及青年时期随着矿化的过程进入骨骼和牙齿[⑦]，牙釉质反映了其矿化过程发生时所在地理区域的同位素值。骨骼矿物质部分的矿化过程与骨胶原的更新周期相近，约为10年[⑧]。通过测量骨骼的磷酸盐或者碳酸盐可以得到其氧同位素值。碳酸盐样品从技术上来说相对较好提取，而骨骼中的磷酸盐对成岩变质作用的抵制更强。

四、分析方法

我们在两城镇龙山遗址进行的食物结构跟踪研究是为了了解当地稻米、粟、家畜和海产品的分布比例。遗憾的是，由于人骨标本保存较差，我们没有能够从中提取出骨胶原，即便是骨骼中的羟磷灰石也只能在惟一的一个样本中提取，供有效分析之用。这次实验选用了14个牙齿标本和1个人骨羟磷灰石样本。实验前按要求清除了非生物性的碳杂质[⑨]。

我们在2002年进行了第一次同位素实验。当时选用了两城镇遗址出土的2颗人牙釉质样本和1颗动物（猪）臼齿样本。在此之前，我们分析测量了日照地区的27条黄海现代鱼、淡水鱼和稻米，并建立了一条基准线。所有的实验样品都在美国南佛罗里达大学人类学系考古实验室进行处理，包括用化学方法从骨骼中提取骨胶原和从骨骼和牙齿中提取羟磷灰石[⑩]。稳定同位素质谱分析在美国南佛罗里达大学的同位素实验室进行。

五、实验结果

我们分析了 1 个人骨羟磷灰石样本和 14 个牙釉质样本，发现它们的同位素平均值为 -9.8‰（处于 -6‰ 到 -12‰ 的范围内）。也就是说，同位素分馏效应前，食物的同位素值位于 -18‰ 到 -24‰ 之间（表一，表二）。由于稻米和其他 C_3 植物同位素的平均值为 -26‰，因此实验结果表明：少部分人以 C_4 作物为主食，他们或直接进食 C_4 植物，或食用了以 C_4 植物为饲料的动物，或在童年时吃过海产品。其他大部分人以 C_3 食品为主。其中一个个体（M50）的结果表明，他童年阶段的食物（第二臼齿 $\delta^{13}C$ 值为 -9.5‰）和成年阶段的食物（骨磷灰石 $\delta^{13}C$ 值为 -7.8‰）有所不同。测量的少量牙釉质样品表明，两城镇遗址青少年时期的男性比女性食用更多的 C_3 食物。当然，这一趋势还需要分析更多的人类样品进行证实。

表一　　　　　　　　　　　两城镇遗址人骨样品的食物同位素值

墓葬	实验室编号	遗址的龙山文化分期*	$\delta^{13}C$	$\delta^{13}O$
M46	7389	早期	-12.1	-5.9
M49	7400	早期	-12.3	-5.7
M68	7397	早期	-10.8	-4.6
M70	7392	早期	-9.4	-5.2
M22	7394	中期	-12.4	-5.1
M44	7388	中期	-11.4	-4.1
M50	7402	中期	-9.5	-5.5
M50	7404	中期	-7.8	-6.0
M51	7408	中期	-9.5	-5.1
M66	7407	中期	-10.2	-5.9
M21	7391	晚期	-7.3	-5.8
M23	7390	晚期	-10.3	-5.4
M33	7396	晚期	-6.5	-6.1
M38	7399	晚期	-10.8	-5.3
M15	7395	龙山之后	-6.6	-5.4

表二　　　　　　　　　　　猪骨样品的食物同位素值

遗迹	实验室编号	遗址的龙山文化分期*	δ13C	δ13O
F65	7969	早期	−0.1	−7.9
文化层	7970	早期	−8.7	−8.1
壕沟	7972	中期	−4.1	−7.9
H405	7968	中期	−4.2	−7.5
尧王城	7746	中期**	−7.1	−3.1
H31	7974	晚期	−10.9	−6.0

*表中分期仅指两城镇遗址。两城镇遗址的早期与山东龙山文化早期的后半段时间相当，两城镇遗址的中期和晚期在山东龙山文化中期的范围内。

**该样品在尧王城遗址调查时被发现，判断与两城镇遗址中期同时代。

　　虽然两城镇遗址龙山文化早期猪臼齿的δ13C 值变化范围较大（从较大的−0.1‰到较小的−8.7‰，图二），但都显示其以 C4 类植物（例如粟米）为主食。从两城镇龙山文化中期猪骨羟磷灰石中的δ13C 值（−4.2‰，−4.1‰，−7.1‰）和龙山文化中期后段一颗猪臼齿的δ13C 值（−10.9‰，一个样品），可以看出 C3 类食物在其食谱中的比例随时间增加。两城镇以南 29 公里的另一个龙山文化遗址尧王城的猪骨样品的δ13C 值（−7.1‰），以及中国中部另一龙山文化遗址陶寺的猪骨胶原样品的δ13C 值（−10.7‰）[11]都与两城镇的猪骨样品一致。这些结果都表明龙山时期家畜以粟为主要饲料，而到龙山晚期加入了较多的 C3 类食物[12]。

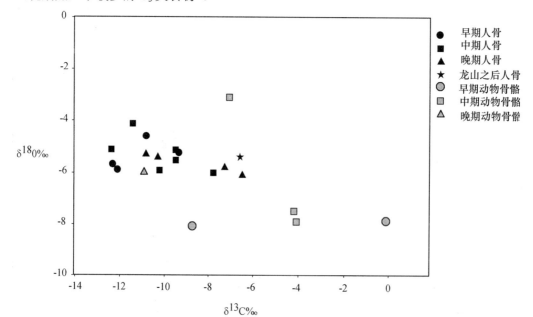

图二　两城镇人类牙釉质和羟磷灰石样品及两城镇、尧王城猪骨样品的δ13C 和δ13O 值

人群牙釉质和羟磷灰石的δ¹³C 值呈下降的趋势，表明龙山文化早期以 C₃ 类食物为主，而晚期以 C₄ 类食物为主。这种人群在早期和中期食用较多稻米的现象可以用龙山时期的一些特定社会因素来加以解释。麦戈文等人对两城镇遗址的陶器残留物分析揭示，众多样品中都有一种以稻米为原料的发酵饮料[13]。另外，该遗址还发现有一些巨大的容器。我们认为，以社交或宗教仪式为目的的宴享活动是两城镇居民生活的重要组成部分。华北地区其他龙山文化遗址以及早期青铜时代遗址都有明确的宴享证据，特别是社会地位较高的人的墓葬[14]。由于更明确的社会分工或环境因素，或者两者皆有影响，龙山时期的普通家庭可能更加难以获得稻米。从生活在两城镇的现代农民那里我们获知，由于自然水源有限，种植稻米难以为生。维持稻田水利管理的劳动力在两城镇遗址龙山文化时期可能已经数量有限。惟一食用较多稻米的两城镇遗址晚期的动物样品（#7974）来自于一个大型灰坑（H31），该灰坑出土了超过 200 件接近完整的容器。我们推测出土于这个灰坑的遗物与宗教活动有关，可能是牺牲或用于宴享活动。这个出土于与宗教有关的灰坑的动物，可能被人们有意喂养了更多的大米，而与其他动物有别。

就目前的数据来说，从龙山文化晚期到西周时期（公元前 1046～前 771 年），两城镇居民的食谱保持稳定。周代样品（#7395）的δ¹³C 值与龙山时期的样品没有显著差别。

通过测定稻米样本的碳同位素值和以前发表的粟同位素值[15]，我们了解到中国的 C₃ 和 C₄ 作物的同位素值与世界其他地区大致相同。

两城镇的骨骼和牙齿同位素分析结果、炭化植物遗存以及陶器碎片残留物分析均表明，当地居民食谱中包括非 C₃ 类动植物。不过，该地区现代鱼类测得的δ¹³C 平均值为 –17‰，比世界上其他地区常见海鱼的δ¹³C 值低。2002 年我们分析了该遗址出土的 2 个龙山中期陶罐碎片上的固体残留物，发现其δ¹³C 平均值为 –18‰，δ¹⁵N 的平均值为 +16‰。由此可以推断出这 2 件陶器里都曾经盛放过鱼类（见图二）。虽然龙山时期两城镇遗址粟米的重要性有所下降，其仍然是重要的农作物之一。基于两城镇遗址 15 个人骨样品的测试结果（δ¹³C 平均值为 –9.8‰），粟和食粟动物在人类食谱中的比例最多可占到 25～30%，如果鱼类不是主要食物，其比例可能更低。可惜的是，我们找不到人骨胶原样本进行同位素测试，因此不能判断鱼类在两城镇居民食品中的含量。

人类骨胶原稳定同位素值已经被校正为食物中的同位素值（δ¹³C 值减 5‰，δ¹⁵N 值减 3‰）。两城镇遗址羟磷灰石碳同位素值也经过校正（人类的δ¹³C 值减 12‰，动物骨骼的δ¹³C 值减 9‰），为了方便标在图上，δ¹⁵N 值人为设定为 1‰（图三）。陶寺遗址动物骨胶原同样经过校正（δ¹³C 值减 25‰），δ¹⁵N 值也是人为设定的。

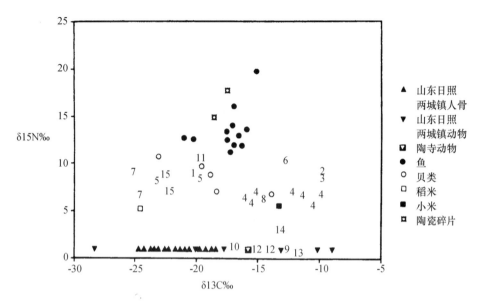

图三 骨胶原、羟磷灰石及牙釉质中推算的食物同位素组成与食物样品的同位素组成对比图

结　语

其他遗址提供的同位素实验结果显示，中国古代先民的食物因地区和年代的不同而有较大的差异。陕西省仰韶文化遗址姜寨先民的同位素值（$\delta^{13}C$ 平均值为-10.0‰，$\delta^{15}N$ 平均值为 8.8‰）和史家先民的同位素值（$\delta^{13}C$ 平均值为-10.0‰，$\delta^{15}N$ 平均值为 8.1‰）表明他们以粟类为主要食物[16]。粟还被确认为兴隆洼遗址和大汶口文化晚期（公元前 3000～前 2600 年）古镇都遗址的主要农作物。当地人体骨胶原$\delta^{13}C$ 值约为 -14‰，表明粟不仅是当时居民的主食，而且提供了将近一半的人体食物蛋白质[17]。大汶口文化晚期的朱家村遗址（$\delta^{13}C$ 为-12.4‰）及陵阳河遗址（$\delta^{13}C$ 为-12.4‰）的骨胶原同位素值也反映了食谱中大量 C_4 类食物的存在[18]。而在中国南方长江下游的河姆渡和崧泽遗址却没有发现粟，当地人体骨胶原的$\delta^{13}C$ 均值约为-23‰[19]。中原地区青铜时代早期的南寨遗址（-14.6‰）、偃师遗址（-12.6‰）、安阳殷墟（-12.9‰）的骨胶原$\delta^{13}C$ 平均值可能反映了地域差异，它们都位于两城镇的西面，更接近内陆，且气候更为干燥。人的较高的社会地位可以部分解释为什么宗教及其他社会活动中消费了更多的稻米。两城镇的研究结果表明，在龙山时期，山东东南部居民不再以粟为主食，粟可能用于家畜饲料，如喂猪。这表明，人们更多地食用其他农作物，尤其是稻米。总之，炭化植物遗存分析所反映的农业多样化体系得到了稳定同位素分析结果的支持。

对其他遗址进行的炭化植物遗存复原、陶器残留物分析和动物遗存分析，将为今后研究中国早期居民的食物结构提供线索。初步的研究表明，用多种方法研究古代食物成分和食物结构是可行且有效的，同位素分析和残留物分析能够得到独立于炭化植物遗存和动物遗存所获资料以外的重要信息。对每一时期多种考古学样品进行综合研究，可以更为全面地认识和阐释古人的食性和食物结构。

附记：本研究工作得到了日照市博物馆和美国芝加哥自然历史博物馆等单位的大力支持。美国南佛罗里达大学的 EthanGoddard 协助进行样品的质谱分析。芝加哥自然历史博物馆的 Deborah Bekken 鉴定了所有动物样品的种属。伊利诺伊大学芝加哥分校的 Jennifer Clark 鉴定了所有骨骼样品的年龄和性别。本文的中文翻译由美国南佛罗里达大学的黄瑜和伊利诺伊大学的董豫完成，最后由方辉进行校对。在此深表感谢！

注　释

① a. 凯利·克劳福德、赵志军、栾丰实、于海广、方辉、蔡凤书、文德安、李炅娥、加里·费曼、琳达·尼古拉斯：《山东日照市两城镇遗址龙山文化植物遗存的初步分析》，《考古》2004 年第 9 期。b. Crawford，G.，Underhill，A，Zhao，Z.，Lee，G.，Feinman，G.,Nicholas，L.，Luan，F，Yu，H.，Fang，H.，Cai，F.，Late Neolithic Plant Remains from Northern China: Preliminary Results from Liangchengzhen，Shandong，*Current Anthropology*，46，pp.309-317，2005.

② a. 同①。b. Crawford，G.W.2006.East Asian Plant Domestication in：*Archaeology of Asia*，M.T.Stark，ed.pp.77-95.Malden，MA：Blackwell. c. Cohen，D.，The Origins of Domesticated Cereals and the Pleistocene-Holocene Transition in East Asia.*The Review of Archaeology*，19，PP.22-29，1998. d. Hu，Y.，Ambrose，S.H.，Wang，C.，Stable isotopic analysis of human bones from Jiahu site，Henan，China: implications for the transition to agriculture，*Journal of Archaeological Science*，33，pp.1319-1330，2006. e. Lu，T.，1999，*The Transition from Foraging to Farming and the Origin of Agriculture in China*.BAR International Series，774，Oxford. f. Pechenkina，E.，Benfer，R.A.，Zhijun，W.，Diet and health changes at the end of the Chinese Neolithic：The Yangshao/Longshan transition in Shaanxi Province，*American Journal of Physical Anthropology*，117，pp.15-36.2002. g. Pechenkina，E.，Ambrose，S.H.，Ma，X.,Benfer，R.A.，Reconstructing Chinese Neolithic subsistence practicesby isotopic analysis，*Journal of Archaeological Science*，32，pp.1176-1189，2002. h. 齐乌云、王金霞、梁中合、贾笑冰、王吉怀、苏兆庆、刘云涛：《山东沭河上游出土人骨的食性分析研究》，《华夏考古》2004 年第 2 期.i. Underhill，A.P.，Current issues in Chinese Neolithic archaeology，*Journal of World Pre-history*，11，pp.103-160，1997. j. Underhill，A.P.，2002，*Craft Production and Social Change in Northern China*，Kluwer Academic/ Plenum Publishers,NewYork. k. Underhill，A.P.，Habu，J.，2006，Early Communities in East Asia：Economic and So-ciopolitical Organizations in：*Archaeology of Asia*.M.T.Stark，（ed.）

pp.121-148.Malden，MA：Blackwell. l. 张雪莲、王金霞、冼自强、仇士华：《古人类食物结构研究》,《考古》2003 年第 2 期。

③　a. Underhill，A.P.，Feinman，G.M.，Nicholas，L.，Bennett，G.，Fang，H.，Luan，F.，Yu，H.，Cai，F.，Regional survey and the development of complex societies in southeastern Shandong，China，*Antiquity*，76，pp.745-55，2002. b. 中美两城地区联合考古队：《山东日照地区系统区域调查的新收获》,《考古》2002 年第 5 期。

④　Ambrose，S.H.，Norr，L.，Experimental evidence for the relationship of the carbon isotope ratios of whole diet and dietary protein to those of bone collagen and carbonate in：*Prehistoric Human Bone：Archaeology at the Molecular Level*，J.B.Lambert&G.Grupe，（eds.）pp.1-37.Springer-Verlag，NewYork.

⑤　Dupras，T.L.，Schwarcz，H.P.，Strangers in a strange land：Stable isotope evidence for human migration in the Dakhleh Oasis，Egypt，*Journal of Archaeological Science*，28，pp.1199-1208.2001

⑥　White，C.D..Spence，M.W.，Stu-art-Williams，H.，Schwarcz，H.P.，Oxygen isotopes and the identification of geographical origins：The Valley of Oaxaca versus the Valley of Mexico，*Journal of Archaeological Science*，25，pp.643-655，1998.

⑦　Luz，B.，Kolodny，Y.，Horowitz，M.，Fractionation of oxygen isotopes between mammalian bone-phosphate and environmental drinking water，*Geochimica et Cosmochimica Acta*，48，pp.1689-1693，1984.

⑧　Dupras，T.L.，Schwarcz，H.P.，Strangers in a strange land：Stable isotope evidence for human migration in the Dakhleh Oasis，Egypt，*Journal of Archaeological Science*..28，pp.1199-1208，2001.

⑨　Koch，P.L.，Tuross，N.，Fogel，M.L.，The effects of sample treatment and diagenesis on the isotopic integrity of carbonate in biogenic hydroxylapatite，*Journal of Archaeological Science*，24，pp.417-429，1997.

⑩　Tykot，R.H.，2004，Stable Isotopes and Diet：You Are What You Eat in：M.Martini，M.Milazzo & M.Piacentini（eds.），*Physics Methods in Archaeometry.Proceedings of the International School of Physics "Enrico Fer-mi"*，pp.433-444. Bologna,Italy：Societa Italiana di Fisica.

⑪　蔡莲珍、仇士华：《碳十三测定和古代食谱研究》,《考古》1984 年第 10 期。

⑫　Yuan，J.，Flad，R.K.，Pig domestication in ancient China，*Antiquity*，76，pp.724-32，2002.

⑬　a. 麦戈文、方辉、栾丰实、于海广、文德安、王辰珊、蔡凤书、格里辛·霍尔、加里·费曼、赵志军：《山东日照市两城镇遗址龙山文化酒遗存的化学分析——兼谈酒在史前时期的文化意义》,《考古》2005 年第 3 期。b. McGovern，P.，Underhill，A.，Fang，H.，Luan，F.，Hall，G.，Yu，H.，Wang，C.，Cai，F.，Zhao，Z.，Feinman，G.，Chemical Identification and Cultural Implications of a Mixed Fermented Beverage from Late Prehistoric China，*Asian Perspectives*，44，pp.249-275，2005.

⑭　Underhill，A.P.，2002，*Craft Production and Social Change in Northern China*，Kluwer Academic/Plenum Publishers，NewYork.

⑮　同⑪。

⑯　Pechenkina，E.，Ambrose，S.H.，Ma，X.，Benfer，R.A.，Reconstructing Chinese Neolithic subsistence practicesby isotopic analy-sis，*Journal of Archaelogical Science*，32，pp.1176-1189，2002.

⑰　同②l。

⑱　同②h。

⑲　同②l。

（《考古》2008 年第 8 期）

从新发现的几封书信
说及两城镇等遗址的发现缘起

方　辉

　　有关日照两城镇遗址的发现，最早见于梁思永先生的名篇《龙山文化——中国文明的史前期之一》一文，文中说："1934 年春，调查山东东南沿海地带，发现了 9 处龙山文化遗址"。[①]其出处是刘燿（尹达）先生的《两城镇——山东日照两城镇龙山文化遗址发掘报告》未刊稿，并认为"这报告将成为对于山东沿海地区的龙山文化的标准著作，是研究龙山陶器不可缺少的参考书"。而据尹达先生本人的记述，1936 年发掘的两城镇遗址的报告，"已成十分之九，未完稿存历史语言研究所中。"[②]众所周知，该报告因 1937 年日军大举入侵华北最终未能出版。不过，两城镇遗址此次发掘的收获及其学术意义，还是通过尹达、梁思永等学者的引述、阐发而为学术界所知晓。上个世纪 80 年代，南京博物院曾选择部分陶器出版图录，[③]对于龙山文化的研究起到了积极的推动作用，加之 50 年代的几次勘探与调查，[④]"显示出两城镇的收获是中国文明起源与形成研究中不可或缺的史源"。[⑤]1995～2008 年山东大学与美国考古界同行在日照开展的历时十余年区域系统考古调查和考古发掘，就是以两城镇遗址为中心展开的，由此确立了龙山时代的两城镇遗址是一处东方古国的都城所在。[⑥]

　　但关于 1934 年两城镇等遗址发现的具体经过，因有关调查及发掘报告始终未正式出版，因此，即使是史语所的元老级学者对此也已不甚了解，如石璋如先生对此曾有所提及，但也只是简单描述道："民国二十三年，中央研究院派员在山东沿海一带调查，在日照、诸城一带发现遗址多处，计有刘家楼、瓦屋村、大孤堆、大洼村、丹土村、安家岭、石臼所等。并于二十五年曾在瓦屋村、大孤堆两处发掘，所得陶石器物甚为丰富，由济南向东愈至海岸则所得黑陶尤为纯粹。"[⑦]此次调查还发现有周代时期的遗址，胡厚宣先生《殷墟发掘》一书对此亦有引述。[⑧]但这些介绍都很简略，甚至没有提及考古调查的具体实施者。

　　2005 年 10 月，台湾史语所李永迪博士应邀参加山东大学东方考古研究中心在日照市举办的"龙山时代与早期国家国际学术研讨会",所提交的会议论文题目即为《1930年代中研院史语所山东地区龙山文化的发掘与调查工作》,该文提及史语所至今保存有王湘、祁延霈执笔的《山东日照县考古调查记》,从中可知,"王湘、祁延霈是在滕县发掘之后,奉李济、董作宾、梁思永的指示,于1934年由济南前往日照、即墨、诸城等县调查。当时的主要目的在寻找彩陶与黑陶的分布范围,另因为日本驹井和受已经发表了黄县龙口的贝冢,史语所山东沿海调查也把寻找贝冢(蚌介堆)作为一个重点。王湘、祁延霈于当年四月开始,自即墨、日照沿山东沿海展开调查,至五月下旬沿海岸北行,往胶县、诸城县,于五月二十三日由青岛返济南。五月中旬,祁延霈因事赴河南,其后的调查是由王湘一人进行。调查经历的时间共两个月又两天,一共发现十余处遗址,包括即墨城子村、大洼、两城镇、丹土村、台庄、小挪庄、林子头、臭杞园、尧王城、秦官庄、刘家楼、安家岭、琅琊台。除即墨、琅琊台、秦官庄、臭杞园外,其余均发现了龙山文化陶片。"[9]该文使我们对 1934 年春那次考古调查的时间、人物、路线和主要收获等有了较为清楚的了解,但仍有若干问题如调查的缘起及详细经过等交代不详。其中最为重要的一个问题是,谁是此次调查的发起者?因为在日照乃至山东,一直以来就有这样一个说法,即王献唐先生是两城镇遗址的最早发现者。虽然李永迪博士所披露的史语所所藏文稿并不足以支持此一说法,但当地学者仍然坚持认为:"1934 年,前中央研究院历史语言所王湘、祁延霈先生,原山东省立图书馆馆长、省文管会副主任王献唐先生对该遗址进行了调查。"[10]有关王献唐先生发现两城镇在当地乃至山东文物考古界流传甚广,但这只是一种约定俗成的说法,并无文字证据。

王献唐(1896 年～1960 年),山东日照人,著名金石学家,对于近代考古学在山东的发展做出了不可磨灭的贡献。其突出成就之一,是 1930 年代表山东省政府与中央研究院历史语言研究所联合组成"山东古迹研究会",[11]献唐先生任委员并兼任秘书,[12]直接促成了 1931 年冬济南历城龙山镇城子崖遗址的发掘,为龙山文化的命名奠定了基础;抗战期间护送山东文物典籍入川,对于山东文物古籍的保护贡献尤大。夏鼐先生对此评价甚高,认为"先生对于当时山东文物保护工作,是起了很大作用的"。[13]

新近发现的四封有关王献唐的书信,均与 1934 年春那次鲁东南考古调查有关,为学术史上这一活动提供了直接的史料。这些书信显示,献唐先生虽非两城镇遗址的直接发现者,但却是那次考古调查的倡议者和组织者之一。

王献唐致张静斋书信一通(图一,1～3):[14]

    静老:

    叫我写一点两城遗址材料,只是一些过去的陈迹,袁明临行前来问我,已大都告诉他。

    话要拉得太长。当我四五岁时(前清末年),那时五莲县(大部分原属日照)

的五莲山风景最有名，我父亲漫游前往，路过丹徒村*（在两城西北数里）。看见田边有许多石器，（农夫耕地所得，抛在田边）。回途检了一"手搭子"（考试时常用物）。到家后，我认为买了好吃的东西来，一看全是石头，大失所望。我父亲便大讲其为石器，（以后想：那时家中新书最主要的是"西学丛书"，大抵我父亲所本在此。）叫我挑选一件，当时选择得一件斜刃有穿孔的小石器，我娘便给我佩上了。以后这件小玩意，直到抗战在四川时才失去。

一九三十年成立了"山东古迹研究会"。在龙山发掘以后，一九三四年会中派员调查东南沿海一带，发现九处龙山文化遗址。（在诸城、日照县）。这一调查，是我提出来的，那时只知道日照丹徒村经我父亲捡了一些石器，可能是一个古遗址，但在村近发现一个更大的黑陶遗址，比沿海各处遗址都重要，便是两城镇。

可以说两城镇遗址最初的发现，是在前清末年一个有趣的故事中引出的。

一九三六年初，会中决定发掘两城镇遗址，田野工作主持者为梁思永，刘耀**和王湘佐之。发掘的虽是一小部分，但收获甚大。它的全部面积为三十六万平方米，直到现在，还是全国黑陶遗址中最大的。

黑陶的制作，他们说比龙山有更好之处，式样也多，主要是发现许多全器，这几乎是龙山没有的。因为龙山下层没发现墓，两城却有全器类在墓中出现。到现在我不明白一件事：就是那些墓葬的尸身，个个头都朝东，未见例外；按说可能是一种信仰——迷信，但是这种迷信，又怎样解释呢？墓中一般是仰身葬，偶有俯身葬，有的史学家说仰身是奴隶主，俯身是奴隶，恐怕在新石器时期的两城遗址，还需变一变说法。

在发掘时期，梁思永西跑河南东跑山东，忙的不得开交，大体是由他指导，发掘工作一般是交给刘耀、王湘去做。我记得发掘报告在梁氏主持下是由刘耀起草的，王湘也有一篇各遗址调查报告，未及发表就抗战了。大约这两篇稿子，随同前中央研究院其他物品，一齐被劫往台湾，主要的代表性的两城物品也被劫去。还有二百箱非重要的物品，（包括龙山一批）存在图书馆，抗战一起韩复榘退却时，被他一火烧光。

现在南博、北博陈列的几件两城黑陶，就是那次发掘所得，并且有两件到苏联展览过。

过去前中央研究院每年都有工作报告印本，两城发掘有一点简概说明，但是我所存本早已丢失，病后记忆力大减，只想起这一点点。记的在王林老处看见一部书，叫做什么"山东文化史"，极为可厌，但却引了报告一段，似可一查。

---

* 应为丹土村，下同。

** 应为刘燿，下同。

　　另外想起一位老乡。当时派刘耀、王湘到日照时，我曾介绍李伯鹏作向导。（小学同学，好金石。）他住在日照"黄山前村"，近年充该区的完小教员，我会最初所得的两城黑陶片石器，就是写信叫他采集捐献的。他大约已辞职在养病（胃病颇重）。儿女能养他的老（儿女都是老党员）。他和刘耀、王湘当时很熟，可能多了解一些事，我告诉袁明一些遗址或古墓所在，多半是他告知我的。

　　日照的古文化路线，是由两城西南行，通过"十里铺"到达"下园村"一带，再向西南。那是前清的老大路，七十多岁的人尚能知道路之所在。当时刘耀、王湘他们这样告诉我。我离开日照已四十年，弄不很清楚。袁明等此行，主要任务是解决两城镇遗址问题。这样热天气，应照顾他们的身体，等凉爽时再去一次也可以，不必一齐包办。

　　晚安！

弟　献唐　挥汗上

图一，1

　　这封信函大约写于1954年7月两城镇遗址复查之前,是献老写给当时担任山东省古代文物管理委员会与山东省博物馆筹备处主任的张静斋先生的,献老时任两个机构的副主任,写信的背景是文管会于当年4月接群众来信反映两城镇遗址被破坏情况,拟派袁明等人赴日照调查,故请献老提供一些资料。⑮

一九三六年春，会中决定發掘两城镇遗址，田野工作主持比为梁思永、刘耀和王湘继之。發掘的耽是一小部份，但归获甚大。它的全部面积为三十六萬平方米，直到现在，还是全国黑陶遗址中最大的。

黑陶的製作，他们说比祮山下層许多全黑之家，手是就山没有的。因为就山下層遗址中多好之家，英、两城却有，全器类左墓葬发现。刘耀左我不明白的一件事？就是那些墓葬的尾身，俯俯都朝东，未见倒外，按论可能是一种信仰——迷信，但是這種迷信，又怎样解释呢？墓中一般是仰身葬，偶为俯身葬，有的史学家说仰身是奴隸，俯身是奴

隸，恐怕左秋右罢时期的两藏遗址，须另一起是交给刘耀王湘去做。我记得發掘报告左東果氏主村下里由刘耀起草，王湘也方一篇考遗址调查报告，未及发表，就抗戰了。大约這两篇稿子，随同前中央研究院关他物品，一齐被移往台湾，主写有代表性的两城物品，也被劫去。还有三万荮於重写物品，（包括就山一批）在左图书馆，抗戰一起

图一，2

释遗棃迟，部时，被他一火烧光。兩城祝左南博，此博陳列的黑件黑陶，就是那次發掘所得，並且有兩件到蘇聯展覽過。遇考前中央研究院五年都为工作报告。

印车，兩城發掘有一点简极说明，但是我所存者，早已丢失，病戊记憶力大减，只想起遗意甚度「山东文化史」，樀子可厭，但却引多报一点。何予一麦。

另外想起一信老鄉，当时派到刘耀王湘到，他住左日照时，我曾介绍李伯鹏作嚮導。小学同学，郁金志，是老宣。見女修吗寿他的老，

日照时，我曾介绍李伯鹏作嚮導。日照的古文化路線，是由兩城西南行，通遇「下圆村」一带，再南西南的那是他和刘耀王湘当时很熟，多转多睫解一些前清的老大路，七十多岁的人高龄知道路之

事，我告诉喜的一些遗址或左墓葬，半是他告知的。

是我写信叫他採集捐献的。他大约已辞職了，日照的古文化路線，是由兩城西南行，十里鋪到近「下圆村」一带，是兩城西南的那是他们这樣告诉我，我听等母行？主要任務是解决兩城镇遗址问题，遠樣熱大氣，走熙敵他们的身作，後序爽时再去一次也可以，不必一齐包办。

是安！

敬希揮汗上

这封信的重要价值，除了与上引王湘、祁延霈《山东日照县考古调查记》一文相互印证之外，重要的是讲明了1934年春史语所的那次调查，是时任山东古迹研究会秘书的献唐先生提出来的，而献老之所以有此想法，是因为儿时的他就从其父亲王廷霖先生那里获知了丹土遗址的信息。据介绍，王廷霖先生在当地行医，酷爱金石，著有《泉币图释》、《读<说文>日记》，⑯作为较早接受西学影响且酷爱金石的士绅，由石器的识别而发现丹土史前遗址，自是情理中事。有意思的是，献老由城子崖龙山文化遗址的发掘，联系到幼时经历，提出鲁东南沿海考古调查的建议，才有了两城镇、丹土、大窪和尧王城等九处龙山文化遗址的发现。就是说，两城镇遗址的最早发现者应是史语所考古组的王湘、祁延霈等人，而最早提出在鲁东南沿海进行考古调查的则是王献唐先生。需要指出的是，献老的这一建议之所以为史语所所长傅斯年先生所采纳，是因为早在30年代城子崖遗址发掘之初，傅先生就有了到山东沿海一带开展工作的设想，他在《城子崖》报告序言中写道："先在城子崖作考古发掘，本是想藉此地为发掘临淄、琅琊及其他海滨地带之初步尝试，已而此一发掘所得者，使我们遵循海滨工作之兴致更炽盛。"⑰由此可见，鲁东南沿海地区的那次调查，是王献唐与傅斯年两位学术大师共同交流、商议而促成的。调查中发现和确认的若干处龙山时代遗址如两城镇、丹土、尧王城等，自上个世纪80年代以来均经科学发掘，奠定了鲁东南沿海地区在我国早期文明形成研究中的重要地位。

下面三通书信分别是董作宾、李林和王湘写给王献唐的，⑱按时间先后分述如下。

中央研究院历史语言研究所董作宾致王献唐信函一通（图二，1~3）：⑲

献唐吾兄先生：

久未奉候，是念！

月初弟来安阳，继续殷墟工作，业于九日开工，本季拟开掘以前罗氏获得甲骨之地，藉觇出土情形。小屯附近盗掘古物者极多，县府禁止不住，豫民刁于鲁民也。

大著脱稿否？弟理汉画象问题犹未结束。滕报告稿已携来此间，待兄与诸同人稿齐，即着手编纂耳。

春间，济之拟命祁、王两君赴鲁东调查古迹，公文护照，请代为准备。又王湘君在鲁工作，亦以给以调查名义为便，已商得傅、李、梁三兄同意，请加给聘书为荷！关于会务，仍恳就近主持一切，多多偏劳，至感！

前承吾兄允为弟作画幅，并赐书对联，虽曾抛砖，尚未得玉。春和景明，著述之余，一时高兴，能为弟一挥大笔否？引领望之！

祥农明器一文，选材精审，条理清晰，至可欣慰。有须增删处，当步兄后尘，少贡鄙见，仍当请兄指示径途也。

院长一电，真使寒酸荣幸，他日弟等倘累累阶下，兄此刻洗手改行，或可为之援手也。一笑。

此间自大龟版六块出后，迄今无甚新奇发现。工作者仍是大圆坑房基而已，然能多得一些瓦片，作比较小屯之资，亦甚重要。只做遗址，不扒坟墓，为考古家减却罪戾不少。

即叩

著安！

弟　作宾

山东大学学生马、许二君发表之安上遗址报告，应有尽有，其精细可喜，虽间有讹误，不足病也。独惜立论态度，几于反客为主，置本会工作于无何有之乡（？），又发表未经本会同意，亦背信约而已。

专颂著安！

弟作宾，廿三，三，十四

祥农老弟同此道念

该信当写于1934年3月，当时正值安阳殷墟第九次发掘初期。[20]信末提到李济（济之）先生已决定派祁延霈、王湘两人春间赴鲁调查，请献老为他们二人提供官方证明信，并主持山东古迹研究会会务。祥农即牟祥农，时任山东省图书馆编藏部主任，出版著作多种。[21]

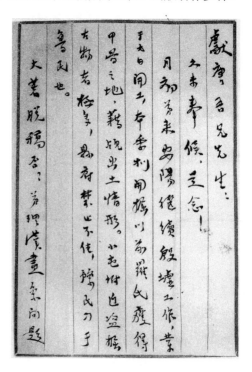

图二，1

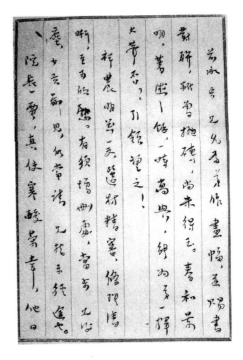

图二，2

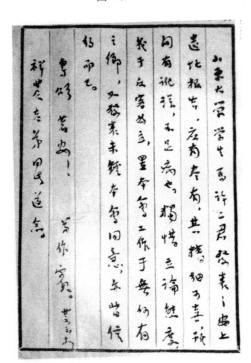

图二，3

李林致王献唐信函一通（图三）：^②

　　献唐兄鉴：王子湘先生于四月廿二日到县，廿三日到弟处，廿四日弟即随同出发，在大窑、两城得到石器甚多，业经装箱，由祁先生带济。王先生因鹤缘谏阻，仍留县调查，其他情形当有祁先生报告一切也。两城农人尚有墓砖数枚，制作大小与时砖无甚差异，惟稍厚，每枚各刻一字。弟仅见有明水会人四枚，闻尚有四五枚，但子湘不喜，该农亦不再献。未得全文，实大恨事。弟视其笔势，当在隋唐之际，似有研究价值，兹特附呈，祈为鉴定。如可保存，弟当再为求之。子湘此次摄影甚多，将来金石志可得一部分材料。在此调查期内，吾兄如有指示，希即见告。弟无不从命也。专肃即请

　　大安。

　　　　　　　　　　　　　　　　　　　　弟李林顿首，五月五日
　　　　　　　　　　　　　　　　　　　　子湘信已由鹤缘转交矣。又及

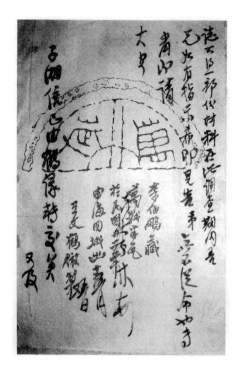 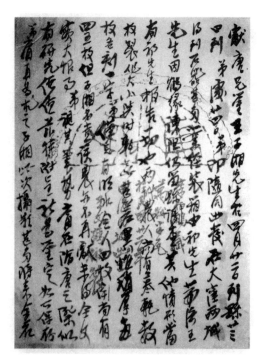

图三

　　信笺印制有"万岁"半瓦当，其下跋语曰："李伯鹏藏万岁半瓦，于民国廿二年由海曲城出土。王文鹤仿制。"由此判断，写信人李林应即献老致张静斋信中所提到的那位"好金石"的小学同学李伯鹏，从王湘致王献唐信函也支持这一推论，详下。此信向献老汇报王湘（即王子湘）、祁延霈于1934年4月22日至5月5日在日照的调查情况。鹤缘，身份不明，从信中提到他挽留王湘在日照多加居留的情况看，应为日照县文化官员。

王湘致王献唐信函一通（图四）：㉓

　　献唐先生大鉴：五月一日来函敬悉。生等到贵县以来，多承伯鹏、鹤缘诸先生关照，至为感谢！且伯鹏先生更伴同前往各遗址考察，尤为感谢也！至于伯鹏先生处存款已收到，望释注勿念。关于近来调查所得，前日祁沛苍回济，想已奉闻矣。大致可言近来无甚重要发现，两城镇、大窪等石器时代遗址，与龙山镇之下层文化相仿，无特殊之收获。在石臼所古城等汉代遗址中，亦仅得破陶片多件已而，惟有一较有趣之问题，即类似安上村殷墟等时代之遗址，至今尚未有所见，此一带若果未有该种遗址之存在，当可注意，以后再继续考察之，或可略得一结果。即祝

　　大安。

学生王湘，五月五日
祥农先生同此不另

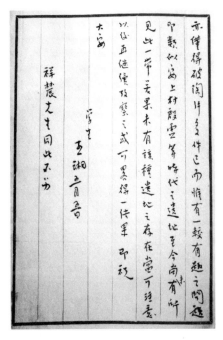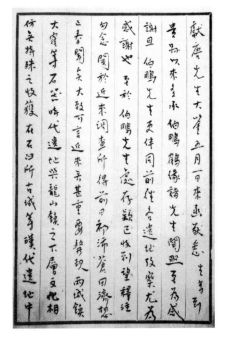

图四

　　此为王湘先生向献老汇报他们在日照调查所获。信中提到"类似安上村殷墟等时代之遗址，至今尚未有所见"，实指鲁东南沿海地区不见典型商文化之遗存。这一点已为近年来区域系统调查所证实。㉔这意味着商文化始终未能染指此一区域。王湘先生当时就觉察到此一现象，并作为"有趣之问题"汇报给献老，足见他们学术眼光之敏锐。惜诸位学术前辈已无缘目睹此一发现。如来日有缘阅见献老的回信，自是珠联璧合，堪称学术史上之佳话耳！

注　释

① 梁思永:《龙山文化——中国文明的史前期之一》,《考古学报》1954 年第 7 册;又收入《梁思永考古论文集》,科学出版社,1959 年。

② 尹达:《新石器时代》第 88 页,三联书店,1955 年。

③ 南京博物院:《日照两城镇陶器》,文物出版社,1985 年。

④ 山东省文物管理处:《日照两城镇等七个遗址初步勘查》,《文物参考资料》1955 年第 12 期;刘敦愿:《日照两城镇龙山文化遗址调查》,《考古学报》1958 年第 1 期;山东省文物管理处:《山东日照两城镇遗址勘察纪要》,《考古》1960 年第 9 期;刘敦愿:《记两城镇遗址发现的两件石器》,《考古》1972 年第 4 期;日照市图书馆:《山东日照龙山文化遗址调查》,《考古》1986 年第 8 期。

⑤ 高广仁:《山东日照两城镇遗址的发掘及其学术价值》,《东南文化》2000 年第 3 期。

⑥ 方辉、文德安、加里·费曼、琳达·尼古拉斯、栾丰实、于海广:《鲁东南沿海地区聚落形态变迁与社会复杂化进程研究》,《东方考古》第 4 集,科学出版社,2008 年;中美两城地区联合考古队:《山东日照市两城镇遗址 1998~2001 年发掘简报》,《考古》2004 年第 9 期。

⑦ 石璋如:《中国历史地理》(上)第 25 页,中国文化大学出版社部印行,1983 年。

⑧ 胡厚宣:《殷墟发掘》,学习出版社,1955 年。

⑨ 山东大学东方考古研究中心:《东方考古研究通讯》2005 年第 5 期。

⑩ 刘红军:《日照地区龙山文化》第 33 页,山东友谊出版社,2006 年。

⑪ 傅斯年等:《城子崖——山东历城县龙山镇之黑陶文化遗址》,李济序,中央研究院历史语言研究所,1934 年。

⑫ 李勇慧:《王献唐先生年谱》,《山东图书季刊》1994 年第 2 期。

⑬ 作铭:《山东王献唐先生传略》,《考古》1960 年第 10 期。

⑭ 张广存:《介绍王献唐先生的一宗佚文》,《山东图书学刊》2009 年第 3 期。

⑮ 山东省文物管理处:《日照两城镇等七个遗址初步勘查》,《文物参考资料》1955 年第 12 期。

⑯ 李勇慧:《王献唐先生年谱》,《山东图书季刊》1994 年第 2 期。

⑰ 傅斯年等:《城子崖——山东历城县龙山镇之黑陶文化遗址》,傅斯年序,中央研究院历史语言研究所,1934 年。

⑱ 笔者最早是通过山东省图书馆副馆长、研究馆员李勇慧女士获知这几封书信的,谨志谢忱!研究文章见王艳丽:《董作宾致王献唐信札五通》,《山东图书学刊》2009 年第 3 期。

⑲ 王艳丽:《董作宾致王献唐信札五通》,《山东图书学刊》2009 年第 3 期。影印件见安可荇、王书林手稿整理,杜泽逊编校整理:《王献唐师友书札》第 1193~1197 页,青岛出版社,2009 年。

⑳ 董作宾、胡厚宣合编:《甲骨年表》第 38、39 页,国立中央研究院历史语言研究所单刊乙种之四,1937 年。

㉑ 王艳丽:《董作宾致王献唐信札五通》第 18 页注 2,《山东图书学刊》2009 年第 3 期。

㉒ 安可荇、王书林手稿整理,杜泽逊编校整理:《王献唐师友书札》第 413~414 页,青岛出版社,2009 年。

㉓ 山东省图书馆:《王献唐师友书札精选》第 16 页,2009 年。又见安可荇、王书林手稿整理,杜泽逊编校整理:《王献唐师友书札》第 167~158 页,青岛出版社,2009 年。

㉔ 方辉、文德安、加里·费曼、琳达·尼古拉斯、栾丰实、于海广:《鲁东南沿海地区聚落形态变迁与社会复杂化进程研究》,《东方考古》第 4 集,科学出版社,2008 年。